계시록 해설 2

계시록 해설 2

ⓒ 이순철, 2025

초판 1쇄 발행 2025년 12월 24일

지은이 　 임마누엘 스베덴보리
옮긴이 　 이순철
편집 　 좋은땅 편집팀
펴낸곳 　 한국새교회 출판부
주소 　 서울시 은평구 녹번로 11
전화 　 02-555-1366
홈페이지 　 www.newchurch.or.kr

ISBN 　 979-89-98859-00-8 (03230)

계시록 해설 2

이순철 옮김

임마누엘 스베덴보리 지음

한국새교회 출판부

역자 서문

"이것을 비유로 너희에게 일렀거니와 때가 이르면 다시는 비유로 너희에게
이르지 않고 아버지에 대한 것을 밝히 이르리라" (요 16:25)

이 책은 18세기 스웨덴의 신학자 임마누엘 스베덴보리(Emmanuel Swe-
denborg, 1688-1772)의 저서 『Apocalysis Explicata(Apocalypse Ex-
plained)』를 우리말로 옮긴 것이다. 스베덴보리는 당대의 천재적인 지성으
로 과학과 철학 분야에서 수많은 저서를 남겼다. 그러나 1744년 4월 6일 그
리스도를 직접 만나는 놀라운 체험을 한 다음에는 세속의 일들을 일체 그만
두고 세상을 떠나기까지 오로지 신학 저술에만 힘을 쏟았다. 그는 요한계
시록과 관련해 두 권의 책을 남겼는데, 하나는 『계시록의 속뜻(Apocalypse
Revealed)』이고, 다른 하나는 『계시록 해설(Apocalypse Explained)』이다. 『계
시록의 속뜻(Apocalypse Revealed)』은 계시록의 내적 의미를 간결하고 분명
하게 기록한 책으로 스베덴보리 생전에 출판한 것이다. 반면에 『계시록 해설
(Apocalypse Explained)』은 자신의 다른 저서와 방대한 성경 구절들을 인용
해 말씀의 의미를 보다 깊이 있게 설명한 것인데, 무슨 이유에선지 계시록 전
체 22장 중 1장에서 19장 10절까지만 해설한 미완의 저술이다. 이 책 2권은 1
권에 이어 계시록 해설의 3장과 4장 부분을 한글로 옮긴 것이다. 한 가지 알
아야 할 것은, 스베덴보리의 저술은 개인적 사유의 결과물이 아니며 그리스도
로부터 받은 내용을 그대로 기록한 것이라는 것이다. 그리스도께서 그의 저술
에 직접적으로 관여하셨다는 것을 스베덴보리는 저서 『참된 기독교』 779번에
서 다음과 같이 증언한다. "나는 진리 안에서 다음 사실을 분명히 말합니다.
그것은 주님이 당신의 종인 내 앞에 모습을 드러내시고 나에게 이 일을 맡기

셨다는 것과 나의 영안을 여신 후 영계를 보여 주신 것, 주님의 허락하심으로 천국과 지옥을 본 것과 천사와 영인들과의 대화를 허락하신 것, 그리고 이 일이 여러 해 동안 지속되었다는 것입니다. 또한 부르심을 받은 첫날부터 나는 교회의 교리에 관한 어떤 것도 천사들로부터는 받은 바 없고 말씀을 읽는 가운데 오직 주님으로부터만 받았다는 것입니다.” 이 말의 진실 여부는 독자의 판단에 맡긴다. 진리에 대한 진지한 애정을 가진 사람이면 이 책을 읽는 중에 그것에 대한 답을 얻을 것이라고 믿는다. 번역을 함에 있어 John Whitehead의 영역본을 주로 사용하였고, Isaiah Tansley의 것을 부분적으로 참고했다. 이 책을 출판하는 데 필라델피아의 애스플런드 재단과 한국새교회총회, 그리고 진용진 목사님의 헌신적인 지원이 있었음을 밝힌다.

2025. 8. 4. 역자.

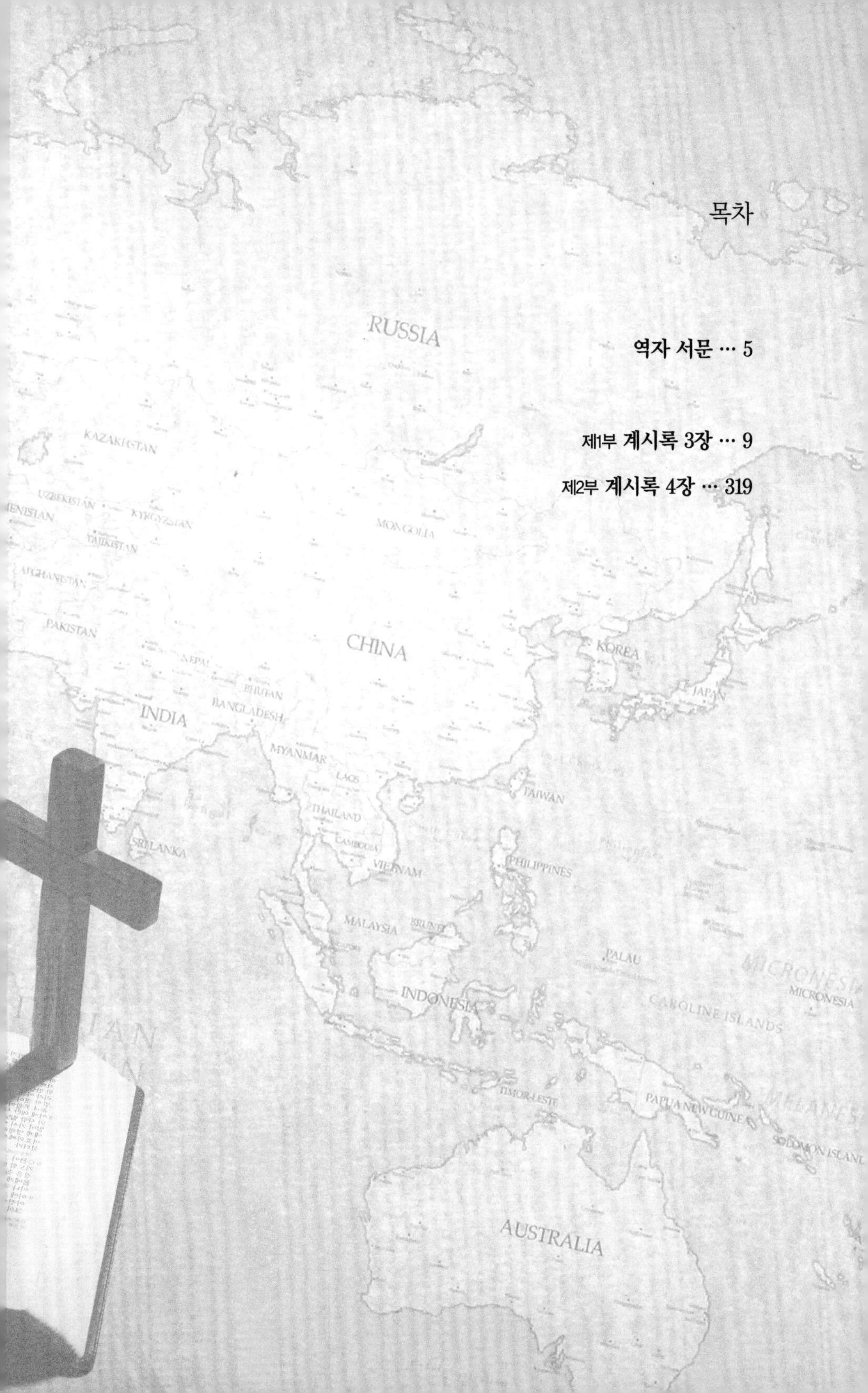

목차

제1부

계시록 3장

1. 사데 교회의 사자에게 편지하라 하나님의 일곱 영과 일곱 별을 가지신 이가 이르시되 내가 네 행위를 아노니 네가 살았다 하는 이름은 가졌으나 죽은 자로다

2. 너는 일깨어 그 남은바 죽게 된 것을 굳건하게 하라 내 하나님 앞에 네 행위의 온전한 것을 찾지 못하였노니

3. 그러므로 네가 어떻게 받았으며 어떻게 들었는지 생각하고 지켜 조심하라 만일 일깨지 아니하면 내가 도둑같이 이르리니 어느 때에 네게 이를는지 네가 알지 못하리라

4. 그러나 사데에 그 옷을 더럽히지 아니한 자 몇 명이 네게 있어 흰옷을 입고 나와 함께 다니리니 그들은 합당한 자인 연고라

5. 이기는 자는 이와 같이 흰옷을 입을 것이요 내가 그 이름을 생명책에서 결코 지우지 아니하고 그 이름을 내 아버지 앞과 그의 천사들 앞에서 시인하리라

6. 귀 있는 자는 성령이 교회들에게 하시는 말씀을 들을지어다

7. 빌라델비아 교회의 사자에게 편지하라 거룩하고 진실하사 다윗의 열쇠를 가지신 이 곧 열면 닫을 사람이 없고 닫으면 열 사람이 없는 그가 이르시되

8. 볼지어다 내가 네 앞에 열린 문을 두었으되 능히 닫을 사람이 없으리라 내가 네 행위를 아노니 네가 작은 능력을 가지고서도 내 말을 지키며 내 이름을 배반하지 아니하였도다

9. 보라 사탄의 회당 곧 자칭 유대인이라 하나 그렇지 아니하고 거짓말 하는 자들 중에서 몇을 네게 주어 그들로 와서 네 발 앞에 절하게 하고 내가 너를 사랑하는 줄을 알게 하리라

10. 네가 나의 인내의 말씀을 지켰은즉 내가 또한 너를 지켜 시험의 때를 면하게 하리니 이는 장차 온 세상에 임하여 땅에 거하는 자들을 시험할 때라

11. 내가 속히 오리니 네가 가진 것을 굳게 잡아 아무도 네 면류관을 빼앗지 못하게 하라

12. 이기는 자는 내 하나님 성전에 기둥이 되게 하리니 그가 결코 다시 나가지 아니하리라 내가 하나님의 이름과 하나님의 성 곧 하늘에서 내 하나님께로부터 내려오는 새 예루살렘의 이름과 나의 새 이름을 그이 위에 기록하리라

13. 귀 있는 자는 성령이 교회들에게 하시는 말씀을 들을지어다

14. 라오디게아 교회의 사자에게 편지하라 아멘이시요 충성되고 참된 증인이시요 하나님의 창조의 근본이신 이가 이르시되

15. 내가 네 행위를 아노니 네가 차지도 아니하고 뜨겁지도 아니하도다 네가 차든지 뜨겁든지 하기를 원하노라

16. 네가 이같이 미지근하여 뜨겁지도 아니하고 차지도 아니하니 내 입에서 너를 토하여 버리리라

17. 네가 말하기를 나는 부자라 부요하여 부족한 것이 없다 하나 네 곤고한 것과 가련한 것과 가난한 것과 눈 먼 것과 벌거벗은 것을 알지 못하는도다

18. 내가 너를 권하노니 내게서 불로 연단한 금을 사서 부요하게 하고 흰옷을 사서 입어 벌거벗은 수치를 보이지 않게 하고 안약을 사서 눈에 발라 보게 하라

19. 무릇 내가 사랑하는 자를 책망하여 징계하노니 그러므로 네가 열심을 내라 회개하라

20. 볼지어다 내가 문 밖에 서서 두드리노니 누구든지 내 음성을 듣고 문을 열면 내가 그에게로 들어가 그와 더불어 먹고 그는 나와 더불어 먹으리라

21. 이기는 그에게는 내가 내 보좌에 함께 앉게 하여 주기를 내가 이기고 아버지 보좌에 함께 앉은 것과 같이 하리라

22. 귀 있는 자는 성령이 교회들에게 하시는 말씀을 들을지어다

1-6절. 사데 교회의 사자에게 편지하라 하나님의 일곱 영과 일곱 별을 가지신 이가 이르시되 내가 네 행위를 아노니 네가 살았다 하는 이름은 가졌으나 죽은 자로다 너는 일깨어 그 남은바 죽게 된 것을 굳건하게 하라 내 하나님 앞에 네 행위의 온전한 것을 찾지 못하였노니 그러므로 네가 어떻게 받았으며 어떻게 들었는지 생각하고 지켜 회개하라 만일 일깨지 아니하면 내가 도둑같이 이르리니 어느 때에 네게 이를는지 네가 알지 못하리라 그러나 사데에 그 옷을 더럽히지 아니한 자 몇 명이 네게 있어 흰옷을 입고 나와 함께 다니리니 그들은 합당한 자인 연고라 이기는 자는 이와 같이 흰옷을 입을 것이요 내가 그 이름을 생명책에서 결코 지우지 아니하고 그 이름을 내 아버지 앞과 그의 천사들 앞에서 시인하리라 귀 있는 자는 성령이 교회들에게 하시는 말씀을 들을지어다

1. "사데 교회의 사자에게 편지하라"는 도덕적이기는 하나 영적인 삶을 살지 않는 사람들을 뜻하는데, 그 이유는 그들이 영적인 것에 대한 지식과 그것에서 비롯한 지혜와 지성에 관심을 갖지 않기 때문이다(182번). "하나님의 일곱 영을 가지신 이가 이르시되"는 천국과 교회의 모든 진리의 원천이신 주님을 뜻한다(183번). "일곱 별"은 주님에게서 나오는 선과 진리에 관한 모든 지식을 뜻한다(184번). "내가 네 행위를 아노니"는 그들의 생명에 속한 것들을 뜻한다(185번). "네가 살았다 하는 이름은 가졌으나 죽은 자로다"는 도덕적인 삶을 살고 있다는 이유로 스스로 살아 있다고 생각하는 그들의 사고의 특성을 뜻한다. 그러나 그들은 살아 있는 것이 아니라 죽은 자이다(186번). 2. "너

는 일깨어"는 그들이 스스로 생명을 획득해야 함을 뜻한다(187번). "그 남은바 죽게 된 것을 굳건하게 하라"는 도덕적 삶에 속한 것들을 살리는 것을 뜻한다 (188번). "내 하나님 앞에 네 행위의 온전한 것을 찾지 못하였노니"는 그러지 않으면 도덕적 삶 안에 신성이 존재하지 않음을 뜻한다(189번). 3. "그러므로 네가 어떻게 받았으며 어떻게 들었는지 생각하고 지켜라"는 말씀에서 주님이 가르치신 것을 기억하고 유념하라는 뜻이다(190번). "회개하라"는 그렇게 해서 얻는 영적인 생명을 뜻한다(191번). "만일 일깨지 아니하면"은 만일 네가 영적 생명을 얻지 못하면이란 뜻이다(192번). "내가 도둑같이 이르리니"는 예기치 않은 죽음의 때를 뜻하며, 그때 말씀에서 얻은 것으로서 영적 생명이 없는 지식들을 모두 빼앗기는 것을 뜻한다(193번). "어느 때에 네게 이를는지 네가 알지 못하리라"는 그때와 그때의 상태에 대해 아무것도 알지 못함을 뜻한다(194번). 4. "그러나 사데에 그 옷을 더럽히지 아니한 자 몇 명이 네게 있어"는 말씀에서 얻은 선과 진리의 지식을 삶에 적용함으로써 영적인 것에서 비롯한 도덕적 삶을 사는 사람들을 뜻한다(195번). "그들이 흰옷을 입고 나와 함께 다니리니 그들은 합당한 자인 연고라"는 말씀에서 비롯한 선과 진리의 지식으로부터 그들이 영적 생명을 소유하는 것을 뜻한다(196번). 5. "이기는 자"는 죽을 때까지 흔들리지 않는 사람을 뜻한다(197번). "흰옷을 입을 것이요"는 진리와 그것을 받아들이는 데 따라 있는 지성과 지혜를 뜻한다(198번). "내가 그 이름을 생명책에서 지우지 아니하고"는 그들이 합당한 자이기 때문에 천국에 살게 될 것이라는 뜻이다(199번). 내가 그 이름을 내 아버지 앞과 그의 천사들 앞에서 시인하리라"는 그들이 신성한 선과 그것에서 비롯한 신성한 진리 안에 있을 것이라는 뜻이다(200번). 6. "귀 있는 자는 성령이 교회들에게 하시는 말씀을 들을지어다"는 이해하는 자는 주님으로부터 오는 신성한 진리가 당신의 교회의 사람들에게 가르치고 말하는 것을 들어야 하는 것을 뜻한다 (201번).

(1) "사데 교회의 사자에게 편지하라"는 도덕적이지만 영적인 삶을 살지 않는 사람들을 뜻한다. 왜냐하면 그들이 영적인 것에 대한 지식과 그것에서 비롯한 지성과 지혜에 관심을 쏟지 않기 때문이다. 그것은 이 교회의 사자에게 쓴 편지를 보면 분명하다. 내적 또는 영적 의미로 볼 때, 거기서 다루는 사람들은 영적인 것에 대한 지식과 그것에서 비롯한 지성과 지혜에 관심이 없으며, 그러므로 도덕적이기는 하나 영적인 삶을 살지 않는 사람들임을 알 수 있다. 이어지는 말씀의 영적 의미를 밝히기 전에 먼저 무엇이 도덕적 삶이고 무엇이 영적인 삶인지, 그리고 영적 삶에 바탕을 둔 도덕적 삶이 무엇이고, 영적 삶과 무관한 도덕적 삶이 무엇인가를 설명할 필요가 있다. 도덕적 삶이란 삶의 모든 일들과 직무를 수행할 때 동료들에게 친절하고, 진실하며, 공정하게 행동하는 것이다. 한마디로 말해 사람들 앞에 보이는 삶인 것이다. 왜냐하면 그것이 사람들과 함께 사는 삶이기 때문이다. 그런데 이 삶은 두 가지 근원으로부터 존재한다. 즉 자기 자신과 세상에 대한 사랑으로부터거나, 또는 하나님과 이웃에 대한 사랑으로부터 존재하는 것이다.

(2) 자기 자신과 세상에 대한 사랑에서 비롯한 도덕적 삶은, 겉으로는 도덕적으로 보이지만 자체로는 도덕적 삶이 아니다. 왜냐하면 그렇게 행동하는 사람은 오직 자기 자신과 세상을 위해 친절하고 진실하고 공정하게 행동하며, 그러므로 선과 진실과 공정은 자신의 목적을 위한 수단이기 때문이다. 즉 다른 사람들 위에 올라서서 그들을 지배하거나 부(富)를 얻기 위한 수단인 것이다. 그는 내심으로, 혹은 혼자 있을 때 은밀히 그런 생각을 하지만 감히 드러내서 말하지는 않는다. 그렇게 하면 사람들이 그에 대해 가지고 있던 좋은 생

각들이 모두 깨지며, 그러므로 그의 목적을 이루기 위한 수단들이 무너지기 때문이다. 이것으로 이들의 도덕적 삶 속에는 오직 한 가지 생각만 있다는 것을 알 수 있다. 즉 다른 사람에 앞서 모든 것을 손에 넣고, 그렇게 해서 다른 모든 사람으로부터 섬김을 받거나, 또는 그들의 재물을 자기 것으로 만들려는 것이다. 그러므로 그의 도덕적 삶은 자체로 도덕적 삶이 아님이 분명하다. 왜 냐하면 자기가 바라거나 목적하는 것을 얻으면, 그들은 다른 사람들을 굴복시 켜 노예로 만들려 할 것이며, 그들에게서 재산을 빼앗으려 할 것이기 때문이 다. 모든 수단은 그 목적의 냄새를 풍기며, 본질에 있어서는 그 목적과 특성 이 같다. 그런 까닭에 수단을 가리켜 중간적 목적이라 부른다. 따라서 이러한 삶은 자체로 교활한 짓이며 사기에 불과하다. 이것은 외적인 속박에서 벗어난 사람들의 경우를 보면 분명히 알 수 있다. 예를 들어, 앞에서 말한 사람들이 동료를 상대로 소송을 벌일 때 벌어지는 일들을 보자. 그때 그들은 정의에서 벗어나더라도 오직 판사의 호의나 왕의 지지를 얻으려고 하고 아주 은밀하게 움직이며, 그렇게 해서 다른 사람의 재산을 빼앗으려 한다. 그리고 뜻을 이루 면 그들은 영혼과 마음으로 기뻐한다. 이것은 전쟁에서의 승리를 명예롭게 생 각하는 왕들의 경우에 더욱 분명하다. 그들은 여러 지역과 나라를 정복하고 저항이 있는 곳에서는 그들의 모든 재산과 심지어 생명까지 빼앗는데, 그때 마음으로 가장 큰 기쁨을 느낀다. 이러한 기쁨은 당시 전투에 참가하는 많은 병사들의 기쁨이기도 하다. 이것은 이러한 특성을 가진 사람들이 사후에 영이 되었을 때를 생각하면 더욱 분명하다. 그때 그들은 자신의 영으로부터 생각하 고 행동하며, 그렇기 때문에 세상에 살 때 도덕적으로 산 것처럼 보이는 사람 들도 자신의 사랑에 따라 모든 악을 향해 달려간다.

(3) 그러나 영적인 삶은 완전히 다르다. 근본이 다르기 때문이다. 영적인 삶 은 하나님과 이웃에 대한 사랑에서 시작된다. 그렇기 때문에 영적인 사람들

의 도덕적 삶 또한 다르며, 그것이 진정한 도덕적 삶이다. 이들은 자신의 영으로 생각할 때, 즉 은밀하게 혼자 생각할 때 자기 자신과 세상으로부터 생각하지 않고 주님과 천국으로부터 생각한다. 왜냐하면 그들의 마음속에 있는 것들, 즉 생각과 의지에 속한 내적인 것들이 주님에 의해 실제로 천국으로 끌어올려져 거기서 주님과 결합하기 때문이다. 주님은 그렇게 그들의 생각과 의도와 목적 안으로 흘러 들어와 그것들을 다스리시며, 자기 자신과 세상만을 사랑하는 그의 자아로부터 그것들을 떼어 놓으신다. 그들의 도덕적 삶은 겉으로 보면 앞서 말한 사람들의 도덕적 삶과 비슷하다. 그럼에도 그들의 도덕적 삶이 영적인 까닭은 그 기원이 영적이기 때문이다. 그러므로 그들의 도덕적 삶은 영적인 삶의 결과일 뿐이다. 즉 영적인 삶이 도덕적 삶을 이루는 원인이며 근본인 것이다. 왜냐하면 그들은 하나님을 경외하고 이웃을 사랑하는 마음으로부터 동료들에게 바르고, 진실하며, 공정하게 행동하기 때문이다. 주님은 그들의 마음과 성품이 이러한 사랑 안에 있도록 지켜 주신다. 그러므로 사후에 영이 되었을 때, 그들은 지적이고 현명하게 생각하고 행동하며, 천국으로 올려진다. 이들에 대해 말할 수 있는 것은, 천국으로부터 온갖 사랑의 선과 신앙의 진리가 그들에게 흘러 들어간다는 것이다. 즉 주님에게서 나오는 사랑의 선과 신앙의 진리가 천국을 거쳐 그들에게로 흘러 들어가는 것이다. 그러나 앞에서 말한 사람들의 경우에는 그렇지 않다. 그들의 선은 천국의 선이 아니며, 그들의 진리 또한 천국의 진리가 아니기 때문이다. 그들이 선이라고 부르는 것은 육욕에서 비롯한 기쁨이고, 그들이 진리라고 부르는 것은 그 기쁨에서 비롯한 거짓이다. 이러한 것들이 자아와 세상으로부터 그들에게로 흘러 들어간다. 이것으로 영적인 삶에서 비롯한 도덕적 삶이 무엇인지, 그리고 영적 삶에서 분리된 도덕적 삶이 무엇인지 알 수 있다. 즉 영적인 삶에서 비롯한 도덕적 삶이 진정한 도덕적 삶이며, 그러므로 그것을 영적이라 부를 수 있다는 것이다. 왜냐하면 그것의 원인과 근본이 영적인 것에 있기 때문이다. 그러나 영적인 삶에서 분리된 도덕적 삶은 도덕적 삶이 아니며, 그러므로 지옥적인 삶이라고 말할 수 있다. 왜냐하면 그 안에 자기 사랑과 세상 사랑이 군림하는 만큼 그것은 사기이며 위선이기 때문이다.

(4) 이제까지 말한 것으로부터, 자기 자신과 세상을 사랑하면서 겉으로만 도덕적 삶을 사는 사람들의 외적인 거룩함, 즉 교회에서 드리는 예배와 그들의 기도와 몸짓이 어떤 성격의 것인지 짐작할 수 있다. 즉 이러한 것들 가운데 어느 것 하나도 천국에까지 올라가지 못하고 그곳에서 들리지도 않으며, 다만 겉사람 또는 자연적 사람의 어떤 생각으로부터 흘러나와 그들의 입을 통해 세상 밖으로 나올 뿐이라는 것이다. 왜냐하면 천국으로의 상승은 내면의 것들을 통해 이루어지는데, 그들의 진정한 영인 내면의 생각들은 이웃을 적대하는 교활함과 속임수로 가득하기 때문이다. 더구나 그들이 교회에서 드리는 예배와 기도와 그때 하는 동작들은 어릴 때부터 몸에 익은 습관의 결과이거나, 그러한 외적인 것들이 구원의 모든 것이라는 믿음에서 비롯된 것이거나, 또는 거룩한 날 집 안과 밖에서 할 일이 없거나, 친구들로부터 불경한 사람으로 여겨지면 어쩌나 하는 두려움 때문일 수 있는 것이다. 그러나 영적 근원으로부터 도덕적 삶을 사는 사람들의 예배는 완전히 다르며, 그것이 하나님께 드리는 진정한 예배이다. 왜냐하면 주님이 천국을 통해 그들의 기도를 당신께로 이끄시며, 그러므로 천국에서 그 기도를 들으시기 때문이다(『천국과 지옥』468, 484, 529, 530-534번과 앞의 『계시록 해설 1』 107번을 보면 이 주제에 대해 더 많은 것을 알 수 있다). 이러한 것들을 서두에서 말하는 이유는, 이 교회의 사자에게 쓴 편지가 도덕적이지만 영적인 삶을 살지 않는 사람들을 다루고, 그러므로 영적인 것들에 관한 지식에 관심이 없는 사람들을 다루기 때문이다.

(1) "하나님의 일곱 영을 가지신 이가 이르시되"는 천국과 교회의 모든 진리의 근원이신 주님을 뜻한다. 이것이 분명한 것은 이러한 것을 말씀하시고, 다른 교회의 사자들에게 편지를 보내신 이가 인자이며, 인자는 신적 인성이신 주님이시기 때문이다(63, 151번 참고). "하나님의 일곱 영"이 천국과 교회의 모든 진리를 뜻하는 까닭은, 말씀에서 "하나님의 일곱 영"은 주님에게서 나오는 신성한 진리를 뜻하기 때문이다. 말씀에는 여러 곳에서 "영"에 대해 말하는데, 사람에게 있어서 "영"은 생명 안에 받아들인 신성한 진리를 말하며, 그러므로 사람의 영적 생명을 뜻한다. 그러나 주님에게 있어서 "영"은 일반적으로는 신적 진리라고 불리는 것이며 주님에게서 나오는 신성을 뜻한다. 그러나 오늘날에는 말씀에서 "영"이 무엇을 의미하는지 아는 사람이 거의 없다. 그래서 먼저 말씀의 구절들을 통해 사람에게 "영"은 생명 안에 받아들인 신성한 진리이며, 그러므로 사람의 영적 생명을 뜻한다는 사실을 밝히려고 한다. 사람의 영적 생명을 만드는 두 가지가 있는데 그것은 사랑의 선과 신앙의 진리이다. 그런 이유로 말씀의 여러 구절에서 "마음과 영", "마음과 혼"에 대해 말한다. "마음(heart)"은 사랑의 선을 뜻하고, "영(spirit)"은 신앙의 진리를 뜻하며, "혼(soul)" 또한 신앙의 진리를 뜻한다. 왜냐하면 말씀에서는 "혼"이 곧 사람의 영이기 때문이다.

(2) 사람의 "영"이 생명 안에 받아들인 진리를 뜻하는 것은 다음 구절들에서 분명하다.

에스겔서에,

너희는 마음과 영을 새롭게 할지어다 이스라엘 족속아 너희가 어찌하여 죽
고자 하느냐 (겔 18:31)

새 영을 너희 속에 두고 새 마음을 너희에게 주되 (겔 36:26)

시편에,

하나님이여 내 속에 정한 마음을 창조하시고 내 안에 정직한 영을 새롭게
하소서, 하나님께서 구하시는 제사는 상한 심령이라 하나님이여 상하고 통
회하는 마음을 주께서 멸시하지 아니하시리이다 (시 51:10, 17)

이 구절들에서 "마음"은 사랑의 선을 뜻하고, "영"은 신앙의 진리를 뜻한다.
그것들로 인해 사람은 영적 생명을 갖는 것이다. 왜냐하면 사람의 생명을 만
드는 것은 선과 진리 두 가지이기 때문이다. 이 둘이 사람 안에서 하나로 결합
할 때 그의 영적 생명이 된다.

(3) "마음"은 선을 뜻하고, "영"은 진리를 뜻하며, 이 둘이 생명 안에 받아들
여진다. 그러므로 반대의 의미로 "마음"은 악을 뜻하고, "영"은 거짓을 뜻한
다. 말씀에서 대부분의 표현들은 반대의 의미도 가지기 때문이다. 다음 시편
말씀에서 "마음"과 "영"은 그런 의미로 말한 것이다.

그들의 마음이 정직하지 못하며 그 심령이 하나님께 충성하지 아니하는 세
대 (시 78:8)

에스겔서에,

각 마음이 녹으며, 각 영이 쇠하며 (겔 21:7)

신명기에,

여호와께서 헤스본 왕의 성품을 완강하게 하셨고 그의 마음을 완고하게 하

셨도다 (신 2:30)

이사야서에,

너희가 겨를 잉태하고 짚을 해산할 것이며 너희의 호흡(영)은 불이 되어 너

희를 삼킬 것이며 (사 33:11)

에스겔서에,

자기 심령을 따라 예언하는 어리석은 선지자에게 화가 있을진저 (겔 13:3)

너희 영에 품은 것을 결코 이루지 못하리라 (겔 20:32)

(4) 이것으로 "마음"과 "영"은 사람의 생명에 속한 모든 것을 뜻하는 것이 분명하다. 사람의 모든 생명은 이 두 가지, 즉 선과 진리와 관련이 있고, 영적 의미로는 사랑과 믿음과 관련이 있기 때문에, "마음"과 "영"은 곧 이 두 가지 생명을 뜻한다. 이러한 사실로 볼 때, "마음과 영"은 또한 사람의 의지와 이해력을 뜻한다. 이 두 가지 능력이 사람 안에서 생명을 만들기 때문에, 사람의 생명은 이것 말고 다른 어떤 것 안에도 들어 있지 않다. 그 이유는 의지는 선과 선에 대한 사랑, 또는 악과 악에 대한 사랑을 담는 그릇이고, 이해력은 진리와 진리에 대한 믿음, 또는 거짓과 거짓에 대한 믿음을 담는 그릇이기 때문이다. 그리고 앞에서 말했듯이 사람에게 있는 모든 것은 선과 진리 또는 악과 거짓과 관련이 있고, 영적 의미로는 사랑과 믿음과 관련이 있기 때문이다(『새 예루살렘의 교리』 28-35번 참고).

사람의 "영"은 진리 또는 거짓을 의미하며, 사람의 생명은 그 중 어느 하나에서 비롯된다. 왜냐하면 영이란 특히 사람 안에서 생각하는 영을 뜻하며, 그

생각은 진리 또는 거짓에서 비롯하기 때문이다. 그러나 앞에서 말한 것처럼 사람의 생명을 만드는 두 가지의 것은 이해력과 의지이다. 이해력이라는 생명은 진리로부터 생각하거나 거짓으로부터 생각하고, 의지라는 생명은 이해력이 생각하는 것들을 사랑으로 감화시켜 불을 붙인다. 사람의 이 두 생명은 몸의 두 생명인 폐의 호흡에서 비롯한 생명과 심장의 박동에서 비롯한 생명과 서로 호응한다. 사람의 몸과 영은 이러한 상응(相應)에 의해 하나가 된다(앞의 167번과, 저서『천국과 지옥』446–447번 참고)

(5) 이 상응 때문에 히브리어와 다른 많은 언어에서 영을 뜻하는 낱말은 바람을 뜻하거나 호흡을 뜻한다. 그래서 또한 죽는 것(숨을 거두는 것)을 "영(호흡, 혼)을 포기한다"고 말했다. 그리고 말씀에서는 또 이렇게 말한다.

시편에,
주께서 그들의 호흡(영)을 거두신즉 그들이 죽었나이다 (시 104:29)

에스겔서에서,
주 여호와께서 이 뼈들에게 이같이 말씀하시기를 내가 생기를(호흡) 너희에게 들어가게 하리니 너희가 살아나리라, 여호와께서 이같이 생기야(호흡) 사방에서부터 와서 이 죽음을 당한 자에게 들어가게 하라, 이에 생기가 (호흡) 그들에게 들어가매 그들이 곧 살아나더라 (겔 37:5, 9-10)

요한계시록에,
무저갱으로부터 올라오는 짐승이 두 증인을 죽일 터인즉 삼 일 반 후에 하나님께로부터 생기가(생명의 영) 그들 속에 들어가매 그들이 발로 일어서니라 (계 11:7, 11)

누가복음에,

　예수께서 아이의 손을 잡고 불러 이르시되 아이야 일어나라 하시니 그 영

　이 돌아와 아이가 곧 일어나거늘 (눅 8:54-55)

(6) 이 구절들을 이해하면 말씀의 여러 곳에 나오는 사람의 "영"이 무엇을
뜻하는지 알 수 있다. 그중에서 몇 구절만 인용하겠다.

요한복음에,

　사람이 물과 성령(영)으로 나지 아니하면 하나님의 나라에 들어갈 수 없느

　니라 바람이 임의로 불매 네가 그 소리는 들어도 어디서 와서 어디로 가는

　지 알지 못하나니 성령(영)으로 난 사람도 다 그러하니라 (요 3:5, 8)

　제자들을 향하사 숨을 내쉬며 이르시되 성령을 받으라 (요 20:22)

그리고 창세기에,

　여호와 하나님이 사람을 지으시고 생기를(호흡) 그 코에 불어넣으시니 (창 2:7)

그 밖에 다른 곳에도 있다.

(7) 영적 의미로 "영"이 진리이며, 진리에서 비롯한 사람의 생명이며, 지성
을 뜻하는 것은 다음 구절들을 보면 알 수 있다.

요한복음에,

　아버지께 참되게 예배하는 자들은 영과 진리로 예배할 때가 오나니 곧 이

　때라 (요 4:23)

다니엘서에,

> 이 다니엘은 마음(영)이 민첩하고 지식과 총명이 있어, 내가 네게 대하여 들은즉 네 안에는 신들의 영이 있으므로 네가 명철과 총명과 비상한 지혜가 있다 하도다 (단 5:12, 14)

출애굽기에,

> 너는 무릇 마음에 지혜 있는 모든 자 곧 내가 지혜로운 영으로 채운 자들에게 말하라 (출 28:3)

누가복음에,

> 아이가 자라며 심령(영)이 강하여지며 (눅 1:80)

또 주님에 대해서,

> 아기가 자라며 영이 강하여지고 지혜가 충만하더라 (눅 2:40)

(8) 사람의 "영"이 무슨 뜻인지 알면, 사람의 모든 것인 얼굴, 눈, 귀, 팔, 손, 심장, 혼의 근원이신 여호와 또는 주님의 영이 무슨 뜻인지, 그리고 말씀에서 "하나님의 영", "여호와의 영", "여호와의 콧김", "여호와의 입김", "진리의 영", "거룩한 영", "성령"이라 불리는 영이 무슨 뜻인지도 알 수 있다. "영"이 주님에게서 나오는 신성한 진리를 뜻한다는 것은 말씀의 여러 구절로부터 분명하다. "하나님의 영"이 주님에게서 나오는 신성한 진리인 까닭은, 사람은 그 진리로부터 모든 생명을 얻기 때문이다. 그러므로 믿음과 생명 안에 신성한 진리를 받아들이는 사람들은 천국적인 생명을 가진다. "하나님의 영"이 바로 이러한 것이라는 걸 주님은 다음과 같이 가르치신다.

요한복음에서,

내가 너희에게 이른 말은 영이요 생명이라 (요 6:63)

이사야서에서,

이새의 줄기에서 한 싹이 나며, 그의 위에 여호와의 영 곧 지혜와 총명의

영이요 모략과 재능의 영이라 (사 11:1, 2)

내가 나의 영을 그에게 주었은즉 그가 이방에 정의를 베풀리라 (사 42:1)

여호와께서 그 기운(영)에 몰려 급히 흐르는 강물 같이 오실 것임이로다

(사 59:19)

주 여호와의 영이 내게 내리셨으니 이는 여호와께서 내게 기름을 부으사

가난한 자에게 아름다운 소식을 전하게 하려 하심이라 (사 61:1)

요한복음에,

하나님이 보내신 이는 하나님의 말씀을 하나니 이는 하나님이 성령(영)을

한량없이 주심이니라 (요 3:34)

이상이 주님의 영에 대한 말씀이다.

(9) 성령이 주님에게서 나오는 신성한 진리라는 것은 요한복음의 다음 말씀

을 통해서도 알 수 있다.

그러나 내가 너희에게 실상을 말하노니 내가 떠나가는 것이 너희에게 유익

이라 내가 떠나가지 아니하면 보혜사가 너희에게로 오시지 아니할 것이요

가면 내가 그를 너희에게로 보내리니 그러나 진리의 성령이 오시면 그가

너희를 모든 진리 가운데로 인도하시리니 그가 스스로 말하지 않고, 내 것

을 가지고 너희에게 알리시겠음이라 (요 16:7, 13, 14)

여기서 "보혜사(comforter)"는 주님에게서 나오는 신성한 진리임이 분명하다. 왜냐하면 주님이 직접 사람들에게 "진리"라고 말씀하셨기 때문이다. 그때 주님은 당신이 떠나가면 보혜사, 곧 "진리의 영"을 보내겠다고 하시고, 그가 그들을 "모든 진리 가운데로 인도하실 것이다"라고 하셨다. 또 그가 "스스로 말하지 않고" 주님의 것으로 말할 것이라고 하셨다. "그가 내 것을 가지고"라고 말하는 이유는, 신성한 진리는 주님에게서 나오며, 주님에게서 나오는 것은 "내 것"이라 불리기 때문이다. 즉 주님 자신은 신성한 사랑이시고 그에게서 나오는 것은 신성한 진리이며, 그러므로 그것은 주님의 것인 것이다. (저서『천국과 지옥』139, 140번과 그 앞의 번호들, 그리고『새예루살렘의 교리』307번 참고). "보내지다", "보내다"는 생겨나는 것, 앞으로 나아가는 것을 의미한다(『천국의 비밀』2397, 4710, 6831, 10561번 참고). 여기서 "내가 그를 너희에게로 보내리니"도 같은 뜻이다. "보혜사"가 성령인 것은 다음 요한복음의 말씀으로 분명하다.

보혜사 곧 성령 그가 너희에게 모든 것을 가르치리라 (요 14:26)

(10) 같은 말씀에서,
예수께서 서서 외쳐 이르시되 누구든지 목마르거든 내게로 와서 마시라 나를 믿는 자는 성경에 이름과 같이 그 배에서 생수의 강이 흘러나오리라 하시니 이는 그를 믿는 자들이 받을 성령을 가리켜 말씀하신 것이라 예수께서 아직 영광을 받지 않으셨으므로 성령이 아직 그들에게 계시지 아니하더라 (요 7:37-39)

이것으로 성령은 주님에게서 나오는 신성한 진리임이 분명하다. 그것은 주
님 자신으로부터 나와 천사와 영들을 거쳐 사람에게로 흘러 들어온다. 왜냐
하면 주님께서 먼저 "나를 믿는 자는 그 배에서 생수의 강이 흘러나오리라"고
하셨고, 다음에 "그를 믿는 자들이 받을 성령을 가리켜 말씀하신다"고 하셨기
때문이다. "물"은 영적 의미로 진리를 뜻하고, "생수의 강"은 신성한 진리가
주님으로부터 풍족하게 흘러들어오는 것을 뜻하기 때문이다. 그러므로 "그들
이 받을 성령"도 같은 의미이다("물"이 진리를 뜻하고, "생수"가 신성한 진리
를 뜻하는 것은 앞의 71번 참고). 하나님의 진리는 신성 자체에서 직접 나오는
것이 아니라 영화롭게 되신 주님의 인성으로부터 나온다. 왜냐하면 신성 자체
는 영원 전부터 자체로 영화로운 존재였기 때문이다. 그래서 여기서는 "예수
께서 아직 영광을 받지 않으셨으므로 성령이 아직 계시지 아니하더라"고 말
했다. "영광을 받으셨다는 것(glorify)"은 신성하게 되신 것, 즉 주님이 당신의
인성(Human)을 완전히 영화롭게 만드신 것을 뜻한다. 다시 말하면 십자가
위에서의 마지막 시험과 승리를 통해 주님의 인성이 거룩하게 되신 것을 뜻한
다(『새예루살렘의 교리』 293-295, 300-306번 참고).

(11) 천국에서는 교회에 속한 사람들이 신성한 진리인 성령이 주님의 신성
으로부터 직접 나오지 않고 인성을 통해 나오는 것을 모른다는 사실에 크게
놀란다. 그렇다면 기독교계 전체에서 받아들이는 교리와 그 가르침은 무엇일
까. 그것은 다음과 같다.

아버지가 그런 것처럼 아들 또한 창조되지 않았고, 무한하고 영원하며 전능
하신 하나님이며 주님이시다. 그들 중 누구도 처음이거나 마지막이 아니며,
가장 크거나 가장 작지 않다. 그리스도는 하나님이며 사람이시다. 아버지의
성품으로부터는 하나님이며, 어머니의 성품으로부터는 사람이시다. 그는 하

나님이며 사람이지만, 그러나 둘이 아니라 한 분 그리스도이시다. 그는 한 분이지만, 신성이 변하여 인간이 된 것이 아니고 신성이 자신을 위해 인성을 취하신 것이다. 그가 두 성품이 섞이지 않은 한 사람으로 완전한 한 분인 것은, 몸과 영혼이 하나인 것처럼 하나님이며 사람이신 분이 곧 한 분 그리스도이기 때문이다(아타나시오스 신조에서).

주님의 신성과 인성은 둘이 아니라 한 사람이며 영혼과 몸처럼 하나로 결합되어 있으므로, 이제 다음과 같은 사실을 알 수 있다. 즉 성령이라 불리는 신성은 주님의 신성으로부터 인성을 거쳐 나오며, 그러므로 신적 인성으로부터 나온다는 것이다. 몸에서 나오는 것은 무엇이든 영혼으로부터 몸을 거쳐 나와야 하기 때문이다. 왜냐하면 몸의 모든 생명은 혼으로부터 나오기 때문이다. 그리고 "아버지처럼 아들 또한 창조되지 않았고, 무한하고, 영원하며, 전능하신 하나님이자 주님이시며, 그들 중 누구도 처음, 또는 마지막이 아니며, 가장 크거나 가장 작지 않다"고 했기 때문이다. 그러므로 성령이라 불리는 발현되는 신성은 주님의 신성 자체로부터 인성을 거쳐 나오며, 아버지라 불리는 또 다른 신성으로부터 나오는 것이 아니다. 왜냐하면 주님께서 "나와 아버지가 하나이며, 아버지가 내 안에 있고 내가 아버지 안에 있다"고 가르치셨기 때문이다(아래 200번 참고). 그러나 기독교계의 대부분의 사람들은 속으로 다르게 생각하며, 그렇기 때문에 다르게 믿는다. 그 이유에 대해 천사들은 그들이 주님의 신성과 인성을 분리해서 생각하기 때문이라고 말한다. 그러나 그것은 주님의 신성과 인성은 둘이 아니라 한 사람이며 영혼과 몸처럼 하나로 결합되어 있다는 그들의 교리와는 배치되는 것이다. 이것이 기독교계 전체의 교리가 되도록 주님께서 섭리하신 까닭은, 그것이 교회의 본질적인 것이고 모든 사람의 구원과 관련된 본질적인 것이기 때문이다. 그럼에도 그들은 주님의 신성과 인성을 나누어 두 개의 성품으로 만들고, 아버지의 성품으로부터는 하나님이라 하고, 어머니의 성품으로부터는 사람이라고 말했다. 그 이유는, 주님이 당신의 인성을 완전히 영화롭게 만드셨을 때, 어머니에게서 받은 인성을 벗으시고 아버지의 인성을 입으셨다는 사실을 그들은 모르기 때문이다(『새예루살렘의 교리』 295번 참고. 어떤 종교회의에 참석한 사람들이 주님의 신성과 인성을 구별했는데, 그것은 교황을 주님의 대리자로 인정받기 위함이었다는 것은 『천국의 비밀』 4738번 참고).

(12) "하나님의 영"은 신성한 진리이며, 그러므로 그것을 받아들이는 사람에게 영적 생명이 된다는 것은 다음 구절들을 보면 좀 더 분명히 알 수 있다.

미가서에,

오직 나는 여호와의 영으로 말미암아 능력과 정의로 충만해져서 (미 3:8)

이사야서에,

나는 목마른 자에게 물을 주며 마른 땅에 시내가 흐르게 하며 나의 영을 네 자손에게 부어 주리니 (사 44:3)

그날에 만군의 여호와께서, 재판석에 앉은 자에게 판결하는 영이 되시며, 힘이 되시리로다 (사 28:5-6)

에스겔서에,

내가 또 내 영을 너희 속에 두어 너희가 살아나게 하고 (겔 37:14)

요엘서에,

내가 내 영을 만민에게 부어 주리니 (욜 2:28)

요한계시록에,

　　예수의 증언은 예언의 영이라 (계 19:10)

"하나님의 영"은 신성한 진리를 뜻하기 때문에 그것을 가리켜 이렇게 말했다.

　　여호와의 입의 기운(영) (시 33:6)

　　그의 입술의 기운(영) (사 11:4)

　　하나님의 호흡(영)과 그의 콧김(코의 영) (애 4:20, 시 18:15, 욥 4:9)

마태복음에서,

　　나는 너희로 회개하게 하기 위하여 물로 세례를 베풀거니와 내 뒤에 오시
　　는 이는 성령과 불로 너희에게 세례를 베푸실 것이요 (마 3:11)

영적 의미로 "세례를 베푸는 것"은 거듭나는 것을 뜻한다. "성령"은 신성한 진리를, "불"은 신성한 선을 뜻한다("세례를 베푸는 것"이 거듭나는 것을 뜻하는 것은 위의 71번을, "불"이 사랑의 선을 뜻하는 것은 68번 참고).

(13) 이것으로 주님이 당신의 제자들에게 하신 다음 말씀의 의미가 무엇인지 이제 알 수 있다.

　　너희는 가서 아버지와 아들과 성령의 이름으로 세례를 베풀라 (마 28:19)

여기서 "아버지"는 신성 자체이고, "아들"은 신적 인성이며, "성령"은 발현하

는 신성, 즉 신성한 진리를 뜻한다. 그러므로 한 분이지만 삼위일체이신 하나님이 존재하시는 것이다. 주님은 이것을 요한복음에서 다음과 같이 가르치신다.

> 너희가 나를 알았더라면 내 아버지도 알았으리로다 이제부터는 너희가 그를 알았고 또 보았느니라, 내가 아버지 안에 거하고 아버지는 내 안에 계시느니라 (요 14:7, 9-10)

(14) 발현하는 신성인 신성한 진리는 사람에게 직접 흘러들어올 뿐 아니라 천사와 영들을 통해 간접적으로도 흘러들어온다. 그렇기 때문에, 성령을 아버지와 아들이라 불리는 두 사람과 구별하여 세 번째 사람이라고 믿는 것이다. 그러나 단언할 수 있는 것은 천국에서는 주님에게서 나오는 신성한 진리 말고 다른 어떤 거룩한 신성도 알지 못한다는 것이다. 신성한 진리가 천사들을 통해 간접적으로도 전달되기 때문에 시편에서는 이렇게 말한다.

> 여호와 하나님이 당신의 천사들을 영으로 삼으시고 (시편 104:1, 4)[1]

이러한 구절들을 인용하는 것은 "일곱 영"이 주님으로부터 오는 천국과 교회의 모든 진리를 뜻한다는 것을 알기 위한 것이다. 계시록의 다음 구절을 보면 "일곱 영"이 천국과 교회의 모든 진리라는 사실이 더욱 분명하다.

> 보좌 앞에 켠 등불 일곱이 있으니 이는 하나님의 일곱 영이라 (계 4:5)
> 장로들 사이에 한 어린 양이 서 있는데, 그에게 일곱 뿔과 일곱 눈이 있으니 이 눈들은 온 땅에 보내심을 받은 하나님의 일곱 영이더라 (계 5:6)

---

1) 개역개정의 번역은 "여호와 하나님이 바람을 자기 사신으로 삼으시고"이다. (역자)

　“등불”과 “어린 양의 눈”을 영이라 부른다는 사실로부터, 여기서 영이 말 그대로 영이 아닌 것이 분명하다. 즉 “등불”은 신성한 진리를, “눈”은 진리에 대한 이해력을 뜻하며, 주님에 대해 말할 때는 주님의 신성한 지혜와 지성을 뜻한다(위의 152번 참고).

184

　“일곱 별”은 주님에게서 나오는 선과 진리에 관한 모든 지식을 뜻한다. 이 것이 분명한 것은 “일곱”은 충만한 것, 모든 것을 뜻하며(위의 20, 24번 참고), “별”은 진리와 선에 관한 지식을(위의 72번 참고) 뜻하기 때문이다. 이 교회의 사자(천사)에게 “하나님의 일곱 영과 일곱 별을 가지신 이가 이르시되”라고 말한 까닭은, 여기서는 영적인 것들과 그것에서 비롯한 지성과 지혜에 대해서는 별로 관심이 없으며, 그러므로 도덕적이긴 하나 영적인 삶을 살지 않는 교회 안의 사람들을 다루기 때문이다. 왜냐하면 “하나님의 일곱 영”은 천국과 교회의 모든 진리를 뜻하고, “일곱 별”은 선과 진리에 관한 지식을 뜻하며, 이 둘을 통해 모든 지성과 지혜가 생겨나기 때문이다. 각 교회의 사자(천사)에게 쓴 편지에는 주님에 대한 어떤 것을 서두에서 말하고 있는데, 그것은 그 글의 내용이 무엇인지를 나타내는 것이다(위의 113번 참고).

“내가 네 행위를 아노니”는 그들의 생명에 속한 것들을 뜻한다. 이것이 분명한 것은 “행위”는 사람의 생명에 속한 것인 선과 악을 뜻하기 때문이다. “행위”가 생명에 속한 것을 뜻하는 까닭은, 행위는 모든 사람의 생명에서 나오며, 그러므로 생명의 결과이기 때문이다. 생명이 선하면 행위도 선하고, 생명이 악하면 행위도 악하다. 행위 속에 있는 생명은 의도인데, 그것은 의지에 속한 것이고, 의지에서 비롯한 사고에 속한 것이다. 이 생명이 바로 사람의 영의 생명인 것이다. 왜냐하면 의도하고 생각하는 것은 사람 안의 영이기 때문이다. 행위 안에 이러한 생명이 없다면 그것은 마치 자동 인형이 움직이는 것과 같은 동작들에 불과할 것이다. 그러므로 현명한 사람은 행위를 보지 않고 행위 안에 있는 생명인 의도를 본다. 이것은 사람과 함께 있는 천사들에게 있어서 특히 그렇다. 그들은 사람의 행위를 보지 않고 오직 마음의 의도를 보며, 그것으로부터 그 사람의 상태가 어떤지 결론을 내린다. 이상으로 “행위”는 영적 의미로 생명을 뜻한다는 것을 알 수 있다. 사람의 생명은 주로 그의 사랑에 따라 다양하기 때문에 “행위”가 특히 의미하는 것은 그의 사랑이다(위의 98, 116번 참고). 이런 까닭에 각 교회의 사자에게 처음에 “내가 네 행위를 아노니”라고 말한 것이다. 그러므로 이 말은 주님은 사람의 생명 전체와 그것의 사랑의 특성을 아신다는 뜻이다.

185

(1) “네가 살았다 하는 이름은 가졌으나 죽은 자로다”는 그들이 죽은 자임

에도 불구하고, 도덕적 삶을 살고 있다는 이유로 스스로 살아 있다고 생각하는 그들의 사고의 특성을 뜻한다. 이것이 분명한 것은 "이름"은 상태의 특성을(위의 148번 참고) 뜻하고, "살아 있는 것"은 영적 생명을 소유한 것을 뜻하며(이것에 대해 곧 말할 것이다), "죽은 것"은 영적 생명이 없는 도덕적 생명만 가진 것을 뜻하기 때문이다. 이것을 죽은 것이라고 말하는 이유는, 말씀에서 "생명"은 사람에게 있는 천국의 생명을 뜻하고(천국에서는 그것을 "영원한 생명"이라고 부른다), 반대로 "죽음"은 지옥의 생명을 뜻하기 때문이다. 그 생명을 말씀에서 "죽음"이라고 부르는 이유는, 그것에는 천국의 생명이 없기 때문이다. 그러므로 여기서 "네가 살았다 하는 이름은 가졌으나 죽은 자로다"는 그들이 도덕적 삶을 산다는 이유로 영적 생명을 가졌으며 구원받았다고 생각하지만, 영적으로는 죽은 자라는 뜻이다. 위의 182번에서 영적인 삶과 도덕적 삶에 대해 말한 것을 보면 이것을 이해할 수 있을 것이다. 즉 영적인 삶과 분리된 도덕적 삶은 자기 자신과 세상에 대한 사랑에서 비롯한 삶이지만, 영적인 삶에 근거한 도덕적 삶은 주님과 이웃에 대한 사랑에서 비롯한 삶이라는 것이다. 이 삶이 바로 천국의 삶이며 다른 삶은 영적으로 죽은 삶이다. 이것을 이해한다면(위의 182번) 여기서 "살았다고 하나 죽은 자로다"라는 말뜻을 이해할 수 있을 것이다.

(2) "사는 것" 또는 "살아 있는 것"은 사람 안의 영적 생명을 뜻하고, "죽은 것"은 그 생명을 잃어버린 것, 지옥에 떨어지는 것을 뜻한다는 것은 말씀의 여러 구절을 통해 알 수 있다. 그 구절들을 인용하면 다음과 같다.

에스겔서에,

내가 악인에게 말하기를 너는 꼭 죽으리라 할 때에 네가 깨우치지 아니하

거나 말로 악인에게 일러서 그의 악한 길을 떠나 생명을 구원하게 하지 아

니하면 그 악인은 그의 죄악 중에서 죽으려니와, 네가 악인을 깨우치되 그
가 그의 악한 마음과 악한 행위에서 돌이키지 아니하면 그는 그의 죄악 중
에서 죽으려니와 너는 네 생명을 보존하리라, 그러나 네가 그 의인을 깨우
쳐 범죄하지 아니하게 함으로 그가 범죄하지 아니하면 정녕 살리니 이는
깨우침을 받음이니라 (겔 3:18-21)

여기서 "그가 죽으려니와"는 영원히 죽어 없어지는 것이며 영원한 벌을 받
는 것이다. 그것은 악한 자들에게 하는 말이기 때문이다. 그리고 "그가 살리
니"는 영생을 누리는 것이며 구원받는 것이다. 그것은 회개하는 사람과 의인
들에 대해 하는 말이기 때문이다.

(3) 같은 말씀에,

너희가 나를 내 백성 가운데에서 욕되게 하여 거짓말을 곧이 듣는 내 백성
에게 너희가 거짓말을 지어내어 죽지 아니할 영혼을 죽이고 살지 못할 영
혼을 살리는도다 (겔 13:19)

이 말씀은 진리의 왜곡을 말한다. "너희가 나를 내 백성 가운데에서 욕되게
하여"와 "거짓말을 곧이듣는 내 백성에게 너희가 거짓말을 지어내어"는 진리
의 왜곡을 의미하기 때문이다. 여기서 "거짓말"은 거짓된 것, 거짓으로 변한
것을 뜻한다. "죽지 아니할 영혼을 죽이고"는 진리로부터 오는 생명을 그들에
게서 빼앗는 것을 뜻한다. 그리고 "살지 못할 영혼을 살리는도다"는 영원한
생명이 거짓으로부터 나온다고 그들을 설득하는 것이다. 여기서 "살리는 것"
이 이런 의미라는 것은 바로 앞의 절을 보면 분명히 알 수 있다.

(4) 시편에,

여호와는 그를 경외하는 자를 살피사 그들의 영혼을 사망에서 건지시며 그
들이 굶주릴 때에 그들을 살리시는도다 (시 33:18 -19)
주께서 내 생명을 사망에서 건지셨음이라 주께서 나로 하나님 앞, 생명의
빛에 다니게 하시려고 실족하지 아니하게 하셨나이다 (시 56:13)

예레미야서에,
보라 내가 너희 앞에 생명의 길과 사망의 길을 두었노라 (렘 21:8)

요한복음에,
내가 진실로 진실로 너희에게 이르노니 내 말을 듣는 자는 영생을 얻었고
심판에 이르지 아니하나니 사망에서 생명으로 옮겼느니라 (요 5:24)

(5) 이 구절들에서 "사망"은 영원한 벌을 뜻하고, "생명"은 구원을 뜻하는
것이 분명하다. "사망"은 영원한 형벌이기 때문에 또한 지옥이라고 부른다.
그런 까닭에 말씀에서는 지옥을 보통 "사망"이라고 부른다.

이사야서에,
스올이 주께 감사하지 못하며 사망이 주를 찬양하지 못하며 구덩이에 들어
간 자가 주의 신실을 바라지 못하되 오직 산 자 곧 산 자는 주께 감사하리
이다 (사 38:18-19)
우리는 사망과 언약하였고 스올과 함께 환상을 품었도다 (사 28:15)

호세아서에,
내가 그들을 스올의 권세에서 속량하며 사망에서 구속하리니 사망아 네 재
앙이 어디 있느냐 스올아 네 멸망이 어디 있느냐 (호 13:14)

시편에,

사망 중에서는 주를 기억하는 일이 없사오니 스올에서 주께 감사할 자 누

구리이까 (시 6:5)

사망의 줄이 나를 얽고, 스올의 줄이 나를 두르고 (시 18:4-5)

그들은 양 같이 스올에 두기로 작정되었으니 사망이 그들의 목자일 것이라

(시 49:14)

여호와여 주께서 내 영혼을 스올에서 끌어내어 나를 살리사 (시 30:3)

요한계시록에,

내가 보매 청황색 말이 나오는데 그 탄 자의 이름은 사망이니 음부가 그 뒤

를 따르더라 (계 6:8)

사망과 음부도 불못에 던져지니 (계 20:14)

(6) "사망"은 영원한 벌이며 지옥을 뜻하므로, 다음 구절들에서도 그것의 의

미가 분명하다.

이사야서에,

사망을 영원히 멸하실 것이라 주 여호와께서 모든 얼굴에서 눈물을 씻기시

며 (사 25:8)

그의 무덤이 악인들과 함께 있었으며 그가 죽은 후에 부자와 함께 있었도

다 (사 53:9)

시편에,

여호와여 나를 사망의 문에서 일으키소서 (시 9:13)

너는 낮에 날아드는 화살과, 밝을 때 닥쳐오는 사망을 두려워하지 아니하

리로다 (시 91:5-6)

요한복음에,

사람이 내 말을 지키면 영원히 죽음을 보지 아니하리라 (요 8:51)

요한계시록에,

이기는 자는 둘째 사망의 해를 받지 아니하리라 (계 2:11)

그 물이 쓴물이 되므로 많은 사람이 죽더라 (계 8:11)

둘째 천사가 그 대접을 바다에 쏟으매 바다가 곧 죽은 자의 피같이 되니 바

다 가운데 모든 생물이 죽더라 (계 16:3)

(7) 이 구절들로부터 "죽은 자"는 그들 속에 천국의 생명이 없는 자들이며, 그러므로 악과 그것에서 비롯한 거짓 안에 있는 자들을 뜻한다는 것을 알 수 있다. 이러한 의미는 다음 구절들에서도 마찬가지이다.

시편에,

그들이 또 브올의 바알과 연합하여 죽은 자에게 제사한 음식을 먹어서 (시 106:28)

원수가 나로 죽은 지 오랜 자 같이 나를 암흑 속에 두었나이다 (시 143:3)

마태복음에,

제자 중에 또 한 사람이 이르되 주여 내가 먼저 가서 내 아버지를 장사하게 허락하옵소서 예수께서 이르시되 죽은 자들이 그들의 죽은 자들을 장사하 게 하고 너는 나를 따르라 하시니라 (마 8:21-22)

"죽은 자"의 뜻이 이렇기 때문에,

아론의 자손들은 죽은 자를 만지는 것이 허락되지 않았다(레 21:1, 11)
제사장과 레위족들도 같았다 (겔 44:25)
나실인들도 마찬가지였다 (민 6:6-7)
이스라엘 자손 중 누구라도 죽은 자를 만진 자는 정결하게 하는 물을 뿌려
깨끗이 해야 했다 (민 19:11-끝)

(8) "사망"이 영원한 벌, 지옥을 뜻하기 때문에, 그 반대인 "생명"은 구원과
천국을 뜻한다. 다음 구절들에서 그것을 알 수 있다.

마태복음에,
생명으로 인도하는 문은 좁고 길이 협착하다 (마 7:14)
한 눈으로 영생에 들어가는 것이 두 눈을 가지고 지옥 불에 던져지는 것보
다 나으니라 (마 18:9)
네가 생명에 들어가려면 계명들을 지키라 (마 19:17)

요한복음에,
선한 일을 행한 자는 생명의 부활로 나오리라 (요 5:29)

이상으로 구원은 곧 "영원한 생명"이라는 것을 알 수 있다(마 19:16, 29,
25:46, 막 10:30, 31, 눅 10:25, 18:18, 30, 요 3:14-16, 36, 17:2, 3, 그리고
그 밖에). 또 같은 이유로 천국을 "산 자들의 땅"이라고 부른다.

시편에,

여호와여 주는 나의 피난처시요 살아 있는 사람들의 땅에서 나의 분깃이시
나이다 (시 142:5)
내가 산 자들의 땅에서 여호와의 선하심을 보리이다 (시 27:13)
만민들아 우리 하나님을 송축하라, 그는 우리 영혼을 산 자들 가운데 두시
고 (시 66:8-9)

(9) 생명은 오직 주님에게 있고, 사람조차도 주님으로부터 생명을 받는다는
것을 주님은 다음과 같이 가르치신다.

요한복음에서,
아버지께서 죽은 자들을 일으켜 살리심같이 아들도 자기가 원하는 자들을
살리느니라 아버지께서 자기 속에 생명이 있음같이 아들에게도 생명을 주
어 그 속에 있게 하셨고 (요 5:21, 26)
예수께서 이르시되 나는 부활이요 생명이니 나를 믿는 자는 죽어도 살겠고
(요 11:25, 26)
내가 곧 길이요 진리요 생명이라 (요 14:6)
나는 하늘에서 내려오는 생명의 떡이니 세상에 생명을 주는 것이니라 (요
6:33, 35, 47, 48)

이상으로 주님은 곧 "생명"이며, "산 자"임을 알 수 있다(행전 4:9, 10,
5:14, 7:2, 10:6). 다음 예언서의 구절에서도 여호와에 대해 똑같이 말한다.

(10) 주님은 생명이시기 때문에 모든 것들이 주님으로부터 생명을 가진다.
주님은 또한 이것을 다음과 같이 가르치신다.

요한복음에,

> 아들을 믿는 자에게는 영생이 있고 아들에게 순종하지 아니하는 자는 영생을 보지 못하느니라 (요 3:36)
>
> 내가 온 것은 양으로 생명을 얻게 하려는 것이라 내가 그들에게 영생을 주노니 (요 10:10, 28)
>
> 나를 믿는 자는 죽어도 살겠고 (요 11:25, 26)
>
> 너희가 영생을 얻기 위하여 내게 오기를 원하지 아니하는도다 (요 5:40)

(11) "생명"이 주님을 뜻하고, 그로 말미암은 구원과 천국을 뜻하는 까닭은, "생명"에 속한 모든 것은 오직 하나의 원천이신 주님에게서 나오며, 그에 비해 천사와 사람은 다만 주님으로부터 생명을 받는 생명의 형상이기 때문이다. 주님에게서 나와 천국과 지상을 가득 채우는 생명 그 자체는 주님의 사랑에서 비롯한 생명이다. 천국에서는 이것이 빛으로 나타나는데, 이 빛이 곧 생명이다. 그러므로 그것이 천사들의 마음을 밝히고 깨달음을 주며, 그들을 지혜롭게 만든다. 그래서 주님은 당신 자신을 "생명"이라고 하시고, 또 "산 자"라 부르셨다.

요한복음에,

> 태초에 말씀이 계시니라 이 말씀이 하나님과 함께 계셨으니 이 말씀은 곧 하나님이시니라, 그 안에 생명이 있었으니 이 생명은 사람들의 빛이라, 그것이 참 빛 곧 세상에 와서 각 사람에게 비추는 빛이라 (요 8:12)

시편에,

> 생명의 원천이 주께 있사오니 주의 빛 안에서 우리가 빛을 보리이다 (시 36:9)

천국에서는 주님에게서 나오는 생명인 빛을 신성한 진리라 부르는데, 그 이유는 그 빛이 그곳 사람들의 마음속에서 빛나고 그렇게 해서 그들의 눈앞에서 빛나기 때문이다. 그래서 말씀에서 "빛"은 신성한 진리와 그것에서 비롯한 지성과 지혜를 뜻하며, 주님께서도 자신을 "빛"이라고 하셨다(『천국과 지옥』 126-140, 275번을 보면 이것에 대해 더 자세히 알 수 있다).

(12) 주님이 생명에 속한 모든 것의 근원이신 까닭은, 주님은 천사들의 천국의 태양이시고, 그 태양의 빛은 신성한 진리이며, 그 열기는 신성한 선이기 때문이다. 그러니까 그 두 가지가 곧 생명인 것이다. 그 근원으로부터 천국과 세상의 모든 생명이 존재한다. 자연으로 흘러들어와 그것에 생명을 주는 영적인 것은 다른 어떤 근원으로부터 나오지 않는다. 그러나 그것은 받아들이는 데 따라 생명을 준다(이것에 대해서는 『천국과 지옥』 116-125번 참고). 이상으로 왜 주님은 당신 자신을 "빛"이라고 부르시는지, 그리고 왜 신성한 진리인 빛을 받아들인 사람들을 생명을 가진 자, 산 자라고 하고, 빛을 받아들이지 않은 사람은 살아 있지 않은 자, 죽은 자라고 하는지 이제 분명하다(오직 하나의 생명의 근원이 존재하는 것과 그 근원이 주님이라는 것은 『천국과 지옥』 9번과 『새예루살렘의 교리』 278번 참고).

187

(1) 2절. "너는 일깨어"는 그들 스스로 생명을 획득해야 하는 것을 뜻한다. 이것이 분명한 것은 "일깨어"라는 말은 영적 생명 안에 있는 것을 뜻하기 때문이다. 그러나 여기서 다루는 사람들의 생명은 도덕적이기는 하나 영적이지

않은 사람들이기 때문에, "일깨어"는 그들이 스스로 영적 생명을 획득해야 함을 뜻한다. "깨달음"과 "깨어 있음"이 영적 생명을 뜻하는 까닭은, 영적 생명과 영적 생명과 분리된 도덕적 생명의 관계는 깨어 있는 것과 잠든 것, 한낮의 빛과 저녁 빛 또는 어둠과 같기 때문이다. 그러나 자연적 생명 안에만 있는 사람들은 이러한 사실을 모르거나 지각하지 못한다. 영적 생명과 분리된 도덕적 생명 안에 있는 사람들도 모르기는 마찬가지이다. 왜냐하면 그 생명 또한 자연적 생명이기 때문이다. 그들이 이러한 사실을 모르는 이유는, 오로지 자연적인 빛 안에만 있기 때문이고, 또 영적인 빛에 비해 이 빛은 한낮의 빛과 대비된 저녁의 어둠과 같기 때문이다. 게다가 이들에게는 저녁의 어둠이 마치 빛처럼 보인다. 왜냐하면 그들의 내적 시각인 사고의 시각이 그런 어둠에 익숙해져 있기 때문이다. 그것은 마치 올빼미나 박쥐, 그밖에 밤에 날아다니는 새들의 시각이 어둠에 익숙해져 있는 것과 같은 것이다. 그러므로 그들은 어둠 속에 있으면서도 추론할 수 있다는 이유로 스스로 빛 안에 있다고 생각한다. 이것이 그렇다는 것은 사후에 영이 되었을 때 이들의 상태를 보면 분명하다. 그때 그들은 자기 동료들과 함께 빛 안에 있다고 생각하는데, 그 이유는 그들이 주변의 모든 것을 볼 뿐 아니라 어떤 일에 대해서도 생각하고 말할 수 있기 때문이다. 그러나 천국의 빛이 그들에게 흘러 들어오면, 그들의 빛은 어둠으로 바뀌고 아무것도 생각할 수 없을 정도로 이해력에 있어 맹인과 같이 된다. 더욱이 천국의 천사들이 이 빛 안에 있는 사람들을 내려다볼 때, 그들은 거기서 어둠밖에 아무것도 보지 못한다. 영적 생명과 영적 생명에서 분리된 도덕적 생명을 비교하는 것은 마치 깨어 있는 것과 잠든 것을 비교하는 것과 같다. 그것은 다음 사실을 통해 보다 잘 알 수 있다. 즉 영적인 빛 안에 있는 사람들은 천사의 지혜와 지성 안에 있는데, 그것은 자연적 빛 안에만 있는 사람들에게는 이해할 수도 없고 말로 표현할 수도 없는 것이라는 거다. 그리고 이것은 세상에 사는 사람에게만 그런 게 아니라 사후에 그들이 영이 되었을 때도 마찬가지이다. 그리고 그때 깨어 있음을 만드는 것은 지혜와 지성이다. 이것으로 여기서 "일깨어"는 그들 스스로 영적 생명을 획득해야 하는 것을 뜻함을 알 수 있다.

(2) "깨어 있는"의 의미는 다음 구절들에서도 같다.

마태복음에서,

> 그러므로 깨어 있으라 어느 날에 너희 주가 임할는지 너희가 알지 못함이니라 (마 24:42)

마가복음에,

> 깨어 있으라 집 주인이 언제 올는지 혹 저물 때일는지 밤중일는지 닭 울 때일는지 너희가 알지 못함이라 그가 홀연히 와서 너희가 자는 것을 보지 않도록 하라 깨어 있으라 내가 너희에게 하는 이 말은 모든 사람에게 하는 말이니라 하시니라 (막 13:35-37)

말씀의 내적 의미를 모르는 사람은 이것이 마지막 심판에 대한 말씀이며, 모든 사람이 그 심판에 대비해야 한다는 뜻으로 생각한다. 그러나 이 구절들이 의미하는 것은 사람이 죽을 때에 그의 사랑과 믿음의 상태를 말한다. 왜냐하면 그때 그의 심판이 있기 때문이다. 그러니까 "저녁", "밤", "닭 울 때"는 그 상태들을 뜻한다. 즉 "저녁"은 인애와 믿음이 점점 없어지는 상태로, 사람이 (주님이 아니라) 자신의 판단에 따라 행동하며, 어린 시절에 받아들인 것들을 잃어버리는 상태를 뜻한다. "밤"은 믿음과 인애가 하나두 없는 상태이다. 또 "닭 울 때" 또는 "새벽"은 믿음과 인애가 생기기 시작하는 상태를 뜻하며, 사람이 진리를 사랑하고 진리에 의해 개혁되기를 원할 때의 상태이다. 사람은 죽을 때의 상태로 그대로 남으며 그 상태에 따라 심판을 받는다. 이것으로 "주님이 홀연히 와서 너희가 자는 것을 보지 않도록 하라 깨어 있으라 내가 너희에게 하는 이 말은 모든 사람에게 하는 말이니라"라고 하는 말씀이 무슨 뜻인지 분명하다. 즉 "깨어 있는 것"은 주님으로부터 영적 생명을 받는 것을 뜻하며, "자는 것"은 영적인 삶과 분리된 자연적 삶을 사는 것을 뜻한다("저녁"이 믿음과 인애가 점점 없어지는 것을 뜻하는 것은 『천국의 비밀』 3056, 3197, 3833, 8431, 10134, 10135번, "밤"이 믿음 또는 인애가 하나도 없는 상태를 뜻하는 것은 221, 709, 2353, 6000, 7870, 7947번, 아침이 오기 전 "새벽"이나, "닭 울 때"가 믿음과 인애가 생기기 시작할 때의 상태인 것은 10134번 참고).

(3) 누가복음에,

주인이 와서 깨어 있는 것을 보면 그 종들은 복이 있으리로다 내가 진실로 너희에게 이르노니 주인이 띠를 띠고 그 종들을 자리에 앉히고 나아와 수종들리라, 그러므로 너희도 준비하고 있으라 생각하지 않은 때에 인자가 오리라 (눅 12:37, 40)

여기서도 "깨어 있는" 사람들은 영적으로 깨어 있는 사람들을 뜻한다. 즉 주님으로부터 영적 생명을 받아들이는 사람들이다. 왜냐하면 이들은 신성한 진리에 관한 지혜와 지성의 빛 속으로 들어오기 때문이다. 그러나 영적 생명을 받지 못한 사람들은 그 진리들에 대해 명확히 알지 못하고 짙은 어둠 속에 있다. 그러므로 이들은 잠자는 것이고 전자의 사람들은 깨어 있는 것이다. "주인이 띠를 띠고 그 종들을 자리에 앉히고 나아와 수종들리라"는 주님으로부터 천국의 선이 그들에게 전해지는 것을 뜻한다.

(4) 마태복음에,

> 천국은 마치 등을 들고 신랑을 맞으러 나간 열 처녀와 같다 하리니 그 중의
> 다섯은 미련하고 다섯은 슬기 있는 자라, 신랑이 더디 오므로 다 졸며 잘
> 새, 신랑이 오매 이에 처녀들이 다 일어나 등을 준비할 새, 등에 기름을 가
> 지지 아니한 미련한 처녀들이 와서 이르되 주여 주여 우리에게 열어 주소
> 서 대답하여 이르되 진실로 너희에게 이르노니 내가 너희를 알지 못하노라
> 하였느니라 그런즉 깨어 있으라 너희는 인자가 오는 그날과 그때를 알지
> 못하느니라 (마 25:1-13)

"열 처녀"는 교회에 속한 모든 사람을 뜻하며, "다섯"은 그들 중 일부를 뜻한다. 그것이 이 숫자들의 의미이다. "등"은 믿음에 관한 것을 뜻하고, "기름"은 사랑에 관한 것을 뜻한다. 그러므로 "슬기 있는 다섯 처녀"는 사랑과 그것에서 비롯한 믿음 안에 있는 사람들을 뜻한다. 그리고 "미련한 다섯 처녀"는 사랑 안에 있지 않고 오직 믿음 안에만 있는 사람들이다. 이들은 영적 생명 안에 있지 않으며, 그러므로 천국에 들어갈 수 없다. 그래서 그들에게 이르기를 "너희에게 이르노니 내가 너희를 알지 못하노라"라고 말한 것이다. 이 사실로부터 "그런즉 깨어 있으라 너희는 인자가 오는 그날과 그때를 알지 못하느니라"라는 말씀의 의미가 무엇인지 분명하다. 그것은 그들이 영적 생명을 받아야 한다는 뜻이다. 영적 생명을 받은 사람들은 사랑 안에 있고 사랑으로부터 믿음 안에 있는 사람들을 말한다(『천국의 비밀』 4635-4638번에서 좀 더 자세한 내용을 볼 수 있다).

(5) 누가복음에,

> 이러므로 너희는 장차 올 이 모든 일을 능히 피하고 인자 앞에 서도록 항상
> 기도하며 깨어 있으라 (눅 21:36)

여기서도 "깨어 있는 것"은 영적 생명을 받는 것을 뜻하고, "항상 기도하는 것"은 스스로 준비하는 것을 뜻한다.

(6) 요한계시록에,

> 보라 내가 도둑같이 오리니 누구든지 깨어 자기 옷을 지켜 벌거벗고 다니
> 지 아니하는 자는 복이 있도다 (계 16:15)

여기서 "깨어 있는 것"은 주님으로부터 영적 생명을 받는 것을 뜻하는데, 그것은 "깨어 자기 옷을 지켜 벌거벗고 다니지 아니하는 자는 복이 있도다"라고 말한 것으로 분명하다. "옷"은 영적 생명을 얻는 수단인 선과 진리의 지식을 뜻하고, "벌거벗고 다니는 것"은 수단으로서 지식이 없는 삶을 뜻하며, 그러므로 영적인 삶이 아니라 오로지 자연적이기만 한 삶을 뜻한다("옷"이 선과 진리의 지식을 뜻하는 것은 아래의 195번 참고, 그리고 "벌거벗은 것"이 이러한 지식을 잃어버린 것을 뜻하는 것은 『천국의 비밀』 1073, 5433, 5954, 9960번 참고).

(7) 예레미야 애가에,

> 파수가 시작되는 밤에 일어나 부르짖을지어다, 각 길 어귀에서 주려 기진
> 한 네 어린 자녀들의 생명을 위하여 주를 향하여 손을 들지어다 (애 2:19)

앞에서처럼 여기서도 "밤"은 믿음이 없는 상태를 뜻하고, "파수가 시작되는 것"은 믿음이 막 생기기 시작하는 상태이며, 그러므로 가르침을 받는 상태, 즉 영적으로 변하는 때를 뜻한다. "어린 자녀"는 진리를 사랑하고 간절히 바라는 사람들을 뜻한다. "각 길 어귀에서 주려 기진한 것"은 진리와 선의 지식이 부족하여 영적 생명이 주어지지 않는 것을 뜻한다("주리는 것"이 지식의

부족과 그것을 사모하는 것을 뜻하는 것은『천국의 비밀』1460, 3364, 5277, 5279, 5281, 5300, 5360, 5376, 5893번, 그리고 "길"이 교리에 속한 진리를 뜻하는 것은 2336번 참고).

(8) "깨어 있는 것"이 영적 생명을 받는 것을 뜻하기 때문에, "잠자는 것"은 영적 생명과 분리된 자연적 생명을 뜻한다. 앞에서 말한 것처럼 영적 생명이 깨어 있는 것이라면 자연적 생명은 잠자는 것에 비할 수 있기 때문이다. "잠자는 것"의 의미가 이렇다는 것을 마태복음에서는 다음과 같이 말한다.

천국은 좋은 씨를 제 밭에 뿌린 사람과 같으니 사람들이 잘 때에 그 원수가
와서 곡식 가운데 가라지를 덧뿌리고 갔더니 (마 13:24-25)

예레미야서에,
열정이 일어날 때에 내가 연회를 베풀고 그들이 취하여, 영원히 잠들어 깨
지 못하게 하리라 (렘 51:39, 57)

시편에,
여호와 내 하나님이여 내게 응답하시고 나의 눈을 밝히소서 두렵건대 내가
사망의 잠을 잘까 하오며 (시 13:3)
마음이 강한 자도 가진 것을 빼앗기고 잠에 빠질 것이며, 주께서 꾸짖으시
매 병거와 말이 다 깊이 잠들었나이다 (시 76:5-6)

"병거와 말"은 교회의 교리와 교리에 대하 이해력을 뜻하다. 그것들이 "깊이 잠들었다"고 한 것은 교리에 진리가 없다는 것이고, 그러므로 교회에 속한 사람들이 교리를 통해 영적 생명을 얻지 못하는 때를 말한다(말씀에서 "병거

와 말"이 교리와 지적 능력을 뜻하는 것은 저서 『백마』의 1-5번 참고).

188

"그 남은바 죽게 된 것을 굳건하게 하라"는 도덕적 생명에 속한 것들을 살리기 위해 힘쓰라는 뜻이다. 이것이 분명한 것은 "굳건하게 하는 것"은 진리를 수단으로 하여 도덕적 생명을 살리는 것을 뜻하기 때문이다. 도덕적 생명은 말씀의 진리로 살아나며 살아날 때 또한 굳건해진다. 그때 그것은 영적 생명과 하나가 되어 활동하기 때문이다. 영적인 사람들에게 영적 생명과 도덕적 생명은 마치 의지와 행동처럼 하나로 움직이기 때문이다. 의지는 영적 사람과 그의 생명에 속한 것이고, 행동은 도덕적 사람과 그의 생명에 속한 것이다(위의 182번 참고). 그러므로 "그 남은바 죽게 된 것을 굳건하게 하라"는 도덕적 생명이 악과 거짓에 의해 파괴되지 않도록 하라는 뜻이다. 영적 생명과 분리된 도덕적 생명은 자연적 생명이나 마찬가지이기 때문이다. 영적 생명과 분리된 도덕적 생명으로부터 하는 모든 선행은 오로지 자기 사랑과 세상 사랑으로부터 하는 것이기 때문이다. 그러니까 자아로부터 하는 것이며, 자아로부터는 악과 거짓 외에 어떤 것도 나오지 않는다. 사람이 도덕적인 사람으로 존중받으려 하는 이유는 선하고 진실함, 의로움으로 겉모습을 꾸며 자기 자신과 세상을 위한 목적을 이루기 위해서이다. 그렇기 때문에 사람에게 있는 모든 것들은 내면의 영적 사람을 여는 선과 진리에 의해 살아나야 하며, 그렇지 않으면 자체로 죽은 것, 즉 곧 죽게 될 것이다. 왜냐하면 주님께서는 그런 방법으로 자연적 사람 안에 있는 악과 거짓들을 제거하시기 때문이다.

"내 하나님 앞에 네 행위의 온전한 것을 찾지 못하였노니"는 다른 방법으로는 도덕적 생명(삶) 안에 신성이 있을 수 없음을 뜻한다. 이것이 분명한 것은 "행위"는 생명(삶)에 속한 것들을 뜻하며(이것은 위의 185번 참고), "하나님 앞에 온전하지 않은 것"은 그 생명 안에 신성이 있지 않음을 뜻하기 때문이다. 생명에 속한 것들이란 도덕적 생명에 속한 것들을 말한다. 왜냐하면 여기서 다루는 것이 바로 그것이기 때문이다. 여기서 "행위"로 표현된 도덕적 생명에 속한 것들은 영적 근원에서 비롯할 때 "하나님 앞에 온전한" 것이 되지만, 영적 근원에서 비롯하지 않을 때는 "온전하지 않은 것"이 된다. 왜냐하면 사람의 외적 생명인 도덕적 생명은 영적 근원으로부터 나오거나, 영적이지 않은 근원으로부터 나오기 때문이다. 양쪽 모두에서 나오는 것은 용인되지 않는다. 예를 들면 그중 어떤 것은 한쪽 근원에서 나오고 어떤 것은 다른 쪽 근원에서 나오거나, 또는 어떤 것은 천국에서 오고 어떤 것은 지옥으로부터 오는 것은 용인될 수 없는 것이다. 왜냐하면 그것은 "하나님과 재물" 두 주인을 섬기는 것이며, 그때 그는 "미지근하여 차지도 아니하고 뜨겁지도 아니한" 사람이 되기 때문이다. 그러므로 "행위"는 하나님 앞에 온전하거나, 아니면 하나님 앞에 아무것도 아닌 것이어야 한다. 그렇기 때문에 "내 하나님 앞에 네 행위의 온전한 것을 찾지 못하였노니"는 도덕적 생명 안에 신성이 존재하지 않은 것을 뜻한다. 영적 근원에서 비롯한 도덕적 생명이라고 말하거나, 또는 신성에서 비롯한 도덕적 생명이라고 하거나 그것은 같은 의미이다. 모든 영적 생명은 신성에서 비롯하기 때문이다. 왜냐하면 영적인 것은 신성의 발현(發顯)이며, 또한 천국에 있는 신적 진리이기 때문이다. 천국의 천사들은 이 영적인 것을 받는 그릇이기 때문에 모두 영적인 존재들이다. 믿음과 삶 가운데 신성한 진리를 받아들이는 사람들도 마찬가지로 영적인 존재들이다(영적인 것이 무엇인가 하는 것은『새예루살렘의 교리』48-49번 참고).

190

(1) 3절. "그러므로 네가 어떻게 받았으며 어떻게 들었는지 생각하고 지켜 조심하라[2]"는, 주님이 말씀에서 가르치신 것을 기억하고 유의하라는 뜻이다. 이것이 분명한 것은, 이 교회의 사자에게 쓴 편지는 도덕적 생명 안에 있지만 영적 생명 안에 있지 않은 사람들에 대해 말하고 있으며, 거기서 말하기를 도덕적 생명을 살아 있는 걸로 만들기 위해서는 스스로 영적 생명을 획득해야 한다고 하기 때문이다. 이것은 바로 앞의 말씀, 즉 "너는 일깨어 그 남은바 죽게 된 것을 굳건하게 하라"는 말씀의 의미이기도 하다. 이런 사실로부터 "그러므로 네가 어떻게 받았으며 어떻게 들었는지 생각하고 지켜 조심하라"는 주님이 말씀에서 가르치신 것을 기억하고 유의하라는 뜻이라는 걸 알 수 있다. "조심하는 것"은 "유의하는 것"을 뜻하는데, 진리에 대한 영적 애정 안에 있는 사람들이 그와 같이 행동한다. 왜냐하면 이들은 말씀을 읽을 때 자기가 태어난 교회의 교리를 통해 바라보지 않고 그 교리로부터 떨어져서 말씀을 바라보기 때문이다. 왜냐하면 그들이 원하는 것은 말씀을 이해하는 것이며, 그러므로 자신의 내면으로 진리를 보는 것이지 다른 사람을 통해 보는 것이 아니기 때문이다. 이런 상태에 있는 사람들은 주님에 의해 깨우침을 얻고, 그들이 이해한 진리를 바탕으로 스스로 교리를 만드는 것이 허용된다. 그리고 그

---

2) 개역개정과 KJV의 번역은 "회개하라"인데 Whitehead의 영역본 본문에는 "take heed" 즉 "조심하라"라고 되어 있다. (역자)

교리가 그들에게 심어지며 그들의 영 안에 영원히 머무른다.

　(2) 그러나 다른 사람에게서 받아들인 교리를 바탕으로 말씀을 읽는 사람들은 그들 자신의 영의 빛으로부터 진리를 이해할 수 없고, 그러므로 자기 안에서 진리를 보지 못하고 자기 밖에서 본다. 왜냐하면 그들은 다른 사람이 봤다고 하면 진실이라고 믿고 그것을 입증하는 데만 관심을 기울이며, 다른 것들은 못 본 것처럼 지나쳐 버리거나 그것들을 끌어다가 그들 교리의 주장을 뒷받침하는 데 이용하기 때문이다. 누구나 알 수 있듯 이런 사람들은 깨달음을 얻을 수가 없다. 왜냐하면 그들의 자연적 사람(natural man) 안에 있는 기억 속에는 단단하게 굳어진 생각들만 쌓여 있으며, 그 후로는 그 기억으로부터만 말하기 때문이다. 그러므로 그들은 전처럼 자연적인 상태에 머물러 있을 뿐 영적으로 되지는 못한다. 왜냐하면 영적으로 된다는 것은 말씀의 진리가 그의 영 안으로 스며 들어가는 것인데, 영이 말씀 어디에나 있는 진리를 알기를 원하고, 또한 그것을 이해하고 지각하는 것을 기뻐하지 않으면 진리가 영 안으로 스며 들어가지 않기 때문이다. 이 애정이 바로 앞에서 그토록 자주 말했던 진리에 대한 영적 애정이다. 그리고 이것이 "그러므로 네가 어떻게 받았으며 어떻게 들었는지 생각하고 지켜 조심하라"는 말씀의 영적 의미이다(지혜로운 사람은 천국의 빛으로부터 진리를 이해하고 지각하며, 다른 사람의 말을 듣고 마음에 굳히지 않는다는 것은『천국의 비밀』1017, 4741, 7012, 7680, 7950번, 천국의 빛으로부터 진리를 이해하고 지각하는 것은 진리이기 때문에 진리를 사랑하는 사람, 즉 진리에 대한 영적 애정 안에 있는 사람들에게만 허락되었다는 것은 8521번, 굳어진 생각에서 나오는 빛은 영적인 빛이 아니라 자연적 빛이며, 그것은 또한 악한 자들의 빛이라는 것은 8780번을 참고하기 바란다).

"회개하라"[3]가 결과적으로 영적 생명을 뜻한다는 것은 앞에서 말한 것으로부터 분명하기 때문에 더 이상 설명하지 않겠다.

"만일 일깨지 아니하면"은 만일 네가 영적 생명을 획득하지 않으면이란 뜻이다. 이것이 분명한 것은 "일깨다"는 스스로 영적 생명을 획득하는 것을 뜻하기 때문이다(위의 187번 참고).

(1) "내가 도둑같이 이르리니"는 예기치 않은 죽음의 시간을 뜻하며, 그때 말씀으로부터 얻은 것으로 영적 생명이 없는 모든 지식을 빼앗기는 것을 뜻한다. 이것이 분명한 것은, 깨어 있지 않은 사람들, 즉 스스로 영적 생명을 획득하지 못한 사람들에 대해 말할 때 "도둑같이 이르는 것"은 영적 생명이 없는 말씀의 모든 지식을 그들이 빼앗기는 것을 뜻하기 때문이다. 이 말씀은 또

---

3) 앞의 190번에는 take heed로 되어 있어서 "조심하라"라고 옮겼는데 여기서는 repent, 즉 회개하라로 되어 있다. (역자)

한 예기치 않은 죽음의 시간을 뜻하는데, 그 이유는 죽음은 예기치 않게 찾아오며 죽은 후에는 세상에서 스스로 획득한 생명의 상태대로 영원히 남기 때문이다. 그런 까닭에 사람은 깨어 있어야 한다. 영적 생명을 얻지 못한 말씀의 모든 지식은 결국 빼앗기고 마는데 이것을 아는 사람이 별로 없다. 그러므로 그 일이 어떻게 이루어지는지 설명할 필요가 있다. 사람의 영 안에 있는 모든 것은 그에게 영원히 남아 있지만, 영 안에 있지 않은 것은 사후에 그가 영이 되었을 때 흩어져 없어지고 만다. 사람이 자기 자신으로부터 생각해 온 것들, 즉 혼자 있을 때 자신의 사랑으로부터 생각해 온 것들은 그의 영 안에 그대로 남는다. 왜냐하면 그때 그의 영은 자기 자신으로부터 생각하며, 사랑과 일치하지 않은 몸의 기억 안에 있는 것들로부터는 생각하지 않기 때문이다. 사람에게는 두 가지 상태가 있다. 하나는 영으로 생각하는 때이고, 다른 하나는 몸의 기억으로부터 생각하는 때이다. 이 두 상태가 하나가 아닐 때, 사람은 혼자 있을 때는 이렇게 생각하고, 다른 사람과 함께 있을 때는 다르게 생각하고 말할 수 있다.

(2) 예를 들어 자기 자신과 세상을 무엇보다 사랑하고 하나님에 대해서는 관심이 없고 심지어 속으로는 부인하며, 그러므로 세상의 악한 사람, 교활한 사람들과 한패가 되어 온갖 악행을 꾀하는 설교자가 있다고 하자. 그들도 다른 사람에게 말할 때, 특히 설교할 때는 하나님에 대해, 신성한 진리에 대해 열정을 가지고 말할 수 있으며, 심지어 그와 같이 생각할 수도 있다. 그러나 이 상태는 몸의 기억으로부터 생각하는 상태이지 영으로부터 생각하는 상태는 분명 아니다. 왜냐하면 혼자 있을 때는 그것과 반대로 생각하기 때문이다. 후자의 상태가 사후에 사람에게 남아 있는 상태이며, 전자의 상태는 남아 있지 않다. 왜냐하면 그것은 그의 몸에 속한 것이고 영에 속한 것이 아니기 때문이다. 그러므로 그가 죽어 영이 되었을 때, 그는 영이 사랑하는 삶과 일치

하지 않는 말씀의 모든 지식을 내던져 버린다. 그러나 혼자 있을 때 신성과 말씀, 그리고 말씀에서 비롯한 교회의 진리에 대해 올바른 생각을 하고, 진리를 사랑하되 그것에 따라 살기를 원할 만큼 사랑하는 사람들의 경우는 다르다. 이들의 영 안에 있는 생각들은 몸의 기억으로부터 나오는 생각과 하나이며, 그러므로 그것들은 그들이 말씀에서 얻은 선과 진리의 지식과 하나가 된다. 그리고 이것들이 하나가 되는 만큼, 이 지식은 영적 생명을 받아들인다. 왜냐하면 주님이 그 지식을 겉사람 또는 자연적 사람으로부터 속사람 또는 영적 사람 안으로 끌어올려, 생명 즉 영적 사람의 이해력과 의지로 만드시기 때문이다. 영적 사람 안에 있는 진리가 살아 있는 진리라고 하는 이유는 그것이 신성하며, 사람이 그것으로부터 생명을 얻기 때문이다. 나는 허락하심을 받아 많은 경험을 통해 그 사실을 알게 되었다. 만일 그것을 모두 말해야 한다면 많은 지면이 필요할 것이다(『천국과 지옥』 491-498, 499-511번과 앞의 114번 참고).

(3) 이상으로 "내가 도둑같이 이르리니"가 영적 의미로 무슨 뜻인지를 이제 알 수 있다. 즉 영적 생명을 획득하지 못한 말씀의 모든 지식은 사후에 없어져 버릴 것이라는 뜻이다. 다음 계시록의 말씀도 같은 뜻이다.

보라 내가 도둑같이 오리니 누구든지 깨어 자기 옷을 지켜 벌거벗고 다니
지 아니하는 자는 복이 있도다 (계 16:15)

"도둑같이"라고 말하는 이유는 자연적 사람 안의 악과 그것에서 비롯한 거짓이, 말씀에서 나오며 또한 말씀 안에 있는 선과 진리를 없애 버리고 쫓아내기 때문이다. 왜냐하면 사랑을 받지 못하는 것은 쫓겨나기 때문이다. 사람에게는 악과 그것에서 비롯한 거짓에 대한 사랑이 있거나, 선과 그것에서 비롯

한 진리에 대한 사랑이 있다. 이 두 가지 사랑은 서로 반대되는 것이다. 그러므로 그것들 가운데 어느 한 가지 사랑 안에 있는 사람은 다른 사랑 안에 있을 수 없다. 왜냐하면 "누구든 두 주인을 섬기지 못하며" 이를 사랑하면 저를 미워해야 하기 때문이다(마 6:24).

(4) 악과 그것에서 비롯한 거짓은 내부에서 뚫고 들어와 사람의 영적 사고의 상태와 육적 사고의 상태 사이의 벽을 마치 허물어 버리는 것처럼 하고, 그리하여 사람의 바깥쪽 부분에서 그들이 거처로 삼고 있는 선과 진리의 지식들을 쫓아 버린다. 그러므로 "도둑들"이란 이런 악과 거짓을 뜻한다. 다음 구절들에서도 그렇다.

마태복음에,
너희를 위하여 보물을 땅에 쌓아 두지 말고, 하늘에 쌓아 두라 거기는 도둑이 구멍을 뚫지도 못하고 도둑질도 못하느니라 (마태 6:19-20)

"보물"은 선과 진리의 지식이며, "하늘에 쌓아 두는 것"은 영적 사람 안에 쌓는 것이다. 영적 사람은 천국 안에 있기 때문이다("보물"이 선과 진리의 지식인 것은 『천국의 비밀』1694, 4508, 10227번에서 볼 수 있고, 내적이고 영적인 사람이 천국에 있다는 것은 『새예루살렘의 교리』36-50번에서 볼 수 있다).

(5) 같은 말씀에,
그러므로 깨어 있으라 어느 날에 너희 주가 임할는지 너희가 알지 못함이니라 너희도 아는 바니 만일 집 주인이 도둑이 어느 시각에 올 줄을 알았더라면 깨어 있어 그 집을 뚫지 못하게 하였으리라 (마 24:42-43)

이 말씀의 의미는 사람이 만일 자기가 죽을 때를 안다면 스스로 준비하되,
선하고 진실한 것을 사랑해서가 아니라 지옥에 대한 두려움 때문에 할 것이라
는 뜻이다. 두려움 때문에 하는 일은 어떤 것이든 사람에게 남지 않으며 사랑
해서 하는 일이 남는다. 그러므로 사람은 항상 준비하고 있어야 하는 것이다
(『새예루살렘의 교리』143, 168번 참고).

(6) 오바댜서에,

혹시 도둑이 네게 이르렀으며 강도가 밤중에 네게 이르렀을지라도 만족할

만큼 훔치면 그치지 아니하였겠느냐 네가 어찌 그리 망하였는고 (옵 1:5)

여기서도 악과 거짓을 "도둑"이라 부르고, "훔친다"고 말한다. 즉 거짓은
"도둑"이고, 악은 "밤의 강도"이다. "밤"이라고 하는 것은 "밤"이 사랑과 믿음
이 없는 상태를 뜻하기 때문이다.

(7) 요엘서에,

그들이 성중에 뛰어 들어가며 성벽 위에 달리며, 집에 기어 오르며 도둑같

이 창으로 들어가니 (욜 2:9)

여기서는 악에서 비롯한 거짓으로 말미암아 교회가 파멸하는 것을 말하고
있다. "성"과 "성벽"은 교리에 관한 것들을 뜻한다. "집"은 의지라 부르는 마
음이며 그곳에는 선이 있고, "창"은 이해력이라고 부르는 마음이며 그곳에는
진리가 있다(말씀에서 "성"이 교리를 뜻하는 것은 『천국의 비밀』402, 2449,
2712, 2943, 3216, 4492, 4493번, "성벽"이 교리 안에 있는 방어하는 진리를
뜻하는 것은 6419번, "집"이 의지라고 부르는 마음이며, 그곳에 선이 있다는
것은 2231, 2233, 2559, 3128, 5023, 6690, 7353, 7910, 7929, 9150번, "창"

이 이해력이라 부르는 마음이며, 그곳에 진리가 있는 것은 655, 658, 3391번을 참고하기 바란다). 이것으로 "성벽 위를 달리고", "집에 기어오르며", "도둑같이 창으로 들어가는 것"이 무슨 뜻인지 분명하다.

(8) 호세아서에,

> 내가 이스라엘을 치료하려 할 때에 에브라임의 죄와 사마리아의 악이 드러
> 나도다 그들은 거짓말을 하며 안으로 들어가 도둑질하고 밖으로 떼 지어
> 노략질하며 (호 7:1)

"에브라임의 죄"는 이해력에 속한 거짓을 뜻하고, "사마리아의 악"은 의지에 속한 악을 뜻한다. "거짓을 행하는 것"은 악으로부터 거짓을 생각하고 행동하는 것이다. "도둑"은 진리를 없애고 흩어 버리는 거짓이며, "떼지어 노략질하는 것"은 악이 선을 쫓아버리는 것이다("에브라임"이 교회에 속한 지적인 것을 뜻한다는 것은 『천국의 비밀』 3969, 5354, 6222, 6234, 6238, 6267, 6296번, "거짓말"이 악에서 비롯한 거짓이라는 것은 8908, 9248번, "떼지어"가 선이 악을 쫓아 버리는 것이며, 반대의 의미로는 악이 선을 쫓아 버리는 것이라는 것은 3934, 3935, 6404, 6405번 참고).

(9) 이런 예를 드는 것은 말씀에서 "도둑"은 파멸시키는 거짓, 즉 진리를 파괴하고 없애는 거짓을 뜻하는 것을 알리려는 것이다. 앞에서도 말했으나 영적 생명을 획득하지 못한 말씀의 선과 진리의 지식은 사후에 없어져 버린다. 그러므로 그것들은 말씀의 지식을 통해 영적으로 되지 못한 사람들에게서 없어지는 것이다. 말씀의 역사서에 나오는 다른 많은 것들도 같은 의미이다. 그렇지만 말씀의 영적 의미를 모르는 사람은 아무도 이것을 이해할 수 없다. 이스라엘 자손이 애굽인들에게 금과 은, 옷을 빌린 다음, 도둑질하듯 그것을 가지

고 가 버린 것은 이것을 의미한다. 그것을 출애굽기에서는 이렇게 기록한다.

"애굽인들"은 그냥 자연적인 사람들이지만 그러나 많은 지식을 가진 사람
들을 뜻한다. 그리고 "이스라엘 자손"은 영적인 사람들을 뜻한다. "금은 패물"
과 "의복"은 선과 진리에 관한 지식을 뜻하는데, 그 지식을 영적인 사람들은
선을 위해 사용하고, 자연적 사람들은 악을 위해 사용하며, 그리하여 파괴해
버린다. 여호수아서와 사무엘서, 열왕기서에는 나라들이 저주에 떨어지고,
그와 동시에 그들이 가진 모든 것이 불타거나 약탈당했다는 이야기가 자주 나
오는데 그것도 같은 의미이다. 왜냐하면 가나안 땅의 나라들은 악과 거짓 안
에 있는 사람들을 뜻하고, 이스라엘 자손들은 선과 진리 안에 있는 사람들을
뜻하기 때문이다.

(10) 달란트와 므나를 종에게 주며 장사해 이익을 남기라고 했다는 주님의
비유와 장사하지 않고 이익도 남기지 못한 종에 대한 다음 말씀도 같은 의미
이다. 즉 스스로 영적 생명을 획득하지 못한 사람들은 말씀에서 얻은 선과 진
리의 지식을 빼앗기게 될 거라는 뜻이다.

트 가진 자에게 주라 무릇 있는 자는 받아 풍족하게 되고 없는 자는 그 있
는 것까지 빼앗기리라 이 무익한 종을 바깥 어두운 데로 내쫓으라 거기서
슬피 울며 이를 갈리라 하니라 (마 25:14-30)

또 다른 곳에서는,

한 므나를 받은 사람이 와서 이르되 주인이여 보소서 당신의 한 므나가 여
기 있나이다 내가 수건으로 싸 두었었나이다, 주인이 이르되, 네가 어찌하
여 내 돈을 은행에 맡기지 아니하였느냐 그리하였으면 내가 와서 그 이자
와 함께 그 돈을 찾았으리라 하고 이르되 그 한 므나를 빼앗아 열 므나 있
는 자에게 주라, 내가 너희에게 말하노니 무릇 있는 자는 받겠고 없는 자는
그 있는 것도 빼앗기리라 (눅 19:13-26)

여기서 "달란트", "므나", "돈"은 말씀에서 얻은 선과 진리의 지식을 뜻한
다. "장사하는 것", "이익을 남기는 것", "돈을 취리하는 자에게 맡기는 것",
"은행에 맡기는 것"은 그것을 가지고 스스로 영적 생명과 지성을 획득하는 것
을 뜻한다. "달란트를 땅에 감춘 것"이나 "수건에 싸 둔 것"은 자연적 사람의
기억 속에만 있는 것을 뜻한다. 그러므로 이 항에서 처음 설명한 것처럼 그들
에 대해 가진 것을 빼앗길 것이라고 말한다.

(11) 이것은 말씀으로부터 얻은 지식을 삶으로 옮기지 않고 기억 속에만 쌓
아 두었던 모든 사람에게 사후에 일어날 일이다. 말씀의 지식을 기억 속에만
가지고 있는 사람은 지식이 아무리 많아도 삶으로 옮기지 않는 한, 전과 같이
자연적인 상태로 남는다. 말씀으로부터 얻은 지식을 삶으로 옮긴다는 것은 그
지식을 바탕으로 생각하고, 혼자 있을 때 영으로 생각하는 것이며 또한 그것
을 의도하고 행하는 것이다. 왜냐하면 그것이 진리이기 때문에 진리를 사랑하

는 것이기 때문이다. 즉 이렇게 하는 사람들이 말씀의 지식을 통해 영적으로 되는 사람인 것이다.

194

(1) "내가 어느 때에 네게 이를는지 네가 알지 못하리라"는 그때와 그때의 상태에 대해 모르는 것을 뜻한다. 이것이 분명한 것은 "때"는 사람이 죽을 때와 그때 그의 상태를 뜻하며, "알지 못하는 것"은 모르는 것을 뜻하기 때문이다. "내가 어느 때에 네게 이를는지", 또는 "도둑같이"라고 한 것은, 글자의 뜻으로는 주님이 그렇게 오신다는 뜻이지만 영적으로는 악과 거짓이 그들이 말씀에서 얻은 지식을 훔쳐 간다는 뜻이다. 왜냐하면 말씀의 글자의 뜻으로 보면 여호와 또는 주님이 악을 행하시는 것 같지만, 영적 의미로는 주님은 누구에게나 악을 행하시지 않고 사람이 스스로에게 악을 행하는 것이기 때문이다(『천국의 비밀』 2447, 5798, 6071, 6991, 6997, 7533, 7632, 7643, 7679, 7710, 7877, 7926, 8227, 8228, 8284, 8483, 8632, 9010, 9128, 9306, 10431번 참고).

(2) "때"가 또한 상태를 뜻하는 이유는 말씀에서 하루, 한 주, 한 달, 한 해, 한 시대 같은 모든 "시간"은 생명의 상태들을 뜻하기 때문이다. 그러므로 "때"도 같은 의미이다(그 이유는 『천국과 지옥』 162-169번의 천국의 시간을 다룬 부분 참고). 그러나 "때(시간)"는 시간과 상태 양쪽을 모두 뜻하기 때문에, 말씀에서 "때(시간)"를 언급할 때는 어느 정도는 시간이 아닌 어떤 것을 뜻한다는 걸 알 수 있다. 다음 마태복음에서도 그렇다.

주인이 품꾼을 고용해 포도원에 들여보냈는데, 세 시부터 일한 사람과 여섯 시, 아홉 시, 열한 시부터 일한 사람들이 모두 같은 임금을 받았다 (마 20:1-16)

세상에서 이 "시간들"은 때를 뜻하지만 천국에서는 생명의 상태를 뜻한다. 천국에는 시간이 없기 때문이다. 왜냐하면 천국에서는 시간을 측정할 수 없고, 세상에서처럼 날이나 시간으로 나눌 수 없기 때문이다. 그러므로 천사들은 이 시간을 죽은 사람의 생명의 상태, 이를테면 노인, 장년, 젊은이, 어린이로 지각한다. 그들은 모두 스스로 영적 생명을 획득한 사람이다. "포도원에서 일하는 것"은 말씀에서 얻은 선과 진리의 지식을 삶의 용도에 적용함으로써 스스로 영적 생명을 획득하는 것을 말한다. "세 시", "여섯 시", "아홉 시"는 동일한 생명의 상태를 나타낸다. 말씀의 모든 숫자에는 의미가 있는데, 이 숫자들은 같은 의미를 갖기 때문이다(말씀에서 "포도원"이 영적 교회를 뜻하고, 또 사람에게 있는 영적 생명을 뜻하는 것은 『천국의 비밀』9139, 3220번, "셋"이 가득한 상태, 또는 마지막까지 완전한 것을 뜻하는 것은 2788, 4495, 7715, 8347, 9825번 참고, "여섯"과 "아홉"도 같은 뜻이다. 그러나 "열하나"는 아직 완전하지는 않으나 성품이 좋은 어린이와 유아들의 경우처럼 잘 받아들이는 상태이다. 모든 사람이 그 시간까지 일하는 "열두 시"가 진리와 선이 충만한 상태를 뜻하는 것은 577, 2089, 2129, 2130, 3272, 3858, 3913번, 말씀의 모든 숫자에 의미가 있다는 것은 4495, 4670, 5265, 6175, 9488, 9659, 10217, 10253번, 또 합성수와 곱하기로 합성수가 되는 소수(素數)가 같은 뜻이며, 그러므로 "셋", "여섯", "아홉"이 같은 뜻을 갖는 것은 5291, 5335, 5708, 7973번 참고).

(3) "열둘"은 충만한 상태로서 선과 진리를 뜻하고, 그러므로 사람의 빛, 또

는 지성의 상태를 뜻한다. 그래서 주님은 다음과 같이 말씀하신다.

　낮이 열두 시간이 아니냐 사람이 낮에 다니면 실족하지 아니하리라 (요 11:9)

다른 곳에서도 "시간"은 생명의 상태를 뜻한다.

요한계시록에,
　네 천사가 놓였으니 그들은 그 년 월 일 시에 이르러 사람 삼분의 일을 죽
　이기로 준비된 자들이더라 (계 9:15)

앞으로 이 말씀에 관해 설명할 때 알게 되겠지만, 여기서 언급한 시간은 사람에게 있는 악의 상태를 뜻한다. 이것으로 "내가 어느 때에 네게 이를는지 네가 알지 못하리라"는 사람이 죽는 때와 그때의 상태, 즉 영원히 지속될 생명의 상태를 알지 못한다는 뜻임을 분명히 알 수 있다. 왜냐하면 그것이 죽을 때까지의 사람의 생명의 상태이며, 그 상태로 그는 영원히 남기 때문이다.

(4) 주님은 복음서 여기저기에서 비슷한 말씀을 하셨다.

마태복음에,
　어느 날에 너희 주가 임할는지 너희가 알지 못함이니라, 이러므로 너희도
　준비하고 있으라 생각하지 않은 때에 인자가 오리라 (마 24:42, 44)
　생각하지 않은 날 알지 못하는 시각에 그 종의 주인이 이르러 (마 24:50)
　그런즉 깨어 있으라 너희는 인자가 오실 그날과 그때를 알지 못하느니라
　(마 25:13)

사람은 죽는 순간까지의 그의 생명 전체로 영원히 남으며, 결코 죽는 순간의 생명으로 남지 않는다는 것을 알아야 한다. 즉 악한 사람은 죽을 때 회개하더라도 아무 소용이 없지만 선한 사람의 경우는 생명이 더 강해진다.

195

(1) 4절. "사데에 그 옷을 더럽히지 아니한 몇 이름이 네게 있어"는 말씀에서 얻은 선과 진리의 지식을 삶의 용도에 적용함으로써 영적 근원으로부터 도덕적 삶을 사는 사람들을 뜻한다. 이것이 분명한 것은 "이름"은 생명의 상태와 관련된 특성을 나타내기 때문이다(앞의 148번 참고). 그러므로 여기서 "이름"은 그러한 사람들을 뜻한다. 또한 "사데 교회"는 말씀에서 비롯한 선과 진리의 지식에 관심이 없기 때문에 도덕적이나 영적이지 않은 삶을 사는 사람들을 뜻하지만(앞의 148, 182번 참고), 그러나 여기서는 영적인 근원으로부터 도덕적 삶을 사는 사람들을 뜻한다. 왜냐하면 "그 옷을 더럽히지 아니한" 사람이라고 했기 때문이다. 그것이 또한 분명한 것은 "옷"은 지식과 자연적 사람의 인식을 뜻하기 때문이다(이것에 대해 곧 말하겠다). 그러므로 "옷을 더럽히지 않은 것"은 자기 자신과 세상을 위해서가 아니라 주님과 천국을 위해 도덕적 삶을 사는 것을 뜻한다. 다시 말하면, 육신과 육신의 생명만을 위해서가 아니라 영혼과 영혼의 생명을 위해 사는 것이다. 이것으로 분명한 것은 "사데에 그 옷을 더럽히지 아니한 몇 이름이 네게 있어"는 말씀에서 얻은 선과 진리의 지식을 자기의 삶에 적용함으로써 영적 근원으로부터 도덕적 삶을 사는 사람들을 뜻하는 것이다.

(2) 그러나 영적인 근원으로부터 도덕적 삶을 사는 것이 무엇이며, 말씀에서 얻은 선과 진리의 지식을 자기의 삶에 적용하는 것이 무엇인지를 아는 사람이 별로 없으므로 그것에 대해 말할까 한다. 사람이 영적 근원으로부터 도덕적 삶을 산다는 것은 그가 종교로 말미암아 도덕적 삶을 사는 경우를 말한다. 즉 그가 악하고, 불성실하고, 혹은 부정한 생각이 일어날 때, 그것은 하나님의 법에 위배되는 것이므로 하면 안 된다고 생각하는 경우이다. 사람이 하나님의 법에 순종하여 그러한 행위를 삼갈 때 그는 스스로 영적 생명을 획득하는 것이며, 그때 그의 도덕적 삶은 영적인 것에 근거하게 된다. 왜냐하면 사람은 그러한 생각과 믿음에 의해 천국의 천사들과 교류하고, 천국과의 교류를 통해 그의 내면의 영적 사람이 열리며, 영적 사람의 마음이 천국의 천사들처럼 높은 마음이 되고, 그렇게 해서 천국의 지성과 지혜가 그에게로 흘러 들어오기 때문이다. 이것으로 영적 근원으로부터 도덕적 삶을 사는 것은 종교로 말미암아 사는 것이며 교회 안에서 말씀으로부터 사는 것임을 알 수 있다. 종교와 말씀으로부터 도덕적 삶을 사는 사람들은 그들의 자연적 사람(natural man) 이상으로 높아지며, 그러므로 그들의 자아보다 더 높아진다. 그리고 그들은 천국을 통해 주님의 인도를 받는다. 그러므로 그들은 하나님을 믿고 두려워하며, 양심을 가지며, 말씀의 선과 진리의 지식에 대한 애정인 진리에 대한 영적 애정을 가진다. 왜냐하면 이들에게 그것들은 그들이 준거해서 살아야 할 신성한 법이기 때문이다. 많은 이교도들이 이런 도덕적 삶을 산다. 악은 그들의 종교에 위배되기 때문에 행해선 안 된다고 생각하기 때문이다. 그래서 그들 중 아주 많은 사람이 구원을 받는다.

(3) 반면에 종교 때문이 아니라 세상 법에 대한 두려움이나, 명성이나 명예, 이익을 잃는 것에 대한 두려움 때문에 도덕적 삶을 사는 것은 영적 근원으로부터가 아니라 자연적 근원으로부터 도덕적 삶을 사는 것이다. 그러므로 이들

에게는 천국과의 교류가 없다. 그들은 이웃에 대해 불성실하고 부정한 생각을 하면서 말과 행동은 그것과 다르게 하기 때문에, 그들 내면의 영적 사람은 닫히고 내면의 자연적 사람만 열린다. 내면의 자연적 사람만 열려 있을 때, 그들은 세상 빛 안에만 있을 뿐 천국의 빛 안에 있지 못한다. 그러므로 이들은 신성한 것, 천국적인 것에 거의 관심을 갖지 않으며, 어떤 사람은 그것들을 부인하고 자연과 세상이 전부라고 믿는다. 이것으로 영적 근원으로부터 도덕적 삶을 사는 것이 무엇이며, 자연적 근원으로부터 도덕적 삶을 사는 것이 무엇인지 분명하다(그러나 『천국과 지옥』 528-535번을 보면 이것들에 대해 더욱 분명히 알 수 있을 것이다). 오직 자연적 근원으로부터 도덕적 삶을 사는 사람들에 대해 그들이 "자기 옷을 더럽혔다"고 말할 수 있다. 왜냐하면 "옷"은 사람의 바깥쪽에서 그를 덮는 것이며, 그러므로 그 속에 지식이나 인식 같은 것들이 있는 그의 자연적 사람이기 때문이다. 만약 그 지식이 말씀에서 얻은 것이라면, 그것들은 그가 오로지 명성을 얻기 위해 배우고 지켜 왔다는 사실로 인해, 즉 학문이 깊고 해박한 사람으로 여겨지기 위해, 그리고 그렇게 하여 명예와 부를 얻기 위해 배우고 지켜 왔다는 사실로 인해 더럽혀진다. 그러한 목적이 아니라면 그는 그것들에 대해 아무 관심도 없었을 것이다. 말씀의 지식은 그렇게 자기 사랑과 세상 사랑에 의해 오염되고 더럽혀진다. 왜냐하면 이 지식들은 자기 사랑과 세상 사랑이라는 근원으로부터 쏟아져 들어오는 악과 거짓과 한 곳에 있기 때문이다.

(4) 위에서 사람은 말씀에서 얻은 선과 진리의 지식을 삶의 용도에 사용함으로써 영적으로 된다고 말했다. 왜 사람은 말씀의 지식을 통해 영적으로 되며 다른 지식으로는 안 되는지를 지금 말하겠다. 말씀 안에 있는 모든 것은 신성하다. 그것이 신성한 까닭은 그 속에 영적 의미가 들어 있으며, 그 의미를 통해 천국과 그곳의 천사들과 교류하기 때문이다. 그러므로 사람이 말씀으로

부터 지식을 얻어 그것을 삶에 적용할 때 그는 그것을 통해 천국과 교류하게 되고 그 교류로 인해 영적으로 된다. 사람은 천국의 천사들에게 있는 상응의 진리 안에 있거나 그와 비슷한 진리 안에 있을 때 영적으로 되기 때문이다. 상응의 진리 안에 있다고 하는 까닭은, 말씀의 글자의 뜻 안에서 각각의 것과 모든 것들은 서로 응하기 때문이다. 왜냐하면 그것들은 천사들이 가지고 있는 진리와 서로 대응하기 때문이다. 그러나 다른 책의 지식, 이를테면 교회의 교리를 다양한 방법으로 확증하고 설명한 책으로부터 얻은 지식은 그 속에 포함된 말씀의 지식을 통하지 않으면 천국과 교통할 수 없다. 그러니까 이러한 지식을 바르게 이해하고, 믿기만 하지 않고 삶에 적용할 때 비로소 천국과의 교통이 일어나는 것이다. 그것이 그렇다는 것은 누구나 알 수 있는데, 그건 다음과 같은 사실 때문이다. 즉 말씀은 자체로 신성하며, 자체로 신성한 것은 사람이 자기의 삶에 그것을 적용할 때 그 사람과 함께 신성하게 된다는 것이다. "사람과 함께 신성하게 된다는 것"은 주님이 당신의 거처를 사람에게 두실 수 있다는 것이며(요 14:23), 그러므로 당신 자신의 것 안에서 사람과 함께 계시는 것을 뜻한다(주님이 당신 자신의 것 안에서 사람과 천사와 함께 계시고 그들의 자아 가운데 계시지 않는 것은 저서『천국의 비밀』12번 참고). 주님이 사람과 함께 말씀에서 나온 것들 안에 계실 때, 주님은 당신 자신의 것 안에 계시는 것이다. 왜냐하면 주님은 곧 말씀이시기 때문이다(요 1:1, 2, 14). 주님이 이르신 말씀, 즉 말씀 안에 있는 것은 "영이요 생명"이다(요 6:63, 68, 12:50).

(5) "옷"이 자연적 사람 안에 있는 진실하거나 거짓된 지식, 또는 인식을 뜻한다는 것은 영계로부터 유래한 것이다. 영계에서는 모든 사람이 자신의 도덕적 생명에 따른 옷을 입고 나타나기 때문이다. 그러므로 영적 근원으로부터 도덕적 삶을 살았던 사람은 마치 가는 베로 만든 것 같은 희게 빛나는 옷을 입

고 나타나며, 오직 자연적 근원으로부터 도덕적 삶을 살았던 사람은 그 생명의 특성에 따른 옷을 입고 나타난다. 즉 악과 거짓으로 생명을 더럽힌 사람들은 어둡고, 찢어지고, 초라한, 보기에도 끔찍한 옷을 입고 나타난다(저서『천국의 비밀』177-182번 참고). 이상과 같이 말씀에서 "옷"은 선에서 비롯한 진리를 뜻하고 반대의 의미로는 악에서 비롯한 거짓을 뜻하며, 이 둘은 모두 자연적 사람 안에 있는 것이다. 즉 자연적 사람 안에 있는 진리와 거짓을 지식 또는 인식이라고 부르는 것이다.

(6) 말씀에서 "옷"이 진리 또는 거짓을 뜻하는 것은 다음 구절들을 보면 분명히 알 수 있다.

이사야서에,
> 시온이여 깰지어다 깰지어다 네 힘을 낼지어다 거룩한 성 예루살렘이여 네
> 아름다운 옷을 입을지어다 이제부터 할례받지 아니한 자와 부정한 자가 다
> 시는 네게로 들어옴이 없을 것임이라 (사 52:1)

말씀에서 "시온"은 주님의 천적 천국을 뜻하며, 그러므로 천적 교회를 뜻한다. 그리고 "예루살렘"은 영적 천국과 영적 교회를 뜻한다(천적 천국과 영적 천국이 무엇인가 하는 것은 저서『천국과 지옥』20-28번 참고). 또 "예루살렘이 입어야 하는 아름다운 옷"은 신적 진리이며, "할례받지 않은 자와 부정한 자가 네게로 들어옴이 없다"는 악과 거짓 안에 있는 자들을 말한다.

(7) 에스겔서에,
> 예루살렘아, 수놓은 옷을 입히고 물돼지 가죽신을 신기고 가는 베로 두르
> 고, 패물을 채우고 팔고리를 손목에 끼우고 목걸이를 목에 걸고 코고리를

코에 달고 귀고리를 귀에 달고 화려한 왕관을 머리에 씌웠나니 이와 같이 네가 금, 은으로 장식하고 가는 베와 모시와 수놓은 것을 입으며, 또 극히 곱고 형통하여 왕후의 지위에 올랐느니라 네가 네 의복을 가지고 너를 위하여 각색으로 산당을 꾸미고 거기에서 행음하였도다, 또 네 수놓은 옷을 그 우상에게 입히고 더불어 행음하였느니라 (겔 16:10-13, 16-18)

여기서는 주님이 처음 교회를 세우셨을 때 그 교회가 어떤 모습이었는지를 묘사하고 있다. 언급하고 있는 "옷"은 선에서 비롯한 진리이며, "수놓은 것"은 참된 지식이다. "가는 베와 모시"는 천적 근원으로부터 오는 진리이며, "팔고리"와 "목걸이", "코고리", "귀걸이"와 "왕관" 같은 패물은 다양한 종류의 영적인 것들을 뜻한다. 그녀를 장식한 "금과 은"은 사랑의 선과 그것에 속한 진리를 뜻한다. 다음 말씀은 그 교회가 타락하는 모습을 그린 것이다. 즉 "네가 네 의복을 가지고 너를 위하여 각색으로 산당을 꾸미고"는 거짓으로 변한 진리를 나타내고, 그녀가 "수놓은 옷을 그 우상에게 입히고"는 그들이 말씀의 글자의 뜻의 진리를 거짓을 굳히는 데 이용하였으며, 그리하여 거짓을 진리처럼 보이게 했다는 뜻이다. "그들과 더불어", "그들에게 행음하였다"는 거짓으로 예배드리는 것, 거짓으로 교리를 만드는 것을 뜻한다("행음하는 것"의 의미가 이렇다는 것은 앞의 141, 161번 참고). ("예루살렘"이 참된 교리가 있는 교회라는 것은 『천국의 비밀』 402, 3654, 9166번. "수놓은 것"이 지식인 것은 9688번, "가는 베"가 천적 근원으로부터 오는 진리인 것은 5319, 9469번. "팔고리"가 교회의 선과 진리인 것은 3103, 3105번. "목걸이"가 내적인 것과 외적인 것의 결합을 나타내는 것은 5320번, "코고리"와 "귀고리"가 지각과 순종을 나타내는 것은 4551번, "왕관"이 지혜를 뜻하는 것은 앞의 126번, "금"이 사랑의 선을 뜻하는 것은 『천국의 비밀』 1551, 1552, 5658, 6914, 6917, 9510, 9874, 9881번, "은"이 사랑의 선에서 비롯한 진리인 것은 1551, 1552, 2954,

5658번, "각색의 산당"이 거짓으로 변한 진리인 것은 796, 4005번, "남자" 또는 "남성"이 진리인 것은 749, 2046, 4005, 7838번을 참고하기 바란다. 그러므로 "남자 우상"은 진리의 겉모습을 뜻한다.)

(8) 같은 말씀에,

애굽의 수놓은 가는 베로 돛을 만들어 깃발을 삼았음이여 엘리사 섬의 청색 자색 베로 차일을 만들었도다, 아람은 너와 거래하였음이여, 자색 베와 수놓은 것과 가는 베와 홍보석을 네 물품과 바꾸어 갔도다 드단은 네 상인이 되었음이여 말을 탈 때 까는 천을 너와 거래하였도다, 앗수르와 길맛의 장사꾼들도 너의 상인들이라 이들이 아름다운 물품 곧 청색 옷과 수놓은 물품과 빛난 옷을, 노끈으로 묶어 가지고 너와 거래하였도다 (겔 27:7, 16, 20, 23-24)

여기서는 두로와 그곳의 물품에 대해서 말하고 있다. "두로"는 진리와 선에 관한 지식을 뜻하며, "거래하는 것"과 "장사하는 것"은 이러한 지식을 스스로 습득하고 전하는 것을 뜻한다. "청색과 자색"은 선과 진리에 대한 천적 사랑을 뜻한다. "애굽"은 자연적 사람에 속한 지식이며, "애굽의 수놓은 물건"도 같은 뜻이다. "아람(syria)"은 선과 진리의 지식의 측면에서 교회를 뜻한다. "앗수르"는 그 교회의 합리성을, "드단"은 천적인 것에 관한 지식 안에 있는 사람들을 뜻한다. 이것으로 이 장 전체에서 다루는 "두로의 물품" 하나하나와 모든 것은 물품이 아니고 사람이 습득하고, 감화받고, 전해야 할 영적인 것들을 뜻한다는 것을 알 수 있다("두로"가 선과 진리의 지식을 뜻하는 것은 『천국의 비밀』 1201번, "애굽"이 자연적 사람에 속한 지식을 뜻하는 것은 1164, 1165, 1186, 1462, 5700, 5702, 6015, 6651, 6679, 6682, 6683, 6692, 7296, 9340, 9391번, "아람"이 선과 진리의 지식의 측면에서 교회를 뜻하는 것은

1232, 1234, 3664, 3680, 4112번, "드단"이 천적인 것에 관한 지식 안에 있는 사람들을 뜻하는 것은 3240, 3241번, "앗수르"가 거기서 나오는 합리성이라는 것은 119, 1186번, "자색"이 선에 대한 천적 사랑이라는 것은 9467번, "청색"이 진리에 대한 천적 사랑이라는 것은 9466, 9687, 9833번, "홍보석"도 같은 뜻이라는 것은 9868번 참고. 그리고 "가는 베와 수놓은 것"이 무슨 뜻인가 하는 것은 바로 앞의 항을 참고하기 바란다).

(9) 시편에,
  왕의 딸은 궁중에서 모든 영화를 누리니 그의 옷은 금으로 수놓았도다 수
  놓은 옷을 입은 그는 왕께로 인도함을 받으며 (시 45:13-14)

"왕의 딸"은 진리에 대한 영적 애정을 나타내며, 그러므로 그 애정 안에 있는 사람들로 형성된 교회를 뜻한다. "왕"은 신적 진리로서 주님을 뜻하며, "금으로 수놓은 옷"은 신적 진리에서 비롯한 지성과 지혜를, 그녀가 "왕께로 인도함을 받을 때" 입어야 하는 "수놓은 옷"은 진리에 관한 지식을 뜻한다("딸"이 진리에 대한 애정을 뜻하고, 또한 그 애정으로 세워진 교회를 뜻하는 것은 『천국의 비밀』 2362, 2623, 3373, 3963, 4257, 6729, 6775, 6779, 8649, 9055, 9807번, "왕"이 신적 진리이신 주님을 뜻하는 것은 앞의 31번 참고).

(10) 사무엘 하권에,
  이스라엘 딸들아 사울을 슬퍼하여 울지어다 그가 붉은 옷으로 너희에게 화
  려하게 입혔고 금 노리개를 너희 옷에 채웠도다 (삼하 1:24)

이것은 사울에 대한 애가에서 다윗이 한 말이다. 다윗은 이렇게 말한다.

그것을 유다 족속에게 가르치라 하였으니 곧 활 노래라 (삼하 1:18)

"활"은 거짓과 싸우는 진리를 뜻한다(『천국의 비밀』 2686, 2709번 참고). 여기서 왕인 "사울"은 그 진리를 뜻한다. "유다 족속"은 선에서 비롯한 진리 안에 있는 사람들을 뜻하며, "이스라엘의 딸에게 붉은 옷을 입히는 것"과 "옷에 금 노리개를 채우는 것"은 진리에 대한 영적 애정 안에 있는 사람들에게 지성과 지혜가 주어지는 것이다.

(11) 마태복음에,

임금이 손님들을 보러 들어올새 거기서 예복을 입지 않은 한 사람을 보고 이르되 친구여 어찌하여 예복을 입지 않고 여기 들어왔느냐 하니 그가 아무 말도 못하거늘 임금이 사환들에게 말하되 그 손발을 묶어 바깥 어두운 데에 내던지라 (마 22:11-13)

"예복"은 선과 진리의 지식에서 비롯한 영적 사람의 지성을 뜻한다. 그리고 "예복을 입지 않은 사람"은 위선자를 뜻한다. 그는 도덕적 삶을 통해 영적인 삶을 가장하지만 실은 그냥 자연적인 사람일 뿐이다. "그 손발을 묶는 것"은 그가 영적인 사람으로 가장하기 위해 이용했던 말씀의 지식을 빼앗기는 것을 뜻한다. "바깥 어두운 데에 던져지는 것"은 악에서 비롯한 거짓 안에 있는 사람들 속에 있는 것을 뜻한다("바깥 어두운 데"는 악에서 비롯한 거짓을 뜻하기 때문이다).

(12) 스바냐서에,

내가 방백들과 왕자들과 이방인의 옷을 입은 자들을 벌할 것이며 (습 1:8)

"방백들"과 "왕자들"은 진리 안에 있는 사람들을 뜻하는데, 여기서는 반대의 의미로 거짓 안에 있는 사람들을 뜻한다. 이들을 "이방인의 옷을 입은 자들"이라고 하는 이유는, "옷"은 거짓을 뜻하고, "이방인"은 교회 밖에 있는 사람들로 교회의 진리를 받아들이지 않는 사람들을 뜻하기 때문이다.

(13) 마태복음에,

거짓 선지자들을 삼가라 양의 옷을 입고 너희에게 나아오나 속에는 노략질

하는 이리라 (마 7:15)

"양의 옷을 입었으나 속은 노략질하는 이리인 거짓 선지자"는 거짓을 마치 진리인 것처럼 가르치며, 겉으로는 도덕적인 삶을 사는 것 같지만 혼자 영으로 생각할 때는 자기 자신과 세상 말고는 생각하지 않으며, 다른 모든 사람으로부터 진리를 빼앗기를 간절히 바라는 사람들이다.

(14) 요한복음에,

예수께서 베드로에게 이르시되 네가 젊어서는 스스로 띠 띠고 원하는 곳으

로 다녔거니와 늙어서는 네 팔을 벌리리니 남이 네게 띠 띠우고 원하지 아

니하는 곳으로 데려가리라 (요 21:18)

이 말씀의 영적 의미는 앞의 9항을 보면 알 수 있다. 즉 "베드로"는 교회의 믿음을 뜻하고, 그가 "젊어서 스스로 띠 띠고 원하는 곳으로 다니는 것"은 처음 교회가 시작될 때의 믿음을 뜻한다. 즉 그때는 사람들이 인애의 선 안에 있으면서 영적 사람으로부터 교회의 진리를 생각한다는 것이다. 이것은 그들의 영으로 생각하는 것이며, 그러므로 진리에 대한 영적 애정, 즉 자유로부터 진리를 생각하는 것이다. 그러나 "베드로가 늙어 팔을 벌리고 다른 사람이 그에

게 띠를 띠울 것이라"고 한 것은 교회의 마지막 때의 믿음을 뜻한다. 즉 그때의 믿음은 인애가 없는 믿음이며, 교회의 진리에 대해 생각할 때 스스로는 아무 생각도 하지 못하고 다른 사람의 말만 듣게 된다는 것이며, 그리하여 말씀으로부터 생각하지 않고 오로지 교리를 통해서만 생각하는 것을 뜻한다. 그것은 마치 노예의 상태와 같은 것이다. 왜냐하면 말씀으로부터 스스로 생각하는 게 자유이며 다른 사람의 말을 그대로 믿는 것은 노예와 같은 일이기 때문이다. 주님은 그것을 다음과 같이 말씀하셨다.

요한복음에서,
너희가 내 말에 거하면 참으로 내 제자가 되고 진리를 알지니 진리가 너희를 자유롭게 하리라 (요 8:31-32)

(15) 누가복음에,
새 옷에서 한 조각을 찢어 낡은 옷에 붙이는 자가 없나니 만일 그렇게 하면 새 옷을 찢을 뿐이요 또 새 옷에서 찢은 조각이 낡은 것에 어울리지 아니하리라 새 포도주를 낡은 가죽 부대에 넣는 자가 없나니 만일 그렇게 하면 새 포도주가 부대를 터뜨려 포도주가 쏟아지고 부대도 못쓰게 되리라 (눅 5:36-37, 마 9:16-17, 막 2:21-22)

"옷"은 진리를 뜻하기 때문에 주님은 이전 교회, 즉 영적인 것을 표상하는 교회의 진리를 낡은 옷 조각에 비유하셨고, 영적 진리 자체인 새교회의 진리를 새 옷 조각으로 비유하셨다. 주님은 진리를 포도주 부대에 비유하기도 하셨는데, 그 이유는 "포도주" 또한 진리를 뜻하고 "부대"는 진리를 담는 지식을 뜻하기 때문이다(말씀에서 "포도주"가 진리를 뜻하는 것은 『새예루살렘의 교리』 219번 참고).

(16) 이것으로 말씀의 다른 곳에서 자주 언급되는 "옷"이 무엇을 뜻하는지 알 수 있다. 예를 들면 다음과 같은 구절들이 있다.

계시록에,
그 보좌들 위에 이십사 장로들이 흰옷을 입고 머리에 금관을 쓰고 앉았더라 (계 4:4)
하늘에 있는 군대들이 희고 깨끗한 세마포 옷을 입고 백마를 타고 그를 따르더라 (계 19:14)
큰 무리가 나와 흰옷을 입고 보좌 앞과 어린 양 앞에 서서 (계 7:9)
일곱 천사가 성전으로부터 나와 맑고 빛난 세마포 옷을 입고 (계 15:6)
각각 그들에게 흰 두루마기를 주시며 (계 6:11)
금을 사고 흰옷을 사서 입어라 (계 3:18)

에스겔서에,
주린 자에게 음식물을 주며 벗은 자에게 옷을 입히며 (겔 18:16)

영적 의미로 "주린 자에게 음식물을 주는 것"은 진리를 동경하는 사람을 인애의 선으로부터 가르치는 것을 뜻하고, "벗은 자에게 옷을 입히는 것"은 마찬가지로 진리 안에 있지 않은 사람들을 가르치는 것을 뜻한다.

(17) 같은 말씀에,
적들이 네 옷을 벗기며 네 장식품을 빼앗을지라 (겔 23:26)

스가랴서에,
여호수아가 더러운 옷을 입고 천사 앞에 서 있는지라 여호와께서 자기 앞

에 선 자들에게 명령하사 그 더러운 옷을 벗기라 하시고 또 여호수아에게
이르시되 내가 네 죄악을 제거하여 버렸으니 네게 아름다운 옷을 입히리라
하시기로 (슥 3:3-5)

예레미야 애가에서,
그들이 거리 거리에서 맹인같이 방황함이여 그들의 옷들이 피에 더러워졌
으므로 그들이 만질 수 없도다 (애 4:14)

"옷"의 의미로부터 이스라엘 자손들에게 있었던 여러 가지 규례가 무슨 뜻
인지 알 수 있다.

두 재료로 직조한 옷을 입지 말지며 (레 19:19, 신 22:11)
여자는 남자의 의복을 입지 말 것이요 남자는 여자의 의복을 입지 말 것이
라 (신 22:5)
그들이 자기 옷을 빨아 성결하게 하더라 (출 19:14, 레 11:25, 28, 40, 14:8-
9, 민 19:11에서 끝까지)

그리고 다른 곳에서,
신성한 진리를 어긴 것을 슬퍼하며 그들이 옷을 벗고 굵은 베옷을 입어
야 했던 것 (사 15:3, 22:12, 37:1-2, 렘 4:8, 6:26, 48:37, 49:3, 애 2:10, 겔
27:31, 암 8:10, 욘 3:5-6, 8)
그들이 자기 옷을 찢어야만 한 것 (사 37:1과 다른 곳)

그리고 다음 말씀의 의미는 앞의 31번을 보면 알 수 있다.

주님이 예루살렘으로 가실 때 제자들이 나귀와 나귀 새끼 위에 자기들의 겉옷을 얹었고 무리의 대다수는 그들의 겉옷을 길에 폈다 (마 21:7-9, 막 11:7-8, 눅 19:35-36)

(18) "옷"이 진리를 뜻하는 것은 다음과 같은 사실에서 비롯한다. 즉 천국의 빛은 그곳의 태양이신 주님에게서 나오는 신적 진리라는 것, 그리고 천국에 존재하는 모든 것들은 그 빛으로부터 존재한다는 것, 그것은 천사들이 입고 나타나는 옷에 있어서도 같다는 것이다.

주님의 무덤에 앉아 있던 천사들이 눈같이 흰옷을 입은 것 (마 28:3)
그들의 옷이 찬란하게 빛난 것 (눅 24:4)

(천사들이 입고 나타나는 옷은 그들의 지성을 나타내며, 그들은 주님으로부터 신적 진리를 받는 만큼 지성적으로 된다는 것은 저서 『천국과 지옥』 177-182번, 주님에게서 나오는 신적 진리가 천국의 빛이라는 것은 126-135번 참고). 이것으로 주님의 "옷"은 주님에게서 나오는 신적 진리를 뜻한다는 것을 알 수 있다. 옷이 신적 진리를 뜻하기 때문에 그것은 또한 말씀을 뜻한다. 왜냐하면 말씀은 하늘과 땅의 주님에게서 나오는 신적 진리이기 때문이다. 주님이 베드로와 야고보, 요한 앞에서 변모하셨을 때 입으셨던 "옷"이 그것을 나타낸다. 복음서에서는 그것을 다음과 같이 기록한다.

그들 앞에서 변형되사 그 얼굴이 해 같이 빛나며 옷이 빛과 같이 희어졌더라 (마 17:2)
그 옷이 희어져 광채가 나더라 (눅 9:29)
그 옷이 눈처럼 광채가 나며 세상에서 빨래하는 자가 그렇게 희게 할 수 없

을 만큼 매우 희어졌더라 (막 9:3)

다니엘서에는 옛적부터 계신 이에 대해 같은 말을 한다.

옛적부터 항상 계신 이가 좌정하셨는데 그의 옷은 희기가 눈 같고 (단 7:9)

"옛적부터 계신 이"는 영원부터 계신 주님이시다. "빛"은 신적 진리이기 때문에 주님과 관련해 말할 때는 "옷"으로 표현한다. 그래서 시편에서는 이렇게 말한다.

주께서 옷을 입음 같이 빛을 입으시며 (시 104:2)

(19) 이것으로 말씀의 다른 곳에서 언급하는 주님의 옷이 무슨 뜻인지도 알 수 있다.

시편에,
왕의 모든 옷은 몰약과 침향과 육계의 향기가 있으며 (시 45:7-8)

이 말씀은 주님에 대해 말한 것이다.

창세기에,
그가 그 옷을 포도주에 빨며, 또 그의 복장을 포도즙에 빨리로다 (창 49:11)

이 말씀 또한 주님에 대한 말씀이다. "포도주"와 "포도즙"이 신적 진리를 뜻하는 이유는 주님의 옷은 신적 진리를 나타내기 때문이다. 그러므로

예수님의 겉옷 가를 만진 사람이 병 고침을 받았다 (마 9:20 –21, 막 5:27-
28, 30, 6:56, 눅 8:44)

이사야서에,
에돔에서 오는 이는 누구며 붉은 옷을 입고 보스라에서 오는 이 누구냐 그
의 화려한 의복을 입은 이가 누구냐, 어찌하여 네 의복이 붉으며 네 옷이
포도즙틀을 밟는 자 같으냐, 그들의 선혈이 내 옷에 튀어 내 의복을 다 더
럽혔음이니 (사 63:1-3)

이것 또한 주님에 대한 말씀이다. 여기서 "옷"은 말씀을 뜻하고, 이미 말한
것처럼 하늘과 땅의 주인이신 주님에게서 나오는 신성한 진리를 말한다. 그
러므로 "그가 포도주 틀을 밟는 자같이 붉은 옷을 입었고", "선혈이 그의 옷에
튀었으며", "그가 의복을 더럽혔다"고 한 것은 당시 교회의 사람들이 말씀, 또
는 신성한 진리에 가한 폭력을 뜻한다.

(20) 계시록에,
백마를 탄 자가 피 뿌린 옷을 입었는데 그 이름은 하나님의 말씀이라 칭하
더라 (계 19:13)

여기서는 백마를 탄 자가 곧 하나님의 말씀이라 불리는 자라고 분명하게 말
한다. 그러므로 그가 주님이시라는 것 또한 분명하다. 왜냐하면 그에 대해 다
음과 같이 말하기 때문이다.

그 옷과 그 다리에 이름을 쓴 것이 있으니 만왕의 왕이요 만주의 주라 하였
더라 (계 19:16)

그러므로 "피 뿌린 옷"은 글자의 상태로서 말씀을 뜻한다. 왜냐하면 말씀의 글자에는 폭력을 가할 수 있지만 말씀의 영적 의미에는 그렇게 할 수 없기 때문이다. 영적 의미에 폭력을 가할 수 없었던 이유는 그들이 영적 의미에 대해 아무것도 몰랐기 때문이다.

(21) 군인들이 주님의 겉옷을 나눠 가지면서도 속옷은 나누지 못한 것은 말씀의 문자적 의미에는 폭력을 가했지만 영적 의미에 대해서는 그렇게 하지 못한 것을 뜻한다. 그것에 대해 요한복음에서는 다음과 같이 기록한다.

> 군인들이, 그의 옷을 취하여 네 깃에 나눠 각각 한 깃씩 얻고 속옷도 취하니 이 속옷은 호지 아니하고 위에서부터 통으로 짠 것이라 군인들이 서로 말하되 이것을 찢지 말고 누가 얻나 제비 뽑자 하니, 군인들은 이런 일을 하고 (요 19:23-24)

시편에,

> 내 겉옷을 나누며 속옷을 제비 뽑나이다 (시 22:18)

"그들이 나눈 주님의 옷"은 글자 상태의 말씀을 뜻하며, "주님의 속옷"은 영적 의미로서 말씀을 뜻한다. "군인"은 신성한 진리를 위해 싸워야 할 교회에 속한 사람들을 뜻한다. 그래서 "군인들이 이런 일을 하고"라고 말했다("속옷"이 신성한 진리, 또는 말씀의 영적 의미를 뜻하는 것은 『천국의 비밀』9826, 9942번, "군인"이 신성한 진리를 위해 싸워야 할 교회에 속한 사람들을 뜻하는 것은 앞의 64번 참고, 끝에 가면 이러한 것에 대해 더 충분하게 설명할 것이다). 주님의 고난을 다룬 복음서의 말씀 하나하나는 당시 유대교회가 신성한 진리를 어떻게 다뤘으며, 그러므로 말씀을 어떻게 다뤘는지와 관련이 있고, 또한 그것을 나타낸다는 것을 알아야 한다. 왜냐하면 말씀은 그들에게 있는 신성한 진리이기 때문이다. 주님은 신성한 진리이기 때문에 또한 말씀이시다(요 1:1, 2, 14). 그러나 각각의 말씀이 무엇과 관련이 있고 무엇을 뜻하는지는 내적 의미를 모르면 알 수 없는 일이다. 여기서는 "주님의 옷"이 무슨 뜻인가 하는 것만 말하겠다. 왜냐하면 여기서는 "옷"의 의미에 대해 다루고 있으며, 옷은 진리를 뜻하고 주님과 관련해서는 신성한 진리를 뜻하기 때문이다.

(22) "아론과 그의 자손들의 옷"도 같은 뜻인데, 그 이유는 아론과 그의 자손들은 신적 선으로서 주님을 뜻하고, 그들의 옷은 신적 진리이신 주님을 뜻하기 때문이다(이러한 것들은 『천국의 비밀』에 나오는 설명을 보면 알 수 있다. 즉 아론이 신적 선이신 주님을 뜻하는 것은 9806, 9946, 10017번, 그들의 옷과, 흉패, 에봇, 겉옷, 바둑판 모양으로 짠 속옷, 관과 허리띠가 무엇을 뜻하는지는 9814, 9823-9828번 이하 참고)

196

(1) "흰옷을 입고 나와 함께 다니리니 그들은 합당한 자인 연고라"는 그들이 말씀에서 비롯한 선과 진리의 지식을 통해 얻은 영적 생명을 뜻한다. 이것이 분명한 것은 "다니는 것"은 사는 것을 뜻하고(앞의 97번 참고), "흰옷을 입고"는 진리 안에 있는 것을 뜻하기 때문이다. 왜냐하면 말씀에서 "흰 것"과 "밝은 것"은 진리의 속성을 나타내기 때문이다(이것에 대해 곧 말할 것이다). 그러므로 "그들이 흰옷을 입고 나와 함께 다닌다"는 영적 생명을 뜻한다. 왜냐하면 영적 생명은 진리의 생명, 즉 진리에 따른 삶, 또는 말씀에 나와 있는 주님

의 가르침에 따른 삶을 뜻하기 때문이다. 이와 같은 사실이 분명한 또 하나의 이유는, "그들이 합당한 자라는 것"은 그들이 주님으로부터 영적 생명을 받았다는 뜻이기 때문이다. 사람은 주님으로부터 받는 만큼 합당한 사람이 된다. 그러나 사람이 자기 자신으로부터, 즉 자신의 것을 받는다거나, 또는 자신의 자아로부터 받는다고 생각하면, 그만큼 그는 합당한 사람이 아니다. 사람에게 있는 영적 생명은 말씀에서 얻은 선과 진리의 지식을 삶에 적용하는 것 말고 다른 어떤 것으로도 얻을 수 없다. 그리고 사람이 그 지식을 자기 삶의 법칙으로 붙잡고 있을 때 그것들은 삶에 적용된다. 왜냐하면 그때 그는 무슨 일을 하든 주님을 바라보고, 주님은 그런 그와 함께 계시면서 지성과 지혜를 주시며 그 지식에 대한 애정과 기쁨을 주시기 때문이다. 주님은 당신의 진리 안에서 사람과 함께 계시기 때문이다. 왜냐하면 모든 진리는 주님에게서 나오고 주님에게서 나오는 건 주님의 것이며, 그러므로 주님 자신이시기 때문이다. 그래서 주님은 다음과 같이 말씀하신다.

나는 진리요 생명이라 (요 14:6)

진리를 따르는 자는 빛으로 오나니 이는 그 행위가 하나님 안에서 행한 것임을 나타내려 함이라 하시니라 (요 3:21)

말씀이 하나님과 함께 계셨으니 이 말씀은 곧 하나님이시니라, 그 안에 생명이 있었으니 이 생명은 사람들의 빛이라, 참 빛 곧 각 사람에게 비추는 빛이 있었나니, 말씀이 육신이 되었도다 (요 1:1, 4, 9, 14)

주님을 "말씀"이라 부르는 것은 말씀은 신성한 진리이기 때문이며, 또한 "빛"이라 부르는 건 신성한 진리는 천국의 빛이기 때문이다. 주님을 또한 "생명"이라고도 부르는데, 그 이유는 살아 있는 모든 것이 그 생명으로 인해 살고, 또한 그로부터 천사들의 생명인 지성과 지혜가 나오기 때문이다. 그러므로 천국에서 신적 진리라 불리고 빛처럼 보이는 주님의 신성이 아닌 다른 데서 생명의 기원을 찾는 이가 있다면 그는 크게 잘못 생각하는 것이다. 이것으로 "하나님은 곧 말씀이시며", "그 안에 생명이 있고, 그 생명이 곧 사람의 생명이다"라는 말씀이 무슨 뜻인지 알 수 있다.

(2) 말씀에서 "흰 것"이 진리를 나타내는 것은 바로 앞에서 말한 것처럼 신성한 진리는 천국의 빛이며, 천국의 빛으로부터 희고 빛나는 것이 나오기 때문이다. 그래서 말씀은 다음과 같이 기록하고 있다.

주님이 베드로와 야고보와 요한 앞에서 변형되사 그 얼굴이 해 같이 빛나며 옷이 빛과 같이 희어졌더라 (마 17:2)

기도하실 때에 그 옷이 희어져 광채가 나더라 (눅 9:29)

그 옷이 광채가 나며 세상에서 빨래하는 자가 그렇게 희게 할 수 없을 만큼 매우 희어졌더라 (막 9:3)

주님의 무덤에 있는 천사들의 옷이 눈같이 희거늘 (마 28:3)

찬란한 옷을 입은 (눅 24:4)

일곱 천사가 성전으로부터 나와 맑고 빛난 세마포 옷을 입고 (계 15:6)

어린 양의 보좌 앞에서 선 사람들이 흰 두루마기를 입고 (계 6:11, 7:9, 13-14, 19:8)

하늘에 있는 군대들이 희고 깨끗한 세마포 옷을 입고 백마를 타고 그를 따르더라 (계 19:14)

그러므로 또 이렇게 기록한다.

아론이 성소의 휘장 안 속죄소 앞에 나아갈 때는 세마포 속 옷을 입고 속바

지를 몸에 입으며 (레 16:1-5, 32)

"세마포" 또한 진리를 뜻하는 까닭은 희기 때문이다(『천국의 비밀』7601, 9959번), "흰 것"은 진리를 뜻하고 진리는 사람에게 있는 악과 거짓을 드러내며 그를 깨끗하게 만들기 때문에, 시편에서는 다음과 같이 말한다.

> 보소서 주께서는 중심이 진실함을 원하시오니 내게 지혜를 은밀히 가르치시리이다 우슬초로 나를 정결하게 하소서 내가 정하리이다 나의 죄를 씻어주소서 내가 눈보다 희리이다 (시 51:6-7)

(3) 나실인은 마지막의 것 안에서의 신적 진리이신 주님을 나타내고, 지상에서 그 진리는 글자의 뜻으로서 말씀이다. 유대인들에게 있던 그 말씀이 거짓으로 바뀌고 왜곡되었기 때문에, 예레미야 애가서에서는 그것에 대해 이렇게 말한다.

> 나실인들의 몸이 눈보다 희고 젖보다 밝으며 산호들보다 붉어 그들의 뼈의 윤택함이 갈아서 빛낸 청옥 같더니 이제는 그들의 얼굴이 검고 그들을 어느 거리에서든지 알아볼 사람이 없도다 (애 4:7-8)

("나실인"이 신적 진리이신 주님을 뜻하는 것은 『천국의 비밀』6437번, "나실인의 머리의 관"이 궁극의 신적 진리이며, 글자로서 말씀을 뜻하는 것은 6437, 9407번. 나실인의 신분과 관련이 있고, "나실인의 머리의 관"이라 불리기도 하는 "머리털"이 마지막의 것 안에서의 신적 진리인 것은 3301, 5247, 10044번, 마지막의 것 안에서 신적 진리가 힘과 능력을 갖는 것은 9836번, 그러므로 삼손의 힘이 그의 머리에 있는 것은 3301번 참고)

(4) 이것으로 "나실인들의 몸이 눈보다 희고 젖보다 밝으며", "그들의 뼈의 윤택함이 갈아서 빛낸 청옥 같으나", "그들의 얼굴이 검고 그들을 어느 거리에서든지 알아볼 사람이 없도다"라는 말이 무슨 의미인지 분명하다. 왜냐하면 "희고", "밝은 것"은 자체의 빛 안에 있는 신성한 진리를 뜻하고, 사람의 온몸을 지탱하는 말단의 부위로서 "뼈"는 천국의 제일 끝부분과 서로 통하기 때문이다(왜냐하면 사람의 모든 것은 상응의 의미를 지니고 있기 때문이다. 그것은 저서 『천국과 지옥』 87-102번 참고, 그러므로 "뼈"가 영계의 끝을 나타내고, 또한 신성한 진리의 끝이며 말씀인 것은 『천국의 비밀』 5560-5564, 8005번, "청옥"이 진리에서 나오는 투명한 것을 뜻하는 것은 9407번 참고, "거리에서 알아볼 사람이 없도다"는 그 신성한 진리를 더 이상 볼 수 없다는 뜻이다. 왜냐하면 "거리"는 교리에 관한 진리가 있는 곳을 뜻하기 때문이다. 그것에 대해서는 2336번을 참고하기 바란다).

197

5절. "이기는 자"는 죽기까지 흔들리지 않는 사람을 뜻한다. 이것이 분명한 것은 "이기는 것"은 생명이 다할 때까지 진리에 대한 영적 애정이 변하지 않는 것을 뜻하기 때문이다(앞의 128번 참고).

"흰옷을 입을 것이요"는 진리에 따라, 그리고 그걸 받아들이는 데 따라 지성과 지혜가 있는 것을 뜻한다. 이것이 분명한 것은 앞에서(195–196번) 말한 바와 같이 "흰옷"은 신성한 진리를 뜻하기 때문이다. "흰옷을 입는 것"이 진리에 따라, 그리고 그것을 받아들이는 데 따라 생기는 지성과 지혜를 뜻하는 것은, 모든 지성과 지혜는 신성한 진리로부터 생기는 데, 그것을 깨닫고 삶 속에 받아들이는 데 따라 있기 때문이다. 진리를 보고 무엇인지 이해하는 것이 깨닫는 것이고, 진리에 따라 사는 것이 받아들이는 것이다. 그래서 깨닫고 받아들이는 데 따라 지성과 지혜가 있는 것이다. 신성한 진리가 아니라 오직 세상의 것으로부터 얻는 지성과 지혜는 지성과 지혜가 아니라 그냥 지식이며, 그 지식에서 비롯한 추론의 능력일 뿐이다. 왜냐하면 지성은 어떤 것이 진실한지 아닌지를 자기의 내면으로부터 이해하는 것이기 때문이다. 그러나 오직 세상의 것만으로 지혜로운 사람들은 자기의 내면으로부터 진리를 보지 않고 다른 사람을 통해 본다. 다른 사람을 통해 본다는 건 그냥 아는 것이다. 이렇게 안 진리는 굳히는 데 그칠 뿐 그 이상으로 마음속 깊은 곳에 이르지 못한다. 오늘날 삶과 관계없이 오직 믿음으로 구원받는다고 믿는 교회 안의 대부분 사람들이 이런 상태에 있다. 그러므로 진리가 그들의 영 안으로 들어가지 못하고 그냥 자연적 사람의 기억 속에만 있다. 그러나 신성한 진리인 천국의 빛은 사람의 영과 혼을 통하지 않으면 다른 어떤 방법으로도 사람에게 들어갈 수 없다. 사람의 영은 그의 삶과 같은 것이지 삶과 무관한 기억과 같은 것이 아니다. 그러므로 천국의 빛은 사람이 주님으로부터 사랑과 인애의 선 안에 있을 때 그의 영 안으로 들어가는 것이다. 그리고 그가 그 선 안에 있을 때 그는 또한 믿음 안에 있다(사랑과 인애가 없으면 사람에게 믿음도 없다는 것은 저서『마지막 심판』33-40번, 그리고 진정한 지성이 무엇이고, 가짜 지성과 거짓된 지성이 무엇인가 하는 것은 저서『천국과 지옥』346-356번 참고하기 바란다).

199

(1) "내가 그 이름을 생명책에서 결코 지우지 아니하고"는 그들이 천국에 어울리는 사람이므로 천국에 있을 것이라는 뜻이다. 이것이 분명한 것은, "이름"은 사람의 생명의 상태의 질을 나타내며(앞의 148번 참고), "생명책"은 천국을 뜻하기 때문이다(이것에 대한 곧 말할 것이다). 그러므로 "그 이름을 생명책에서 지우지 아니하고"는 사랑과 믿음에 관한 그들의 상태가 그렇기 때문에 천국에 어울린다는 것이고, 그러므로 그들이 천국에 있을 것이라는 뜻이다. "생명책"이 천국을 뜻하는 것은 주님을 믿고 사랑하는 사람은 가장 작은 형태의 천국이며, 사람에 속한 이 천국은 가장 큰 형태의 천국과 서로 통하기 때문이다. 그러므로 자기 안에 천국을 가진 사람은 천국에 들어간다. 그가 그곳과 어울리기 때문이다(이렇게 서로 통하는 것은, 저서『천국과 지옥』51-58, 73-77, 87-102번,『새예루살렘의 교리』230-236번 참고). 따라서 "생명책"은 사람 안에 있으며 그의 천국과 서로 통한다. 사람이 세상에서 선과 진리의 지식을 삶에 적용하여 영적인 사람이 되면 생명책은 영원히 그에게 남는다. 그래서 "내가 그 이름을 생명책에서 결코 지우지 아니하겠다"고 말한 것이다. 사람이 세상에서의 삶의 마지막 순간까지 영적으로 되지 못하면 그 이름이 지워질 것이나 그가 영적인 사람이 된다면 그것은 지워질 수 없는 것이다. 왜냐하면 그는 사랑과 믿음으로 주님과 결합하였고, 세상에서 이루어진

주님과의 결합은 사후에도 그 사람에게 그대로 남아 있기 때문이다.

(2) 이것으로 "생명책"이란 주님이 사람의 영인 마음과 혼, 또는 사랑과 믿음 위에 기록하신 것임을 알 수 있다. 그러니까 주님께서 사람 안에 기록해 놓으신 것이 곧 천국인 것이다. 이것으로 다음 구절들에서 말하는 "생명책"이 무엇을 뜻하는지 분명하다.

다니엘서에,
> 옛적부터 항상 계신 이가 좌정하셨는데 그 앞에 책들이 펴 놓였더라 (단 7:9-10)
> 네 백성 중 책에 기록된 모든 자가 구원을 받을 것이라 (단 12:1)

시편에,
> 그들을 생명책에서 지우사 의인들과 함께 기록되지 말게 하소서 (시 69:28)

출애굽기에,
> 주께서 기록하신 책에서 내 이름을 지워 버려 주옵소서 여호와께서 모세에게 이르시되 누구든지 내게 범죄하면 내가 내 책에서 그를 지워 버리리라 (출 32:32-33)

계시록에,
> 어린 양의 생명책에 이름이 기록되지 못한 자들은 다 그 짐승에게 경배하리라 (계 13:8, 17:8)
> 또 내가 보니, 책들이 펴 있고 또 다른 책이 펴졌으니 곧 생명책이라 죽은 자들이 자기 행위를 따라 책들에 기록된 대로 심판을 받으니, 누구든지 생

명책에 기록되지 못한 자는 불못에 던져지더라 (계 20:12-13, 15)

오직 어린 양의 생명책에 기록된 자들만 새 예루살렘에 들어가리라 (계 21:27)

시편에,

내가 은밀한 데서 지음을 받은 때에 나의 형체가 주의 앞에 숨겨지지 못하였나이다, 나를 위하여 정한 날이 하루도 빠짐없이 주의 책에 모든 날들이 다 기록이 되었나이다 (시 139:15-16)

"모든 날들이 기록되었다"는 생명의 모든 상태를 뜻한다(사람이 생각하고, 의도하고, 행하며, 심지어 보고, 듣는 하나하나의 모든 것들이 마치 기록한 것처럼 그의 영 안에 남아 있고, 그러므로 어느 것 하나도 빠짐이 없다는 것은 저서『천국과 지옥』462, 463번과『천국의 비밀』2469-2494, 7398번, 그리고 그것이 사람의 "생명책"이라는 것은 2474, 9386, 9841, 10505번과 5212, 8067, 9334, 9723, 9841번을 참고할 것).

200

(1) "내가 그 이름을 내 아버지 앞과 그의 천사들 앞에서 시인하리라"는 그들이 신성한 선과 그것에서 비롯한 신성한 진리 안에 있을 것임을 뜻한다. 이것이 분명한 것은, "내가 그 이름을 시인하리라"는 (사람이 행하는) 일들이 그들의 생명의 상태의 질과 일치해야 하는 것을 뜻하기 때문이다. 주께서 "내가 시인한다"고 하시는 것은 일들이 되어 가도록 허락하시는 것을 뜻하기 때문

이다. 왜냐하면 주님은 사랑과 믿음의 선 안에 있는 사람이나 천사에게 당신이 말하고 시인하는 것을 허락하고 공급하시기 때문이다. 사랑과 믿음에서 비롯한 모든 선은 주님에게서 나오기 때문이다. 그러므로 말씀에서 주님이 "말씀하신다고" 할 때는 가르치고, 설명하고, 공급하시는 것을 뜻한다(『천국의 비밀』5361, 6946, 6951, 7019, 8095, 10234, 10290번 참고). "이름"이 생명의 상태의 질을 뜻하는 것은 앞의 148번을 보면 된다. "그 이름을 아버지 앞과 천사들 앞에서 시인하리라"가 그들이 신성한 선과 신성한 진리 안에 있을 것이란 뜻임이 분명한 또 하나의 이유는, 주님에게 "아버지"는 당신 안에 계시고 당신에게서 나오는 신적 선을 뜻하고(이것에 대해 이어서 말할 것이다), 그리고 "천사들"은 주님에게서 나오는 신적 진리를 뜻하기 때문이다(앞의 130번 참고). 이것으로 "내가 그 이름을 내 아버지 앞과 그의 천사들 앞에서 시인하리라"는 그들이 신성한 선과 신성한 진리 안에 있을 것이란 뜻임이 분명하다.

(2) 주님이 말씀하시는 "아버지"가 주님 안에 있고 주님에게서 나오는 신적 선을 뜻하는 까닭은, 주님은 세상에 계실 때 잉태할 때부터 당신 안에 계셨고 당신의 생명의 본질인 신성(Divine)에 당신의 인성(Human)을 결합해 하나로 만드셨으며 또한 주님은 그 신성을 "당신의 아버지"라고 부르셨기 때문이다. 주님이 잉태할 때부터 당신 안에 계신 신성을 아버지라고 부르셨다는 사실은 당신과 아버지가 하나라고 하신 다음의 가르침으로부터 분명하다.

요한복음에,

나와 아버지는 하나이니라 (요 10:30)

너희가 아버지께서 내 안에 계시고 내가 아버지 안에 있음을 믿으라 하시니 (요 10:38)

나를 보는 자는 나를 보내신 이를 보는 것이니라 (요 12:45)

너희가 나를 알았더라면 내 아버지도 알았으리로다 이제부터는 너희가 그
를 알았고 또 보았느니라 빌립이 이르되 주여 아버지를 우리에게 보여 주
옵소서 예수께서 이르시되 빌립아 내가 이렇게 오래 너희와 함께 있으되
네가 나를 알지 못하느냐 나를 본 자는 아버지를 보았거늘 어찌하여 아버
지를 보이라 하느냐 내가 아버지 안에 거하고 아버지는 내 안에 계신 것을
네가 믿지 아니하느냐 내가 너희에게 이르는 말은 아버지께서 내 안에 계
셔서 그의 일을 하시는 것이라 내가 아버지 안에 거하고 아버지께서 내 안
에 계심을 믿으라 (요 14:7-11)
너희가 나를 알았더라면 내 아버지도 알았으리라 (요 8:19)
내가 혼자 있는 것이 아니라 아버지께서 나와 함께 계시느니라 (요 16:32)

(3) 주님은 아버지와 하나이셨으므로 또 다음과 같이 말씀하셨다.

내 것은 다 아버지의 것이요 아버지의 것은 내 것이온데 (요 17:10)
무릇 아버지께 있는 것은 다 내 것이라 (요 16:15)
아버지께서 아들의 손에 만물을 주셨으니 (요 3:35, 13:3)
내 아버지께서 모든 것을 내게 주셨으니 아버지 외에는 아들을 아는 자가
없고 아들 외에는 아버지를 아는 자가 없느니라 (마 11:27, 눅 19:22)
본래 하나님을 본 사람이 없으되 아버지 품 속에 있는 독생하신 하나님이
나타내셨느니라 (요 1:18, 6:46)
말씀이 하나님과 함께 계셨으니 이 말씀은 곧 하나님이시니라, 말씀이 육
신이 되시매 (요 1:1, 14)

이 마지막 구절로 인해 그들(아버지와 아들)이 하나임이 분명하다. 말씀이
하나님과 함께 계셨고 하나님이 곧 말씀이라고 했기 때문이다. 주님의 인성

또한 하나님인 것이 분명하다. 왜냐하면 말씀이 육신이 되셨다고 했기 때문이다. 하나님의 모든 것은 주님의 것이며 주님과 아버지는 하나이기 때문에, 주님은 하늘에 오르실 때 당신의 제자들에게 이렇게 말씀하셨다.

하늘과 땅의 모든 권세를 내게 주셨으니 (마 28:18)

이 말씀을 통해 주님은 사람은 오직 주님께로 와야 한다고 가르치셨다. 주님만이 모든 것을 하실 수 있기 때문이다. 주님은 그것을 이렇게 말씀하셨다.

나를 떠나서는 너희가 아무것도 할 수 없음이라 (요 15:5)

그러므로 다음 말씀을 어떻게 이해해야 하는지 분명하다.

예수께서 이르시되 내가 곧 길이요 진리요 생명이니 나로 말미암지 않고는
아버지께로 올 자가 없느니라 (요 14:6)

즉 주님께 가까이 가는 게 곧 아버지께로 가까이 가는 것이다.

(4) 주님은 아버지에 대해 당신 자신이 아닌 다른 사람처럼 자주 말씀하셨다. 여러 가지 이유가 있으나 그 가운데는 다음과 같은 것도 있다. 즉 내적 또는 영적 의미로 "아버지"는 신적 선을 뜻하고 "아들"은 신적 진리를 뜻하며, 이들은 각각 주님 안에 있으면서 주님에게서 나오는 것이기 때문이다. 왜냐하면 말씀은 상응의 방식으로 기록되어 있고, 그렇게 해서 사람뿐 아니라 천사들을 위한 것이기 때문이다. 그러므로 "아버지"라고 할 때는 말씀의 영적 의미 안에 있는 천사들로 하여 신적 선으로 이해하도록 하려는 것이고, "하나님

의 아들" 또는 "인자"라고 할 때는 신적 진리로 이해하도록 하려는 것이다(이것을 『천국의 비밀』에서 다음과 같이 밝혔다. 말씀에서 "아버지"가 선을 뜻하는 것은 3703, 5902, 6050, 7833, 7834번, "아버지"가 선의 측면에서 교회를 뜻하고, 그러므로 교회의 선을 뜻하며, "어머니"는 진리의 측면에서 교회를 뜻하고, 그러므로 교회의 진리를 뜻하는 것은 2691, 2717, 3703, 5581, 8897번. 신적 선은 잉태하실 때부터 주님 안에 있었고, 주님의 생명의 본질이며, 주님의 인성이 그것에서 비롯하며, 그러므로 주님은 그 신적 선을 "아버지"라 부르신 것은 2803, 3704, 7499, 8328, 8897번, 그들이 하나이기 때문에 주님은 천국에서 아버지로 받아들여진다는 것은 15, 1729, 3690번, 주님도 말씀에서 "아버지"라 불리신 것은 2005번, 주님은 또한 거듭나는 사람들의 아버지이신데, 그 이유는 그들이 주님으로부터 새로운 생명인 주님의 생명을 받기 때문인 것은 2293, 3690, 6492번, "하나님의 아들"과 "인자"는 신적 인성으로서 주님이시고 발현하는 신적 진리를 뜻하는 것은 앞의 63, 151, 166번을 참고하기 바란다). 왜냐하면 그렇게 해서 천국에 오는 모든 사람이 선만이 아니라 진리 안에도 있어야 하기 때문이다(누구나 선과 진리 어느 하나 안에 있으면 동시에 다른 것 안에도 있어야 하기 때문이다. 왜냐하면 선은 진리의 본질(esse)이고 진리는 선의 드러남(existere)이기 때문이다). "아버지"는 신적 선을 뜻하고 "천사들"은 신적 진리를 뜻하며 이 둘은 모두 주님에게서 나오는 것이기 때문에, "내가 그 이름을 내 아버지 앞과 그의 천사들 앞에서 시인하리라"고 했다. 그러므로 복음서에서도 다음과 같이 말한다.

누구든지 사람 앞에서 나를 시인하면 나도 하늘에 계신 내 아버지 앞에서 그를 시인할 것이요 (마 10:32)

누구든지 사람 앞에서 나를 시인하면 인자도 하나님의 사자들 앞에서 그를 시인할 것이요 (눅 12:8)

(5) "아버지"는 신적 선을 뜻하고, "천사들"은 신적 진리를 뜻하기 때문에 주님은 또 이렇게 말씀하신다.

> 인자가 자기와 아버지와 거룩한 천사들의 영광으로 올 때에 (눅 9:26, 마 16:27)

여기서 주님은 당신의 영광을 "아버지와 천사들의 영광"이라고 부르셨다. 왜냐하면 주께서 이르시길 "자기와 아버지와 거룩한 천사들의 영광으로"라고 하셨기 때문이다. 그러나 다른 곳에서는 "천사들과 함께 아버지의 영광으로"라고 하시고, 또 다른 곳에서는 "천사들과 함께 자기의 영광으로"라고 말씀하신다.

마가복음에서,
> 인자가 아버지의 영광으로 거룩한 천사들과 함께 올 때에 (막 8:38)

마태복음에서,
> 인자가 자기 영광으로 모든 천사와 함께 올 때에 (마 25:31)

여기에 덧붙여 말해야 할 것이 있는데 그건 다음과 같다. 만일 사람이 주님은 아버지와 한 분이시며 주님의 인성이 당신 안의 신성으로 인해 거룩하다는 사실을 교리로 인정하고 받아들인다면, 그는 말씀의 모든 세세한 내용 속에서 빛을 보게 될 거라는 것이다. 왜냐하면 교리로 받아들인 것과 교리를 통해 시인한 것은 말씀을 읽을 때 빛 가운데 있으며, 또한 모든 능력의 주인이시고 모든 빛의 근원이신 주님이 이 교리를 받아들인 사람들을 빛으로 가르치시기 때문이다. 반대로 아버지의 신성이 주님의 것하고는 다른 신성이라는 걸 교리로 믿고 받아들인다면 그는 말씀의 빛 안에서 아무것도 볼 수 없을 것이다. 그러

한 교리 안에 있는 사람은 한쪽의 신성을 외면하고 다른 쪽 신성을 바라보며,
이해할 수 있는 신성을 외면하고(사상과 믿음으로 그렇게 한다), 이해할 수 없
는 신성을 바라보기 때문이다. 왜냐하면 주님께서 다음과 같이 말씀하시기 때
문이다.

> 너희는 아무 때에도 그 음성을 듣지 못하였고 그 형상을 보지 못하였으며
> (요 5:37, 1:18)

그러므로 어떤 모습으로든 상상할 수 없는 신성을 믿고 사랑한다는 것은 있
을 수 없는 일이다.

201

6절. "귀 있는 자는 성령이 교회들에게 하시는 말씀을 들을지어다"는 이해
하는 사람은 주님에게서 나오는 신성한 진리가 당신의 교회의 사람들에게 말
하고 가르치는 것을 들어야 한다는 뜻이다. 이것은 같은 말씀에 대해 앞의
108번에서 말한 것으로부터 분명하다.

202

7-13절. 빌라델비아 교회의 사자에게 편지하라 거룩하고 진실하사 다윗의

열쇠를 가지신 이 곧 열면 닫을 사람이 없고 닫으면 열 사람이 없는 그가 이르시되 볼지어다 내가 네 앞에 열린 문을 두었으되 능히 닫을 사람이 없으리라 내가 네 행위를 아노니 네가 작은 능력을 가지고서도 내 말을 지키며 내 이름을 배반하지 아니하였도다 보라 사탄의 회당 곧 자칭 유대인이라 하나 그렇지 아니하고 거짓말 하는 자들 중에서 몇을 네게 주어 그들로 와서 네 발 앞에 절하게 하고 내가 너를 사랑하는 줄을 알게 하리라 네가 나의 인내의 말씀을 지켰은즉 내가 또한 너를 지켜 시험의 때를 면하게 하리니 이는 장차 온 세상에 임하여 땅에 거하는 자들을 시험할 때라 내가 속히 오리니 네가 가진 것을 굳게 잡아 아무도 네 면류관을 빼앗지 못하게 하라 이기는 자는 내 하나님 성전에 기둥이 되게 하리니 그가 결코 다시 나가지 아니하리라 내가 하나님의 이름과 하나님의 성 곧 하늘에서 내 하나님께로부터 내려오는 새 예루살렘의 이름과 나의 새 이름을 그이 위에 기록하리라 귀 있는 자는 성령이 교회들에게 하시는 말씀을 들을지어다

7. "빌라델비아 교회의 사자에게 편지하라"는 인애의 믿음 안에 있는 교회의 사람들을 뜻한다(203번). "거룩하고 진실한 사람이 이르시되"는 그런 믿음의 근원이신 분을 뜻한다(204번). "다윗의 열쇠를 가진 사람"은 신성한 진리를 통해 능력을 얻은 사람을 뜻한다(205번). "열면 닫을 사람이 없고 닫으면 열 사람이 없는 그 사람"은 인애의 믿음 안에 있는 모든 사람을 천국에 받아들이고 그렇지 않은 사람은 모두 천국에서 쫓아내는 권능을 뜻한다(206번). 8. "내가 네 행위를 아노니"는 인애의 삶을 뜻한다(207번). "볼지어다 내가 네 앞에 열린 문을 두었으되 능히 닫을 사람이 없으리라"는 그들이 천국에 받아들여질 거라는 것과 천국은 그런 선품이 사람이면 누구도 거부하지 않는다는 뜻이다(208번). "네가 작은 능력을 가졌고 내 말을 지켰으며 내 이름을 배반하지 아니하였도다"는 그들이 말씀의 진리를 삶에 관한 것으로 만들고, 주님

의 인성 안에 신성이 있음을 인정하였으며, 그만큼 주님으로부터 악과 거짓에 대항하는 힘을 가졌음을 뜻한다(209번). 9. "보라 사탄의 회당에서 몇을 네게 주어"는 믿음만의 교리 안에 있고 인애 안에 있지 않은 사람들을 뜻한다(210번). "자칭 유대인이라 하나 그렇지 아니하고 거짓말 하는 자들"은 스스로 진리 안에 있다고 믿지만 실은 거짓 안에 있는 사람들을 뜻한다(211번). "그들로 와서 네 발 앞에 절하게 하고"는 사후에 그들의 상태를 뜻한다. 즉 천국에 받아들여지지 않고 천국 밖에 있을 것이라는 뜻이다(212번). "내가 너를 사랑하는 줄을 알게 하리라"는 주님은 인애 안에 계시고 인애 없는 믿음 안에 계시지 않는다는 당연한 지식을 뜻한다(213번). 10. "네가 나의 인내의 말씀을 지켰은즉"은 그들이 주님의 계명에 따라 살아온 것을 뜻한다(214번). "내가 또한 너를 지켜 시험의 때를 면하게 하리니 이는 장차 온 세상에 임하여 땅에 거하는 자들을 시험할 때라"는 마지막 심판 때에 이전 천국의 사람에 대한 심판이 있을 것이며, 그때 그들이 구원받는 것을 뜻한다(215번). 11. "내가 속히 오리니"는 그것이 확실한 것을 뜻한다(216번). "네가 가진 것을 굳게 잡아"는 인애를 바탕으로 한 믿음의 상태를 끝까지 지키는 것을 뜻한다(217번). "아무도 네 면류관을 빼앗지 못하게 하라"는 지성이 없어지지 않도록 하라는 뜻이다(218번). 12. "이기는 자는 내 하나님 성전에 기둥이 되게 하리니"는 믿음을 굳건하게 지키는 사람은 천국에서 신성한 진리 안에 있을 것이라는 뜻이다(219, 220번). "그가 결코 다시 나가지 아니하리라"는 그들이 그 안에 영원히 있게 됨을 뜻한다(221번). "내가 하나님의 이름을 그이 위에 기록하리라"는 생명 안에 심어진 신성한 진리에 부합하는 그들의 성품을 뜻한다(222번). "하나님의 성 곧 하늘에서 내 하나님께로부터 내려오는 새 예루살렘의 이름"은 천국에 있는 새교회의 교리를 뜻한다(223번). "나의 새 이름"은 그들 또한 주님의 신적 인성을 받아들이는 것을 뜻한다(224번). 13. "귀 있는 자는 성령이 교회들에게 하시는 말씀을 들을지어다"는 이해하는 사람이면 주님에게서 나오는 신성한 진리가 당신의 교회의 사람들에게 말하고 가르치는 것을 들어야 한다는 뜻이다.

203

7절. "빌라델비아 교회의 사자에게 편지하라"는 인애의 믿음 안에 있는 교회의 사람들을 뜻한다. 이것은 이 교회의 사자들에게 편지한 내용의(앞의 20번 참고) 내적 의미로부터 분명하다. 왜냐하면 "일곱 교회"는 일곱 개의 교회를 뜻하는 게 아니라 교회에 속한 모든 사람, 또는 교회를 이루는 사람들에게 있는 모든 것을 뜻하기 때문이다. 말씀에서 "일곱"은 모든 사람과 모든 것을 뜻하기 때문이다. 왜냐하면 숫자가 자주 언급되는 이 예언서에서 분명히 알 수 있듯, 말씀에 나오는 모든 수는 일 또는 상태와 관련된 어떤 것을 뜻하기 때문이다. 그리고 에스겔서(40-48장)에서도 새 성전과 새 땅에 대해 기술하면서 그 크기를 숫자로 표현하고 있기 때문이다. 여기서 "새 성전"과 "새 땅"은 새 교회를 뜻하고 각각의 치수 또는 숫자는 교회에 관한 어떤 것을 뜻한다(말씀의 모든 수가 일이나 상태를 뜻하는 것은 저서 『천국과 지옥』 263번 참고).

204

(1) "거룩하고 진실하신 그가 이르시되"는 그 믿음의 근원이신 이를 뜻한다. 이것이 분명한 것은 "거룩하고 진실하신 그"는 믿음과 인애의 근원이신 주님

을 뜻하기 때문이다. 주님을 "거룩하다"고 하는 것은 주님에게서 인애가 나오기 때문이며, "진실하다"고 하는 것은 주님에게서 믿음이 나오기 때문이다. 주님을 거룩하다고 하는 것은 주님에게서 인애가 나오기 때문이라는 것과 그러므로 말씀에서 "거룩하다는 것"은 인애와 그것에서 비롯한 믿음을 뜻한다는 것을 곧 알게 될 것이다. 그러나 주님을 "진실하다"고 하는 것은 주님에게서 믿음이 나오기 때문이며, 따라서 말씀에서 "진실하다는 것"은 믿음을 뜻한다. 모든 진리는 믿음에 속한 것이기 때문이다. 진실하다는 것은 곧 믿어지는 것이며, 진실하지 않은 것은 믿어지는 것이 아니기 때문에 믿음에 속한 게 아니다. 그런데 여기서는 인애에서 비롯한 믿음을 다루기 때문에 믿음이 무엇인지에 대해 먼저 말하겠다.

(2) 영적인 믿음이 있고 그냥 자연적인 믿음이 있다. 영적인 믿음은 전적으로 인애에서 비롯한 것이므로 그 본질 속에는 인애가 있다. 인애, 또는 이웃에 대한 사랑은 진리와 성실, 공정을 사랑하는 것이며 또한 의지를 갖고 그것을 행하는 것이다. 왜냐하면 영적 의미로 이웃은 모든 사람이 아니라 사람에게 있는 어떤 것이기 때문이다. 만약 그것이 진리와 성실, 공정이며 그것 때문에 사람을 사랑한다면, 그때 이웃을 사랑하는 것이다. 인애가 영적 의미로 이런 뜻이라는 것은 깊이 생각하지 않더라도 누구나 알 수 있는 일이다. 사람은 누구나 다른 사람을 사랑할 때, 그 사람 자체를 사랑하는 게 아니라 그 사람에게 있는 어떤 것을 사랑한다. 그것으로부터 모든 우정과 호의와 명예가 시작되는 것이다. 이것이 모든 우정의 바탕이다. 따라서 영적 사랑이란 어떤 사람에게 있는 진실함, 성실함, 공정함을 사랑하는 것이다. 진실함과 성실함, 공정함은 주님으로부터 천국을 거쳐 오는 것이며, 그러므로 영적인 것이기 때문이다. 왜냐하면 사람들이 생각하고, 뜻하고, 행하는 모든 선한 것들은 자체로 선한 게 아니라, 주님으로부터 선한 것이기 때문이다. 즉 진실하고 성실하

며 공정한 것들은 주님으로부터 올 때 자체로 선한 것이 되는 것이다. 그리고 그때 그것이 영적인 의미로 이웃이다. 이상으로 인애 또는 이웃 사랑의 영적 의미가 무엇인지 분명해졌다. 그것으로부터 영적인 믿음이 시작된다. 사람은 무엇이든 사랑하는 것을 생각할 때 그것을 진리라고 부르기 때문이다. 누구나 깊이 생각해 보면 그것이 그렇다는 것을 이해할 수가 있을 것이다. 왜냐하면 사람은 모두 자기가 사랑하는 것에 대하여 많은 생각 끝에 확신에 이르게 되고, 확신하는 모든 것을 진리라 부르기 때문이다. 다른 방법으로는 아무도 진리를 얻을 수 없다. 따라서 어떤 사람이 가지고 있는 진리는 그에게 사랑과 같은 것이다. 그러므로 그에게 있는 사랑이 영적이면 진리 또한 영적으로 된다. 진리는 그의 사랑과 하나로 움직이기 때문이다. 모든 진리들을 하나로 묶어 믿음이라 부르는 것은 사람들이 그 진리를 믿기 때문이다. 이러한 사실로부터 분명한 것은 영적 믿음은 본질에 있어서 인애라는 것이다.

(3) 이제까지는 영적인 믿음에 대해 말했으나 그냥 자연적인 믿음도 있다. 그것도 믿음이라 불리기는 하나 교회의 믿음은 아니고 그냥 아는 것일 뿐이다. 교회의 믿음이 아닌 이유는, 그것은 믿음의 근원인 영적인 것 자체, 즉 이웃 사랑, 또는 인애에서 비롯한 믿음이 아니라 자아 사랑, 또는 세상 사랑이라고 하는 자연적 사랑에서 나오는 믿음이며, 그런 사랑에서 나오는 것은 모두 자연적이기 때문이다. 왜냐하면 영으로서 사람은 온전히 그의 사랑과 같은 것이기 때문이다. 사람은 자신의 사랑으로부터 생각하고 뜻하며 행동한다. 그러므로 사람은 자기가 사랑하지 않는 진리는 어떤 것도 그의 진리로 삼지 않는다. 자기에 대한 사랑, 또는 세상에 대한 사랑에서 비롯한 진리를 단순히 자연적이라고 말하는 것은, 그것이 주님과 천국으로부터 오지 않고 사람과 세상으로부터 오기 때문이다. 왜냐하면 이런 사람은 진리를 사랑하되 진리에 대한 사랑으로부터가 아니라 그가 섬기는 명예와 이득과 평판 때문에 사랑하기

때문이다. 그의 진리의 성격이 그러하므로 믿음의 성격 또한 그런 것이다. 그러므로 이 믿음은 교회의 진리에 대한 믿음, 또는 영적 의미의 믿음이 아니라 자연적 의미로의 믿음, 즉 아는 것에 불과한 것이다. 그리고 그러한 것들은 모두 사람의 영 안에는 없고 세상의 다른 것들과 함께 그의 기억 속에만 있으며, 그러므로 사후에는 모두 흩어져 없어지고 만다. 왜냐하면 사후에는 사람의 사랑에 속한 것만 남기 때문이다. 이미 말한 것처럼 사람의 영을 형성하는 것은 사랑이며, 영으로서 사람은 전적으로 그의 사랑과 같기 때문이다(『새예루살렘의 교리』의 인애와 믿음에 관한 부분 84-106, 108-122번을 보면 인애와 그것에서 비롯한 믿음에 관한 다른 것들도 볼 수 있다. 그리고 저서 『마지막 심판』 33-49번에서는 인애가 없는 곳에는 믿음도 없다고 말한다).

(4) 말씀에서 "거룩하다"는 것이 신성한 진리를 뜻하고, 그러므로 인애와 인애에 속한 믿음을 뜻한다는 건 그것에 대해 언급한 성경 구절들로부터 분명하다. 주님에게서 나와 천사들이 받아들이는 두 가지 것이 있는데 그것은 신성한 선과 신성한 진리이다. 이 둘은 주님에게서 나올 때는 합해져 하나로 나오지만 천사들은 그것을 다양하게 받아들인다. 어떤 이는 신성한 진리보다는 신성한 선을 더 많이 받아들이고, 어떤 이는 신성한 선보다 신성한 진리를 더 많이 받아들인다. 신성한 진리보다 신성한 선을 더 많이 받아들이는 천사들은 천적 천국을 만들고 천적 천사라고 불린다. 그리고 말씀에서는 그들을 "의로운 자(또는 공의로운 자)"라고 부른다. 그러나 신성한 선보다 신성한 진리를 더 많이 받아들이는 천사들은 주님의 영적 천국을 만들고 영적 천사라고 불리며, 그리고 말씀에서는 그들을 "거룩한 자"(또는 성자)라고 부른다(이 두 천국과 천사들에 대해서는 저서 『천국과 지옥』 20-28번에서 볼 수 있다). 그러므로 말씀에서 "의로운 자"와 "의"는 신성한 선과 거기서 나오는 것을 뜻하고, "거룩한 자"와 "거룩함"은 신성한 진리와 거기서 나오는 것을 뜻한다. 이러한

사실로부터 말씀에서 "의롭게 되다"와 "거룩해지다"가 무슨 뜻인지 알 수 있다. 계시록의 다음 말씀이 그것이다.

의로운 자는 그대로 의를 행하고 거룩한 자는 그대로 거룩하게 하라 (계 22:11)

누가복음에,
성결과 의로 두려움이 없이 섬기게 하리라 (눅 1:74-75)

(5) "거룩한 자"가 주님에게서 나오는 신성한 진리를 뜻하기 때문에 말씀에서는 주님을 가리켜 "거룩한 자", "하나님의 거룩한 자", "이스라엘의 거룩한 자", "야곱의 거룩한 자"라고 부르며, 그리고 그 때문에 천사들과 선지자들과 사도들 역시 "거룩한 자"로 불렸다. 예루살렘을 "거룩하다"고 한 것도 그런 이유에서이다. 주님을 "거룩한 자", "하나님의 거룩한 자", "이스라엘의 거룩한 자", "야곱의 거룩한 자"라고 부르는 것은, 사 29:23, 31:1, 40:25, 41:14, 16, 43:3, 49:7, 단 4:13, 9:24, 막 1:24, 눅 4:34에서 볼 수 있다. 다음 계시록에서도 주님을 "거룩한 자의 왕"이라고 부른다.

거룩한 자의 왕이시여 주의 길이 의롭고 참되시도다 (계 15:3)

주님을 "거룩한 자", "하나님의 거룩한 자", "이스라엘의 거룩한 자", 그리고 "야곱의 거룩한 자"라고 부르는 것은 다른 누구도 아니고 오직 주님만 거룩하시기 때문이다. 그것을 계시록에서는 다음과 같이 말한다.

주여 누가 주의 이름을 두려워하지 아니하며 영화롭게 하지 아니하오리이까 오직 주만 거룩하시니이다 (계 15:4)

(6) 천사와 선지자, 사도를 "거룩한 자"라고 부르는 것은 영적 의미로 그들이 신성한 진리를 뜻하기 때문이다. 예루살렘을 "거룩한 성"이라고 부르는 것도 그 성의 영적 의미가 진리에서 비롯한 교리로서 교회를 뜻하기 때문이다. 말씀에서 천사를 "거룩한 자"로 부르는 것은 마 25:31, 막 8:38, 눅 9:26, 선지자를 그렇게 부르는 것은 막 6:20, 눅 1:70, 계 18:20, 또 사도들을 그렇게 부르는 것은 계 18:20에서 볼 수 있으며, 예루살렘을 "거룩한 성"이라고 부르는 것은 사 48:2, 66:20, 22, 단 9:24, 마 27:53, 계 21:2, 10에서 볼 수 있다(말씀에서 "천사"가 주님에게서 나오는 신성한 진리를 뜻한다는 것은 앞의 130, 200번, "선지자"도 같은 뜻인 것은 『천국의 비밀』 2534, 7269번, "사도" 역시 같은 뜻인 것은 앞의 100번 참고, 말씀에서 "예루살렘"이 진리에서 비롯한 교리로서 교회를 뜻하는 것은 『새예루살렘의 교리』 6번 참고). 이것으로 주님에게서 나오는 신성한 진리를 왜 "진리의 영", "성령"(앞의 183번 참고)이라고 부르는지, 천국을 왜 "거룩한 자의 집"(사 63:15, 신 26:15)이라고 부르는지, 그리고 왜 교회를 "성소"라고 부르는지 알 수 있다(렘 17:12, 애 2:7, 시 68:35).

(7) "거룩함"이 신성한 진리를 뜻하는 것은 다음 구절들을 보면 분명히 알 수 있다.

요한복음에,

예수께서 기도하시며 이르시길 아버지여 그들을 진리로 거룩하게 하옵소서 아버지의 말씀은 진리니이다, 또 그들을 위하여 내가 나를 거룩하게 하오니 이는 그들도 진리로 거룩함을 얻게 하려 함이니이다 (요 17:17, 19)

여기서 "거룩함을 얻는다"는 것은 명백히 진리에 관해 말하는 것이며, "거룩함을 입은 사람들"은 주님으로부터 신성한 진리를 받은 사람들을 말한다.

신명기에,
여호와께서 시내 산에서 일만 성도 가운데에 강림하셨고 그의 오른손에는 그들을 위해 율법의 불이 있도다 여호와께서 백성을 사랑하시나니 모든 성도가 그의 수중에 있으며 주의 발 아래에 앉아서 주의 말씀을 받는도다 (신 33:2-3)

"시내 산"은 엄밀한 의미에서든, 넓은 의미에서든 신성한 진리, 또는 율법의 근원이신 주님이 계신 천국을 뜻한다. "일만 성도"는 신성한 진리를 뜻하며, "율법"은 엄밀한 의미에서는 십계명의 열 가지 계명을 뜻하며, 넓은 의미로는 신성한 진리인 말씀 전체를 뜻한다. 말씀에서는 진리 안에 있는 사람들을 "백성"이라고 부른다. 진리 안에 있으므로 그들은 모두 "성도"인 것이다. "그의 발 아래 앉는 것"과 "말씀을 듣는 것"은 말씀의 글자의 뜻인 궁극의 신적 진리를 거룩하게 받아들이는 것이고, 그로부터 가르침을 받는 것이다. 이것으로 이 예언의 세세한 내용이 영적으로 어떤 뜻인지 알 수 있다(말씀에서 "시내 산"이 엄밀한 의미로든 넓은 의미로든 신성한 진리, 또는 율법의 근원이신 주님이 계신 천국을 뜻하는 것은 『천국의 비밀』 8399, 8753, 8793, 8805, 9420번, "율법"이 엄밀한 의미로 십계명의 열 가지 계명을 뜻하고, 넓은 의미로 말씀 전체를 뜻하는 것은 2606, 3382, 6752, 7463번, 진리 안에 있는 사람들을 "백성"이라고 부르고, 선 안에 있는 사람들을 "나라"라고 부르는 것은 1259, 1260, 2928, 3295, 3581, 6451, 6465, 7207, 10288번, 주님의 "발", 주님의 "발을 놓는 곳", 주님의 "발판"이 궁극의 신적 진리이며, 글자로서 말씀인 것은 9406번 참고). 이것으로 "일만 성도"는 신성한 진리를 뜻하며, "성도"라 불리는 사람들은 신성한 진리 안에 있는 사람들인 것이 분명하다.

(8) 레위기에,

> 너는 이스라엘 자손의 온 회중에게 말하여 이르라 너희는 거룩하라 이는
> 나 여호와 이스라엘의 하나님이 거룩함이니라 (레 19:2)

이 장에서는 그들이 지켜야 할 규례와 정의와 법도를 다루고 있고 이러한 것들은 신성한 진리를 의미한다. 그렇기 때문에 그것을 지키는 자는 "거룩하게 될 것"이라고 했다. 또한 "이스라엘"은 영적 교회, 즉 신성한 진리 안에 있는 교회를 뜻하기 때문에 "나 여호와 이스라엘의 하나님은 거룩하다"고 말했다. 같은 말씀에서,

> 너희는 스스로 깨끗하게 하여 거룩할지어다, 너희는 내 규례를 지켜 행하
> 라 (레 20:7-8)

여기서도 지켜야 할 규례와 정의와 법도를 다루고 있다. 같은 말씀에,

> 그들이 여호와의 규례와 법도를 지키면 여호와 앞에서 성민이 될 것이라
> (신 26:16-19)

시편에,

> 우리가 주의 집의 선하심 곧 주의 성전의 거룩함으로 만족하리이다 (시
> 65:4)

"주의 집의 선하심 곧 주의 성전의 거룩함으로 만족하리이다"라고 말하는 것은 하나님의 집은 가장 높은 의미로 신적 선으로서 주님을 뜻하고, "성전"은 신적 진리로서 주님을 뜻하기 때문이다(『천국의 비밀』 3720번 참고).

스가랴서에,

> 그날에는 말 방울에까지 여호와께 성결이라 기록될 것이라 (슥 14:20)

여기서는 새 교회의 설립에 대해 말한다. "방울"은 지성에서 비롯한 지식을 뜻한다("방울"이 이러한 진리를 뜻하는 것은 『천국의 비밀』 9921, 9926번, "말"이 지성을 뜻하는 것은 저서 『백마』의 1-4번 참고).

(9) 이것으로 다음 구절의 의미가 무엇인지 알 수 있다.

> 아론의 관 위에 여호와께 성결이라고 새긴 패를 달았다 (출28:36-38, 39:
> 30-31)

"관"은 신성한 진리에서 나오는 지혜를 뜻하기 때문이다(『천국의 비밀』 9827, 9949번). 그러므로 다음 말씀의 의미 또한 알 수 있다.

> 아론과 그의 아들과 그들의 옷과 제단과 회막과 그곳의 모든 것에 관유를
> 바르고 그러므로 거룩하게 만들었다(출 29:1-36, 30:22-30, 레 8:1에서 끝
> 까지)

"관유(oil)"는 신성한 사랑에서 비롯한 신성한 선을 뜻하며, "거룩하게 된 것"은 발현하는 신성을 뜻한다. 왜냐하면 거룩하게 만드는 것은 신성한 선이며, 신성한 진리는 그로 말미암아 거룩한 것이기 때문이다.

(10) "거룩하다"는 말이 인애를 뜻한다는 것은 앞에서 천국의 천사들에 대해 말한 것으로 알 수 있다. 그것은 다음과 같다. 즉 신성한 진리보다 신성한

선을 더 많이 받아들이는 천사들이 있고, 신성한 선보다 신성한 진리를 더 많이 받는 천사가 있는 것이다. 전자는 주님의 천적 천국을 만들며, 주님에 대한 사랑 안에 있는 천사들이다. 주님에 대한 사랑 안에 있기 때문에 그들은 "의로운 자"라고 불린다. 그러나 후자는 주님의 영적 천국을 만들며, 이웃에 대한 인애 안에 있는 천사들이다. 이웃에 대한 인애 안에 있기 때문에 그들은 "거룩한 자"라고 불린다(천국을 이루는 두 가지 사랑, 즉 주님에 대한 사랑과 이웃에 대한 사랑, 또는 인애가 있으며, 천국은 그 사랑으로 인해 천적 천국과 영적 천국의 두 천국으로 나뉜다는 것은 저서 『천국과 지옥』 13-19, 20-28번 참고).

205

(1) "다윗의 열쇠를 가지신 이"는 신성한 진리를 수단으로 권능을 가진 자를 뜻한다. 이것이 분명한 것은 "열쇠"는 천국과 지옥을 열고 닫는 능력을 뜻하기 때문이다. 왜냐하면 계속해서 "열면 닫을 사람이 없고 닫으면 열 사람이 없는 그"라고 말했기 때문이다. 그러므로 여기서 "열쇠"는 구원의 능력을 뜻한다(앞의 86번 참고). 왜냐하면 지옥을 닫고 천국을 여는 것이 구원이기 때문이다. 그것이 또한 분명한 것은 "다윗"은 신적 진리로서 주님을 뜻하기 때문이다. 말씀에서 "왕"은 신적 진리이신 주님을 나타내고, "제사장"은 신적 선으로서 주님을 나타내기 때문에, 말씀에서 "다윗"은 주님을 뜻한다. 주님을 특별히 다윗 왕으로 나타내는 이유는, 다윗이 교회의 일에 대해 관심을 많이 가졌고, 또한 시편을 기록했기 때문이다(말씀에서 "왕"이 신적 진리를 뜻하고, "제사장"이 신적 선을 뜻하는 것은 위의 31번 참고, 또한 말씀에서 사람과

장소의 이름이 교회와 천국에 속한 영적인 것들을 뜻하는 것은 위의 9, 50, 102번 참고). "다윗의 열쇠를 가지신 이"라고 말하는 것은 방금 말한 것처럼 다윗이 신적 진리로서 주님을 나타내며, 또한 주님은 신적 선에서 비롯한 신적 진리를 통해 하늘과 땅의 모든 권능을 가지시기 때문이다. 일반적으로 진리가 없는 선은 아무 능력이 없고 선이 없는 진리 역시 아무런 능력이 없기 때문이다. 선은 진리를 통해 활동하기 때문이다. 따라서 신적 선과 신적 진리는 주님에게서 나올 때 하나로 나온다. 그러므로 천사들이 그것들을 하나로 합쳐진 상태로 받아들일 때 그만큼 그 천사는 능력이 있다. 그것이 "다윗의 열쇠"라고 말하는 이유이다(모든 능력이 선에서 비롯한 진리 안에 있다는 것은 저서『천국과 지옥』228-233번 참고, 또 거기서는 천국의 천사의 능력에 대해서도 말한다. 539번도 참고하기 바란다).

(2) 말씀에서 "다윗"이 주님을 뜻한다는 사실은 다윗에 대해 언급한 예언서의 몇몇 구절들로부터 명백하다.

그들은 내 백성이 되고 나는 그들의 하나님이 되리라 내 종 다윗이 그들의 왕이 되리니 그들 모두에게 한 목자가 있을 것이라 내가 준 땅에 그들이 거주하되 그들과 그들의 자자 손손이 영원히 거기에 거주할 것이요 내 종 다윗이 영원히 그들의 왕이 되리라 (겔 37:23-25)

호세아서에,
이스라엘 자손이 돌아와서 그들의 하나님 여호와와 그들의 왕 다윗을 찾고 마지막 날에는 여호와를 경외하므로 여호와와 그의 은총으로 나아가리라 (호 3:5)

"그들이 그들의 하나님 여호와와 그들의 왕 다윗을 찾는다"고 말하는 것은 말씀에서 "여호와"는 신적 선, 즉 신적 존재(Divine Esse)이신 주님을 뜻하고, "다윗 왕"은 신적 진리, 즉 신적 드러남(Existere)이신 주님을 뜻하기 때문이다[4](말씀에서 "여호와"가 신적 선이신 주님을 뜻하는 것은 『천국의 비밀』732, 2586, 2807, 2822, 3921, 4253, 4402, 7010, 9167, 9315번 참고).

(3) 스가랴서에,

여호와가 먼저 유다 장막을 구원하리니 이는 다윗의 집의 영광과 예루살렘 주민의 영광이 유다보다 더하지 못하게 하려 함이니라 그날에 여호와가 예루살렘 주민을 보호하리니, 다윗의 족속은 하나님 같고 무리 앞에 있는 여호와의 사자 같을 것이라, 내가 다윗의 집과 예루살렘 주민에게 은총과 간구하는 심령을 부어 주리니, 그날에 샘이 다윗의 족속과 예루살렘 주민을 위하여 열리리라 (슥 12:7-8, 10, 13:1)

여기서는 주님이 오시는 것과, 그때 당신의 영적 천국에 속한 사람들이 구원받는 것을 다룬다. "유다의 장막"은 천적 천국을 뜻하고, "다윗과 예루살렘의 집"은 영적 천국을 뜻한다. 영적 천국은 신성한 진리 안에 있는 하늘과 땅의 사람들로 이루어지고, 천적 천국은 신성한 선 안에 있는 사람들로 이루어진다(바로 앞의 204번 참고). 이것으로 이 말씀이 무슨 뜻인지 알 수 있다. 즉

---

4) 빛이 없으면 열기 자체인 태양의 존재를 감지할 수 없는 것처럼, 진리가 없다면 인간은 선 자체이신 하나님을 인식할 수 없다. 그러므로 신적 진리는 선 자체이며, 존재 자체이신 하나님의 신성한 현현(顯現), 또는 드러남이다. 주님이 이렇게 존재와 존재의 드러남으로서의 성품을 함께 가지시는 것은 인간이 인식하고, 믿고, 사랑할 수 있는 하나님이 되시기 위한 것이다. 주님은 그렇게 해서 인간과 영원히 하나가 되기를 원하신다. 그와 관련하여 "참된 기독교", 170:3에서는 이렇게 말한다. "세상이 창조되기 전에는 삼위일체가 존재하지 않았다. 세상이 창조되고 하나님께서 육신을 입고 오셨을 때 비로소 삼위일체가 생겨났고, 그때 주님 안에 구속자이신 하나님과 구원자이신 예수 그리스도가 존재하게 되었다" (역자)

이 두 천국은 마치 하나처럼 움직이며, 하나가 다른 것보다 자기를 더 높이지 않는다는 것이다(두 천국에 대해서는 저서『천국의 비밀』20-28번 참고). "유다"가 천적 사랑으로서 주님을 뜻하고, 또한 주님의 천적 천국을 뜻한다는 것은 위의 119번을, 그리고 "예루살렘"이 주님의 영적 천국을 뜻하는 것은『천국의 비밀』402, 3654, 9166번을 보면 알 수 있다. 그러므로 "다윗의 집"도 같은 뜻이다. 그래서 여기서 "다윗의 족속은 하나님 같고 여호와의 천사와 같다"고 말하는 것이다. "하나님" 또한 신적 진리로서 주님을 뜻한다(『천국의 비밀』2586, 2769, 2807, 2822, 3921, 4287, 4402, 7010, 9167번 참고). "여호와의 천사"도 같은 뜻이다(앞의 130, 200번 참고).

(4) 다음 구절들에 나오는 "다윗"과 그의 "집" 역시 같은 뜻이다.

이사야서에서,

너희는 귀를 기울이고 내게로 나아와 들으라 그리하면 너희의 영혼이 살리라 내가 너희를 위하여 영원한 언약을 맺으리니 곧 다윗에게 허락한 확실한 은혜이니라 보라 내가 그를 만민에게 증인으로 세웠고 만민의 인도자와 명령자로 삼았나니 (사 55:3-4).

이것은 주님에 대해 말한 것이다. 여기서 "다윗"은 곧 주님이시다.

시편에,

주의 성실하심을 하늘에서 견고히 하시리라 내가 택한 자와 언약을 맺으며 내 종 다윗에게 맹세하기를 내가 네 자손을 영원히 견고히 하며 네 왕위를 대대에 세우리라 하셨나이다 여호와여 주의 기이한 일을 하늘이 찬양할 것이요 주의 성실도 거룩한 자들의 모임 가운데에서 찬양하리이다 (시 89:2-5)

이것 또한 다윗이 아니라 주님에 대해 말한 것이다. 왜냐하면 "내가 내 종 다윗에게 맹세하기를 내가 네 자손을 영원히 견고히 하며 네 왕위를 대대에 세우리라"라고 말했기 때문이다. 이것은 다윗에게 해당되는 말이 아니며, 그러므로 다윗의 자손과 왕위가 영원히 견고하다는 뜻이 아니다. 그러나 여호와께서 맹세하셨으며, 여호와의 맹세는 신성에서 비롯한 것이기 때문에 취소할 수 없고 확정된 것이다(『천국의 비밀』 2842번 참고). "다윗의 자손"의 영적 의미는 주님의 선에서 비롯한 진리 안에 있는 사람들을 뜻한다. 그리고 추상적인 의미로는 선에서 비롯한 진리 그 자체를 뜻한다(『천국의 비밀』 3373, 3380, 10249, 10445번 참고). 또 "왕위"는 주님의 영적 천국을 뜻한다(『천국의 비밀』 5313, 5922, 6397, 8625번 참고). 다윗을 "내 종"이라 부르는 이유는, 말씀에서 "종"은 섬기고, 봉사하는 모든 사람과 모든 일에 대해 사용하는 말이며(『천국의 비밀』 3441, 7143, 8241번 참고), 그리고 발현하는 신성한 진리는 그 근원인 신성한 선을 위해 섬기고 봉사하기 때문이다. "다윗"이 신성한 진리로서 주님, 또는 주님에게서 발현되어 나오는 신성한 진리를 뜻하는 것이 분명한 까닭은, "하늘에서 주의 성실을 견고히 하고, 거룩한 자들의 모임 가운데에서 주의 성실을 찬양하리이다"라고 말했기 때문이다. 신성한 진리 안에 있는 사람들을 또한 "거룩한 자들"이라고 부르는 것은 바로 앞의 204번을 참고하기 바란다.

(5) 같은 말씀에서,

내 언약을 깨뜨리지 아니하고 내 입술에서 낸 것은 변하지 아니하리로다
내가 나의 거룩함으로 한 번 맹세하였은즉 다윗에게 거짓말을 하지 아니할
것이라 그의 후손이 장구하고 그의 왕위는 해 같이 내 앞에 항상 있으며 또
궁창의 확실한 증인인 달 같이 영원히 견고하게 되리라 (시 89:34-37)

이것이 주님에 대한 말씀이라는 것은 시편 전체를 통해 분명하다. 왜냐하면 시편은 주님이 오시는 것과 나중에 유대 민족이 주님을 거부하는 것에 대해 말하기 때문이다. 여기서 말하는 것이 주님에 대한 것이며, 그러므로 "다윗"이 주님을 뜻한다는 것은 다음 시편의 말씀으로 분명하다.

> 내가 내 종 다윗을 찾아내어 나의 거룩한 기름을 그에게 부었도다 내가 또 그의 손을 바다 위에 놓으며 오른손을 강들 위에 놓으리니 그가 내게 부르기를 주는 나의 아버지시요 나의 하나님이시요 나의 구원의 바위시라 하리로다 내가 또 그를 장자로 삼고 세상 왕들에게 지존자가 되게 하며 또 그의 후손을 영구하게 하여 그의 왕위를 하늘의 날과 같게 하리로다 (시 89:20, 25-27, 29)

시편의 다른 구절에서도 "다윗"과 "기름 부음을 받은 자", "왕"은 주님을 뜻한다. 말씀을 영적으로 이해하는 사람들에게는 그것이 분명하나, 자연적으로만 이해하는 사람들에게는 분명치 않다. 다음 시편의 말씀에서도 그렇다.

> 주의 제사장들은 의를 옷 입고 주의 성도들은 즐거이 외칠지어다 주의 종 다윗을 위하여 주의 기름 부음 받은 자의 얼굴을 외면하지 마옵소서 내가 거기서 다윗에게 뿔이 나게 할 것이라 내가 내 기름 부음 받은 자를 위하여 등을 준비하였도다, 그에게는 왕관이 빛나게 하리라 하셨도다 (시 132:9-10, 17-18)

여기서두 "다윗"과 "기름 부음을 받은 자"는 주님을 뜻한다. 왜냐하면 이 시에서 말하고 있는 이는 주님이시기 때문이다. 그것이 분명한 것은 앞에서 이렇게 말했기 때문이다.

그가 여호와께 맹세하기를 내 눈으로 잠들게 하지 아니하기를, 여호와의 처소 곧 야곱의 전능자의 성막을 발견하기까지 하리라 우리가 그것이 에브라다에 있다 함을 들었더니, 우리가 그의 계신 곳으로 들어가서 그의 발등상 앞에서 엎드려 예배하리로다 (시 132:2, 4-7)

(6) 신성한 진리로서 주님을 다윗으로 나타내기 위해 주님은 기꺼이 다윗의 집에 태어나셨고, 또 "다윗의 자손", "다윗의 뿌리요 자손", "이새의 뿌리"로 불리셨다. 그러나 주님이 어머니로부터 받은 인성을 벗으시고 아버지의 인성, 즉 신적 인성을 입으셨을 때 주님은 더 이상 다윗의 자손이 아니었다. 주님이 바리새인에게 하신 다음 말씀은 그것을 의미한다.

너희는 그리스도에 대하여 어떻게 생각하느냐 누구의 자손이냐 대답하되 다윗의 자손이니이다 이르시되 그러면 다윗이 성령에 감동되어 어찌 그리스도를 주라 칭하여 말하되 주께서 내 주께 이르시되 내가 네 원수를 네 발 아래에 둘 때까지 내 우편에 앉아 있으라 하셨도다 하였느냐 다윗이 그리스도를 주라 칭하였은즉 어찌 그의 자손이 되겠느냐 (마 22:42-45, 눅 20:41-44)

주님이 당신의 인성을 영화롭게 하신 것, 즉 어머니로부터 받은 인성을 벗고 아버지의 인성인 신적 인성을 입으신 것은 『새예루살렘의 교리』 293-295, 298-310번을 참고하기 바란다. 이런 까닭에 주님은 다윗의 자손도 마리아의 아들도 아니었다. 그래서 주님은 마리아를 당신의 어머니라고 부르지 않고 "여인"이라고 부르셨다(마 12:46-49, 막 3:31에서 끝까지, 눅 8:19-21, 요 2:4, 19:25, 26). "베드로의 열쇠"의 의미도 "다윗의 열쇠"와 같은 뜻이다. 즉 주님에게 모든 권능이 있다는 것과, 그 권능은 당신의 신적 진리를 통해 가지셨다는 의미이다. 이제부터 그것에 대해 설명할 것이다.

206

(1) "열면 닫을 사람이 없고 닫으면 열 사람이 없는 그"는 인애의 믿음 안에 있는 사람은 모두 천국에 받아들이고, 그렇지 않은 사람은 모두 천국으로부터 몰아내는 권능을 뜻한다. 이것이 분명한 것은 "열면 닫을 사람이 없고"는 주님이 천국으로 받아들이신다는 뜻이며, "닫으면 열 사람이 없다"는 것은 천국에서 몰아내시는 것을 뜻하기 때문이다. 앞에서 말한 것이 천국으로 받아들인다는 뜻이고, 뒤에 말한 것은 천국에서 쫓아내는 것을 뜻하는 것은 오직 주님만 허락된 사람들에게 천국 문을 여실 수 있기 때문이다. 어떤 사람이나 영, 또는 천사도 이런 일을 자신의 힘으로 할 수는 없다. 이런 일이 어떻게 이루어지는지 간단히 설명하겠다. 사후에 사람이 천국에 받아들여질 수 있는 상태가 되면, 그 사람에게 자기가 살게 될 천국의 사회로 가는 길이 나타난다. 그 상태가 되기 전에는 천국으로 가는 길이 보이지 않는다. 이 길은 오직 주님이 그에게 열어 주시는 것이다. 각 사람은 그렇게 천국에 받아들여지고 그곳으로 들어간다. 사후에 악한 사람에게도 같은 일이 일어난다. 그가 지옥에 들어갈 만한 상태가 되면 자기가 살게 될 지옥의 사회로 가는 길이 그의 앞에 나타난다. 그 상태가 되기 전에는 지옥으로 가는 길이 보이지 않는다. 그 이유는 영계에서는 각 사람이 생각하는 의도에 따라 길이 나타나며, 그러므로 그의 사랑에 속한 애정에 따라 길이 보이기 때문이다. 그러므로 어떤 영이 그의 주도적 사랑[5] 안으로 끌려 들어갈 때(사후에 모든 사람은 그 사랑 안으로 끌려 들

---

5) 주도적 사랑은 개인의 의식을 지배하는 사랑 가운데 중심이 되는 사랑이다. 이 사랑은 사람이 세

어간다), 그때 그의 사랑이 지배하는 사회로 가는 길이 나타난다. 이로써 분명한 것은 여는 것은 사랑 그 자체라는 것이다. 선과 진리에 속한 모든 사랑이 주님에게서 나오기 때문에, 오직 주님만이 천국에 받아들여지는 사람에게 길을 열어 주신다. 반대로 악과 거짓에 속한 모든 사랑은 사람이나 영으로부터 나오기 때문에, 지옥으로 가는 길을 여는 이는 오로지 영 자신이다(저서『천국과 지옥』545 - 550번을 보면 이러한 것들에 대해 좀 더 확실하게 알 수 있다. 또 주님은 아무도 지옥으로 던지지 않으시고 영이 자신을 지옥으로 던진다는 것도 알 수 있다. 또 영계에서는 모든 사람에게 길이 나타나는데, 생각하는 의도, 즉 그의 사랑에 속한 애정에 따라 나타난다는 것은 같은 책 479, 590번을 참고하기 바란다).

(2) 지옥들은 완전히 닫혀 있으며 주님의 허락 없이는 결코 열릴 수 없다. 지옥들이 닫히는 이유는, 그곳에서 악과 거짓이 계속 쏟아져 나와 주님으로부터 오는 선과 진리 안에 있는 사람들을 해치려 하기 때문이다(그것에 대해서는 저서『천국과 지옥』584-592번 참고). 이것으로 "다윗의 열쇠를 가지신 이가 열면 닫을 사람이 없고 닫으면 열 사람이 없다는" 말을 어떻게 이해해야 하는지 분명하다. 천국이 인애의 믿음 안에 있는 사람들에게는 열리고 그렇

상에 살 때는 표면에 나타나지 않는다. 왜냐하면 사람들은 대개 자신의 근본적인 욕구를 드러내려 하지 않기 때문이다. 그러나 사후에는 그러한 욕구나 애정을 숨길 수가 없다. 영역 원본에는 이 사랑을 reigning love, ruling love, dominant love 등으로 표현하고 있는데, 여기서는 주도적 사랑이라고 옮겼다. 참고로『천국의 비밀』7081번의 관련 내용을 소개한다. "사람의 생명은 그의 사랑이다. 그렇기 때문에 사랑 또한 그의 생명이며, 그러므로 그 사람 전체이다. 사람을 만드는 것은 주도적 사랑, 또는 지배적 사랑이라고 하는 그의 목적이 되는 사랑이다. 이 사랑에 종속된 많은 특별하고 개별적인 사랑이 있는데, 그것은 그 사랑으로부터 파생된 것이며 각기 다른 모양으로 나타난다. 그럼에도 그 각각의 사랑 안에는 여전히 주도적 사랑이 있어 그것들을 지도하고 관통한다. 그건 마치 중간적 목적이 그들의 처음이자 마지막의 것인 목적을 바라보고, 또 그것을 목표로 하는 것과 같다. 그리고 그 일은 직접적이며 동시에 간접적으로 이루어진다". (역자)

지 않은 사람들에게는 열리지 않는다고 하는 까닭은, 여기서(앞의 203번 참고) 인애의 믿음 안에 있는 사람들은 주님의 신성한 진리 안에 있는 사람들이며, 주님의 신성한 진리에는 모든 능력이 있기 때문이다. 그것에 대해서는 바로 앞의 글에서 밝힌 바 있다.

(3) "베드로의 열쇠"도 여기서 "다윗의 열쇠"와 같은 의미이다. 그러므로 마태복음에서는 이렇게 말한다.

> 또 내가 네게 이르노니 너는 베드로라 내가 이 반석 위에 내 교회를 세우리니 음부의 권세가 이기지 못하리라 내가 천국 열쇠를 네게 주리니 네가 땅에서 무엇이든지 매면 하늘에서도 매일 것이요 네가 땅에서 무엇이든지 풀면 하늘에서도 풀리리라 하시고 (마 16:18-19)

여기서 "베드로"는 "다윗"과 마찬가지로 가장 높은 의미로는 주님의 신적 선에서 비롯한 신적 진리를 뜻하고, 내적 의미로는 주님의 선에서 비롯한 모든 진리를 뜻한다. 말씀에서 베드로를 언급하는 곳에 등장하고, 베드로의 이름이 그것에서 유래한 "바위(petra)" 또한 같은 의미이다. 주님의 열두 제자는 교회의 모든 선과 진리를 복합적으로 나타낸다. 베드로는 진리 또는 믿음을 나타내고, "야고보"는 인애를, 요한은 인애에서 비롯한 일을 나타낸다. 그러나 여기서 베드로는 인애에서 비롯한 믿음, 또는 주님의 선에서 비롯한 진리를 뜻한다. 왜냐하면 여기서 베드로는 마음으로 주님을 인정했기 때문이다. 베드로가 말하기를,

> 주는 그리스도시요 살아 계신 하나님의 아들이시니이다 예수께서 대답하여 이르시되 바요나 시몬아 네가 복이 있도다 이를 네게 알게 한 이는 혈육이 아니요 하늘에 계신 내 아버지시니라 내가 네게 이르노니 너는 베드로

라 (16-18)

(이것에 대해서는 저서『마지막 심판』57번에서 설명하고 있다.)

(4) 나머지 제자들에게 하신 주님의 말씀에도 같은 의미가 들어 있다.

마태복음에,
예수께서 제자들에게 이르시되, 무엇이든지 너희가 땅에서 매면 하늘에서
도 매일 것이요 무엇이든지 땅에서 풀면 하늘에서도 풀리리라 (마 18:18)

제자들에게 이렇게 말씀하신 것은 그들이 주님에게서 오는 모든 진리와 선을 복합적으로 나타내기 때문이다(이스라엘의 열두 지파나 열두 제자가 이러한 것을 나타내는 것은『천국의 비밀』2129, 3354, 3488, 3858, 6397번 참고). 다음 말씀에서 제자들이 뜻하는 것도 같다(『천국의 비밀』2129, 6397번 참고).

나를 따르는 너희도 열두 보좌에 앉아 이스라엘 열두 지파를 심판하리라
(마 19:28, 눅 22:30)

셉나의 뒤를 이어 왕의 창고를 계승한 엘리아김이 의미하는 것도 같다.

이사야서에,
네 정권을 그의 손에 맡기리니 그가 예루살렘 주민과 유다의 집의 아버지
가 될 것이며 내가 또 다윗의 집의 열쇠를 그의 어깨에 두리니 그가 열면
닫을 자가 없겠고 닫으면 열 자가 없으리라 (사 22:21, 22)

그가 다스릴 "왕의 창고"는 주님의 선에서 비롯한 진리 안에 있는 교회를 뜻한다. "열고 닫는 것"과 "매고 푸는 것"은 일반적으로는 구원을 뜻한다(앞의 86번 참고).

207

8절. "내가 네 행위를 아노니"는 인애의 삶을 뜻한다. 이것이 분명한 것은 "행위"는 사람의 사랑에 속한 것들을 뜻하고, 그러므로 삶에 속한 것들을 뜻하기 때문이다(앞의 98, 116, 185번 참고). 그러므로 여기서는 인애에 속한 것들을 뜻한다. 그것이 이 교회에 쓴 편지에서 다루는 것이기 때문이다.

208

(1) "볼지어다 내가 네 앞에 열린 문을 두었으되 능히 닫을 사람이 없으리라"는 그들이 천국에 받아들여질 거라는 것과 천국은 그런 성품을 가진 사람이면 누구도 거절하지 않는 것을 뜻한다. 이것이 분명한 것은 "열린 문을 두었으되"는 천국에 받아들여지는 것을 뜻하며, "능히 닫을 사람이 없으리라"는 천국이 그들을 거절하지 않을 것이란 뜻이기 때문이다. 왜냐하면 문이 닫히면 들어갈 수 없으나 문이 닫히지 않으면 들어갈 수 있기 때문이다. 이것이 인애 안에 있는 사람들에 대한 말씀인 까닭은, 이 교회에 쓴 편지에서 다루는 것이 바로 그들이기 때문이다(위의 203번 참고). 이것으로 "내가 네 앞에 열린 문

을 두었으되 능히 닫을 사람이 없으리라"는 이들 모두가 천국에 받아들여질 거라는 것, 그리고 그들 중 누구에게도 입장이 거절되지 않을 것이란 뜻임이 분명하다. 일반적인 어법으로 볼 때 "열린 문을 두었다"는 천국에 받아들여진다는 뜻인 게 분명하다. 그러나 이것은 상응으로 말미암은 것이다. 왜냐하면 집과 집에 관한 모든 것은 사람의 내면 즉 마음에 관한 것과 상응하기 때문이다. 그러한 상응 때문에 말씀에서 그것들은 마음에 관한 것을 뜻한다. 이러한 사실은 천국에서 나타나는 현상과 표징들을 보면 알 수 있다. 즉 그곳에는 궁전과 집, 방과 침실과 회랑, 뜰이 있고 그 안에는 다양한 쓸 것들이 있는데, 천사들은 상응으로부터 그것들을 가진다. 그런 까닭에 지혜로운 천사는 지혜가 덜한 천사보다 더 웅장한 저택을 가진다(이것에 대해서는 저서 『천국과 지옥』183-190번을 참고하기 바란다. 그곳에서는 천국의 천사들의 주거에 대해 다룬다). 궁전과 집, 집에 속한 모든 것이 상응의 의미를 지니기 때문에, 바깥 문과, 안쪽 문, 입구도 같은 의미인 것이 분명하다. 즉 입장과 입장의 허가를 나타내는 것이다. 그러므로 문이 열리면 들어갈 기회가 생겼다는 것이고, 문이 닫히면 기회가 없다는 뜻이다.

(2) 특히 새로 도착한 영들이 천국의 어떤 사회로 들어갈 때, 주님은 그 사회로 가는 길을 열어 주신다. 그리고 그들이 그곳에 오면 옆쪽으로 문이 있는 입구가 나타나고, 그곳에는 문지기가 있어 그들의 입장을 허가한다. 그리고 그런 다음에는 또 다른 사람들이 나타나 그들을 맞이한다. 이로써 알 수 있는 것은 말씀에서 "바깥 문"과 "안쪽 문", "입구"는 천국에 받아들여지는 것을 뜻한다는 것이다. 교회는 땅 위에 있는 주님의 천국이므로, 그것들은 또한 교회에 받아들여지는 것을 뜻한다. 교회 또는 천국은 사람의 내면에 있으므로, 사람에게 "바깥 문"과 "안쪽 문", "입구"는 가까이 가는 것, 들어가는 것을 뜻한다(이것에 대해 곧 말하겠다). 천국과 교회를 뜻하는 모든 것은 또한 천국과

교회에 속한 것들을 뜻하고, 여기서는 천국과 교회로 이끄는 주님의 선에서 비롯한 진리를 뜻한다. 이 진리는 주님에게서 오고, 그러므로 주님의 것이며 그 속에 계신 주님 자신이시다. 그러므로 천국과 교회로 들어가는 "바깥 문" 과 "안쪽 문", "입구"는 가장 높은 의미로는 주님을 뜻한다. 이것으로 다음 말 씀의 의미가 무엇인지 분명하다.

> 요한복음에,
>
> 내가 진실로 진실로 너희에게 이르노니 문을 통하여 양의 우리에 들어가지
> 아니하고 다른 데로 넘어가는 자는 절도며 강도요 문으로 들어가는 이는
> 양의 목자라 문지기는 그를 위하여 문을 여나니, 그러므로 나는 양의 문이
> 라, 누구든지 나로 말미암아 들어가면 구원을 받고 또는 들어가며 나오며
> 꼴을 얻으리라 (요 10:1-3, 7, 9)

여기서 "문을 통해 들어가는 것"은 분명히 주님을 통해 들어가는 것이다. 왜냐하면 "나는 양의 문이라"고 말씀하셨기 때문이다. "주님을 통해 들어가 는 것"은 말씀의 여러 곳에서 주님이 가르친 것처럼, 주님께 가까이 가는 것 이며, 주님을 받아들이고, 믿고 사랑하는 것이다. 사람은 그렇게 천국에 받아 들여지며 다른 방법으로는 받아들여지지 않는다. 그러므로 주님은 "나로 말 미암아 들어가면 구원을 받는다"고 하시고, "다른 데로 넘어가는 자는 절도며 강도다"라고 말씀하셨다.

(3) 그러므로 주님께 다가가, 주님을 시인하고 믿는 사람은 주님을 향해 문 이 열리고, 들어갈 수 있다고 말한다.

계시록에,

볼지어다 내가 문 밖에 서서 두드리노니 누구든지 내 음성을 듣고 문을 열
면 내가 그에게로 들어가 그와 더불어 먹고 그는 나와 더불어 먹으리라 (계
3:20)

이 말씀이 무슨 뜻인지는 뒤에 이 부분에 대해 설명할 때 말할 것이다. 여
기서는 단지 사람에게 있는 문 또는 출입구에 대해 말하겠다. 왜냐하면 “내가
문밖에 서서 두드리노니”라고 말씀하셨기 때문이다. 사람의 합리성으로 가는
두 길이 있는데, 하나는 천국으로부터 오는 길이고, 다른 하나는 세상으로부
터 오는 길이다. 천국으로부터 오는 길을 통해서는 선이 들어오고 세상으로부
터 오는 길로는 진리가 들어온다. 사람에게 천국에서 오는 길이 열릴 때, 그
는 그만큼 진리에 감동되고 합리적으로 된다. 즉 그만큼 진리의 빛을 통해 진
리를 보는 것이다. 그러나 천국으로부터 오는 길이 닫히면 사람은 합리적으로
되지 못한다. 왜냐하면 진리의 빛을 통해 진리를 봐야 합리성이 생기는데, 그
는 진리를 볼 수 없기 때문이다. 사람은 진리를 추론할 수 있고 추론이나 기억
으로부터 진리에 대해 말할 수 있다. 그러나 진리가 진리인지 아닌지는 알 수
없다. 주님과 이웃에 대해 바른 생각을 하면 천국으로부터 오는 길이 열리지
만, 주님에 대해 바른 생각을 하지 않고 이웃에 대해서도 악한 생각을 하면 그
길이 닫힌다. 사람의 내면으로 인도하는 길이 둘이기 때문에 들어가는 출입구
와 문도 둘이다. 천국으로부터 열린 문, 또는 출입구를 통해 주님으로부터 진
리에 대한 영적 애정이 들어온다. 그 이유는 앞에서도 말한 것처럼 그 문을 통
해 선이 들어오고, 선으로부터 진리에 대한 모든 영적 애정이 나오기 때문이
다. 그러나 세상으로부터 열린 문이나 출입구를 통해서는 말씀과 말씀의 설교
에서 비롯한 모든 지식이 들어온다. 앞에서 말한 것처럼 이 길로는 진리가 들
어오기 때문이고, 또 말씀과 말씀의 설교로부터 얻는 지식이 곧 진리이기 때
문이다. 이 지식과 결합한 진리에 대한 영적 애정이 사람의 합리성을 만들고,

선과 결합한 진리의 특성과 결합의 성격에 따라 합리성이 밝아진다. 사람에게 속한 두 개의 출입구와 문에 대해서는 이 정도만 말하겠다.

(4) "바깥 문"과 "안쪽 문", "출입구"가 천국과 교회로 받아들여지는 것을 뜻하기 때문에, 그것은 또한 주님의 선에서 비롯한 진리를 뜻한다. 왜냐하면 진리를 통해야 들어갈 수 있기 때문이다. 다음 구절에서 그것에 대해 말한다.

이사야서에,
> 너희는 문들을 열고 신의를 지키는 의로운 나라가 들어오게 할지어다 (사
> 26:2)

글자의 뜻으로 볼 때, 이 말씀은 그들이 의롭고 신실한 사람들을 그 도시 안으로 받아들인다는 뜻이다. 그러나 내적인 뜻으로 보면, 그들을 교회로 받아들이는 것이다. 왜냐하면 "문"은 받아들이는 것을 뜻하고, "의로운 나라"는 선 안에 있는 사람들을, "신의를 지키는 것"은 선에서 비롯한 진리 안에 있는 사람들을 뜻하기 때문이다.

(5) 같은 말씀에서,
> 네 성문이 항상 열려 주야로 닫히지 아니하리니 이는 사람들이 네게로 나
> 라들의[6] 군대를 가져오며 그들의 왕들을 이끌어 옴이라 너를 섬기지 아니
> 하는 나라와 왕국은[7] 파멸하리니, 네가 네 성벽을 구원이라 네 성문을 찬송
> 이라 부를 것이라 (사 60:11-12, 18)

---

6) whitehead의 영역본에는 nations로 되어 있다. (역자)
7) whitehead의 영역본 원문에는 nation, kingdom으로 되어 있다. (역자)

이것은 주님과 주님이 세우실 교회에 대한 말씀이며, 그러므로 이 말씀에서는 선과 선에서 비롯한 진리 안에 있는 사람들을 계속 받아들이는 것을 말하고 있다. "성문이 항상 열려 주야로 닫히지 아니하리니"는 끊임없이 받아들이는 것을, "나라들의 군대"는 선 안에 있는 사람들을, "왕들"은 진리 안에 있는 사람들을 뜻하며, "너를 섬기지 아니하는 나라와 왕국은 파멸하리니"는 모든 사람이 주님을 섬기게 될 것이라는 뜻이다. "나라" 또는 "나라들"이 선 안에 있는 사람들을 뜻하는 것은 위의 175번을 보면 알 수 있고, "왕들"이 진리 안에 있는 사람들을 뜻하는 것은 31번을 보면 된다.

(6) 같은 말씀에,

여호와께서 그의 기름 부음을 받은 고레스에게 이같이 말씀하시되 내가 그의 오른손을 붙들고 그 앞에 열국을 항복하게 하며 내가 왕들의 허리를 풀어 그 앞에 문들을 열고 성문들이 닫히지 못하게 하리라 네게 흑암 중의 보화와 은밀한 곳에 숨은 재물을 주리라 (사 45:1, 3)

이것 역시 주님과 주님이 세우실 교회에 대한 말씀이다. "문들을 열고 성문들이 닫히지 못하게 하리라"는 끊임없이 받아들이는 것을, "열국과 왕들"은 선과 진리 안에 있는 사람들을, 그리고 추상적인 의미로는 선과 진리를 뜻한다. "흑암 중의 보화와 은밀한 곳에 숨은 재물"은 천국으로부터 오는 내적인 지성과 지혜를 뜻한다. 왜냐하면 천국에서 연 문으로 들어오는 것들은 은밀하게 와서 사람에게 있는 모든 것을 움직이기 때문이다. 진리에 대한 영적 애정은 이렇게 생기며, 그 애정을 통해 이전에 몰랐던 것들이 밝혀진다.

(7) 예레미야서에,

너희가 만일 안식일에 짐을 지고 이 성문으로 들어오지 아니하며 안식일을

거룩히 하여 어떤 일이라도 하지 아니하면 다윗의 왕위에 앉아 있는 왕들
과 고관들이 병거와 말을 타고 이 성문으로 들어오되 그들과 유다 모든 백
성과 예루살렘 주민들이 함께 그리할 것이요 이 성은 영원히 있을 것이며
(렘 17:24)

누구나 글자의 뜻으로 이 말씀이 무슨 뜻인지 알 수 있다. 그러나 그것은 그 안에 더 거룩한 것이 들어 있음을 알게 하기 위한 것이다. 왜냐하면 이것은 말씀이고 말씀의 모든 것들 안에는 천국과 교회에 관한 것이 들어 있으며, 그리고 그것만이 거룩하기 때문이다. 거룩한 것의 의미는 내적 의미를 통해 밝혀진다. 내적 의미로 "안식일"은 주님의 신적 인성이 천국과 교회와 결합하는 것을 뜻한다. 여기서 예루살렘을 가리키는 "성"은 교회를 뜻하고, "짐을 지고 이 성문으로 들어오지 아니하며"는 인간의 자아에서 비롯한 것은 받아들여지지 않고 주님에게서 비롯한 것만 받아들여진다는 뜻이다. "왕들과 고관들이 성문으로 들어오는 것"은 신성한 진리와 그때 그것이 그들에게 밝혀져야 함을 뜻한다. "다윗의 왕위에 앉아 있는 것"은 이 진리들이 주님으로부터 오는 것을 뜻하며, "병거와 말을 타고"는 그 진리를 통해 그들이 진리에 속한 교리와 지성 가운데 있어야 하는 것을 뜻한다. "영원히 있을 것이며"는 생명과 영원한 구원을 뜻한다("안식일"이 주님의 신적 인성과 천국과 교회의 결합을 뜻한다는 것은 『천국의 비밀』 8494, 8495, 8510, 10356, 10360, 10367, 10370, 10374, 10668, 10730번을, "예루살렘"이 교회를 뜻하는 것은 402, 3654, 9166번을, 안식일에 "짐을 지고", "일하는 것"이 주님의 인도를 받지 않고 자아의 인도를 따르는 것을 뜻하는 것은 7893, 8495, 10360, 10362, 10365번, "왕과 고관들"이 신성한 진리 안에 있는 사람들을 뜻하고, 추상적인 의미로는 신성한 진리를 뜻하는 것은 앞의 29, 31번, "병거"가 진리에 속한 교리를, "말"이 지성을 뜻하는 것은 저서 『백마』의 1-5번 참고).

(8) 계시록에,

　새 예루살렘에는 크고 높은 성곽이 있고 열두 문이 있는데 문들 위에 열두
　천사의 이름을 썼으니 이스라엘 자손 열두 지파의 이름들이라 그 열두 문
　은 열두 진주니 성문들을 도무지 닫지 아니하리니 (계 21:12, 21, 25)

"문"이 새 교회로 이끄는 신성한 진리이며, 그러므로 주님의 선에서 비롯한
진리 안에 있는 사람들을 뜻하는 것은 저서『새 예루살렘』(1번)에서 이 말씀에
대해 설명한 부분을 보면 알 수 있다. 또한 그것은 "열두 문"이 있고, "문 위
에 열두 천사"가 있으며, "그 위에 열두 지파의 이름이 기록된 것" 그리고 "열
두 문이 열두 진주"라고 말한 것으로도 분명하다. 왜냐하면 "열둘"은 모든 것,
그리고 선에서 비롯한 진리를 뜻하기 때문이다(이것에 대해서는『천국의 비
밀』577, 2089, 2129, 2130, 3272, 3858, 3913번을, 천사도 같은 의미라는 것
은 앞의 130, 200번, 또 "이스라엘의 열두 지파" 역시 같은 의미인 것은『천국
의 비밀』3858, 3926, 4060, 6335번을 참고하기 바란다, "진주"도 마찬가지
이다).

(9) 예레미야서에,

　재앙이 북방에서 일어나리라, 그들이 와서 모든 사람에게 예루살렘 성문
　어귀에 각자의 자리를 정해 주고 그 사방 모든 성벽들을 치리라 무리가 나
　를 버렸기 때문이라 (렘 1:14-16)

이 말씀에서는 교회의 파멸에 대해 말하고 있다. "북방"은 악의 근저에 있
는 거짓을 뜻하고, "그들이 와서 모든 사람에게 예루살렘 성문 어귀에 각자의
자리를 정해 주고"는 교회로 이끄는 진리를 거짓을 가지고 파괴하는 것을 뜻
한다. "모든 성벽들을 치는 것"은 보호막이 되는 모든 진리를 파괴하는 것을

뜻한다.

(10) 이사야서에,
성문이여 슬피 울지어다 너 블레셋이여 다 소멸되리로다 대저 연기가 북방
에서 오느니라 (사 14:31)
병거는 네 아름다운 골짜기에 가득하였고 마병은 성문에 정렬되었도다 그
가 유다에게 덮였던 것을 벗기매 (사 22:7-8)

이 구절들에서 다루는 것 역시 교회의 파멸에 대한 것이다. 여기서 "성문"
은 입문적인 진리로[8], 파괴된 진리를 뜻한다. 이 진리를 "유다에게 덮였던 것"
이라고 말하는 이유는 "유다"는 천적 사랑을 뜻하며(앞의 119번 참고), 이 진
리가 천적 사랑을 덮어 보호하기 때문이다.

(11) 같은 말씀에,
성읍이 황무하고 성문이 파괴되었느니라 (사 24:12)

예레미야서에,
유다가 슬퍼하며 성문의 무리가 피곤하여 (렘 14:2)

사사기에,
이스라엘에는 마을 사람들이 그쳤으니 무리가 새 신들을 택하였으므로 그
때에 전쟁이 성문에 이르렀으나 (삿 5:7-8)

에스겔서에,

---

8) 원본에는 introductory truth라고 되어 있다. (역자)

두로가 예루살렘에 관하여 이르기를 아하 만민의 문이 깨져서 내게로 돌아

왔도다 (겔 26:2)

여기서도 교회의 파멸을 다룬다. "두로"는 입문적 진리로서 진리와 선에 관
한 지식을 뜻한다. 그리고 "예루살렘"은 진리에서 비롯한 교리의 측면에서 교
회를 뜻한다. 이것으로 여기서 예루살렘을 왜 "만민의 문"이라고 부르는지,
그리고 두로가 이르기를 "아하 만민의 문이 깨져서 내게로 돌아왔도다 내가
충만함을 얻으리라"라고 한 것이 무슨 뜻인지 알 수 있다.

(12) 앞에서 말한 것처럼 "문"과 "성문"[9]은 받아들이는 것을 뜻하고, 특별한
의미로는 주님의 선에서 비롯한 입문적 진리를 뜻한다. 그러므로 다음 구절에
서 "문"과 "성문"의 의미가 무엇인지 분명하다.

시편에,

문들아 너희 머리를 들지어다 영원한 문들아 들릴지어다 영광의 왕이 들어

가시리로다 (시 24:7, 9)

내가 주의 찬송을 딸 시온의 문에서 다 전할 것이요 (시 9:14)

여호와께서 야곱의 모든 거처보다 시온의 문들을 사랑하시는도다 (시 87:2)

"시온"과 "시온의 딸들"은 천적 교회를 뜻한다.

이사야서에,

네 구속자는 이스라엘의 거룩한 이시라 그는 온 땅의 하나님이라 일컬음을

받으실 것이라 내가 홍보석으로 네 성벽을 지으며 석류석으로 네 성문을

---

9) 영역본 원문에는 gate로 되어 있다. (역자)

만들고(사 54:5-12)

마태복음에,

> 슬기로운 다섯 처녀들은 함께 혼인 잔치에 들어가고 문은 닫힌지라 미련한 다섯 처녀가 와서 문을 두드리니 그들에게 문이 열리지 않았다 (마 25:10-12)

누가복음에,

> 예수께서 이르시되 좁은 문으로 들어가기를 힘쓰라, 들어가기를 구하여도 못하는 자가 많으리라 집 주인이 일어나 문을 한 번 닫은 후에 너희가 밖에 서서 문을 두드리며 주여 열어 주소서 하면 그가 대답하여 이르되 나는 너희가 어디에서 온 자인지 알지 못하노라 하리니 (눅 13:24-25)

이 두 구절은 사후에 사람의 상태에 대해 말한다. 즉 그때 믿음 안에만 있고 사랑 안에 있지 않은 사람들은 그들이 믿는 대로 천국에 들어가기를 원하나 들어갈 수 없음을 보여 준다. "문이 닫히는 것"과 문을 두드리지만 거절된다는 것은 그런 의미이다.

(13) "성문"이 입문적인 진리를 뜻하기 때문에 다음 규례에서는 이렇게 말한다.

> 장로들이 성문에 앉아 판결했다 (신 21:19, 22:15, 2, 암 5:12, 15, 슥 8:16)

히나님께서 명하시길,

> 너는 그것을 집 문설주와 바깥 문에 기록할지니라 (신 6:8-9)

다음 규례에서도 마찬가지이다.

> 상전은 일곱째 해에 자유인이 되지 않으려는 종을 데리고 재판장에게로 갈
> 것이요 또 그를 문 앞으로 데리고 가서 그것에다가 송곳으로 그의 귀를 뚫
> 을 것이라 (출 21:6, 신 15-17)

이스라엘 자손 중에 "종"은 진리 안에 있지만 선 안에 있지 않은 사람들을 뜻하고, "자유인"은 선 안에 있고 선에서 비롯한 진리 안에도 있는 사람을 뜻한다. "귀를 문에다 뚫는 것은 영원히 복종하고 섬기는 것을 뜻하는데, 그 이유는 그가 진리를 통해 선으로 들어가는 것을 원치 않기 때문이다. 진리 안에 있으나 그 진리가 선에서 비롯한 것이 아닌 사람은 영원히 노예의 상태로 있는 것이다. 왜냐하면 사람을 자유롭게 만드는 건 사랑에 속한 애정인데, 그들은 진리에 대한 영적 애정 가운데 있지 않기 때문이다(『새예루살렘의 교리』 141-149번 참고). 더구나 입문적 진리의 특성에 대해 말할 때 장막과 성막의 입구를 덮는 덮개로(출 26:14, 36, 37, 38:18, 19) 표현했고, 또한 하나님의 집과 성전의 입구와 문의 수를 세는 것으로 표현했다(겔 40:6, 8-11, 13-15, 18-20, 24, 27, 28, 32, 35, 37, 41:1-3, 11, 17-20, 23-2, 5, 42:2, 12, 15, 43:1-4, 44:1-3, 17, 46:1-3, 8, 12, 19, 47:1, 2, 48:31-34). 이 각각의 숫자가 무슨 뜻인지를 아는 사람은 이 진리가 지닌 많은 비밀을 알 수 있다. 또 같은 선지자는 북쪽과 동쪽을 향한 여호와의 집의 문에 대해 말했다(8:3-4, 10:19).

209

(1) "네가 작은 능력을 가졌고 내 말을 지켰으며 내 이름을 배반하지 아니하

였도다"는 그들이 말씀에서 배운 진리를 삶에 속한 것으로 만들고, 주님의 인성 안에 신성이 있음을 인정하였으며, 그만큼 주님으로부터 악과 거짓에 대항하는 힘을 가짐을 뜻한다. 이것이 분명한 것은 "능력을 가졌고"는 주님으로부터 악과 거짓에 대항하는 힘을 가지는 것을 뜻하기 때문이다. 인애에서 비롯한 믿음 안에 있는 사람들을 다루기 때문에 그들이 "작은 능력을 가진다"고 말했다(이것에 대해 곧 말하겠다). 그것이 또한 분명한 것은 "내 말을 지켰으며"는 말씀에서 배운 진리를 삶에 속한 것으로 만드는 것을 뜻하기 때문이다. 왜냐하면 진리, 또는 계명을 지키는 것은 그것을 깨달아 알 뿐 아니라 뜻하고 행하는 것이기 때문이다. 그리고 뜻하고 행하는 사람들은 그들이 말씀으로부터 깨달아 아는 진리를 삶에 속한 것으로 만들기 때문이다(앞의 15번 참고). 그것이 또한 분명한 것은 "내 이름을 배반하지 아니하였도다"는 주님의 인성 가운데 신성이 계신 것을 시인하는 것을 뜻하기 때문이다(앞의 135번 참고).

(2) 교회에 속한 두 가지 중요한 것이 있음을 우리는 알아야 한다. 즉 주님의 인성 안에 신성이 있음을 인정하는 것과 말씀으로부터 배운 진리는 삶에 속한 것이 돼야 한다는 것이다. 이 둘 안에 동시에 있지 않으면 아무도 어느 하나 안에 있을 수 없다. 왜냐하면 삶에 속한 것이 된 모든 진리는 주님에게서 오는데, 주님의 인성 가운데 신성이 있음을 인정하는 사람들에게만 오기 때문이다. 주님은 당신의 신적 인성으로부터 하늘과 땅의 모든 사람에게 흘러 들어오시며, 인성과 별도로 신성으로부터 오시는 것이 아니기 때문이다. 그러므로 주님의 신성과 인성을 분리해서 생각하고 아버지의 신성을 인성 안에서 바라보지 않고 인성과 별개로 보거나 인성보다 높이 보며, 그렇게 해서 서로 분리하는 사람은 주님으로부터 어떤 유입도 받지 못하며, 그리하여 천국의 유입 또한 받지 못한다. 왜냐하면 천국에 있는 모든 사람은 주님의 신적 인성을 시인하기 때문이다(이것에 대해서는 저서 『천국과 지옥』 2-12, 59-72, 78-86,

212번 참고). 이것으로 삶에 속한 것이 된 모든 진리는 주님에게서 오며, 주님의 인성 안의 신성, 즉 신적 인성 안의 신성을 인정하는 사람들에게 오는 것이 분명하다. 진리는 사람이 그것을 사랑하고, 뜻하고, 행할 때 삶에 속한 것이 된다. 왜냐하면 사랑하는 사람은 뜻하고 행하기 때문이다. 한마디로 진리는 사람이 애정을 갖고 그 진리에 따라 살 때 삶이 된다. 이러한 진리가 주님에게서 온다고 하는 것은 주님은 사람에게 있는 사랑 안으로 흘러 들어와 그 사랑을 통해 진리 안으로 들어오시며, 그렇게 해서 진리를 삶에 속한 것으로 만드시기 때문이다.

(3) 이제 사람이 주님으로부터 악과 거짓에 대항하는 힘을 가진다는 것에 대해 말하겠다. 천사와 사람이 갖는 모든 힘은 주님에게서 오는 것이다. 그러므로 그들이 주님을 받아들이는 만큼 그들의 힘도 커진다. 악과 거짓에 대항하는 힘이 자기 자신(자아)에게서 온다고 믿는 사람은 크게 잘못 생각하는 것이다. 왜냐하면 악과 악에서 비롯한 거짓을 사람에게 끌어들이는 것은 지옥과 연결된 악령이며, 이 영들의 수는 많고, 하나하나의 영들은 여러 지옥과 연결되어 있으며, 각각의 지옥에는 수없이 많은 영이 있으며, 그리고 주님이 아니면 누구도 사람에게서 이 영들을 쫓아낼 수 없기 때문이다. 왜냐하면 지옥을 이기는 힘은 주님에게만 있고, 사람은 그 자신으로부터, 또는 그의 자아로부터는 힘을 가질 수 없기 때문이다. 그러므로 사람은 사랑으로 주님과 결합하는 만큼 힘을 가진다. 천국을 다스리고 천국을 만드는 두 가지 사랑이 있다. 그것은 주님에 대한 사랑과 이웃에 대한 사랑이다. 주님에 대한 사랑을 천적 사랑이라고 하고, 이웃에 대한 사랑은 영적 사랑이라고 부른다. 천적 사랑 안에 있는 사람은 많은 힘을 갖지만, 영적 사랑 안에 있는 사람은 약간의 힘만 갖는다. 이 교회의 사자들에게 쓴 편지는 영적 사랑 안에 있는 사람, 즉 이웃에 대한 사랑 안에 있는 사람, 또는 인애의 믿음 안에 있는 사람들을 다루기

때문에 말씀에서 이르기를, "네가 작은 능력을 가지고"라고 말했다.

(4) 그러나 알아야 할 것은 천사와 사람이 주님으로부터 얻는 힘은 사랑의 선으로부터 나온다는 것이다. 사랑의 선은 자체로는 활동하지 않고 진리를 통해 활동하기 때문에, 모든 능력은 사랑의 선으로부터 진리를 통해 나오며, 영적인 사람들에게는 인애의 선으로부터 신앙의 진리를 통해 나온다. 선은 진리를 거치면서 어떤 특성을 갖기 때문에 진리가 없는 선에는 어떤 특성도 없고, 특성이 없는 곳에는 힘이나 능력 또한 없다. 이것으로 분명한 것은 선은 진리를 통해, 그리고 인애는 믿음을 통해 모든 힘을 가지며, 믿음에서 분리된 인애나 인애에서 분리된 믿음은 아무 힘도 가질 수 없다는 것이다. 또한 이것이 베드로에게 준 열쇠가 갖는 의미이다. 영적 의미로 "베드로"는 주님의 선에서 비롯한 진리를 뜻하고 그러므로 인애에서 비롯한 믿음을 뜻하며, 그에게 준 "열쇠"는 악과 거짓을 이기는 능력을 뜻하기 때문이다. 주님은 베드로가 당신의 인성 안에 신성이 있음을 인정했을 때 그에게 이 말씀을 하셨다. 그 의미는 주님의 인성 안에 신성이 있음을 인정하는 사람, 주님으로부터 인애의 선 안에 있고, 또한 신앙의 진리 안에 있는 사람은 힘을 갖게 된다는 뜻이다. 베드로가 주님을 시인했을 때 그렇게 말씀하신 것을 마태복음에서는 다음과 같이 기록하고 있다.

예수께서 이르시되 너희는 나를 누구라 하느냐 시몬 베드로가 대답하여 이르되 주는 그리스도시요 살아 계신 하나님의 아들이시니이다 예수께서 대답하여 이르시되 바요나 시몬아 네가 복이 있도다 이를 네게 알게 한 이는 혈육이 아니요 하늘에 계신 내 아버지시니라 또 내가 네게 이르노니 너는 베드로라 내가 이 반석 위에 내 교회를 세우리니 음부의 권세가 이기지 못하리라 내가 천국 열쇠를 네게 주리니 (마 16:15-19)

(베드로와 그의 열쇠에 대해서는 앞의 9번과 저서, 『마지막 심판』 57번, 『새 예루살렘의 교리』 122번 참고, 또 진리는 주님의 선으로부터 힘을 가진다는 것은 『천국과 지옥』 228-233번, 『천국의 비밀』 3091, 3387, 3563, 4592, 4933, 6344, 6423, 7518, 7673, 8281, 8304, 9133, 9327, 9410, 10019, 10182번 참고)

210

9절. "내가 사탄의 회당으로부터 주리라"는 믿음만의 교리 안에 있고 인애 안에 있지 않은 사람들을 뜻한다. 이것이 분명한 것은 "사탄의 회당으로부터"는 온갖 거짓된 교리 안에 있는 사람들을 뜻하기 때문이다(앞의 120번 참고). 그러므로 여기서 "사탄의 회당으로부터"는 믿음만의 교리 안에 있고 인애 안에 있지 않은 사람들을 뜻한다. 왜냐하면 이 교회의 사자들에게 쓴 편지가 인애를 바탕으로 한 믿음 안에 있는 사람들을 다루기 때문이다. 이들에 대해 "사탄의 회당으로부터" 온 자라고 말하는 이유는, 그들은 스스로 믿음 안에 있다고 생각하지만 믿음 안에 있지 않으며, 또 구원의 수단으로 인애를 믿지 않기 때문이다. 그러나 주님은 인애를 통해 믿음 안으로 흘러 들어가시며 인애에서 분리된 믿음 안으로는 들어가시지 않는다. 왜냐하면 인애에서 분리된 믿음은 단순히 아는 것에 불과하며, 그 속에는 하나님의 생명이 들어있지 않기 때문이다. 그러므로 믿음의 교리 안에만 있고 인애 안에 있지 않은 사람들은 아무것도 깨닫지 못한다. 다시 말해서 수많은 거짓 교리 안에 있게 되는 것이다. "사탄의 회당"이란 특별히 그러한 교리를 뜻한다(인애가 없는 곳에는 믿음도 없다는 것은 저서, 『마지막 심판』 33-39번, 믿음과 인애가 무엇인가

하는 것은『새예루살렘의 교리』84-107, 108-122번 참고). 그들이 많은 거짓
교리 안에 있다는 것은 이어지는 글에서 밝힐 것이다.

211

"자칭 유대인이라 하나 그렇지 아니하고 거짓말하는 자들"은 거짓 안에 있
으면서 스스로 진리 안에 있다고 믿는 사람들을 뜻한다. 이것이 분명한 것은
"유대인"은 가장 높은 의미로는 천적 사랑으로서 주님을 뜻하며, 내적 의미로
는 주님의 천적 천국과 말씀을, 그리고 외적 의미로는 천적 교회에 속한 말씀
에서 비롯한 교리를 뜻한다(이것에 대해서는 앞의 119번 참고). 따라서 "자칭
유대인이라고 하는 것"은 스스로 진정한 교리 안에 있다고 믿는 것이며, 그러
므로 진리 그 자체 안에 있다고 믿는 것을 뜻한다. 이것이 또한 분명한 것은
"거짓말 하는 것"은 거짓 안에 있는 것을 뜻하기 때문이다. 왜냐하면 말씀에
서 "거짓"은 교리에 관한 거짓을 뜻하기 때문이다(『천국의 비밀』8908, 9248
번 참고). 믿음 안에만 있고 인애 안에 있지 않은 사람들은 그들이 거짓 안에
있다는 것을 모르는데, 그 이유는 그들 스스로는 진리 안에 있다고 믿지만 믿
음만으로 구원받는다는 거짓 원리로부터 계속해서 거짓이 흘러 들어오기 때
문이다. 원리는 모든 것을 자신의 편으로 끌어들이기 때문이다. 그렇게 하는
이유는 그것들이 자기와 연결되어야 하기 때문이다. 그런 까닭에 그들은 천
국과 교회에 대해 아주 무지하다. 믿음 안에만 있는 사람들이 무지하다는 것
은 다음 사실로 분명하다. 그들은 천적 사랑은 주님에 대한 사랑이고 영적 사
랑은 이웃에 대한 인애라는 걸 모른다. 또 이웃, 선, 선과 진리의 결합, 영적
생명, 영적 애정, 양심, 선택의 자유, 거듭남, 영적 시험, 세례와 성찬이 무엇

인지, 그리고 주님이 왜 그것을 명령하셨는지 모른다. 또 말씀의 영적인 뜻이 무엇인지, 천국과 지옥이 무엇이며, 그 둘이 모두 인류로부터 생겼다는 것과 다른 많은 것들에 대해 모른다. 그러므로 이러한 주제에 대해 생각할 때마다 그들의 무지로부터 거짓이 흘러나온다. 왜냐하면 앞에서 말한 것처럼 그들은 영적인 것에 대해 어떤 예시로부터도 생각할 수 없고, 또 그것을 보는 내적 시각도 가지고 있지 않기 때문이다(이 주제에 대해 『천국의 비밀』에서 자세히 밝히고 있다. 인애에서 분리된 믿음은 믿음이 아니라는 것은 654, 724, 1162, 1176, 2049, 2116, 2343, 2349, 3849, 3868, 6348, 7039, 7822, 9780, 9783번, 사후에는 그런 믿음이 쓸모없는 것이 된다는 것은 2228, 5820번, 믿음만을 원리로 받아들일 때 거짓 원리로 인해 진리가 오염된다는 것은 2435번, 이런 사람들이 진리를 믿으려 하지 않는 것은 그것이 그들의 원리에 반하기 때문이라는 것은 2835번, 믿음만의 교리가 인애를 파괴하는 것은 6353, 8094번, 인애로부터 믿음을 분리시킨 사람들이 자신은 모르나 내적으로는 그들 자신의 악에 속한 거짓 안에 있다는 것은 7790, 7950번, 그러므로 그들은 선과 결합할 수 없는 것은 8981, 8993번, 사랑과 인애에서 분리된 믿음은 겨울빛과 같아서 그 속에서는 지상의 모든 것이 활기를 잃고 낟알과 열매와 꽃을 피우지 못하지만, 사랑과 인애를 바탕으로 한 믿음은 봄과 여름의 빛과 같아 그 속에서 모든 것이 번성하고 생장한다는 것은 2231, 3146, 3412, 3413번, 천국에서 빛이 흘러 들어올 때 겨울빛, 즉 인애에서 분리된 믿음은 짙은 어둠으로 변하는데, 그때 이러한 믿음 안에 있는 사람이 눈먼 자이고 어리석은 자라는 것은 3412, 3413번, 교리와 삶으로부터 믿음과 인애를 분리시킨 사람들이 어둠 속에 있고, 그러므로 진리에 대한 무지 안에 있고 거짓 안에 있는 것은 9186, 그들이 스스로 거짓 안으로 들어가고, 그렇게 해서 악 안으로 들어간다는 것은 3325, 8094번, 그들이 스스로 빠져드는 오류와 거짓에 대해서는 4721, 4730, 4776, 4783, 4925, 7779, 8313, 8765, 9224번, 그들에게 말씀이 닫히는 것은 3773, 4783, 8780번, 그들이 주님이 그토록 자주 말씀하신 모든 것, 즉 사랑과 인애와 행위에 속한 열매와 선에 대해 알지 못하고 관심도 갖지 않는 것에 대해서는 1017, 3416번, 그들이 선이 무엇인지 모르고, 그러므로 천적 사랑과 인애가 무엇인지 모르는 것은 2417, 3603, 4126, 9995번, 마음이 단순하지만 그럼에도 지혜로운 사람은 삶의 선이 무엇이고 인애가 무엇인지 알지만 인애에서 분리된 믿음에 대해서는 알지 못한다는 것은 4741, 4754번 참고).

212

(1) "그들로 와서 네 발 앞에 절하게 하리라"는 이들의 사후의 상태를 뜻한다. 즉 그들이 천국에 받아들여지지 않고 쫓겨날 것이라는 뜻이다. 이것은 앞에서 말한 내용과 뒤에 이어지는 내용을 연결해 볼 때 분명하다. 이 절에서 다루는 사람들은 스스로 진리 안에 있다고 하지만 인애 안에는 있지 않으며, 그러므로 거짓 안에 있는 사람들이다. 이런 사람들에 대해 말씀에서는 "그들이 와서 문을 두드리니 그들에게 문이 열리지 않았다"고 말한다. "와서 문을 두드리는 것"은 곧 "발 앞에 절하는 것"이다. "발 앞에"라고 말한 이유는, 천국은 전체적으로 보면 사람과 흡사하기 때문이다. 즉 가장 높은 천국 또는 세 번째 천국은 머리에 해당되고, 중간 천국 또는 두 번째 천국은 몸에 해당되며, 가장 낮은 천국 또는 첫 번째 천국은 발에 해당된다. 그러므로 발 앞에 서서 절하는 것은 천국 밖에서 들어가기를 원하지만 들어갈 수 없는 것을 말한다(하나의 복합체로서 천국이 사람과 흡사한 모습이라는 것은 『천국과 지옥』 59-67번 끝까지, 세 개의 천국이 있는 것은 29-40번, 가장 높은 천국은 머

리를, 중간 천국은 몸, 그리고 가장 낮은 천국은 발을 형성한다는 것은 65번 참고). 이것으로 천국 밖에 있는 사람을 왜 "발 앞에" 서 있다고 말하는지 분명하다. 그들이 받아들여질 수 없는 이유는, 천국 전체는 선과 진리에 대한 애정으로 이루어지고 천국의 사회들은 오직 그 애정의 차이로 서로 나뉘기 때문이다. 그러므로 인애 안에 있지 않은 사람은 그 안에 천국이 있는 어떤 애정 안에도 있지 않은 것이다. 왜냐하면 천국의 애정은 이웃을 향한 사랑 또는 인애이기 때문이다. 그러므로 인애 안에 있지 않은 사람들은 천국 안에는 있을 곳이 없고, 그러므로 천국 밖에 있다. 악과 거짓 안에 있었던 그런 사람들은 그들의 사랑이나 애정에 따라 지옥에 있는 사람들과 결합하며 그곳으로 던져진다.

(2) 믿음 안에만 있고 인애 안에 있지 않은 사람들에게 이렇게 많은 일들이 기다리고 있다는 것을 주님은 말씀의 여러 구절에서 예언하셨다.

마태복음에,

아름다운 열매를 맺지 아니하는 나무마다 찍혀 불에 던져지느니라 이러므로 그들의 열매로 그들을 알리라 나더러 주여 주여 하는 자마다 다 천국에 들어갈 것이 아니요 다만 하늘에 계신 내 아버지의 뜻대로 행하는 자라야 들어가리라 그날에 많은 사람이 나더러 이르되 주여 주여 우리가 주의 이름으로 선지자 노릇 하며 주의 이름으로 귀신을 쫓아내며 주의 이름으로 많은 권능을 행하지 아니하였나이까 하리니 그때에 내가 그들에게 밝히 말하되 내가 너희를 도무지 알지 못하니 불법을 행하는 자들아 내게서 떠나가라 하리라 그러므로 누구든지 나의 이 말을 듣고 행하는 자는 그 집을 반석 위에 지은 지혜로운 사람 같겠고, 나의 이 말을 듣고 행하지 아니하는 자는 그 집을 모래 위에 지은 어리석은 사람 같으리라 (마 7:19-27)

여기서는 인애를 바탕으로 한 믿음 안에 있는 사람과 믿음 안에는 있지만 인애 안에 있지 않은 사람들에 대해 말하고 있다. 인애를 바탕으로 한 믿음 안에 있는 사람들은 "아름다운 열매를 맺는 나무", "반석 위에 집을 지은 사람"이라고 표현했다. 말씀에서 "열매"는 특히 인애에 속한 일을 뜻하고, "반석"은 인애를 바탕으로 한 믿음을 뜻한다. 그러나 "아름다운 열매를 맺지 못하는 나무"와 "모래 위에 집을 짓는 사람"은 인애에서 분리된 믿음 안에 있는 사람들을 뜻한다. 더구나 말씀에서 "악한 열매"는 악한 일을 뜻하고 "모래"는 인애에서 분리된 믿음을 뜻한다. 그렇기 때문에 그들이 "주여 주여 우리에게 문을 열어 주소서"라고 했을 때 그 대답으로 "내가 너희를 도무지 알지 못하니 불법을 행하는 자들아 내게서 떠나가라"고 하셨다.

(3) 마찬가지로 누가복음에,

> 좁은 문으로 들어가기를 힘쓰라, 들어가기를 구하여도 못하는 자가 많으리라 집 주인이 일어나 문을 한 번 닫은 후에 너희가 밖에 서서 문을 두드리며 주여 열어 주소서 하면 그가 대답하여 이르되 나는 너희가 어디에서 온 자인지 알지 못하노라 하리니 그때에 너희가 말하되 우리는 주 앞에서 먹고 마셨으며 주는 또한 우리를 길거리에서 가르치셨나이다 하나 그가 너희에게 말하여 이르되 나는 너희가 어디에서 왔는지 알지 못하노라 행악하는 모든 자들아 나를 떠나가라 하리라 (눅 13:24-27)

여기서도 믿음 안에만 있고 인애 안에 있지 않은 사람들에 대해 "그들이 밖에 서서 문을 두드릴 것이나 받아들여지지 않을 것이라"고 말한다. "주 앞에서 먹고 마시고 길거리에서 가르침을 받는 것"은 말씀을 듣고, 말씀으로 가르치며, 믿음에 관한 것들에 대해 아는 것이다. 그러나 이들이 인애 안에 있지 않기 때문에, 주님은 그들에게 "나는 너희가 어디에서 왔는지 알지 못한다.

나를 떠나가라"고 말씀하셨다. 왜냐하면 주님이 사람을 안다고 하실 때는 그의 사랑을 보시는 것이며 사랑에서 분리된 믿음을 보시는 것이 아니기 때문이다.

(4) 다음에서도 같다.

> 등에 기름을 가지지 않은 어리석은 다섯 처녀가 와서 이르되 주여 주여 우리에게 열어 주소서 하니 대답하여 이르되 진실로 너희에게 이르노니 내가 너희를 알지 못하노라 하였느니라 (마 25:1 -12)

말씀에서 "처녀"는 교회에 속한 사람들이다. "등"은 믿음에 관한 것들이고, "기름"은 사랑에서 비롯한 선이다. 그러므로 "등에 기름을 가지지 못한 어리석은 다섯 처녀"는 믿음 안에만 있고 사랑 안에 있지 않은 사람들을 뜻한다. 다음 말씀도 같은 뜻이다.

> 또 왼편에 있는 염소들에게 이르시되, 내가 주릴 때에 너희가 먹을 것을 주지 아니하였고 목마를 때에 마시게 하지 아니하였고 나그네 되었을 때에 영접하지 아니하였고 헐벗었을 때에 옷 입히지 아니하였고 병들었을 때와 옥에 갇혔을 때에 돌보지 아니하였느니라 (마 25:41-43)

여기서 "오른 편에 있는 양들"은 인애 안에 있는 사람들을 뜻하며, "염소"는 믿음 안에 있으나 인애 안에는 있지 않은 사람들을 뜻한다("염소"가 후자를 뜻하는 것은 『천국의 비밀』 4769번, "양"이 전자를 뜻하는 것은 4169, 4809번 참고).

"내가 너를 사랑하는 줄을 알게 하리라"는 주님은 인애 안에 계시고 인애와 분리된 믿음 안에 계시지 않는다는 것을 결국 알게 될 것이라는 뜻이다. 이것이 분명한 것은 "아는 것"은 지식을 뜻하고, "사랑하는 것"은 주님의 임재를 뜻하기 때문이다. 그것이 주님이 인애 안에 계시고 인애와 분리된 믿음 안에 계시지 않는 것을 뜻하는 까닭은, 여기서는 인애를 바탕으로 한 믿음 안에 있는 사람들에 대해 말하기 때문이다(앞의 203번 참고). 주님은 사람의 애정 또는 사랑 안에 계시며, 그러므로 그의 영의 생명 안에 계신다. 왜냐하면 사람의 영의 생명을 만드는 것은 사랑 또는 애정이기 때문이다. 그러므로 주님은 인애 안에 계신다. 인애는 애정 그 자체이고, 또는 사람의 영적 사랑이기 때문이다. 주님은 사람의 인애 안에 계시므로 주님이 인애 없는 믿음 안에 계시지 않는 것은 분명하다. 즉 영적 인애가 없는 믿음은 믿음이 아니며, 그러므로 그것은 사람의 내면에서 생명을 만들지 못하고 그의 밖의 기억 속에 있으며, 기억에서 비롯한 어떤 자연적 사고 안에 있을 뿐이다. 주님에게 "사랑받는 것"은 주님의 임재를 뜻한다. 왜냐하면 사랑으로 말미암아 결합하고, 그에 따라 임재하시며, 또한 당신을 사랑하는 사람에게 주께서 들어가시어 그를 가르치고 이끄시며 그 또한 주님을 사랑하도록 만드시기 때문이다. 주님을 사랑하는 것은 주님의 명령과 교훈을 실행하는 것이다. 주님이 사랑하는 사람에게로 임재하시는 것과 주님의 계명과 교훈을 지키는 사람이 주님을 사랑하는 사람이라는 것을 주님은 요한복음에서 이렇게 가르치신다.

나의 계명을 지키는 자라야 나를 사랑하는 자니 나를 사랑하는 자는 내 아버지께 사랑을 받을 것이요 나도 그를 사랑하여, 우리가 그에게 가서 거처

를 그와 함께 하리라 (요 14:21, 23)

214

10절. "네가 나의 인내의 말씀을 지켰은즉"은 그들이 주님의 계명에 따라 살았다는 뜻이다. 이것이 분명한 것은 주님의 "말씀을 지키는 것"은 주님의 계명에 따라 사는 것이기 때문이다. 왜냐하면 "말씀"은 계명이고, "지키는 것"은 사는 것이기 때문이다. "내 인내의 말씀"이라고 하는 까닭은 지치지 않고 한결같이 말씀 안에 있었기 때문이다. 계시록에서는 "인내"라는 말을 가끔 사용하는데, 그 말이 쓰일 때는 삶에 적용하는 것을 뜻한다(앞의 98번 참고).

215

"내가 또한 너를 지켜 시험의 때를 면하게 하리니 이는 장차 온 세상에 임하여 땅에 거하는 자들을 시험할 때라"는 마지막 심판의 때를 뜻하며, 그때 이전 천국에 있던 사람들에 대한 심판이 있을 것이며, 그러므로 그들이 구원받을 것이란 뜻이다. 이것이 분명한 것은 "장차 온 세상에 임할 시험의 때"는 마지막 심판의 때이고, "땅에 거하는 자들을 시험하는 것"은 이전 천국에 있던 사람들에 대한 심판을 뜻하기 때문이다. 또한 "내가 너를 지켜"는 여기서 다루고 있는 인애를 바탕으로 믿음 안에 있는 사람들이 그때 구원받는 것을 뜻하기 때문이다. 이러한 일들이 명백하게 마지막 심판과 관련이 있는 것은,

"장차 온 세상에 임하여 땅 위에 거하는 자들을 시험할 시험의 때"라고 말하기 때문이다. 마지막 심판이 있고, 이전 천국이 없어지고 새 천국이 세워지는 것에 대해서는 저서 『마지막 심판과 새 예루살렘』에서 다루고 있고, 이 책에서도 더 다룰 것이므로 이 말씀에 대해 더 이상의 설명은 하지 않겠다.

216

11절. "내가 속히 오리니"는 이것이 확실하다는 뜻이다. 이것이 분명한 것은 "속히"는 확실한 것, 완전한 것을 뜻하기 때문이다(앞의 7번 참고). "속히"가 확실함, 완전함을 뜻하는 것은 말씀에서 시간과 시간에 속한 모든 것은 상태를 뜻하기 때문이다. 그러므로 "속히"와 "빨리"는 애정과 그것에서 비롯한 생각의 현재 상태를 뜻하며, 그러므로 확실하고 완전한 것을 뜻한다(시간과 시간에 속한 모든 것은 상태와 상응하며, 그러므로 상태를 뜻하는 것은 저서 『천국과 지옥』162-169번 참고, "속히"가 애정에 의해 감동된 것을 나타내며, 그러므로 현재 확실한 것을 뜻하는 것은 『천국의 비밀』7695, 7866번 참고).

217

"네가 가진 것을 굳게 잡아"는 인애를 바탕으로 한 믿음의 상태를 끝까지 지키라는 뜻이다. 그것은 앞의 173번에서 말한 것으로 분명하다. 거기에도 같은 말씀이 있다.

"아무도 네 면류관을 빼앗지 못하게 하라"는 지성이 사라지지 않도록 하라는 뜻이다. 이것이 분명한 것은 "면류관"은 지혜를 뜻하지만(앞의 126번 참고) 여기서는 지성을 뜻하기 때문이다. 왜냐하면 영적 사랑 안에 있는 사람, 또는 인애와 인애에서 비롯한 믿음 안에 있는 사람들은 지성적이기 때문이다. 한편 천적 사랑 안에 있는 사람, 또는 주님에 대한 사랑 안에 있고 그 사랑으로부터 진리를 지각하는 사람은 지혜롭다. "아무도 네 면류관을 빼앗지 못하게 하라"가 지성이 사라지지 않도록 하라는 뜻인 까닭은 악과 악에서 비롯한 거짓이 사람의 지성을 빼앗기 때문이다. 왜냐하면 지성은 진리에 속한 것이며, 그러므로 사람이 악 안에 있을 때는 악령들이 그에게서 지성을 빼앗기 때문이다. 그렇게 빼앗기는 것이 사라지는 것이다.

219

(1) 12절. "이기는 자는 내 하나님 성전에 기둥이 되게 하리니"는 흔들리지 않는 사람은 천국에서 신성한 진리 안에 있게 될 것이라는 뜻이다. 이것이 분명한 것은 "이기는 것"은 진리에 대한 진실한 애정 안에서 흔들림이 없는 것을 뜻하기 때문이다(앞의 128번 참고). 즉 여기서는 인애를 바탕으로 한 믿음 안에 있는 것을 말하는데, 그 이유는 이 교회의 사자들에게 쓴 편지에서 그 믿음에 대해 다루고 있기 때문이다(앞의 203번 참고). 또한 "기둥"은 받쳐 주는 신성한 진리를 뜻하며, "하나님의 성전"은 가장 높은 의미에서는 주님의 신적

인성을 뜻하고, 상대적인 의미로는 주님의 영적 나라와 그 나라를 이루는 천국을 뜻하기 때문이다(이것에 대해서 곧 말할 것이다). "성전의 기둥"이 받쳐주는 신성한 진리를 뜻하는 것은 "성전"은 천국을 뜻하고, 천국은 주님에게서 나오는 신적 진리로 말미암아 천국이기 때문이다. 왜냐하면 천국은 모든 천사들을 뜻하기 때문이다. 즉 천국은 천사들로 이루어지고 천사들 때문에 천국이라 불리는 것이다. 천사들은 주님에게서 나오는 신성한 진리를 받는 만큼 천사이다. 그런 까닭에 말씀에서 천사는 또한 신성한 진리를 뜻한다(앞의 130, 200번 참고). 천국은 신성한 진리이며 "성전"은 천국을 뜻하기 때문에, 성전에 속한 모든 것은 신성한 진리에 속한 모든 것을 뜻하고 그곳의 "기둥"은 받쳐 주는 신성한 진리를 뜻한다. 받쳐 주는 신성한 진리는 일반적으로 더 낮은 진리인데, 그 이유는 그것이 더 높은 진리를 지탱하기 때문이다. 왜냐하면 낮은 천국과 더 높은 천국이 있는 것처럼 신성한 진리도 낮은 것이 있고 보다 높은 것이 있기 때문이다(이러한 등차가 있다는 것은 저서『천국과 지옥』38, 208, 209, 211번 참고). 낮은 등차의 천국은 더 높은 등차의 천국을 지탱한다. 그러므로 여기서 주님이 이기는 자를 "성전의 기둥"이 되게 한다고 하신 것은 그들이 더 낮은 천국에 있을 것을 뜻한다. 인애의 믿음 안에 있는 사람들 또한 영적 천국이라고 하는 보다 낮은 천국에 있다. 그러나 주님에 대한 사랑 안에 있는 사람들은 천적 천국이라 불리는 보다 높은 천국에 있다. 그리고 이 천국은 더 낮은 천국, 즉 영적 천국에 의해 지탱된다(저서『천국과 지옥』의 세 장을 보면 이것에 대해 보다 확실히 알 수 있다. 즉 첫 번째 장 13-19번에서는 천국에서 주님의 신성은 주님에 대한 사랑과 이웃에 대한 인애라는 것을 밝히고, 두 번째 20-28번의 장에서는 천국은 천적 천국과 영적 천국의 두 개의 천국으로 나뉜다는 것을, 그리고 세 번째 29-40번의 장에서는 세 천국이 있다는 것을 밝히고 있다).

(2) 말씀에는 여기 저기에 "기둥"이란 말이 언급되는데, 그것은 더 낮은 진리를 뜻한다. 왜냐하면 그것이 보다 높은 진리를 지탱하기 때문이다. 말씀에서 "기둥"이 낮은 진리를 뜻하는 것은 다음 예레미야서에서 볼 수 있다.

보라 내가 오늘 너를 그 온 땅과 유다 왕들과 그 지도자들과 제사장 그 땅 백성에 대항하는[10] 견고한 성읍, 쇠기둥, 놋성벽이 되게 하였은즉 그들이 너를 치나 너를 이기지 못하리라

(렘 1:18-19)

선지자에게 이러한 것들을 말하는 것은 모든 선지자는 신성한 진리에서 비롯한 교리를 뜻하기 때문이다. 그리고 여기서 다루는 것은 신성한 진리가 거짓으로 변한 교회이기 때문에 "보라 내가 오늘 너를 그 온 땅의 견고한 성읍, 쇠기둥, 놋성벽이 되게 하였은즉"이라고 말했다. "견고한 성읍"은 진리에서 비롯한 교리를 뜻하고, "쇠기둥"은 받쳐 주는 진리를, "놋성벽"은 지키는 선을 "땅"은 교회를 뜻한다. 그리고 "유다 왕들과 그 지도자들과 그 제사장들과 그 땅 백성에 대항하는"이라고 했는데, "유다 왕들"과 "지도자들"은 거짓으로 변한 진리를 뜻하고, "제사장들"은 더럽혀진 선을, "그 땅 백성"은 일반적인 의미로 거짓을 뜻한다. 그러니까 이들에 대해, 그들이 진리를 상대로 싸우나 이기지 못할 것이라고 말하는 것이다.

---

10) 예레미아 1장 18절의 KJV 번역은 "behold, I have made thee this day a defenced city, and an iron pillar, and brasen walls against the whole land, against the kings of Judah, against the princes thereof, against the priests thereof, and against the people of the land."이고, 이 것을 개역개정에서는 "보라 내가 오늘 너를 그 온 땅과 유다 왕들과 그 지도자들과 그 제사장들과 그 땅 백성 앞에 견고한 성읍, 쇠기둥, 놋성벽이 되게 하였은즉"이라고 옮겼다. 속뜻의 관점에서 보면 against를 살려 번역해야 하기 때문에, "보라 내가 오늘 너를 그 온 땅과 유다 왕들과 그 지도자들과 그 제사장들과 그 땅 백성에 대항하는 견고한 성읍, 쇠기둥, 놋성벽이 되게 하였은즉"이라고 옮긴다. (역자)

(3) 같은 말씀에서,

처녀 이스라엘아 너의 이정표를 세우며 너의 높은 기둥을[11] 만들고 큰 길 곧

네가 전에 가던 길을 마음에 두라 돌아오라 네 성읍들로 돌아오라 (렘 31:21)

여기서는 교회의 회복에 대해 말하고 있다. "처녀 이스라엘"은 교회를 뜻하고, "이정표를 세우고 높은 기둥을 만드는 것"은 교회의 근본이 되는 것을 가르치는 것을 뜻한다. 교회의 근본이 되는 것을 높은 기둥이라 부르는 것은 그것이 받쳐 주기 때문이다. "전에 가던 큰 길을 마음에 두는 것"은 삶으로 이끄는 진리에 대한 애정을 뜻한다.

(4) 시편에,

내가 바르게 심판하리니 땅의 기둥은 내가 세웠거니와 땅과 그 모든 주민

이 소멸되리라 하시도다 (시 75:2-3)

"땅이 소멸되는 것"은 진리를 동경하면서도 진리 안에 있지 않은 교회의 사람들을 뜻한다. 땅의 "기둥을 세우는 것"은 진리가 그 위에 세워진 교회를 떠받치고 있는 것을 뜻한다.

또 욥기에,

그가 땅을 그 자리에서 움직이시니 그 기둥들이 흔들리도다 (욥 9:6)

"땅"은 여기서 교회를 뜻하고, "기둥"은 받쳐 주는 진리를 뜻한다(출 27:10-12, 14-17절에서 언급한) 성막 마당의 기둥 또한 보다 높은 진리를 받쳐 주는 가장 낮은 진리를 뜻한다는 것은 『천국의 비밀』의 해당 장과 절에 대

---

11) 개역개정에는 푯말로 번역되어 있다. (역자)

한 설명에서 밝히고 있다(왕상 7:2, 6절에서 언급한) 레바논 나무로 지은 솔로몬 왕궁의 기둥도 같은 진리를 뜻한다.

(5) 다음의 의미 또한 같다. 솔로몬은 성전의 입구에 두 개의 기둥을 세웠는데, 열왕기상 권에서는 그것에 대해 이렇게 설명한다.

> 그가 놋기둥 둘을 만들었으니 그 높이는 각각 십팔 규빗이라 각각 십이 규빗 되는 줄을 두를 만하며 또 놋을 녹여 부어서 기둥 머리를 만들어 기둥 꼭대기에 두었고, 기둥 꼭대기에 있는 머리를 위하여 사슬 모양으로 땋은 것을 만들었으니 이 머리에 일곱이요 저 머리에 일곱이라, 이 두 기둥을 성전의 주랑 앞에 세우되 오른쪽 기둥을 세우고 그 이름을 야긴이라 하고 왼쪽의 기둥을 세우고 그 이름을 보아스라 하였으며 (왕상 7:15-21)

"성전"은 천국을 뜻하므로(이것에 대해 곧 말하겠다) 성전의 모든 것들은 천국에 속한 것을 뜻하고, 그러므로 그곳의 신성한 진리에 속한 것들을 뜻한다. 왜냐하면 앞에서 말한 것처럼 천국은 주님에게서 나오는 신성한 진리로 말미암아 천국이기 때문이다. 그러므로 "성전의 입구"는 가장 낮은 천국에 속한 것들을 뜻하며, 이것이 더 높은 두 천국을 떠받치고 있으므로 입구에 두 개의 기둥이 서 있는 것이다.

220

(1) 그러나 말씀에서 "성전"의 의미가 무엇인지도 말해야 할 것이다. 가장

높은 의미로 "성전"은 주님의 신적 인성을 뜻하며, 상대적 의미로는 천국을 뜻한다. 천국을 뜻하기 때문에 성전은 또한 교회를 뜻한다. 왜냐하면 교회는 지상에 있는 주님의 천국이기 때문이다. "성전"이 천국과 교회를 뜻하므로, 그것은 또한 주님에게서 나오는 신성한 진리를 뜻한다. 왜냐하면 신성한 진리가 천국과 교회를 만들기 때문이다. 즉 신성한 진리를 혼과 마음, 즉 믿음과 사랑 안에 받아들이는 사람들이 천국과 교회를 만드는 사람인 것이다. "성전"의 뜻이 그러하므로 (말씀에서는) "내 하나님의 성전"이라고 말한다. 주님이 말씀하시는 "내 하나님"은 천국과 그곳의 신성한 진리를 뜻하며, 이는 또한 천국에 계신 주님이시기도 하기 때문이다. 주님은 천국 위에 계시며 천국에 있는 사람들에게는 태양으로 나타나신다. 태양이신 주님으로부터 빛과 열기가 나온다. 천국의 빛은 본질에 있어 신성한 진리이고, 열기는 본질에 있어서 신성한 선이다. 이 둘이 일반적으로나 개별적으로 천국을 만든다. "내 하나님"이 의미하는 것은 신성한 진리이다. 그러므로 구약의 말씀에서는 주님을 "여호와"라 부르기도 하고 "하나님"이라 부르기도 했다. 신적 선을 말하는 곳에서는 "여호와"라 부르고, 신적 진리를 말하는 곳에서는 "하나님"이라 부른 것이다. 천사들을 "신들"이라 부르고, 히브리어로 하나님이란 말이 복수인 엘로힘(Elohim)인 것도 같은 이유였다. 이것으로 왜 "내 하나님의 성전"이라고 했는지 알 수 있다(신성한 선을 말하는 곳에서 주님을 "여호와"라 부르고, 신성한 진리를 말하는 곳에서 "하나님"이라고 부르는 것은 『천국의 비밀』 709, 732, 2586, 2769, 2807, 2822, 3921, 4283, 4402, 7010, 9167번 참고, 주님을 존재(Esse), 즉 본질(Essence)이라는 점에서는 "여호와"라 부르고, 존재의 드러남(Existere), 즉 실재(Existence)라는 점에서는 "하나님"이라 부르는 것은 300, 3910, 6905번, 특히 신적 존재는 신성한 선이며, 신적 드러남은 신성한 진리인 것은 3061, 6280, 6880, 6905, 10579번, 그리고 일반적으로 선은 존재이며, 진리는 그로부터의 드러남이라는 것은 5002번, 천사들을 "신들(하나님들)"이라고 부르는 것은 그들이 주님으로부터 신성한 진리를 받아들이기 때문인 것은 4295, 4402, 7268, 7873, 8192, 8301번, 천국에서 주님의 신성은 신성한 선과 결합한 신성한 진리라는 것은 저서 『천국과 지옥』 13, 133, 139-140번, 천국에서 빛은 본질에 있어 신성한 진리이며, 열기는 신성한 선이며, 그것은 모두 주님에게서 나온다는 것은 같은 책 126-140, 275번을 참고하기 바란다).

(2) 말씀에서 "성전"이 주님의 신적 인성을 뜻하고, 상대적인 의미로는 천국과 교회를 뜻하며, 그러므로 또한 신성한 진리를 뜻하는 것은 다음 구절로 알 수 있다.

요한복음에,
유대인들이 대답하여 예수께 말하기를 네가 이런 일을 행하니 무슨 표적을 우리에게 보이겠느냐 예수께서 대답하여 이르시되 너희가 이 성전을 헐라 내가 사흘 동안에 일으키리라 유대인들이 이르되 이 성전은 사십육 년 동안에 지었거늘 네가 삼 일 동안에 일으키겠느냐 하더라 그러나 예수는 성전된 자기 육체를 가리켜 말씀하신 것이라 (요 2:18-21)

여기서는 "성전"이 주님의 신적 인성을 뜻한다는 것을 공개적으로 선포하고 있다. 왜냐하면 "성전을 허물고 사흘 만에 일으키는 것"은 주님의 죽음과 매장, 부활을 의미하기 때문이다.

(3) 말라기서에,
만군의 여호와가 이르노라 보라 내가 내 사자를 보내리니 그가 내 앞에서 길을 준비할 것이요 또 너희가 구하는 바 주가 갑자기 그의 성전에 임하시

리니 곧 너희가 사모하는 바 언약의 사자가 임하실 것이라 (말 3:1)

이 말씀에서 "성전"은 주님의 신적 인성을 뜻한다. 왜냐하면 여기서는 주님이 오시는 것을 다루고 있고, 그러므로 "그의 성전에 임하는 것"은 당신의 인성에게로 오시는 것을 뜻하기 때문이다.

(4) 계시록에,

> 성 안에서 내가 성전을 보지 못하였으니 이는 주 하나님 곧 전능하신 이와
>
> 및 어린 양이 그 성전이심이라 (계 21:22)

여기서 다루는 주제는 새 하늘과 새 땅인데, 외적으로가 아니라 내적으로 존재하게 될 새 하늘과 새 땅에 대해서이다. 그렇기 때문에 "성전을 보지 못하였다"고 하고, 주 하나님 곧 전능하신 이와 및 어린 양이라고 말했다. "주 하나님 곧 전능하신 이"는 주님의 신성 그 자체를 뜻하고, "어린 양"은 주님의 신적 인성을 뜻한다. 그러므로 또한 분명한 것은 "성전"은 천국에 있는 주님의 신성을 뜻한다는 것이다.

(5) 이사야서에서,

> 내가 본즉 주께서 높이 들린 보좌에 앉으셨는데 그의 옷자락은 성전에 가
>
> 득하였고 (사 6:1)

주님이 앉으신 "높이 들린 보좌"는 보다 높은 천국에 계신 신성한 진리로서 주님을 뜻한다. 그리고 "주님의 옷자락"은 교회 안에 있는 주님의 신성한 진리를 뜻한다(주님의 "옷자락"이 질서의 끝[12]에 있는 주님의 신성한 진리를 뜻

---

12) 주님에게서 나오는 신성한 진리는 가장 높은 천국인 천적 천국의 천사들이 받아들이는 진리가

하는 것은 『천국의 비밀』 9917번 참고).

주님이 수난을 당하신 후 성소 휘장이 위로부터 아래까지 찢어져 둘이 된
것(마 27:51)은, 주님이 고초를 당하신 후 주님의 신적 인성과 신성이 완전히
하나가 된 것을 뜻한다(『천국의 비밀』 9670번 참고).

(6) 다음 구절에서 "성전"도 주님의 신적 인성을 뜻하며, 동시에 천국과 교
회를 뜻한다.

시편에,
내가 주의 성전을 향하여 예배하며, 주의 이름에 감사하오리니 (시 138:2)

요나서에,
내가 말하기를 내가 주의 목전에서 쫓겨났을지라도 다시 주의 성전을 바라
보겠다 하였나이다, 내 기도가 주께 이르렀사오며 주의 성전에 미쳤나이다
(욘 2:4, 7)

하박국서에,
여호와는 그 성전에 계시니 (합 2:20)

마태복음에,
화 있을진저 눈 먼 인도자여 너희가 말하되 누구든지 성전으로 맹세하면

있고, 그보다 낮은 천국의 천사들이 받는 진리가 있으며 지상의 자연적이고 감각적인 사람들이 받
아들이는 가장 낮은 진리가 있다. 원문에 Divine truth in ultimates란 이러한 질서의 마지막 단계
에서 자연적이고 감각적인 사람들이 받아들이는 진리, 즉 가장 낮은 등차의 진리를 말한다. 따라서
여기서는 질서의 끝에 있는 신성한 진리라고 옮긴다. (역자)

아무 일 없거니와 성전의 금으로 맹세하면 지킬지라 하는도다 어리석은 맹
인들이여 어느 것이 크냐 그 금이냐 그 금을 거룩하게 하는 성전이냐 (마
23:16, 17)

요한복음에,

예수께서 성전에서 파는 사람들에게 이르시되 이것을 여기서 가져가라 내
아버지의 집으로 장사하는 집을 만들지 말라 하시니 제자들이 성경 말씀에
주의 전을 사모하는 열심이 나를 삼키리라 한 것을 기억하더라 (요 2:16, 17)

(7) 이것 말고도 말씀에는 "성전"에 대해 언급한 구절들이 많이 있다. 이 구
절들을 여기서 인용하는 것은 "성전"이 천국과 교회를 뜻하고, 또한 주님에게
서 나오는 신성한 진리를 뜻한다는 것을 알리기 위한 것이다. 그러니까 그것
이 성전을 의미할 뿐 그 이상의 어떤 거룩한 것을 의미하지 않는다는 생각에
매이지 않도록 하려는 것이다. 예루살렘의 성전이 거룩한 까닭은 그것이 거룩
한 것을 표상하고 뜻하기 때문이다. "성전"이 천국을 뜻한다는 것은 다음 시
편의 구절들에서 분명하다.

내가 여호와께 아뢰며 나의 하나님께 부르짖었더니 그가 그의 성전에서 내
소리를 들으셨도다 (시 18:6)

같은 말씀에서,
주의 궁정에서의 한 날이 다른 곳에서의 천 날보다 나은즉 악인의 장막에
사는 것보다 내 하나님의 성전 문지기로 있는 것이 좋사오니 (시 84:10)

같은 말씀에,

의인은 종려나무같이 번성하며 레바논의 백향목 같이 성장하리로다 이
는 여호와의 집에 심겼음이여 우리 하나님의 뜰 안에서 번성하리로다 (시
92:12-13)

같은 말씀에,

내가 여호와께 바라는 한 가지 일 그것을 구하리니 곧 내가 내 평생에 여호
와의 집에 살면서, 그의 성전에서 사모하는 그것이라 (시 27:4)

내가 여호와의 집에 영원히 살리로다 (시 23:6)

요한복음에,

예수께서 말씀하시길 내 아버지 집에 거할 곳이 많도다 (요 14:2)

이 구절들에서 "여호와의 집", "아버지의 집"이 천국을 뜻하는 것은 분명하다.

(8) 다음 구절에서도 교회를 뜻한다.

이사야서에,

우리 조상들이 주를 찬송하던 우리의 거룩하고 아름다운 성전이 불에 탔으
며 (사 64:11)

예레미야서에서,

내가 내 집을 버리며 내 소유를 내던졌나니 (렘 12:7)

학개서에,

내가 모든 나라를 진동시킬 것이며 모든 나라의 보배가 이르리니 내가 이

성전에 영광이 충만하게 하리라, 은도 내 것이요 금도 내 것이니라, 이 성
전의 나중 영광이 이전 영광보다 크리라 (학 2:7-9)

이사야서에,

그가 예루살렘에 대하여는 이르기를 중건되리라 하며 성전에 대하여는 네
기초가 놓여지리라 하는 자니라 (사 44:28)

여기서는 주님이 오시는 것과 새교회가 세워지는 것을 동시에 다룬다. 스가
랴서의 다음 말씀도 같은 뜻이다.

여호와의 집 곧 성전을 건축하려고 그 지대를 쌓던 날에 (슥 8:9)

다니엘서에,

벨사살이 그의 부친 느부갓네살이 예루살렘 성전에서 탈취하여 온 금, 은
그릇을 가져오라고 명하였으니 이는 그들이 그것으로 마시려 함이었더라,
이에 그들이 그것으로 술을 마시고는 그 금, 은, 구리, 쇠, 나무, 돌로 만든
신들을 찬양하니라 그때 벽에 글씨가 나타났더라 (단 5:2-4 끝까지)

"예루살렘 성전에서 가지고 온 금과 은 그릇"은 교회의 선과 진리를 뜻한
다. 그들이 "그것으로 술을 마시고 금, 은, 동, 쇠, 나무, 돌로 만든 신들을 찬
양하는 것"은 그 선과 진리를 모독하는 것을 뜻한다. 그리고 그로 인해 벽에
글씨가 나타나고, 왕은 사람에서 들짐승으로 변했다.

(9) 마태복음에,

제자들이 예수께 성전 건물들을 가리켜 보이려고 나아오니 대답하여 이르

시되 너희가 이 모든 것을 보지 못하느냐 내가 진실로 너희에게 이르노니 돌 하나도 돌 위에 남지 않고 다 무너뜨려지리라 (마 24:1-2, 막 13:1-5, 눅 21:5-7)

"성전의 돌 하나도 돌 위에 남지 않고 다 무너지는 것"은 교회에 속한 것이 완전하게 파괴되고 없어지는 것을 뜻한다("돌"은 교회의 진리를 뜻한다). 의미가 그렇기 때문에 복음서의 이 장들에서는 교회의 연속적인 파멸을 다루고 있다.

계시록에,
천사가 일어나 말하기를 일어나서 하나님의 성전과 제단과 그 안에서 경배 하는 자들을 측량하되 (계 11:1)

여기서도 "성전"은 교회를 뜻하고, "측량하는 것"은 그 특성을 탐구하는 것이다. 새로운 성전과 그 측량(겔 40-47)도 같은 의미이다.

(10) "성전"이 주님에게서 나오는 신성한 진리를 뜻하는 것은 다음 구절들로 분명하다.

에스겔서에,
여호와의 영광이 그룹에서 올라와 성전 문지방에 이르니 구름이 성전에 가 득하며 여호와의 영화로운 광채가 뜰에 가득하였고 (겔 10:4)

여기서 "성전"은 천국과 교회를 뜻하고, "구름"과 "영광"은 신성한 진리를 뜻한다("구름"이 신성한 진리인 것은 앞의 36번을, 그리고 "영광"도 같은 의미라는 것은 33번 참고).

(11) 미가서에,

　많은 이방 사람들이 가며 이르기를 오라 우리가 여호와의 산에 올라가서
　야곱의 하나님의 전에 이르자 그가 그의 도를 가지고 우리에게 가르치실
　것이니라 우리가 그의 길로 행하리라 하리니 이는 율법이 시온에서부터 나
　올 것이요 여호와의 말씀이 예루살렘에서부터 나올 것임이라 (미 4:2)

"여호와의 산"과 "하나님의 전"은 교회를 뜻하고, "시온"과 "예루살렘"도 마
찬가지이다. "그의 도로 가르침을 받고 그의 길로 행하는 것"은 신성한 진리
의 가르침을 받는 것이다. 그렇기 때문에 "율법이 시온에서부터 나올 것이요
여호와의 말씀이 예루살렘에서부터 나올 것임이라"고 했다.

(12) 이사야서에,

　떠드는 소리가 성읍에서부터 들려 오며 목소리가 성전에서부터 들리니 이
　는 여호와의 목소리로다 (사 66:6)

"성읍"은 진리에 속한 교리를 뜻하고, "성전"은 교회를, "성전에서 들리는
여호와의 목소리는 신성한 진리를 뜻한다.

계시록에,

　큰 음성이 성전에서 보좌로부터 나서 이르되 (계 16:17)

여기서도 마찬가지로 "음성"은 신성한 진리를 뜻한다.

하늘에 있는 하나님의 성전이 열리니 성전 안에 하나님의 언약궤가 보이며
또 번개와 음성들과 우레가 있더라 (계 11:19)

말씀에서 "번개"와 "음성들"과 "우레"는 천국으로부터 오는 신성한 진리를
뜻한다(『천국의 비밀』 7573, 8914번 참고).

하늘에 증거 장막의 성전이 열리며 일곱 재앙을 가진 일곱 천사가 성전으
로부터 나오며, 하나님의 영광과 능력으로 말미암아 성전에 연기가 가득
차매 (계 15:5-6, 8)

여기서 일곱 천사가 하늘에 있는 성전으로부터 나온다고 말하는 것은 "천
사"는 신성한 진리를 나타내기 때문이다(앞의 130, 200번 참고). "하나님의
영광으로 인한 연기"가 무슨 뜻인지는 앞으로 이 말씀을 설명할 때 밝히겠다.
특히 알아야 할 것은 솔로몬의 성전과 레바논 나무로 지은 왕궁과 그것에 속
한 하나하나의 것들은 교회와 천국에 속한 영적, 천적인 것들을 뜻한다는 것
이다.

221

"그가 결코 다시 나가지 아니하리라"는 그들이 그 안에 영원히 있을 것이란
뜻이다. 이것이 분명한 것은 ("하나님의 성전"으로 표상된) 천국과 그곳의 신
성한 진리에 대해 말할 때, "다시 나가지 않는다는 것"은 그들이 그 안에 영원
히 있을 것이란 뜻이기 때문이다.

(1) "내가 하나님의 이름을 그이 위에 기록하리라"는 그들의 생명 속에 심어진 신성한 진리의 특성을 뜻한다. 이것이 분명한 것은 주님이 "사람 위에 기록하시는 것"은 생명 속에 심는 것을 뜻하고(이것에 대해 곧 말하겠다), "이름"은 상태의 특성을 뜻하며(앞의 148번 참고), 또한 "하나님"은 천국의 주님에게서 나오는 신성한 진리를 뜻하고, 그러므로 천국에 계신 주님을 뜻하기 때문이다(이것에 대해서는 앞의 220번 참고). 왜냐하면 주님은 천국들 위에서 천국에 있는 사람들에게 태양으로 나타나시기 때문이다(이것은 저서 『천국과 지옥』116-125번 참고). 말씀에서 하나님은 그 태양에서 나오는 신성을 뜻한다. 그리고 그것이 신성한 진리라 불리고 일반적으로나 개별적으로 천국을 만드는 그 신성이다. 그 때문에 천사들을 "하나님들"이라 부르고, 히브리어로 "하나님"을 복수인 엘로힘이라 부르는 것이다. 이것으로 여기서 주님이 왜 "내 하나님의 이름"이라고 하셨으며, 또 앞에서는 왜 "내가 그를 내 하나님의 성전에 기둥이 되게 한다"고 하셨는지(219번), 그리고 뒤에 "내가 하나님의 성 곧 하늘에서 내 하나님께로부터 내려오는 새 예루살렘의 이름을 그이 위에 기록하리라"고 말씀하셨는지(223번) 그 이유를 분명히 알 수 있다.

(2) "사람 위에 기록하는 것"이 생명에 심는 것을 뜻하는 이유는, 기록하는 것은 보존해야 할 어떤 것을 기억이나 생각, 또는 마음으로부터 종이에 옮기는 것이기 때문이다. 그러므로 영적 의미로 그것은 사람의 생명에 새겨지고, 심어진 상태로 계속 남는 것을 뜻한다. 그렇게 해서 이 말씀의 자연적 의미는 영적 의미로 바뀐다. 왜냐하면 종이나 책에 기록하는 것은 자연적이지만, 어떤 것이 믿음과 사랑 안에 심어지고 그렇게 해서 생명에 새겨지는 것은 영적

이기 때문이다. 사랑과 믿음이 사람의 영적 생명을 만들기 때문이다. "기록하는 것"이 사람의 생명에 심는 것을 뜻하기 때문에, 여호와 또는 주님에 대해 "그가 기록한다", "그가 책에 기록했다"고 말할 때는 주님이 사람의 영에, 마음과 혼에 새기는 것이고, 그리하여 그의 사랑과 믿음에 새기시는 것을 뜻한다.

그러므로 시편에는,

내가 은밀한 데서 지음을 받은 때에 나의 형체가 주의 앞에 숨겨지지 못하였나이다, 나를 위하여 정한 날이 하루도 되기 전에 주의 책에 다 기록이 되었나이다 (시 139:15-16)

그들을 생명책에서 지우사 의인들과 함께 기록되지 말게 하소서 (시 69:28)

다니엘서에,

네 백성 중 책에 기록된 모든 자가 구원을 받을 것이라 (단 12:1)

출애굽기에,

원하건대 주께서 기록하신 책에서 내 이름을 지워 버려 주옵소서 여호와께서 모세에게 이르시되 누구든지 내게 범죄하면 내가 내 책에서 그를 지워 버리리라 (출 32:32-33)

계시록에,

안팎으로 기록한 책이 있고 일곱 인으로 봉하였는데 어린 양 밖에는 아무도 능히 열 자가 없더라 (계 5:1)

어린 양의 생명책에 창세 이후로 이름이 기록되지 못한 자들은 다 그 짐승에게 경배하리라 (계 13:8, 17:8)

내가 보니 책들이 펴 있고 또 다른 책이 펴졌으니 곧 생명책이라 죽은 자들

이 자기 행위를 따라 책들에 기록된 대로 심판을 받으니, 누구든지 생명책
에 기록되지 못한 자는 불못에 던져지더라 (계 20:15)
오직 어린 양의 생명책에 기록된 자들만 새예루살렘에 들어가리라 (계
21:27)

이 구절들이 의미하는 것은 그들이 책에 기록되었다는 것이 아니라 믿음과
사랑에 관한 모든 것들이 사람의 영에 새겨진다는 뜻이다(이것에 대해 저서
『천국과 지옥』461-469번에서 밝힌 바 있다).

(3) 말씀에서 "기록하는 것"이 생명 안에 심는 것이고 새기는 것이라는 것은
"기록한다"는 말이 언급된 다른 구절들을 보면 분명히 알 수 있다.

예레미야서에,
내가 나의 법을 그들의 속에 두며 그들의 마음에 기록할 것이라 (렘 31:33)

"그들 속에 법을 두는 것"은 그들 안에 신성한 진리가 있는 것을 뜻하고,
"속에"는 사람의 내면을 뜻한다(『천국의 비밀』1074, 2940, 2973번 참고). "마
음에 기록하는 것"은 사랑 위에 표를 남기는 것이다. 왜냐하면 "마음"은 사랑
을 뜻하기 때문이다(『천국의 비밀』7542, 9050, 10336번 참고).

에스겔서에,
선지자가 보니 두루마리 책이 있고, 그 안팎에 글이 있는데 그 위에 애가와
애곡과 재앙의 말이 기록되었더라(겔 2:9, 10, 3:1-3)

"안팎에 글이 있는 두루마리 책"은 그때 교회의 상태를 뜻하며, 그러므로

교회의 사람들의 생명의 상태를 뜻한다. 그러므로 "두루마리 책"은 앞에서 말한 "생명책"과 같은 뜻을 가진다. 그리고 그들의 생명에 사랑의 선과 신앙의 진리가 없기 때문에 "그 위에 애가와 애곡과 재앙의 말이 기록되었다"고 말하는 것이다.

하나님이 당신의 손가락으로 친히 돌판 위에 율법을 기록하고 새기신 것은 (출 31:18, 신 4:13; 9:10) 그 법은 반드시 생명에 새겨져야 하는 것을 뜻한다(『천국의 비밀』 9416번 참고). 왜냐하면 "율법"은 엄격한 의미에서 십계명을 뜻하지만 넓은 의미로는 말씀 전체를 뜻하기 때문이다(『천국의 비밀』 6752, 7463번 참고). 그리고 "돌"은 진리, 즉 여기서는 신성한 진리를 뜻한다(『천국의 비밀』 643, 1298, 3720, 6426, 8609, 10376번 참고). 다음 말씀도 같은 뜻이다.

> 그들이 율법의 모든 말씀을 요단에서 가지고 온 열두 개의 돌 위에 기록한 것(신 27:2-4, 8, 수 4:3 이하 끝까지)

(4) 에스겔서에,

> 인자야 너는 막대기 하나를 가져다가 그 위에 유다와 그 짝 이스라엘 자손이라 쓰고 또 다른 막대기 하나를 가지고 그 위에 에브라임의 막대기 곧 요셉과 그 짝 이스라엘 온 족속이라 쓰고 그 막대기들을 서로 합하여 하나가 되게 하라 네 손에서 둘이 하나가 되리라 (겔 37:16, 17)

"유다"와 "요셉"이 의미하는 바가 무엇인지 모르는 사람이면 아무도 이 말씀의 의미를 알 수 없다. "유다"는 주님의 천적 천국을 뜻하고, "요셉"은 주님의 영적 천국을 뜻한다. 그리고 "두 막대기 위에 쓰는 것"은 각 사람의 사랑의 상태와 사랑에서 비롯한 생명의 상태를 뜻한다. "막대기들을 합하여 하나가 되게 하여 내 손에서 둘이 하나가 되는 것"은 그것들이 합쳐져 하나의 천국이 되는 것을 뜻한다. 다음 주님의 말씀도 같은 의미이다.

> 이 우리에 들지 아니한 다른 양들이 내게 있어 내가 인도하여야 할 터이니
> 그들도 한 무리가 되어 한 목자에게 있으리라 (요 10:16)

막대기 위에 쓰는 이유는 "막대기(나무)"는 선을 뜻하며, 선은 결합하게 하는 것이기 때문이다(『천국의 비밀』을 보면 이것이 더욱 분명하다. 즉 주님이 오시기 전의 영적 천국이 주님이 오신 다음의 그것과 같지 않다는 것은 6372, 8054번, 특히 주님이 세상에 오심으로 해서 구원받는 사람들은 영적인 사람들이며, 그들이 주님의 천적 천국의 사람들과 더불어 하나의 천국을 이룬다는 것은 2661, 2716, 2833, 2834, 3969, 6854, 6914, 7035, 7091, 7828, 7932, 8018, 8159, 8321, 9684번 참고, 영적, 천적 두 개의 천국이 있는 것과, 또한 세 개의 천국이 있으며 이들이 합하여 하나의 천국을 이루는 것은 『천국과 지옥』 20-28, 29-40번 참고, "유다"가 표징적인 의미로 천적 천국을 뜻하는 것은 『천국의 비밀』 3654, 3881, 5583, 5603, 5782, 6363번, "요셉"이 주님의 영적 천국을 뜻하는 것은 3969, 3971, 4669, 6417번, "에브라임"이 영적 교회의 지성을 뜻하는 것은 3969, 5354, 6222, 6234, 6238, 6267, 6296번, "나무"가 사랑에서 비롯한 선을 뜻하는 것은 643, 3720, 8354번 참고).

(5) 이사야서에,

> 한 사람은 이르기를 나는 여호와께 속하였다 할 것이며 또 한 사람은 야곱
> 의 이름으로 자기를 부를 것이며 또 다른 사람은 자기가 여호와께 속하였
> 음을 그의 손으로 기록하고 이스라엘의 이름으로 존귀히 여김을 받으리라

(사 44:5)

이 말씀에서는 주님과 주님의 신적 인성에 대해 말하고 있다. 주님에 대해
말하는 곳에서 "야곱"과 "이스라엘"이라 하는 것은 그분의 인성을 뜻한다. 그
리고 "한 사람은 나는 여호와께 속하였다 하고, 또 한 사람은 자기가 여호와
께 속하였음을 그의 손으로 기록한다"고 하는 것은 그 인성이 곧 여호와라는
뜻이다("이스라엘"과 "야곱"이 가장 높은 의미로 주님을 뜻하는 것은 『천국의
비밀』 4286, 4570, 6424번 참고).

(6) 예레미야서에,

> 이스라엘의 소망이신 여호와여 무릇 주를 버리는 자는 다 수치를 당할 것
> 이라 무릇 여호와를 떠나는 자는 흙에 기록이 되오리니 이는 생수의 근원
> 이신 여호와를 버림이니이다 여호와여 나를 고치소서 그리하시면 내가 낫
> 겠나이다 (렘 17:13, 14)

"흙에 기록하는 것"은 생명의 상태에 따라 정죄 받는 것을 뜻한다. 그 이유
는 "땅"은 정죄 받는 것을 뜻하기 때문이다(『천국의 비밀』 2327, 7418, 8306
번 참고).

(7) 이것으로 요한복음에서 주님이 왜 손가락으로 흙에 쓰셨는지 그 의미를
분명히 알 수 있다.

> 서기관들과 바리새인들이 성전에 계신 예수께 음행중에 잡힌 여자를 끌고
> 와서 말하되 선생이여 이 여자가 간음하다가 현장에서 잡혔나이다 모세는
> 율법에 이러한 여자를 돌로 치라 명하였나이다, 예수께서 몸을 굽히사 손

가락으로 땅에 쓰시고, 일어나 이르시되 너희 중에 죄 없는 자가 먼저 돌로
치라 하시고 다시 몸을 굽혀 손가락으로 땅에 쓰시니 그들이 이 말씀을 듣
고, 하나씩 하나씩 나가고 오직 예수와 그 가운데 섰는 여자만 남았더라 예
수께서 일어나사, 여자여 너를 고발하던 그들이 어디 있느냐 너를 정죄한
자가 없느냐, 예수께서 이르시되, 가서 다시는 죄를 범하지 말라 하시니라
(요 8:2-11)

주님이 "땅에 쓰시는 것"은 앞의 예레미야서에서 "주를 떠나는 자는 흙에
기록되리니"라고 한 말씀의 의미와 같은 뜻이다. 즉 그들 또한 간음으로 인해
정죄 받을 것이란 뜻이다. 그러므로 주님은 "너희 중에 죄 없는 자가 먼저 그
녀를 돌로 치라"고 말씀하셨다. 주님이 성전에서 "두 번 땅에 쓰신 것"은 그들
의 영적 간음을 정죄하시는 것을 뜻한다. 왜냐하면 서기관과 바리새인들은 선
을 악과 섞고 말씀과 교회의 진리를 거짓으로 만든 자들이기 때문이다. 그리
고 영적 의미로 "간음"은 선을 악과 섞고 진리를 거짓으로 만드는 것이기 때
문이다(앞의 141, 161번 참고). 그러므로 주님은 그 나라를 향해 "음란하고 죄
많은 세대"(막 8:38)라고 부르셨다.

223

(1) "하나님의 성 곧 하늘에서 내 하나님께로부터 내려오는 새 예루살렘의
이름"은 천국에 있는 새 교회의 교리를 뜻한다. 이것이 분명한 것은 "내 하나
님의 성"은 신성한 진리에서 비롯한 교리를 뜻하고(이것에 대해 곧 말하겠다),
"새 예루살렘"은 교리의 측면에서 교회를 뜻하며(저서『새예루살렘의 교리』6

번 참고), 또한 "하늘에서 내 하나님께로부터 내려오는"은 천국의 신성한 진리로부터 나오는 것을 뜻하기 때문이다. 말씀에서 "하나님"이 신성한 진리를 뜻하는 것은 앞의 내용을(220, 222번) 참고하기 바란다. 그리고 천국 안에 있고, 천국으로부터 내려오는 신성한 진리는 오직 주님에게서 나오는 것이기 때문에, 주님은 그것을 내 하나님이라고 부르신다. "내 하나님의 성"이 신성한 진리에서 비롯한 교리를 뜻한다는 건 처음에는 생소하게 느껴질 수 있다. 왜냐하면 "성"을 말할 때 마음속으로 교리를 생각하거나, "땅"을 말할 때 교회를 생각하는 것이 쉬운 일은 아니기 때문이다. 그럼에도 말씀에서 "성"은 영적의미로는 교리 아닌 어떤 것도 뜻하지 않는다. 그러므로 성이라는 관념은 그냥 자연적인 것이고, 교리라는 관념이 영적인 것이다. 천사들은 영적이기 때문에 성이라고 하면 오직 그곳 사람들이 믿는 교리를 생각하며, 땅이라고 하면 그곳 사람들의 교회 또는 종교를 생각할 뿐 다른 것은 생각하지 못한다. 그이유는 천국을 분할하고 있는 사회들은 대부분 성(공동체) 모양을 하고 있고, 선 안에 신성한 진리를 받아들이는 데 따라 모양이 모두 다르기 때문이다. 그러므로 "성"을 말할 때 천사들은 진리에 속한 교리를 생각한다(천국이 사랑의 선과 믿음의 차이에 따라 여러 사회로 나뉘는 것은 저서『천국과 지옥』41-50번, 그리고 그들의 주거가 성의 형태로 배치되어 있다는 것은 184번 참고).

(2) "성"이 교리를 뜻하는 것은 말씀의 여러 구절에서 볼 수 있다. 그 가운데 몇 구절만 인용하면 다음과 같다.

예레미야서에,
　보라 내가 오늘 너를 그 온 땅 앞에 견고한 성읍이 되게 하리라 (렘 1:18)

선지자에게 이렇게 말한 것은 말씀에서 "선지자"는 진리를 가르치는 사람이고, 추상적 의미로는 진리에 속한 교리를 뜻하기 때문이다. "선지자"의 뜻이 그러하므로, "내가 너를 견고한 성읍이 되게 하리라"고 그에게 말했고, 그 의미는 진리의 교리가 거짓을 막아 내는 것을 뜻한다(말씀에서 "선지자"가 진리를 가르치는 사람을 뜻하고, 추상적인 의미로 진리에 속한 교리를 뜻하는 것은 『천국의 비밀』 2534, 7269번 참고).

같은 말씀에,

> 영광의 면류관이 내려졌다 하라 남방의 성읍들이 봉쇄되었도다 (렘 13:18-19)

여기서는 진리의 변질을 말한다. 그러므로 "영광의 면류관이 내려지는 것"은 지성이 쇠하는 것을 뜻하며, "남방의 성읍들이 봉쇄되었도다"는 교리에 관한 모든 진리가 닫히는 것과 그렇지 않았다면 그 진리들이 빛 안에 있었을 것이란 뜻이다("면류관"이 지성과 지혜를 뜻하는 것은 앞의 126, 218번, "남방"이 빛의 상태를 뜻하는 것은 저서 『천국과 지옥』 148, 149, 151번 참고).

(3) 이사야서에,

> 주는 기사를 옛적에 정하신 뜻대로 성실함과 진실함으로 행하셨음이라 주께서 성읍을 돌무더기로 만드시며 견고한 성읍을 황폐하게 하시며 외인의 궁성을 성읍이 되지 못하게 하사 영원히 건설되지 못하게 하셨으므로 강한 민족이 주를 영화롭게 하며 포학한 나라들의 성읍이 주를 경외하리이다 (사 25:1-3)

여기서는 이전 교회가 무너지고 새 교회가 세워지는 것을 말하고 있다. "주께서 성읍을 돌무더기로 만드시며 견고한 성읍을 황폐하게 하시며 외인의 궁성을 성읍이 되지 못하게 하사"는 교회가 교리의 면에서 황폐하게 되는 것을 뜻하며, "강한 민족이 주를 영화롭게 하며 포학한 나라들의 성읍이 주를 경외하리이다"는 교리의 측면에서 새 교회가 세워지는 것을 뜻한다.

같은 말씀에,

그날에 유다 땅에서 이 노래를 부르리라 우리에게 견고한 성읍이 있음이여 여호와께서 구원을 성벽과 외벽으로 삼으시리로다 너희는 문들을 열고 신의를 지키는 의로운 나라가 들어오게 할지어다 (사 26:1-2)

여기서 "견고한 성읍"은 거짓들이 파괴할 수 없는 진정한 진리의 교리를 뜻한다. "성벽과 외벽"은 막는 진리를 뜻하고, "문들"은 입장을 허락하는 것을 (앞의 208번 참고), "신의를 지키는 의로운 나라"는 선과 선으로부터 진리 안에 있는 사람들을 뜻한다.

(4) 같은 말씀에,

너 아침의 아들 계명성이여 어찌 그리 하늘에서 떨어졌으며, 어찌 그리 땅에 찍혔는고 세계를 황무하게 하며 성읍을 파괴하며, 그의 자손 도륙하기를 준비하여 그들이 일어나 땅을 차지하여 성읍들로 세상을 가득하게 하지 못하게 하라 (사 14:12, 17, 21)

여기서 "계명성"은 교회의 교리에 관한 모든 진리가 거짓으로 변하거나 혹은 절멸된 곳, 바빌론을 뜻한다. "그가 세계를 황무하게 하고 성읍을 파괴하며"는 이 일이 교회와 교회의 교리에 일어난 것을 뜻한다. "그의 자손 도륙하기를 준비하여 그들이 일어나지 못하게 하는 것"은 그 거짓들이 파괴되어야 함을 뜻한다. "땅을 차지하지 못하게 하고 성읍들로 세상을 가득하게 하지 못하게 하는 것"은 교회와 교리가 반드시 거기 있어야 하는 것을 뜻한다.

계시록에,

> 큰 성이 세 갈래로 갈라지고 만국의 성들도 무너지니 (계 16:18-19)

여기서도 바빌론에 대해 말하는데, "세 갈래로 갈라진 성"은 그곳의 거짓 교리를 뜻하고, "무너진 만국의 성"은 그것에서 비롯한 악한 교리를 뜻한다.

(5) 시편에,

> 여호와의 속량을 받은 자들은, 그들이 광야 사막 길에서 방황하며 거주할 성읍을 찾지 못하고 주리고 목이 말라 그들의 영혼이 그들 안에서 피곤하였도다 또 바른 길로 인도하사 거주할 성읍에 이르게 하셨도다 (시 107:2, 4-5, 7)

"광야 사막 길에서 방황하는 것"은 진리와 선에 관한 지식이 부족한 상태를 뜻한다. "거주할 성읍을 찾지 못하는 것"은 그들이 지키며 살아야 할 진리의 교리를 찾지 못하는 것을 뜻한다. 또 "주리고 목 마른 자"는 선과 진리를 알기를 원하는 사람들을 뜻하고, "그들을 바른 길로 인도하사 거주할 성읍에 이르게 하셨도다"는 그들을 진정한 진리와 삶의 교리 안으로 인도하시는 것을 뜻한다.

이사야서에,

> 내가 이르되 주여 어느 때까지니이까 하였더니 주께서 대답하시되 성읍들은 황폐하여 주민이 없으며 가옥들에는 사람이 없고 이 토지는 황폐하게 되며 (사 6:11)

여기서는 교회가 완전하게 파멸된 것을 말한다. "성읍"은 교리에 관한 진리이고, "가옥"은 그것에서 비롯한 선이며, "땅"은 교회를 뜻한다.

(6) 같은 말씀에,
땅이 온전히 공허하게 되고 온전히 황무하게 되리라, 땅이 또한 그 주민 아
래서 더럽게 되었으며, 약탈을 당한 성읍이 허물어지고 집마다 닫혔도다,
포도주가 없으므로 거리에서 부르짖으며, 성읍이 황무하고 성문이 파괴되
었느니라 (사 24:3-5, 10-12)

여기서도 교회의 파멸에 대해 말한다. "공허하고, 황무하고, 더럽혀졌다는
땅"은 교회를 뜻한다. "성읍"은 교리에 관한 진리를, "집"은 그 진리에 속한 선
을 뜻하고, "포도주로 인해 거리에서 부르짖는 것"은 거짓으로 변한 교리의
진리와 그것을 둘러싼 논쟁과 성냄을 뜻한다.

(7) 스바냐서에,
내가 여러 나라를 끊어 버렸고, 내가 그들의 거리를 비게 하였으므로 그들
의 모든 성읍이 황폐하며 (습 3:6)

여기서 "여러 나라"는 악 안에 있는 사람들이다. "거리를 비게 하는 것"은
진리가 없어지는 것이고, "성읍이 황폐하게 되는 것"은 교리가 황폐해지는 것
을 뜻한다.

예레미야서에,
사자가 그 수풀에서 올라와, 네 땅을 황폐하게 하고, 네 성읍들이 황폐하리
니, 내가 본즉 좋은 땅이 황무지가 되었으며 그 모든 성읍이 무너졌으니,
이로 말미암아 땅이 슬퍼할 것이며, 기병과 활 쏘는 자의 함성으로 말미암

아 모든 성읍 사람들이 도망하며, 각 성읍이 버림을 당하여 거기 사는 사람
이 없나니 (렘 4:7, 26-29)

"수풀에서 올라오는 사자"는 악에서 비롯한 거짓을 뜻하고, "땅"은 교회
를 뜻하며, "성읍"은 교리에 관한 진리를 뜻한다. "좋은 땅"은 영적 교회이며,
"성읍 사람들을 도망하게" 하는 "기병과 활 쏘는 자의 함성"은 거짓을 근거로
한 추론과 논쟁을 뜻한다.

(8) 같은 말씀에,
파멸하는 자가 각 성읍에 이를 것인즉 한 성읍도 면하지 못할 것이며 골짜
기가 멸망하며 평지는 파멸될 것이라 (렘 48:8)

이 말씀은 교회가 완전하게 파괴되어 교리에 관한 진리가 하나도 남아 있지
않은 것을 뜻한다.

같은 말씀에,
보라 물이 북쪽에서 일어나 물결치는 시내를 이루어 그 땅과 그 성읍과 거
기에 사는 자들을 휩쓸리니 (렘 47:2)

"물결치는 시내" 또한 파멸을 뜻한다.

같은 말씀에,
너희가 만일 삼가 안식일을 거룩히 하여 왕들과 고관들이 병거와 말을 타
고 이 성문으로 들어오면 이 성은 영원히 있을 것이며 (렘 17:24-25)

영적 의미로 "안식일을 거룩히 하여"는 주님의 신적 인성을 인정하는 것이고, 또한 주님과 천국, 주님과 교회의 결합을 경건하게 인정하는 것을 뜻한다. "성문을 통해 들어오는 왕과 고관들"은 교회의 진리를 뜻하고, "그들이 병거와 말을 타는 것"은 그들이 교리에 관한 진리와 지성 안에 있게 될 것을 뜻한다. "예루살렘 성"은 교리의 측면에서 교회를 뜻한다. 이러한 것들이 이 말씀의 영적 의미이며, 그러므로 천국에서 통하는 의미이다.

(9) 스가랴서에,

여호와가 이같이 말하노라 내가 시온에 돌아와 예루살렘 가운데에 거하리

니 예루살렘은 진리의 성읍이라 일컫겠고, 그 성읍 거리에 소년과 소녀들

이 가득하여 거기에서 뛰놀리라 (슥 8:3-5)

여기서 "시온"은 시온을 뜻하지 않고, "예루살렘" 또한 예루살렘을 뜻하지 않는다. "시온"은 천적 교회를, "예루살렘"은 진리에 속한 교리로서 교회를 뜻한다. 그러므로 그것을 "진리의 성읍"이라고 불렀다. "성읍 거리"는 교리에 관한 진리를 뜻하며 "거리에 뛰노는 소년과 소녀들"은 진리와 선에 대한 애정을 뜻한다("시온"이 천적 교회를 뜻하는 것은 『천국의 비밀』 2362, 9055번, "예루살렘"이 교리로서 교회를 뜻하는 것은 402, 3654, 9166번과 저서 『새예루살렘의 교리』 6번, "거리"가 교리에 관한 진리를 뜻하는 것은 2336번, "소년과 소녀들"이 진리와 선에 대한 순진한 애정을 뜻하는 것은 3067, 3110, 3179, 5236, 6742번, "뛰노는 것"이 내적인 기쁨에 속한 것, 즉 선과 진리에 대한 애정을 뜻하는 것은 10416번 참고).

(10) "시온"은 천적 교회를 뜻하며, "예루살렘"은 진리에 속한 교리로서 교회를 뜻하기 때문에, 시온을 "여호와의 성읍"이라고 하고, "예루살렘"은 "거룩

한 성읍", "하나님의 성읍", "큰 왕의 성읍"이라고 불렀다.

이사야서에,

그들이 너를 일컬어 여호와의 성읍이라, 이스라엘의 거룩한 이의 시온이라
하리라 (사 60:14)

에스겔서에,

선지자가 높은 산 위에서 보니 거기에서 남으로 향하여 성읍 형상 같은 것
이 있고, 한 천사가 담과 문과 방들과 현관을 측량하더라, 그 성읍의 이름
을 여호와 삼마라 하리라 (에스겔서 40:1에서 끝까지, 48:35)

이사야서에,

여호와께서 땅 끝까지 선포하시되 너희는 딸 시온에게 이르라 보라 네 구
원이 이르렀느니라 사람들이 너를 일컬어 찾은 바 된 성읍이라 하리라 (사
62:11-12)

시편에,

우리가 들은 대로 만군의 여호와의 성 우리 하나님의 성에서 보았나니 하
나님이 이를 영원히 견고하게 하시리로다 (시편 48:8)

(천적 교회가 무엇이고, 영적 교회가 무엇인지는 저서 『천국과 지옥』 20-28
번 참고) 이 두 성을 "거룩한 성"이라고 부른다.

이사야서에,

거룩한 성읍들이 광야가 되었으며 시온이 광야가 되었으며 예루살렘이 황

폐하였나이다 (사 64:10)

예루살렘을 특별히 "거룩한 성"이라고 불렀다.

계시록에,

이방인들이 거룩한 성을 짓밟으리라 (계 11:2)

내가 보매 거룩한 성이 하나님께로부터 하늘에서 내려오니 (계 21:2)

마태복음에,

마귀가 예수를 거룩한 성으로 데려다가 (마 4:5)

그들이 무덤에서 나와서 거룩한 성에 들어가니라 (마 27:53)

(11) 예루살렘을 "거룩한 성"이라고 부르는 이유는, 그것이 진리에 속한 교리로서 교회를 뜻하며, 또한 주님에게서 나오는 신성한 진리를 "거룩하다"고 하기 때문이다(『천국의 비밀』 6788, 8302, 9229, 9820, 10361번 참고). 이러한 표징과 의미가 아니면 그 성은 전혀 거룩하지 않으며 오히려 불경한 곳이라는 것은 주님이 그곳에서 쫓겨나셨고 십자가를 지신 것으로 분명하다. 그런 까닭에 그 성은 또한 "소돔과 애굽"이라고 불렸다(계 11:8). 그러나 그것이 진리에 속한 교리로서 교회를 나타냈기 때문에 "거룩한 성"이라고 불렸고, 뿐만 아니라 "하나님의 성", "큰 왕의 성"이라고 불렸다.

그러므로 시편에,

한 시내가 있어 하나님의 성 곧 지존하신 이의 성소를 기쁘게 하도다 하나

님이 그 성 중에 계시매 (시 46:4-5)

같은 말씀에,

여호와는 우리 하나님의 성에서 위대하시며 큰 왕의 성에서 찬양 받으시리
로다 (시 48:1-2)

마태복음에,

땅으로도 하지 말라 이는 하나님의 발등상임이요 예루살렘으로도 하지 말
라 이는 큰 임금의 성임이요 (마 5:35)

예루살렘을 "하나님의 성"이라고 부르는 이유는 구약 말씀에서 "하나님"은
주님에게서 나오는 신성한 진리를 뜻하기 때문이다(앞의 220, 222번 참고).
그리고 "큰 왕의 성"이라고 부르는 이유는 "왕" 또한 주님에 대해 말할 때는
당신에게서 나오는 신성한 진리를 뜻하기 때문이다(앞의 31번 참고). 그런 까
닭에 예루살렘을 "진리의 성읍"이라고 부른다(슥 8:3).

(12) 이사야서에,

네 구속자요 모태에서 너를 지은 나 여호와가 이같이 말하노라, 나는 헛된
말을 하는 자들의 징표를 폐하며, 지혜로운 자들을 물리쳐 그들의 지식을
어리석게 하며, 예루살렘에 대하여는 이르기를 거기에 사람이 살리라 하며
유다 성읍들에 대하여는 중건될 것이라 내가 그 황폐한 곳들을 복구시키리
라 하며 (사 44:24-26)

이것은 자아의 지성으로부터 교리를 소유하는 교회를 폐기하고 주님으로
부터 교리를 소유하는 새교회가 세워지는 것을 말한다. "나는 헛된 말을 하
는 자들의 징표를 폐하며 지혜로운 자들을 물리쳐 그들의 지식을 어리석게 하
며"는 자아의 지성으로부터 생겨난 교리를 뜻하며, "예루살렘에 대하여는 이

르기를 거기에 사람이 살리라 하며 유다 성읍들에 대하여는 중건될 것이라고” 하는 것은 주님에게서 받는 교리를 뜻한다.

(13) 예레미야서에,

> 너는 그들이 유다 성읍들과 예루살렘 거리에서 행하는 일을 보지 못하느냐 내가 유다 성읍들과 예루살렘 거리에 기뻐하는 소리, 즐거워하는 소리, 신랑의 소리, 신부의 소리가 끊어지게 하리니 땅이 황폐하리라 (렘 7:17, 34)

여기서도 “유다의 성읍과 예루살렘의 거리”는 교리에 관한 진리를 뜻한다. “기뻐하는 소리와 즐거워하는 소리”는 선과 진리의 애정에서 비롯한 기쁨을 뜻하고, “신랑의 소리와 신부의 소리”는 그 애정 자체를 뜻한다. 그리고 “땅이 황폐하리라”는 그러한 것들이 그치는 것을 뜻한다. “땅”은 교회를 말한다.

(14) 이사야서에,

> 내가 애굽인을 격동하여 애굽인을 치리니 그들이 각기 형제를 치며 각기 이웃을 칠 것이요 성읍이 성읍을 치며 나라가 나라를 칠 것이며 그날에 애굽 땅에 가나안 방언을 말하며 만군의 여호와를 가리켜 맹세하는 다섯 성읍이 있을 것이며, 그날에 애굽 땅 중앙에는 여호와를 위하여 제단이 있을 것이요 (사 19:2, 18-19)

“애굽인”은 자연적 사람과 그 지식을 뜻한다. “그들이 각기 형제를 치며 각기 이웃을 칠 것이요”는 선과 진리를 대적하는 것을 뜻한다. “성읍이 성읍을 치며 나라가 나라를 칠 것이며”는 교리끼리, 그리고 교회끼리 서로 싸우는 것을 뜻한다. “그날에”는 주님이 오시는 것과 그때 자연적인 사람과 참된 지식 안에 있는 사람들의 상태를 뜻한다. “애굽 땅에서 가나안의 방언을 말하는 다섯 성읍"은 교회의 진정한 진리인 교리에 관한 진리가 풍부한 것을 뜻한다.
"다섯"은 많은 것 또는 풍부한 것을 뜻하며, "성읍"은 교리에 관한 진리를, "가
나안의 방언"은 교회의 진정한 진리를 뜻한다. 여기서 "여호와를 위한 제단"
은 사랑의 선으로 드리는 예배를 뜻한다.

(15) 같은 말씀에,

대로가 황폐하여 행인이 끊어지며 대적이 성읍들을 멸시하며 사람을 생각
하지 아니하며 땅이 슬퍼하고 쇠잔하며 레바논은 마르는도다 (사 33:8-9)

"황폐한 대로와 행인이 끊어진 길"은 천국으로 이끄는 진리, 즉 교회의 진
리이다. "성읍을 멸시하는 것"은 교리에 관한 진리를 거부하는 것을, "사람을
생각하지 않는 것"은 진리와 선을 존중하지 않는 것이다. "슬퍼하고 쇠잔한
땅"은 선의 측면에서 교회를 말하고, "마르는 레바논"은 진리의 측면에서 교
회를 말한다.

(16) 같은 말씀에,

잉태하지 못하며 출산하지 못한 너는 노래할지어다, 이는 홀로 된 여인의
자식이 남편 있는 자의 자식보다 많음이라, 네 장막터를 넓히라, 이는 네
자손은 열방을 얻으며 황폐한 성읍들을 사람 살 곳이 되게 할 것임이라 (사
54:1-3)

"잉태하지 못하며 출산하지 못한 자"는 "아직 말씀의 진리를 소유하지 못한
민족을 뜻한다. "홀로 된 여인의 자식"은 이들이 받아들일 진리를 뜻하고, "남편
있는 자의 자식"은 교회 안의 사람들이 가진 진리를 뜻한다. "장막터를 넓히는
것"은 그들의 예배가 선에서 비롯한 예배라는 뜻이다. "자손이 물려받을 열방"

은 선을 뜻하고, "사람들이 살게 될 성읍"은 그 선에서 비롯한 교리를 뜻한다.

(17) 예레미야서에,

내가 모든 복을 그들에게 내리리라, 유다 성읍들과 산지의 성읍들과 저지
대의 성읍들과 네겝의 성읍들에 있는 밭을 은으로 사고 증서를 기록하리라
(렘 32:42, 44, 33:13)

이것은 선 안에 있고, 선으로부터 진리 안에 있는 교회의 사람들에 대해 말
한 것이다. 즉 "은으로 밭을 사는 것"은 진리를 통해 스스로 교회의 선을 획득
하는 것이고, "증서를 기록하는 것"은 생명에 심는 것을 뜻하며, "유다의 성읍
들"과 "산지의 성읍들"은 주님의 천적 천국에 속한 사람들이 가진 교리에 관
한 진리들이며, "저지대의 성읍들"과 "네겝의 성읍들"은 주님의 영적 천국에
속한 사람들이 가진 교리에 관한 진리를 뜻한다.

(18) 마태복음에,

너희는 세상의 빛이라 산 위에 있는 동네가 숨겨지지 못할 것이요 사람이
등불을 켜서 말 아래에 두지 아니하니라 (마 5:14-15)

이것은 제자들에게 하신 말씀으로, 제자들은 모든 선과 진리를 복합적으로
의미한다. 그래서 "너희는 세상의 빛이라"고 말씀하셨다. "빛"은 신성한 진리
와 그것에서 비롯한 지성을 뜻하기 때문이다. "너희는 세상의 빛이라"는 말씀
이 그런 의미이기 때문에, "산 위에 있는 동네가 숨겨지지 못할 것이요 사람
이 등불을 켜서 말 아래에 두지 아니한다"라고 말하는 것이다. 왜냐하면 "산
위에 있는 동네(성읍)"는 사랑의 선에서 비롯한 교리의 진리를 뜻하며, "등불"
은 일반적으로 선을 바탕으로 하는 진리와 그것에서 비롯한 지성을 뜻하기 때

문이다.

(19) 같은 말씀에,

스스로 분쟁하는 나라마다 황폐하여질 것이요 스스로 분쟁하는 동네나 집
마다 서지 못하리라 (마 12:25)

"나라"는 영적 의미로 교회를 뜻하며, "동네(성읍)"와 "집"은 교회의 교리에
속한 진리와 선을 뜻한다. 그러므로 그것들이 완전하게 일치하지 않으면 서지
못하고 쓰러진다.

(20) 같은 말씀에,

예수께서 이 열둘을 내보내시며 명하여 이르시되 이방인의 길로도 가지 말
고 사마리아인의 고을에도 들어가지 말고 오히려 이스라엘 집의 잃어버린
양에게로 가라 (마 10:5-6)

그들이 가지 말아야 할 "이방인의 길"은 악에서 비롯한 거짓을 뜻하며, 또
들어가지 말아야 할 "사마리아인의 고을(성읍)"은 주님을 거부하는 사람들의
거짓 교리를 뜻한다. "이스라엘의 집의 잃어버린 양"은 인애의 선과 그것을
바탕으로 믿음 안에 있는 사람들을 뜻한다. "이스라엘"은 어디에 있든 그런
모든 사람을 뜻한다. "사마리아의 고을"이 주님을 거부하는 사람들의 거짓 교
리를 뜻하는 이유는, 사마리아인들이 주님을 받아들이지 않았기 때문이다(눅
9:52-56 참고).

(21) 같은 말씀에,

예수께서 이르시되 이 동네에서 너희를 박해하거든 저 동네로 피하라 (마

10:23)

여기서도 "동네(성읍)"는 악에서 비롯한 거짓 교리를 뜻한다. "이 동네(성읍)에서 너희를 박해하거든 저 동네(성읍)로 피하라"는 말은 그러한 교리가 있는 곳에서는 진리의 교리를 받아들이지 않는 것을 뜻한다.

(22) 누가복음에,

이에 집 주인이 노하여 그 종에게 이르되 빨리 시내의 거리와 골목으로 나가서 가난한 자들과 몸 불편한 자들과 맹인들과 저는 자들을 데려오라 하니라 (눅 14:21)

"그들이 시내(성읍)의 거리와 골목으로 나가는 것"은 그들이 교리에 관한 진리를 받아들일 사람들이 어디 있는지 물어야 한다는 뜻이다. 왜냐하면 "거리"와 "골목"은 교리에 관한 진리이며, "시내(성읍)"은 교리를 뜻하기 때문이다. "가난한 자"와 "몸 불편한 자", "저는 자"와 "맹인"은 진리와 선 안에 있지 않으나 그것들을 간절히 바라는 사람들을 뜻한다(특별히 "가난한 자"가 누구이며, "몸 불편한 자"와 "저는 자", "맹인"이 누구인가 하는 것은 『새예루살렘의 교리』107번에 『천국의 비밀』에서 인용한 부분을 보기 바란다).

(23) 같은 말씀에,

어떤 귀인이 왕위를 받아가지고 오려고 먼 나라로 갈 때에 그 종들에게 은화 열 므나를 주며 장사를 하라 하니라 그가 돌아와서 종들을 부르니 첫째가 나아와 이르되 당신의 한 므나로 열 므나를 남겼나이다 하니 주인이 이르되 착한 종이여 네가 지극히 작은 것에 충성하였으니 열 고을 권세를 차지하라 하고 둘째가 와서 이르되 주인이여 당신의 한 므나로 다섯 므나를

만들었나이다 주인이 그에게도 이르되 너도 다섯 고을을 차지하라 하니라
(눅 20:12-19)

이 말씀에는 몇 마디 말로 표현할 수 없는 많은 영적 의미가 있다. 그것을 간단하게 말하면 이렇다. 즉 여기서 "고을(성읍)"은 고을이 아니라 진리와 선에 관한 교리를 뜻하고, "그것에 대한 권세를 주는 것"은 지성과 지혜를 뜻하며, "열"은 많은 것을, "다섯"은 조금 있는 것을 뜻한다(말씀에서 "열"이 많은 것을 뜻하는 것은 『천국의 비밀』 1988, 3107, 4638, 9757번, "다섯"이 조금 있는 것을 뜻하는 것은 4638, 9604번 참고). 이것으로 "하나님의 성 곧 하늘에서 내 하나님께로부터 내려오는 새 예루살렘의 이름"은 곧 천국에 있는 새교회의 교리라는 것을 알 수 있다(이 교리는 『새예루살렘과 그 천적교리』라는 이름의 다른 저서에서도 밝히고 있다).

224

"나의 새 이름"은 그들이 또한 주님의 신적 인성을 인정할 것을 뜻한다. 이것이 분명한 것은, "내가 나의 새 이름을 그이 위에 기록하리라"는 그들이 주님의 신적 인성을 인정하는 것을 뜻하기 때문이다. 사람 위에 기록하는 것은 생명에 심는 것이며(앞의 222번 참고), 여기서는 인애의 믿음 안에 심는 것이다. 왜냐하면 이 교회의 사자에게 쓴 편지에서 그 믿음에 대해 말하기 때문이다(앞의 203번 참고). 그 믿음 안에 심는 것은 마음으로 시인하는 것이다. "주님의 새 이름"이 주님의 신적 인성을 뜻하는 까닭은 계시록이라 불리는 이 예언서는 새 예루살렘 안에 있을 사람들과 그곳에 있지 않을 사람들을 다루고

있고, 생각하는 것처럼 교회의 연속적인 상태를 다루는 건 아니기 때문이다
(앞의 5번 참고). 그리고 새 예루살렘 안에 있을 사람들은 주님의 신적 인성을
인정하는 모든 사람이기 때문이다. 그러므로 『새예루살렘의 교리』는 마지막
부분에서, "주님 안에 삼위, 즉 신성 자체, 신적 인성, 활동하는 신성이 있는
것은 천국의 비밀이며, 그것은 거룩한 예루살렘에 있을 사람들을 위한 것이다
(297번)"라고 말한다.

　이것이 주님의 새 이름이라는 것은 전에는 교회에서 이 진리를 인정하지 않
았다는 사실로부터 분명하다. 그 밖에도 말씀에서 "여호와의 이름", "주님의
이름", "예수 그리스도의 이름"이 이것을 뜻한다는 것은 앞의 내용을(26, 102,
135, 148번), 그리고 신적 인성을 뜻한다는 것은 26, 102번을 보면 알 수 있
다. "여호와의 이름"이 그것을 뜻하는 이유는, 말씀에서 "이름"은 상태의 본질
이나 어떤 것의 특성을 뜻하기 때문이고(앞의 148번 참고), 그리고 하늘과 땅
에서 모든 걸 창조하고 만드시는 신적 본질은 주님의 신적 인성이기 때문이
다. 그래서 요한복음에서는 다음과 같이 말한다.

> 태초에 말씀이 계시니라 이 말씀이 하나님과 함께 계셨으니 이 말씀은 곧
> 하나님이시니라, 만물이 그로 말미암아 지은 바 되었으니 지은 것이 하나
> 도 그가 없이는 된 것이 없느니라, 세상은 그로 말미암아 지은 바 되었고,
> 말씀이 육신이 되어 우리 가운데 거하시매 우리가 그의 영광을 보니 아버
> 지의 독생자의 영광이요 은혜와 진리가 충만하더라 (요 1:1-3, 10, 14)

　이것으로 "여호와의 이름"이 왜 주님의 신적 인성을 뜻하는지 알 수 있다.
말씀에서 "여호와의 이름"이 이런 뜻이라는 것을 주님은 요한복음에서 이렇
게 직접 말씀하신다.

아버지여, 아버지의 이름을 영광스럽게 하옵소서 하시니 이에 하늘에서 소리가 나서 이르되 내가 이미 영광스럽게 하였고 또 다시 영광스럽게 하리라 하시니 (요 12:28)

"영광스럽게 하는 것"은 신성하게 만드는 것이다.

같은 말씀에서,

예수께서 이르시되 내가 아버지의 이름을 나타내었나이다, 내가 아버지의 이름을 그들에게 알게 하였고 또 알게 하리니 (요 17:6, 26)

225

13. "귀 있는 자는 성령이 교회들에게 하시는 말씀을 들을지어다"는 이해하는 자는 주님에게서 나오는 신성한 진리가 당신의 교회의 사람들에게 말하고 가르치는 것에 귀를 기울여야 한다는 뜻이다. 이것은 같은 말씀에 대해 앞의 108번에서 말한 것으로 분명하다.

226

14-22절. 라오디게아 교회의 사자에게 편지하라 아멘이시요 충성되고 참

된 증인이시요 하나님의 창조의 시작이신 이[13]가 이르시되 내가 네 행위를 아노니 네가 차지도 아니하고 뜨겁지도 아니하도다 네가 차든지 뜨겁든지 하기를 원하노라 네가 이같이 미지근하여 뜨겁지도 아니하고 차지도 아니하니 내 입에서 너를 토하여 버리리라 네가 말하기를 나는 부자라 부요하여 부족한 것이 없다 하나 네 곤고한 것과 가련한 것과 가난한 것과 눈 먼 것과 벌거벗은 것을 알지 못하는도다 내가 너를 권하노니 내게서 불로 연단한 금을 사서 부요하게 하고 흰옷을 사서 입어 벌거벗은 수치를 보이지 않게 하고 안약을 사서 눈에 발라 보게 하라 무릇 내가 사랑하는 자를 책망하여 징계하노니 그러므로 네가 열심을 내라 회개하라 볼지어다 내가 문 밖에 서서 두드리노니 누구든지 내 음성을 듣고 문을 열면 내가 그에게로 들어가 그와 더불어 먹고 그는 나와 더불어 먹으리라 이기는 그에게는 내가 내 보좌에 함께 앉게 하여 주기를 내가 이기고 아버지 보좌에 함께 앉은 것과 같이 하리라 귀 있는 자는 성령이 교회들에게 하시는 말씀을 들을지어다

14. "라오디게아 교회의 사자에게 편지하라"는 믿음 안에만 있는 사람들, 즉 인애에서 분리된 믿음 안에 있는 사람들을 뜻한다(227번). "아멘이시요 충성되고 참된 증인이신 이가 이르시되"는 모든 진리와 믿음에 관한 모든 것의 근원이신 이를 뜻한다(228번). "하나님의 창조의 시작이신 이"는 주님으로부터 오는 믿음을 뜻하며, 겉으로 보기에는 그것이 교회의 첫 번째 것처럼 보이는 것을 뜻한다(229번). 15. "내가 네 행위를 아노니"는 믿음만의 삶을 뜻한다(230번). "네가 차지도 아니하고 뜨겁지도 아니하도다"는 그런 삶은 인애와 분리된 삶이기 때문에 천국과 지옥 사이에 있는 것을 뜻한다(231번). "네가 차

---

13) KJV 성경에는 "the beginning of the creation of God,"으로 되어 있고, 개역개정에서는 "하나님의 창조의 근본이신 이"로 번역했다. 여기서는 속뜻에 부합하도록 "하나님의 창조의 시작"이라고 옮긴다. (역자)

든지 뜨겁든지 하기를 원하노라”는 차라리 믿음이 없든가 또는 인애만 있든가 해야 하는 것을 뜻한다(232번). 16. “네가 이같이 미지근하여”는 오직 믿음과 믿음으로 의롭게 여김을 받는다는 교리에 따라 사는 사람들을 뜻한다(233번). “뜨겁지도 아니하고 차지도 아니하니”는 인애가 없으므로 그들이 천국과 지옥 사이에 있는 것을 뜻한다(234번). “내 입에서 너를 토하여 버리리라”는 말씀의 지식으로부터 분리되는 것을 뜻한다(235번). 17. “네가 말하기를 나는 부자라 부요하여 부족한 것이 없다”는 다른 사람보다 더 진리 안에 있다고 스스로 믿는 그들의 믿음을 뜻한다(236번). “네가 곤고한 것을 알지 못한다”는 자신들의 거짓이 진리와 전혀 통하지 않는다는 걸 그들이 알지 못한다는 뜻이다(237번). “가련한 것과 가난한 것”은 진리에 대한 지식도 없고, 선에 대한 지식도 없음을 그들이 모르는 것을 뜻한다(238번). 그리고 “눈 먼 것과 벌거 벗은 것”은 그들에게 진리에 대한 이해가 없고 선에 대한 이해와 의지도 없는 것을 뜻한다(239, 240번). 18. “내가 너를 권하노니”는 믿음만의 교리 안에 있는 사람들을 개혁하는 방법을 뜻한다(241번). “내게서 불로 연단한 금을 사서 부요하게 하고”는 신앙의 진리를 받아들이기 위해 그들 스스로 주님으로부터 진정한 선을 획득해야 하는 것을 뜻한다(242번). “흰옷을 입는 것”은 진정한 진리와 그것에서 비롯한 지성을 뜻한다(243번). “벌거벗은 수치를 보이지 않게 하고”는 불결한 사랑이 드러나지 않게 하는 것을 뜻한다(244번). “안약을 눈에 발라 보게 하라”는 이해력이 조금이라도 열려야 함을 뜻한다(245번). 19. “내가 사랑하는 자를 책망하여 징계하노니”는 그때의 시험을 뜻한다(246번). “그러므로 네가 열심을 내어 회개하라”는 그들이 인애를 가져야 하는 것을 뜻한다(247번). 20. “볼지어다 내가 문 밖에 서서 두드리노니”는 끊임없는 주님의 임재를 뜻한다(248번). “누구든지 내 음성을 듣는다면”은 만일 주님의 가르침에 귀를 기울이면이란 뜻이다(249번). “문을 열면”은 마음 또는 생명 안에 받아들이는 것을 뜻한다(250번). “내가 그에게로 들어가”는 결합을 뜻한다(251번). "그와 더불어 먹고 그는 나와 더불어 먹으리라"는 더할 수 없는 천국의 복을 그들과 나누는 것을 뜻한다(252번). 21. "이기는 그에게는 내가 내보좌에 함께 앉게 하여"는 삶이 다할 때까지 변하지 않는 사람은 주님이 계신 천국과 결합하게 될 거라는 뜻이다(253번). "내가 이기고 아버지 보좌에 함께 앉은 것과 같이"는 비유적인 표현으로, 천국에서 신성한 선과 신성한 진리가 하나로 결합하는 것과 같이라는 뜻이다(254번). 22. "귀 있는 자는 성령이 교회들에게 하시는 말씀을 들을지어다"는 이해하는 사람은 주님에게서 나오는 신성한 진리가 당신의 교회에 속한 사람들에게 말하고 가르치는 것을 귀담아 들어야 함을 뜻한다(255번).

227

14절. "라오디게아 교회의 사자에게 편지하라"는 오로지 믿음 안에만 있는 사람들, 즉 인애에서 분리된 믿음 안에 있는 사람들을 뜻한다. 이것은 이 교회의 사자에게 보낸 글에 적힌 모든 것의 내적, 또는 영적 의미로부터 분명하다. 그 이유는 각 교회에 보낸 글에서 말하는 교회의 본질은 내적 의미를 통해서만 분명히 알 수 있기 때문이다. 왜냐하면 그것은 예언이고, 모든 예언은 말씀에 적힌 다른 모든 것들처럼 상응으로 기록되어 있기 때문이다. 그리고 상응을 통해 교회와 천국의 결합이 있기 때문이다. 상응을 통해 결합이 일어나는 까닭은, 천국 또는 천국의 천사들은 사람이 자연적으로 이해하는 것을 영적으로 이해하며, 자연적인 것과 영적인 것 사이에는 끊임없이 상응이 존재하며, 그리고 상응을 통해 마치 영혼과 몸이 결합하는 것과 같은 결합이 일어나기 때문이다. 말씀이 상응의 형식으로 기록된 것은 그래서이다. 만약 그렇지 않다면 말씀 안에는 혼이 없을 것이고, 그러므로 천국도 없을 것이다. 그리고 말씀 안에 천국이 없다면 신성도 없을 것이다. 그렇기 때문에 각 교회의 사자들에게 보낸 모든 글의 내적 또는 영적 의미로부터 교회의 본질이 무엇인지 분명히 알 수 있다고 하는 것이다. 그러므로 이 교회의 사자에게 보낸 글은 오직 믿음 안에만 있는 사람들, 즉 인애에서 분리된 믿음 안에 있는 사람들을 다룬다. 인애에서 분리된 믿음이라고 했는데, 그것은 삶과 분리된 믿음을 뜻한다. 인애는 삶에 관한 것이기 때문이다. 믿음이 삶으로부터 분리될 때, 그것은 그 사람 안에 있지 않고 밖에 있는 것이 된다. 왜냐하면 기억 속에만 있는 것과 기억으로부터 생각 안으로 들어갈 뿐 의지로 들어가 행동이 되지 못하는 모든 것은 그 사람 안에 있지 않고 밖에 있는 것이기 때문이다. 기억과 거기서 나오는 생각은 집의 입구로 통하는 마당에 불과하기 때문이다. 그러니까 집이 곧 의지인 것이다. 이러한 것이 바로 믿음만의 믿음, 또는 인애에서 분리된 믿음이다(이 믿음에 대해 좀 더 알려면『새예루살렘의 교리』108-122번, 저서『마지막 심판』33-39번, 저서『천국과 지옥』270, 271, 364, 482, 526번, 그리고 앞의『계시록 해설』204, 211-213번을 보기 바란다. 특히 인애가 무엇이고 이웃이 무엇인가 하는 것은『새예루살렘의 교리』84-107번, 저서『천국과 지옥』13-19, 528-535번, 그리고 앞의 해설 182, 198, 213번을 참고하기 바란다).

228

(1) "아멘이시요 충성되고 참된 증인이신 이가 이르시되"는 모든 진리와 믿음에 관한 모든 것의 근원이신 이를 뜻한다. 이것이 분명한 것은 "아멘"은 진

실 또는 진리를 뜻하고(이것에 대해 곧 말하겠다), 주님에 대해 "충성되고 참된 증인"이라고 하는 것은 주님으로부터 오는 믿음에 관한 모든 것을 뜻하기 때문이다. 왜냐하면 주님에 대해 "증인"이라고 할 때는 주님으로부터 오는 신성한 진리를 뜻하며, 그러므로 믿음에 관한 모든 것을 뜻하기 때문이다. 믿음은 진리에 속하고 진리는 믿음에 속하기 때문이다. 주님에게서 나오는 신성한 진리를 증인이라 부르는 것은, 그것이 주님이 계신 천국과 교회 안의 주님의 신성이며 그곳에 계신 주님 자신이시기 때문이다. 왜냐하면 신성한 진리는 주님의 신적 인성으로부터 나와 천국 전체를 채우고, 천국을 형성하고 만들기 때문이다. 그런 까닭에 천국은 전체적으로 한 사람을 닮았다. 신성한 진리의 근원과 특성이 그렇기 때문에 그것은 "증인"이라 불린다. 왜냐하면 그것이 주님의 신적 인성을 증언하고, 주님으로부터 신적 진리를 받아들이는 모든 사람에게 자신을 분명히 나타내기 때문이다. 그러므로 더 높은 천국의 천사들은 주님의 신적 인성이 아닌 다른 신성을 지각하지 못하고 지각할 수도 없다. 이러한 것은 천국 전체로부터 그들의 마음으로 흘러들어오는 유입으로 인한 것이다. 이것으로 주님에 대해 "증인"이라고 할 때, 그것이 왜 천국과 교회 안의 신성한 진리이신 주님을 뜻하는지, 그리고 "증언하는 것"이 주님으로부터 신성한 진리를 받는 사람들에게 있어서 왜 주님의 인성 안에 계신 신성을 마음으로 시인하는 것을 뜻하는지 알 수 있다(앞의 27번 참고, 전체로서 그리고 각 부분으로서 천국이 한 사람과 비슷하고, 그것이 주님의 신적 인성 때문이라는 것은 저서『천국과 지옥』59–86번 끝까지, 101번, 그리고 주님에게서 나오는 신성이 천국을 만들고, 천사들을 정렬해 천국의 모양으로 만들며, 그것이 신성한 진리라는 것은 13, 133, 138–140번 참고).

(2) 주님은 이 신성한 진리를 "보혜사 곧 진리의 성령"이라고 부르시고, 그것이 주님을 증언할 것이라고 하셨다. 다음 요한복음에서는 그것이 "당신에

게서 나와" 주님을 증언한다고 말한다.

> 보혜사 곧 아버지께로부터 나오시는 진리의 성령이 오실 때에 그가 나를
> 증언하실 것이요 (요 15:26)

그리고 그것이 주님에게서 나온다고 말한다. 같은 말씀에,

> 진리의 성령이 오시면 그가 너희를 모든 진리 가운데로 인도하시리니 그가
> 스스로 말하지 않고 오직 들은 것을 말하리라 그가 내 영광을 나타내리니
> 내 것을 가지고 너희에게 알리시겠음이라 무릇 아버지께 있는 것은 다 내
> 것이라 그러므로 내가 말하기를 그가 내 것을 가지고 너희에게 알리시리라
> 하였노라 (요 16:13-15)

"그가 스스로 말하지 않고, 내 것을 가지고 너희에게 알리시겠음이라"는 신성한 진리가 주님으로부터 나오는 것을 뜻한다. 그리고 "아버지께 있는 것은 다 내 것이라 그러므로 그가 내 것을 가지고 너희에게 알리시리라"는 신성한 진리가 주님의 신적 인성에서 나오는 것을 뜻한다. 또 "그가 내 영광을 나타내리니"는 신성한 진리가 주님의 신적 인성을 드러내는 것을 뜻한다. "영광을 나타내는 것"은 주님의 신적 인성을 알리는 것을 뜻한다(주님의 "영광을 나타내는 것"이 이런 뜻인 것은 『새예루살렘의 교리』 294번 참고).

(3) 다음 주님의 말씀도 같은 뜻이다.

> 내가 너희에게 실상을 말하노니 내가 떠나가는 것이 너희에게 유익이라 내
> 가 가면 보혜사 진리의 영을 너희에게로 보내리니 (요 16:7, 8)

이상으로 주님의 신적 인성으로부터 신성한 진리가 나오는 것이 분명하다. 주님은 당신 자신을 "아멘"이라고 부르셨는데, 그 이유는 "아멘"은 진실을 뜻하고 그러므로 주님 자신을 뜻하기 때문이다. 왜냐하면 주님은 세상에 계실 때 신성한 진실 자체 또는 신성한 진리 자체이셨기 때문이다. 주님이 자주 "아멘", "아멘 아멘(진실로 진실로)"이라고 말씀하신 것은 그런 이유 때문이었다(마 5:18, 26, 6:16, 10:23, 42, 17:20, 18:3, 13, 18, 24:2, 28:20, 요 1:51, 3:11, 5:19, 24, 25, 6:26, 32, 47, 53, 8:34, 51, 58, 10:1, 7, 12:24, 13:16, 20, 21, 21:18, 25).

(4) 주님이 세상에 계실 때 신성한 진리 자체이셨다는 것을 주님은 요한복음에서 이렇게 가르치신다.

> 내가 곧 길이요 진리요 생명이니 (요 14:6)
>
> 그들을 위하여 내가 나를 거룩하게 하오니 이는 그들도 진리로 거룩함을 얻게 하려 함이니이다 (요 17:19)

말씀에서 "거룩함"은 신성한 진리를 뜻하고, "거룩하게 하는 것"은 신성한 진리를 받아들이는 사람들을 뜻하는 것은 앞의 204번을 참고하기 바란다. 그러므로 주님이 당신 자신을 거룩하게 하시는 것은 당신의 인성을 신성하게 만드시는 것을 뜻한다(이것에 대해 더 많은 것을 알려면 『새예루살렘의 교리』 303-306번에 『천국의 비밀』에서 인용한 부분을 참고하기 바람). 그리고 "아멘"이 신성한 확인을 뜻하는 것은 앞의 내용과(34번), 구약의 말씀(신 27:15-26, 왕상 1:36, 사 65:16, 렘 11:5, 28:6, 시 41:13, 72:19, 89:52, 106:48)을 참고하기 바란다.

(1) "하나님의 창조의 시작"은 주님에게서 오는 믿음을 뜻하며, 겉으로 보면 그것이 교회의 첫 번째 것인 것처럼 보이는 것을 말한다. "창조"는 교회를(이 것에 대해 곧 말하겠다) 뜻하기 때문이다. "하나님의 창조의 시작"이 믿음을 뜻하는 이유는, 그것이 이 교회의 천사에게 보낸 글에서 다루는 주제이기 때문이다. "하나님의 창조의 시작"이 그 믿음이고, 겉으로 보면 그것이 교회의 첫 번째인 것처럼 보이는 것에 대해 지금부터 설명하겠다. 여기서 믿음이란 주님에게서 오는 믿음을 뜻한다. 왜냐하면 주님에게서 오지 않는 믿음은 교회 의 믿음이 아니기 때문이다. 주님에게서 오는 믿음은 인애의 믿음이다. 이 믿음이 겉으로 보기에 교회의 첫 번째인 것처럼 보이는 까닭은, 교회에 속한 사람에게 그것이 제일 먼저 나타나기 때문이다. 그러나 실제로 교회의 첫 번째 것은 인애이다. 왜냐하면 그것이 사람에게 교회를 만들기 때문이다.

(2) 교회를 만드는 두 가지의 것이 있는데 그것은 인애와 믿음이다. 인애는 애정에 속한 것이고, 믿음은 애정에서 비롯한 생각에 속한 것이다. 애정은 생각의 진정한 본질이다. 왜냐하면 어떤 사람도 애정을 떠나서는 생각할 수 없기 때문이다. 그러니까 생각 속에 존재하는 삶의 모든 것은 애정에서 나오는 것이다. 이것으로 교회의 첫 번째 것은 인애 또는 사랑에 속한 애정인 것이 분명하다. 그럼에도 믿음이 교회의 첫 번째 것이라고 말하는 이유는, 그것이 제일 먼저 눈에 보이기 때문이다. 왜냐하면 사람은 자기가 믿는 것을 생각하고 생각을 통해 보지만, 영적으로 감동받는 것은 생각하지 못하고, 그러므로 생각 속에서 보지 못하며, 시각과는 관계없는 즐거움이라 불리는 또 하나의 느낌과 관계있는 어떤 감각을 통해 감지하기 때문이다. 이 즐거움은 영적이며

자연적 즐거움을 초월한 것이기 때문에, 사람이 영적으로 되지 않으면, 즉 주님에 의해 거듭나지 않으면 느끼지를 못한다. 이런 까닭에 믿음에 속하고, 그리하여 시각에 속한 것들이 내적으로는 첫째가 아닌데도 교회의 첫 번째 것으로 여겨진다. 그래서 믿음을 "하나님의 창조의 시작"이라 부르는 것이다. 왜냐하면 글자로써 말씀은 단순한 사람들을 위해 겉으로 보이는 대로 기록되었기 때문이다. 그러나 천사들과 같은 영적 사람들은 겉으로 보이는 것 이상으로 높이 들어 올려져 말씀을 내적 의미로 지각하며, 그러므로 그들은 인애가 교회의 첫 번째 것이며 믿음은 인애에서 비롯한 것이라는 사실을 지각한다. 왜냐하면 앞에서 말한 것처럼 인애에서 나오지 않은 믿음, 즉 인애에 속하지 않은 믿음은 믿음이 아니기 때문이다(이것에 대해서는 저서 『마지막 심판』 33-39번 참고).

(3) 고대 시대 때부터도 교회의 첫 번째 것이 무엇인가, 믿음인가 아니면 인애인가 하는 것이 논쟁의 초점이었다. 그래서 인애에 대해 모르는 사람들은 믿음이 첫째라고 공언하고, 인애에 대해 아는 사람들은 인애가 첫째이며 믿음은 겉으로 드러난 인애라고 주장했다. 왜냐하면 믿음이란 인애에 대한 애정이 겉으로 드러나 생각 안에서 보이는 것이기 때문이다. 애정의 기쁨은 의지에서 나와 생각 속으로 들어갈 때 비로소 형태를 갖추며, 그러므로 다양한 모습으로 자신을 보여 주기 때문이다. 단순한 사람들은 이것을 이해하지 못한다. 그래서 자기들의 사고의 눈앞에 나타난 것을 교회의 첫 번째 것이라고 간주한다. 글자로서 말씀은 겉으로 보이는 대로 기록되었기 때문에, 거기서는 믿음을 "첫째", "시작", "장자"라고 부른다. 교회의 믿음을 표상하는 베드로를 사도 중의 첫째라고 부르는 것도 같은 이유이다. 그러나 그때도 요한이 첫째였다. 왜냐하면 요한은 인애에서 비롯한 선을 나타내기 때문이다. 베드로가 아니라 요한이 사도 중의 첫째인 것은 다음과 같은 사실로 분명하다. 즉 주님의

가슴에 기댄 사람이 요한이라는 것과 베드로가 아니라 요한이 주님을 따랐다
는 사실이다(요 21:20-22). (주님의 열두 제자가 교회의 모든 선과 진리를 나
타내는 것은『천국의 비밀』2199, 3354, 3488, 3858, 6397번, 베드로가 믿음
을 나타내는 것은 4738, 6000, 6073, 6344, 10087, 10580번, 요한이 인애에
서 비롯한 선을 나타내는 것은 3934, 6073, 10087번 참고).

(4) 루벤 역시 야곱의 장남이었다는 이유로 믿음을 표상했고 그 이름을 가
진 부족을 첫째로 믿었다. 그럼에도 그 부족이 아니라 레위족이 첫째였는데,
그 이유는 레위가 인애의 선을 표상했기 때문이다. 이런 이유로 해서 레위족
에게 성직을 임명했고, 성직자는 교회의 첫째가 되었다(야곱의 열두 아들, 또
는 그들의 이름을 딴 열두 부족이 교회의 모든 선과 진리를 나타내는 것은『천
국의 비밀』3858, 3926, 4060, 6335, 7836, 7891, 7996번, 루벤이 믿음을 나
타내는 것은 3861, 3866, 4605, 4731, 4734, 4761, 6342-6345번, 레위가 인
애의 선을 나타내는 것은 3875, 4497, 4502, 4503번 참고). 같은 이유로 글
자의 뜻으로는 하늘과 땅의 창조를 다루지만 내적 의미로는 동시에 당시 교
회 사람들의 거듭남 또는 새로운 창조를 다루는 창세기 첫 장에서는 빛이 먼
저 만들어지고 나중에 해와 달이 만들어졌다고 말한다(3-5, 14-19절 참고).
그러나 해가 먼저이고 빛은 해에서 나오는 것이다. 빛을 창조의 첫째라고 말
하는 이유는, "빛"은 신앙의 진리를 뜻하고 "해"와 "달"은 사랑과 인애의 선을
뜻하기 때문이다(창세기 첫 장의 하늘과 땅의 창조가 영적 의미로 천적 교회
사람들의 새로운 창조 또는 그들의 거듭남을 뜻하고 설명하는 것은『천국의
비밀』8891, 9942, 10545번의 해당 장에 대한 설명을 참고하기 바란다. "빛"
이 선에서 비롯한 진리를 뜻하고, 그러므로 신앙의 진리를 뜻한다는 것은 저
서『천국과 지옥』126-140번을, 그리고 "해"가 사랑의 선을 뜻하고 "달"이 인
애의 선을 뜻한다는 것과 그것이 모두 주님에게서 나온다는 것은 같은 책,

116-125, 146번 참고). 이것으로 "하나님의 창조의 시작"은 주님에게서 나오는 믿음을 뜻하며 겉으로는 그것이 교회의 첫 번째의 것으로 보인다는 것을 이제 알 수 있다.

230

15절. "내가 네 행위를 아노니"는 믿음만의 삶을 뜻한다. 이것이 분명한 것은 "행위"는 사람의 내적 생명에 관한 것들을 뜻하기 때문이다. 왜냐하면 행위는 내적 생명에 관한 것들에서 나오고 그것들의 결과이기 때문이다(앞의 157-185번 참고). 그런 까닭에 여기서 행위는 믿음만의 삶을 뜻하며, 그것이 이 교회에 보낸 글에서 다루는 내용이다. 각 교회에 보낸 글을 보면 처음에 "내가 네 행위를 아노니"라고 말하고, 그리고 그때마다 "행위"는 거기서 다루고 있는 교회에 관한 것들을 뜻했다(앞의 98번 참고). 그러므로 이제부터 믿음만의 삶, 또는 인애에서 분리된 믿음의 삶이 무엇인지를 설명하겠다.

231

(1) "네가 차지도 아니하고 뜨겁지도 아니하도다"는 그 교회가 천국과 지옥 사이에 있는 것을 뜻한다. 왜냐하면 교회에 인애가 없기 때문이다. 이것이 분명한 것은 "차가운 것"은 영적인 사랑 안에 있지 않고 지옥의 사랑 안에 있는 것을 뜻하고(이것에 대해서도 곧 말하겠다), "뜨거운 것"은 영적 사랑 안에 있

는 것을 뜻하기 때문이다(이것에 대해서도 곧 말하겠다). 이것으로 분명한 것은 "차지도 덥지도 않은 것"은 지옥의 사랑 안에도 영적 사랑 안에도 있지 않고 그 둘 사이에 있는 것을 뜻하며, 그 둘 사이에 있는 사람은 지옥과 천국 사이에 있다는 것이다.

(2) 오로지 믿음 안에만 있는 사람들, 또는 인애에서 분리된 믿음 안에 있는 사람들이 이런 상태에 있다는 것은 알려진 바가 없다. 그러나 이 교회의 사자에게 쓴 글을 자세히 보면 그들이 그렇다는 것과, 그러므로 인애에서 분리된 믿음 안에 있는 사람들은 자기 자신과 세상과 육체적인 욕망을 위해 산다는 것, 그리고 그렇게 사는 사람들은 지옥적 사랑 안에 있음이 분명하다. 그러나 이들도 말씀을 읽고 말씀에 대한 설교를 들으며 성찬식에 참석하고 기억 속에만 있는 말씀의 많은 것들을 통해 천국을 바라본다. 그리고 그렇게 할 때 그들은 어떤 영적 열기 안에 있게 된다. 그러나 그들이 말씀에 따라 살지 않으므로 그것은 영적 열기나 영적 사랑이 아니며, 그러므로 그들은 차지도 덥지도 않은 것이다. 게다가 그들은 두 방향으로 마음을 이끈다. 말씀에서 얻은 것으로는 천국을 향하고 삶에 관한 것으로는 지옥을 향하기 때문이다. 그렇게 그들은 천국과 지옥 사이에 멈춰 서 있는 것이다. 이런 사람들이 사후의 삶으로 들어가면 자기는 믿음을 가졌고, 말씀을 읽었으며, 설교를 듣고, 자주 성찬식에 참석했으므로 마땅히 구원받아야 한다고 하면서 천국을 갈망한다. 그러나 그들의 삶을 살펴보면 그것이 온통 지옥적이라는 것이 밝혀진다. 즉 이유 없이 적개심을 갖고 미워하며, 보복하고, 교활한 짓을 하고, 속임수를 쓰며, 그들이 바르고 성실하고 공정하게 일할 때는 단지 세상에 보이기 위해 겉으로만 그러는 것이고, 속으로, 또는 영으로는 다른 생각, 그것도 많은 반대되는 생각을 한다는 것이다. 생각이나 의도는 세상에 드러나 보이지 않으면 아무 소용없는 것이라고 믿으면서 말이다. 그렇기 때문에 그들의 영이 육신의 속박에

서 벗어날 때 그들의 영은 그렇게 변한다. 왜냐하면 생각하고 의도하는 것은 사람의 영이기 때문이다.

(3) 이것이 주님께서 이르신 다음 말씀의 의미이다.

마태복음에,

그날에 많은 사람이 나더러 이르되 주여 주여 우리가 주의 이름으로 선지
자 노릇 하며 주의 이름으로 귀신을 쫓아 내며 주의 이름으로 많은 권능을
행하지 아니하였나이까 하리니 그때에 내가 그들에게 밝히 말하되 내가 너
희를 도무지 알지 못하니 불법을 행하는 자들아 내게서 떠나가라 하리라
(마 7:22-23)

누가복음의 다음 말씀도 같은 의미이다.

너희가 밖에 서서 문을 두드리며 주여 열어 주소서 하면 그가 대답하여 이
르되 나는 너희가 어디에서 온 자인지 알지 못하노라 하리니 그때에 너희
가 말하되 우리는 주 앞에서 먹고 마셨으며 주는 또한 우리를 길거리에서
가르치셨나이다 하나 그가 너희에게 말하여 이르되 나는 너희가 어디에
서 왔는지 알지 못하노라 행악하는 모든 자들아 나를 떠나가라 하리라 (눅
13:25-27)

(4) "열기"가 천국의 사랑을 뜻하기 때문에 "차가운 것"은 지옥의 사랑을 뜻
한다("열기"가 천국의 사랑을 뜻하는 것은 저서 『천국과 지옥』 126-140, 567,
568번, 주님에 대한 사랑과 이웃에 대한 사랑, 또는 인애가 천국의 사랑이며
또한 천국을 만든다는 것은 13-19번, 자기에 대한 사랑과 세상에 대한 사랑

은 지옥의 사랑이며, 지옥을 만든다는 것은 551-565번, 지옥에도 열기가 있지만, 그것은 불결한 것이라는 것은 『천국의 비밀』 1773, 2757, 3340번, 그 열기는 천국의 열기가 흘러들어올 때 차갑게 변한다는 것은 저서 『천국과 지옥』 572번 참고).

232

(1) "네가 차든지 뜨겁든지 하기를 원하노라"는 차라리 믿음이 없든가 또는 인애만 있든가 해야 하는 것을 뜻한다. 이것이 분명한 것은 "네가 차든지"는 차라리 믿음이 없는 것이 낫다는 뜻이고(이것에 대해 곧 말하겠다). "뜨겁든지"는 인애만 있는 것이 낫다는 뜻이기 때문이다. 인애만 있는 것이 어떤 것인지 말하기 전에, 믿음이 없는 것이 무엇인지를 먼저 말하겠다. 믿음만의 교리 안에 있는 사람들은 영적 믿음, 또는 교회의 믿음으로 의미되는 믿음을 가지고 있지 않고, 이른바 설득의 믿음(persuasive faith)이라고 하는 자연적 믿음을 갖고 있다. 왜냐하면 그들 역시 말씀의 거룩함을 믿고 영원한 삶과 죄의 용서를 믿으며, 그 외에 많은 것을 믿기 때문이다. 인애가 없는 사람들에게 있는 이런 믿음이 설득의 믿음인데, 그것은 자체로 볼 때 알지 못하는 것을 믿는 것과 같다. 그러니까 본 적도 없고 이해하지도 못하는데도 세상 사람들이 믿을 만한 가치가 있다고 하니까 그 말을 듣고 믿는 믿음인 것이다. 이것은 자신의 믿음이 아니라 자기 안에 있는 다른 사람의 믿음이다. 보고 이해함으로써 자기 것이 되지 않는 이러한 믿음은 날 때부터 맹인이며 촉감이 무딘 사람이 세상에 보이는 것들과 색깔에 대해 가질 수 있는 그런 믿음과 같다. 즉 그것들에 대해 그가 갖는 생각은 오직 자기만 아는 어떤 것이며 본래의 것과

는 다른 것이다. 이것이 바로 역사적 믿음(historical faith)이라고 하는 것이고, 마땅히 교회의 믿음이어야 할 영적 믿음은 아니다. 영적 믿음, 또는 교회의 믿음은 전적으로 인애에서 비롯하며, 그러므로 그 본질은 인애이다. 더구나 인애 안에 있는 사람들에게는 그들이 믿는 영적인 것들이 빛 속에서 나타난다. 나는 경험으로 이것을 말할 수 있다. 왜냐하면 세상에서 인애 안에 살았던 모든 사람은 사후의 세상에서 그가 믿는 자기의 진리를 보며, 반대로 믿음 안에만 있었던 사람들은 아무 것도 보지 못하기 때문이다.

(2) 그러나 역사적이기만 한 믿음이라도 하나님과 천국과 영원한 삶에 대한 생각을 통해 어떻게든 천국과 결합하는데, 그러나 그 결합은 모호한 생각을 통한 것이고 인애에서 비롯한 애정을 통한 것은 아니다. 왜냐하면 그 믿음에는 인애에 속한 것이 없기 때문이다. 그러므로 이들은 자기가 가진 애정, 즉 자아 사랑과 세상 사랑에 속한 애정을 통해 지옥과 결합한다. 이것으로 이들이 천국과 지옥 사이에 있다는 것을 알 수 있다. 왜냐하면 그들은 눈으로는 천국을 바라보고, 동시에 마음으로는 지옥을 바라보기 때문이다. 이렇게 하는 것이 신성을 모독하는 것인데, 신성을 모독한 사람의 사후의 운명은 가장 나쁜 것이다. 신성 모독은 하나님과 말씀을 믿고, 영원한 삶과 말씀의 글자의 뜻에서 가르치는 많은 것을 믿으면서도 그것과는 정반대의 삶을 사는 것이다.

(3) 그때 "네가 차든지 뜨겁든지 하기를 원하노라"라고 말하는 것은 이런 이유 때문이다. 왜냐하면 믿음이 없는 차가운 사람이나 인애만 있는 뜨거운 사람은 신성을 모독하지 않기 때문이다. (신성 모독과 그 성격이 어떤 것인지는『새 예루살렘의 교리』169, 172번, 설득의 믿음과 그 성격에 대해서는 116-119번, 또한 인애가 없는 곳에는 영적 믿음도 없는 것에 대해서는 저서『마지막 심판』33-39번 참고). 이제 인애만 있는 게 어떤 것인지 잠깐 말하겠다. 인애는 자

체로 볼 때 영적 애정이지만 인애만 있는 것은 영적 애정이 아니고 자연적 애정이다. 왜냐하면 영적 애정인 인애 자체는 말씀의 진리를 통해 생기며, 그런 만큼 영적이지만, 그러나 자연적 애정인 인애만 있는 것은 말씀의 진리로부터 생기는 게 아니라 진리 또는 진리를 배우는 것에는 관심 없이 그냥 설교를 듣는 것으로 사람에게 생기기 때문이다. 그러므로 인애만 있는 것은 믿음이 아니다. 왜냐하면 믿음은 진리에서 나오고, 진리에 관한 것이기 때문이다.

233

(1) 16절. "네가 이같이 미지근하여"는 오직 믿음과 믿음으로 의롭게 여김을 받는다는 교리에 따라 사는 사람들을 뜻한다. 이것이 분명한 것은 "미지근하여"는 천국과 지옥 사이에 있는 사람들을 뜻하고, 그러므로 두 주인을 섬기는 사람들을 뜻하기 때문이다. 오직 믿음과 믿음으로 의롭게 여김을 받는다는 교리에 따라 생각하고, 믿고, 생활하는 사람들이 이런 사람이라는 것은 아직 알려지지 않은 사실이다. 그러므로 그것에 대해 분명히 밝히려고 한다. 교회에 속한 사람들에게는 두 가지 믿음의 상태와 그에 따른 삶의 상태가 있거나, 또는 두 가지 삶의 상태와 그에 따른 믿음의 상태가 있다. 하나는 교리에 바탕을 두고 있고, 다른 하나는 말씀 또는 말씀의 가르침에 바탕을 두고 있다. 이 두 가지 상태가 있다는 것을 아는 사람은 거의 없다. 그런데 나는 허락하심을 받아 최근에 세상에서 온 영들과의 생생한 경험을 통해 이 두 상태가 있다는 것과 어떤 사람에게는 둘이 하나처럼 움직이지만, 다른 많은 사람에게는 하나로 움직이지 않는다는 사실을 보고 알게 되었다. 왜냐하면 그 영들은 그들의 삶의 모든 상태를 지니고 있었기 때문이다. 그러나 이것은 사람이 세상에 사는

동안에는 볼 수도 없고 알 수도 없는 것이다. 왜냐하면 사람의 영이 자체로 생각하고, 믿고, 사랑하는 영적인 것들은 말과 외적인 행위가 아니면 누구에게도 드러날 수 없기 때문이다. 믿음에 관한 이러한 말과 행위들은 교회에서 받아들인 교리로부터 나오거나, 아니면 교리와 관계없이 말씀에서 배운 주님의 가르침으로부터 나온다. 전자는 학식이 있는 사람에게 해당되고, 후자는 단순한 사람들에게 해당된다.

(2) 그러므로 교리에 바탕을 둔 생각과 믿음과 삶의 상태가 무엇인지에 대해 먼저 말하겠다. 오늘날 기독교회의 교리는 오직 믿음만으로 구원받고 사랑의 삶은 아무 소용이 없다고 공언한다. 또한 믿음을 받아들일 때 사람은 의롭게 되고, 그렇게 의롭다 여김을 받으면 그때부터는 어떤 악도 그에게 귀속되지 않으며, 그러므로 사람이 생애의 마지막 순간이라도 믿음을 갖거나 받아들이기만 하면 악한 사람이라도 누구나 구원받는다고 말한다. 그러므로 교리에 따라 생각하고 생활하는 사람들은 선한 행위를 등한시한다. 그들은 그것이 사람에게 아무런 영향을 주지 못하거나, 또는 구원에 도움이 되지 않는다고 믿기 때문이다. 그들은 또한 자기들의 생각과 의지 가운데 있는 악, 즉 다른 사람을 자기와 비교하여 경멸하는 악과 적개심을 갖고, 미워하고, 보복하고, 교활한 짓을 하고, 속이는 악, 그리고 다른 유사한 악에 대해 개의치 않는다, 왜냐하면 그들은 믿음으로 의롭게 된 사람에게는 이런 악들이 전가되지 않는다고 믿기 때문이다. 그들은 내심 말하기를, 주님이 자기들을 위해 율법을 완성하셨으므로 율법의 속박 아래 있지 않고, 또한 주님이 죄를 스스로 감당하셨으므로 죄의 굴레에서도 벗어났다고 말한다. 따라서 오직 믿음과 칭의[14]의 교리에 따라 생각하고, 믿고, 생활하는 사람들은 삶 속에서 하나님을 바라보지

---

14) 칭의(justification)는 믿음으로 의롭게 여김을 받는다는 뜻으로, 믿음만으로 구원받는다는 개신교회의 교리의 핵심 사상이다. (역자)

않고 자기 자신과 세상만을 바라본다. 그리고 사는 동안 자기 자신과 세상만을 바라보는 사람들은 스스로 지옥과 결합한다. 왜냐하면 지옥의 모든 사람들은 선과 악을 하찮은 것으로 만들어 버리기 때문이다. 한마디로 말해 그 교리에 따라 사는 것은 그것이나 선을 생각하고 의도하고 행하는 것이나 같은 거라고 삶으로 굳히는 것이다. 왜냐하면 선을 행하는 것으로는 구원이 없고, 또한 법을 걱정하지 않을 만큼만 악을 생각하고 의도하고 행한다면 그것과 선을 행하는 것이 같다고 믿기 때문이다. 왜냐하면 사람이 구원의 신앙이라 불리는 믿음 또는 확신을 가지게 되면(『새예루살렘의 교리』 115번 참고) 악한 행실로 인해 지옥에 떨어진다고는 생각하지 않기 때문이다. 그러므로 이들이 "미지근한 사람들"임이 분명하다. 왜냐하면 그들은 그 교리로부터 생각하고 말하고 혹은 설교할 때는 하나님과 주님과 말씀과 영생에 대해 생각하고 말하고 설교하지만, 교리를 떠나 생각하고 말할 때는 이러한 주제에 대해 조금도 생각하지 않기 때문이다. 이와 같이 그들은 생각으로는 천국을 바라보나 삶으로는 스스로 지옥과 결합한다. 그러므로 그들은 천국과 지옥 사이에 있고, 그둘 사이에 있는 사람은 "미지근한 사람"인 것이다. 교회 안의 사람들의 믿음과 삶이 교리에 바탕을 둘 때, 그들의 믿음과 그로 인한 삶의 상태가 어떻다는 것은 이 정도로 말하겠다.

(3) 지금부터는 말씀에 바탕을 둔 교회 안의 사람들의 믿음과 그로 인한 삶의 상태에 대해 말하겠다. 오직 믿음과 칭의의 교리를 받아들인 교회 안에서 태어난 사람들은 대부분 "믿음만"이라는 것이 무엇이며 "칭의"가 무슨 뜻인지 모른다. 그러므로 그들은 그러한 것들에 대해 설교를 들을 때, 말씀 안에서 하나님의 계명에 따라 사는 것을 뜻한다고 생각한다. 왜냐하면 그들은 교리의 신비 속으로 더 깊이 들어가지 않고, 그것이 믿음이며 칭의라고 믿어 버리기 때문이다. 그러므로 믿음만의 교리와 믿음에 의한 칭의에 대해 배울 때, 그들

은 믿음만이란 하나님과 구원에 대해 생각하는 것이고, 어떻게 그들이 살아야 하는가 말고 다른 게 아니라고 생각하며, 또 칭의는 하나님 앞에서 사는 것이라고 생각한다. 구원받는 교회 안의 모든 사람은 이러한 생각과 믿음 안에서 주님의 보호를 받는다. 그리고 이 세상을 떠난 후에 진리에 대해 자세한 설명을 듣는다. 왜냐하면 그들에게는 가르침을 받아들일 능력이 있기 때문이다. 그러나 오직 믿음과 믿음에 의한 칭의의 교리에 따라 살았던 사람들은 맹인이 된다. 왜냐하면 믿음만 있는 것은 믿음이 아니며, 그러므로 믿음만으로 의롭게 되는 것은 전혀 가치 없는 일이기 때문이다(믿음만 있는 것이 믿음이 아니라는 것은 『마지막 심판』 33-39번 참고).

(4) 이것으로 "미지근한 사람"이 어떤 사람인지 알 수 있다. 그들은 내심 "선으로 구원받는 게 아닌데 선을 생각하고 의도하고 행하는 것이 무슨 의미가 있는가, 믿음을 갖는 것으로 충분하다"라고 말하며, 또한 "악으로 인해 저주받는 게 아닌데 악을 의도하고 행하는 게 무슨 문제가 되는가?"라고 말한다. 그리하여 그들은 생각과 의도에 대한 속박, 즉 그들의 영에 대한 모든 속박을 풀어 버린다. 왜냐하면 생각하고 의도하는 것은 영이고, 행위는 전적으로 영을 따르기 때문이다. 그러나 알아야 할 게 있다. 즉 설교자들은 그들의 설교를 듣는 사람들이 모두 교리에 따라 산다고 믿지만, 그럼에도 그런 사람이 별로 없다는 것이다. 교리에 따라 사는 사람이 없는 것은 주님의 신적 섭리에서 비롯한 것인데, 그 이유는 "미지근한 사람들"의 운명은 신성을 모독한 사람들의 그것과 다르지 않기 때문이다. 즉 세상을 떠난 후 그들의 운명은 말씀에서 배운 모든 것을 빼앗기고, 그들의 영의 사랑과 생각에 맡겨진다. 말씀에서 배운 생각을 빼앗길 때 그들은 누구보다 어리석은 사람이 된다. 천국의 빛 안에서 그들의 모습은 마치 불에 탄 뼈 위에 피부만 좀 덮인 것 같이 보인다(신성 모독과 신성 모독자의 운명에 대해서는 『새예루살렘의 교리』 172번 참고).

234

"뜨겁지도 아니하고 차지도 아니하니"는 인애가 없으므로 그들이 천국과 지옥 사이에 있는 것을 뜻한다. 이것은 앞의 231번에서 말한 것으로 분명하다.

235

(1) "내 입에서 너를 토하여 버리리라"는 말씀에서 얻은 지식으로부터 분리되는 것을 뜻한다. 이것이 분명한 것은 주님이 "토해 내신다"고 할 때는 분리를 뜻하기 때문이다. 주님이 그들을 당신으로부터 떼어 내시는 게 아니라 그들 스스로 주님에게서 떨어져 나가는 것이다. "토해 버린다"고 한 이유는 "미지근한 사람"에 대해 다루고 있으며, 세상에서 미온적인 것은 구토를 일으키기 때문이다. 이것 또한 상응에서 비롯한 것이다. 왜냐하면 사람이 먹는 음식은 지식과 상응하며, 그러므로 말씀에서는 지식을 뜻하기 때문이다. 따라서 지식으로부터의 분리는 지식 안으로 들어가는 게 허락되지 않는 것을 뜻한다. 그러나 여기서 다뤄지는 사람들은 말씀으로부터 어떤 걸 받아들이는 사람들이기 때문에, 분리는 곧 방출 또는 토해냄을 뜻한다("음식"이 상응으로 지식과 그것에서 비롯한 지성을 뜻하는 것은, 『천국의 비밀』 3114, 4459, 4792, 5147, 5293, 5340, 5342, 5410, 5426, 5576, 5582, 5588, 5655, 8562번 참고, 왜냐하면 음식이 겉사람 또는 몸을 튼튼하게 하는 것처럼, 지식은 속사람 또는 영을 튼튼하게 하기 때문이라는 것은 4459, 5293, 5576, 6277, 8418번 참고). 이것이 분명한 것은 주님이 "내 입에서"라고 말씀하시는 것은 "말씀으

로부터"라는 뜻이기 때문이다. 주님이 "내 입에서"라고 하실 때 그것이 "말씀으로부터"를 뜻하는 까닭은, 말씀은 신성한 진리이고 신성한 진리는 주님에게서 나오며, 주님에게서 나와 사람에게로 흘러 들어가는 것은 비록 입에서 나오지 않고 태양에서 나오는 빛 같은 것이지만 "입에서 나온다"고 말하기 때문이다. 왜냐하면 주님은 천사들의 천국 위에 높이 해로 나타나시며, 거기에서 나오는 빛이 신적 진리이고 그것으로부터 천사와 사람들은 자기의 모든 지성과 지혜를 얻기 때문이다(『천국과 지옥』116-125, 126-140번 참고). 이것으로 "내가 내 입에서 너를 토하여 버리리라"는 신성한 진리, 또는 같은 의미로 말씀의 지식으로부터 분리되는 것을 뜻함을 알 수 있다.

(2) 오직 믿음과 믿음에 의한 칭의의 교리에 따라 사는 "미지근한 사람들", 즉 "차지도 덥지도 않은 사람들"이 말씀의 지식에서 분리된 사람들이라는 것은 그들 자신도 모르는 일이다. 왜냐하면 그들은 자기들이 다른 사람보다 더 지식 안에 있다고 생각하기 때문이다. 그러나 그렇지 않다. 그들은 거의 어떤 지식 안에도 있지 않다. 그 이유는 그들의 교리와 종교의 원리가 거짓이며, 거짓 원리로부터는 거짓 말고 어떤 것도 나오지 않기 때문이다. 그러므로 말씀을 읽을 때 그들의 마음은 줄곧 거짓 안에 있고 결과적으로 진리를 보지 못하며, 설사 진리를 보더라도 그냥 지나치거나 거짓으로 만들어 버린다. 이런 거짓 원리가 믿음만으로 구원받고 의롭게 된다는 원리이다. 그들이 알려고만 하면 자기가 말씀의 지식으로부터 분리되어 있고 말씀 안에서 진리를 보지 못한다는 걸 알 수 있다. 왜냐하면 주님이 가장 자주 하신 말씀은, 사람은 주님의 말씀과 계명과 뜻을 행해야 하고, 누구나 자신의 행위에 따라 보상받으며, 또한 말씀 전체는 하나님을 사랑하고 이웃을 사랑하라는 두 계명에 바탕을 두고 있으며, 하나님을 사랑하는 것은 주님의 계명을 지키는 것이기 때문이다(요 14:21, 23, 24). 사람이 구원받기 위해 뭘 해야 하는지, 그리고 듣고 아는

것은 행함이 없으면 아무것도 아니라는 걸 구약과 신약에서는 수없이 말한다. 그러나 오직 믿음과 믿음으로 의롭게 된다는 것을 굳게 믿는 사람들이 그것들을 보겠는가? 그리고 본다 하더라도 그것을 거짓으로 만들어 버리지 않겠는가? 그리하여 그들은 삶의 교리가 아니라 믿음만의 교리를 소유하는 것이다. 그러나 교회에 속한 사람을 만드는 건 삶이며, 삶에 관한 것들이 그의 믿음이 된다.

(3) 이들이 말씀의 지식으로부터 분리된다는 것은 그들이 육신이 죽은 다음에도 사람으로 산다는 것을 모른다는 사실로 알 수 있다. 즉 그들은 영으로 사는 것과 천국과 지옥은 인류로 말미암아 존재한다는 것을 모르며, 또한 천국과 천국의 기쁨에 대해, 지옥과 지옥의 불에 대해 모른다. 그러므로 영계에 대해 아무것도 모르며, 말씀의 내적 또는 영적 의미에 대해, 주님의 인성의 영화에 대해, 거듭남과 시험에 대해, 세례와 그 의미에 대해, 성찬에 대해, 살과 피, 또는 포도주와 떡의 의미에 대해, 자유 의지에 대해, 속사람과 인애에 대해, 이웃에 대해, 선과 사랑에 대해 모르며, 그리고 죄 사함과 다른 많은 것에 대해 아무것도 모른다. 더구나 나는 천사들이 다음과 같이 말하는 것을 들었다. 즉 허락하심을 받아 그들이 교회 안을 들여다봤을 때 교리로 인해 스스로 총명하다고 믿는 사람들을 보았는데, 천사들이 본 것은 짙은 어둠뿐이었고, 그 총명한 사람들은 마치 물속에 깊이 빠진 것같이 보였다는 것이다.

(4) 이들은 두 가지 이유로 인해 말씀의 지식으로부터 분리된다. 첫째는, 주님에게서 가르침을 받을 수 없기 때문인데, 그 이유는 주님은 사람의 선 안으로 들어오시고, 그런 다음 진리를 가르쳐 주시기 때문이다. 즉 주님은 사람이 사랑 안으로 들어오시며, 그렇게 해서 그의 믿음 안으로 들어오시는 것이다. 두 번째는, 그들이 거짓을 가지고 진리를 모독하기 때문이다. 이런 행동을 하

는 사람들은 세상에 사는 동안 진리를 알지 못하도록 진리로부터 분리되며, 사후에는 세상에 살 때 말씀으로부터 배운 모든 것들을 스스로 내 버린다. "입에서 토하여 버리는 것"은 이 두 가지 분리를 모두 의미한다. 말씀의 다른 곳에 나오는 "구토"와 "토함"도 같은 의미이다. 이사야서의 다음 구절이 그런 예이다.

> 여호와께서 그 가운데 어지러운 마음을 섞으셨으므로 그들이 애굽을 매사
> 에 잘못 가게 함이 취한 자가 토하면서 비틀거림 같게 하였으니 (사 19:14)

"애굽"은 영적인 것과 자연적인 것에 대한 지식을 뜻하며, "그 가운데 어지러운 마음을 섞으신 것"은 이러한 것들을 곡해하고 거짓으로 만드는 것을 뜻한다. "술 취한 자"는 영적으로 제정신이 아닌 사람을 뜻한다. "술 취한 자가 토하면서 비틀거리는 것 같이"라고 말한 까닭은, 거짓이 섞인 진리는 내 버려지기 때문이다("애굽"이 지식을 뜻하는 것은 『천국의 비밀』 1164, 1165, 1186, 1462, 5700, 5702, 6015, 6651, 6679, 6683, 6692, 7296번, 또한 교회에 속한 지식을 뜻하는 것은 7296, 9340, 9391번, "술 취한 자"가 영적으로 제정신이 아닌 자를 뜻하는 것은 1072번 참고).

(5) 예레미야서에,
> 칼 앞에서 마시며 취하여 토하고 엎드러져 다시는 일어나지 말아라 하셨느
> 니라 (렘 25:27)

"마시며 취하여"는 거짓을 받아들여 그것을 진리와 섞고, 그렇게 해서 미치는 것이며, "토하고 엎드러져"는 거짓으로 변한 것들을 전부 내던져 버리는 것을, 그 앞에서 그들이 다시는 일어나지 못하는 칼은 진리를 파괴하고 황

폐하게 만드는 거짓을 뜻한다(『천국의 비밀』2799, 4499, 7102번 참고). 다음 구절도 "토하고 엎드러지는 것"이 무슨 뜻인지 분명히 보여 준다.

같은 말씀에,

> 모압으로 취하게 할지어다 이는 그가 여호와에 대하여 교만함이라 그가 그
> 토한 것에서 뒹굴므로 (렘 48:26)

"모압"은 교회의 선을 더럽히는 사람들을 뜻한다. 그러므로 "토하는 것"은 그들의 그런 특성을 말한다.

(6) 하박국서에,

> 이웃에게 술을 마시게 하여 취하게 하고 그의 벌거벗은 것을 바라보는 자
> 에게 화 있을진저 네게 영광이 아니요 수치가 가득하니 너도 마시고 너의
> 할례 받지 아니한 것을 드러내라 여호와의 잔이 네게로 돌아올 것이라 수
> 치스러운 더러운 토함이 네 영광을 가리리라 (합 2:15-16)[15]

"그에게 술을 마시게 하고 취하게 하는 것"도 진리를 마시고, 그것을 거짓과 섞는 것을 뜻한다. 그들이 바라보는 "벌거벗은 것"은 진리가 빼앗기고, 그로 인해 지성이 빼앗기는 것을 뜻하고 (『천국의 비밀』1073, 5433, 9960번 참

---

15) whitehead가 인용한 영문 성경은 "Woe unto him that maketh his companion to drink even making him drunken, that thou mayest look upon their nakednesses. Thou shalt be satiated with disgrace instead of glory; drink thou also, and let thy foreskin be uncovered; the cup of Jehovah shall go about unto thee, and disgraceful vomiting shall be on thy glory"이고, 개역 개정의 번역은 "이웃에게 술을 마시게 하되 자기의 분노를 더하여 그에게 취하게 하고 그 하체를 드러내려 하는 자에게 화 있을진저 네게 영광이 아니요 수치가 가득한즉 너도 마시고 너의 할례 받지 아니한 것을 드러내라 여호와의 오른손의 잔이 네게로 돌아올 것이라 더러운 욕이 네 영광을 가리리라"이다. (역자)

고), "할례받지 아니한 것을 드러내라"는 선이 더럽혀지는 것을 뜻한다(『천국의 비밀』 2056, 3412, 3413, 4462, 7225, 7245번 참고). "영광"은 신적 진리, 즉 말씀을 뜻한다(『천국의 비밀』 4809, 5922, 8267, 8427, 9429번 참고). 이것으로 "수치스러운 토함이 네 영광을 가리리라"가 무슨 뜻인지 알 수 있다.

(7) 이사야서에,

> 이들은 포도주로 말미암아 옆 걸음 치며 독주로 말미암아 비틀거리며 제사장과 선지자도 독주로 말미암아 옆 걸음 치며 포도주에 빠지며 독주로 말미암아 비틀거리며 환상을 보며 재판할 때에 실수하나니 모든 상에는 토한 것, 더러운 것이 가득하고 깨끗한 곳이 없도다 그가 누구에게 지식을 가르치려는가 (사 28:7-9)

여기서 그들을 옆 걸음 치게 만드는 "포도주"와 "독주"는 거짓이 섞인 진리를 뜻하고, "제사장"과 "선지자"는 선과 진리를 가르치는 사람이며, 추상적 의미로는 교회의 선과 진리를 뜻한다. "비틀거리면서 환상을 보는 것"은 그들이 어쩌면 진리를 알게 될지도 모른다는 뜻이다. "재판할 때에 실수하는 것"은 제정신이 아닌 것을 뜻한다. "상"은 영적 생명을 살찌우는 모든 것들을 뜻한다. 왜냐하면 상은 음식을 뜻하고, "음식"은 영적 생명을 살찌우는 모든 선과 진리를 뜻하기 때문이다. 그러므로 "토한 것, 더러운 것이 가득한 상"은 거짓으로 변하고 더럽혀진 선과 진리를 뜻한다.

(8) 레위기에,

> 너희는 이 모든 일로 스스로 더럽히지 말라 내가 너희 앞에서 쫓아내는 족속들이 이 모든 일로 말미암아 더러워졌고 그 땅도 더러워졌으므로 내가 그 악으로 말미암아 벌하고 그 땅도 스스로 그 주민을 토하여 내느니라 너

희도 더럽히면 그 땅이 너희가 있기 전 주민을 토함같이 너희를 토할까 하
노라 (레 18:24-25, 28)

여기서는 온갖 종류의 간음에 대해 다룬다. 간음의 영적 의미는 선에 대한
온갖 종류의 더럽힘과 진리의 왜곡, 또는 모독을 뜻한다. 악과 선, 또는 악에
속한 거짓과 선에 속한 진리는 서로 내치지 않고 공존하는 것이 불가능하므
로, "땅", 즉 교회가 그 주민을 토해 낸다고 하는 것이다. 이것으로 "토해 버리
는 것"이 무슨 뜻인지 알 수 있다.

236

(1) 17절. "네가 말하기를 나는 부자라 부요하여 부족한 것이 없다"는 다른
사람보다 더 진리 안에 있다고 스스로 믿는 그들의 믿음을 뜻한다. 이것이 분
명한 것은 "말하는 것"은 그들이 믿는 것과 관련이 있기 때문이다. 여기서는
믿음만의 신앙 안에 있는 사람들을 다루기 때문에, "말하는 것"은 그들의 믿
음을 뜻한다. 게다가 영적 의미로 "말하는 것"은 생각하는 것을 뜻한다. 말은
생각에서 나오기 때문이다. 생각은 사람의 영에 속한 것이기 때문에 영적이지
만 반면에 생각으로부터 나오는 표현과 말은 몸에 속한 것이고, 그러므로 자
연적이다. 이런 까닭에 "말하는 것"은 말씀에서 여러 가지 의미를 가진다. "네
가 말하기를 나는 부자라 부요하여 부족한 것이 없다"가 다른 사람보다 더 진
리 안에 있다고 스스로 믿는 그들의 믿음을 뜻하는 게 또한 분명한 것은, "부
유한 것"은 선과 진리의 지식을 많이 갖고 있어서 총명하고, 지혜로운 것을
(이것에 대해 곧 말하겠다) 뜻하며, "부요하여 부족한 것이 없다"는 모든 것을

알기 때문에 부족함이 없는 것을 뜻하기 때문이다.

(2) 오직 믿음과 믿음에 의한 칭의의 교리 안에 있는 사람들이 이렇다는 것, 또는 그들 스스로 그렇게 생각한다는 것은 비록 그들 가운데 있기는 하나 그 믿음 안에 있지 않은 사람들은 알지 못한다. 그러나 나는 많은 경험을 통해 그들이 아직도 그런 상태라는 것을 알게 되었다. 나는 세상에 살 때 자기가 믿음만의 교리와 믿음에 의한 칭의의 교리에 대해 많이 알았고, 그리고 단순한 사람들은 교리에 관한 것들에 무지하기 때문에 스스로 다른 사람보다 총명하고 지혜롭다고 믿는 많은 사람들과 대화했다. 그들은 그러한 것들을 내적인 것, 또는 교리의 신비라고 불렀고, 자기들이 부족함 없이 모든 것을 알고 이해한다고 믿었다. 그들 가운데는 오직 믿음과 믿음에 의한 칭의의 교리에 대해 글을 썼던 사람도 많았다. 그러나 정작 그들은 진리에 대해 아는 것이 없으며, 오히려 믿음만으로 의롭게 된다는 것을 이해하지 못하는 상태에서 믿음의 삶, 즉 인애의 삶을 살았던 사람들이 그들보다 더 총명하고 지혜롭다는 사실이 드러났다. 또한 그들이 알고 있는 것은 진리가 아니라 거짓이며, 거짓을 알고 생각하는 것으로는 총명하거나 지혜롭게 되지 못한다는 것도 밝혀졌다. 왜냐하면 총명함은 진리에서 나오고, 지혜는 진리에 따른 삶에서 나오기 때문이다. 이것에 대한 이유가 밝혀졌는데, 그것은 그들이 진리에 대한 영적 애정 안에 있지 않고, 단지 그들의 지도자가 가르치는 것을 배우려 하는 자연적 애정 안에 있었기 때문이었다. 어떤 사람은 자신의 임무 때문에, 또 어떤 사람은 박식하다는 말을 듣기 위해 그것을 알려 했다. 자연적 애정 안에 있고 영적 애정 안에 있지 않은 사람들은 이러한 것들을 알았을 때, 그들이 모든 것을 알았다고 믿는다. 이런 현상은 말씀의 글자의 뜻을 통해 그러한 것들을 마음에 굳힌 사람들과 잘못된 추론으로 그것들을 다른 거짓과 연결하려고 했던 사람들에게 더욱 심하게 나타난다.

(3) 나는 또 경험으로 다음과 같은 사실을 알게 되었다. 세상에 살 때 다른 사람들로부터 학식 있는 사람이라는 말을 듣던 영들이 있었는데, 그들은 영적 믿음에 대해 아는지 여부를 알아보기 위한 조사를 받았다. 그들은 안다고 말했고, 그러므로 그들은 영적 믿음 안에 있는 사람들에게 보내졌다. 그들이 영적 믿음 안에 있는 사람들과 교제하게 되었을 때, 그들은 자기에게 믿음이 없다는 것과 믿음이 무엇인지 알지 못한다는 것을 깨달았다. 그때 그들은 그들 교회의 모든 교리의 근거인 오직 믿음에 대해 그들이 어떻게 생각하는지 질문을 받았다. 그러나 그들은 수줍어하며 아무 말도 하지 못했다. 또 교회의 지식인들 가운데 여럿이 거듭남에 대해 알고 있는지 심문받았다. 그들은 그것을 세례로 알고 있다고 대답했다. 왜냐하면 사람이 물과 성령으로 세례받지 않으면 하나님의 나라에 들어갈 수 없다고 주님이 말씀하셨기 때문이다. 그러나 세례는 거듭남이 아니라는 것과 "물과 성령"은 진리와 그에 따른 삶이라는 것, 그리고 그것으로 거듭나지 않으면 누구도 천국에 들어갈 수 없다는 사실이 그들에게 알려졌을 때, 그들은 자기들의 무지를 고백하고 떠나 버렸다. 그들은 또 천사에 대해, 천국과 지옥에 대해, 사후에 사람의 삶에 대해, 그리고 다른 많은 것들에 대해 질문을 받았는데, 그들은 어느 것에 대해서도 아는 게 없었다. 그들 마음속에서 이러한 것들은 마치 짙은 어둠과 같았다. 그러므로 그들이 고백하기를, 모든 것을 안다고 믿었으나 알고 보니 아는 게 거의 없다고 말했다. 영계에서 어떤 것을 아는 것은 진리에 대해 어떤 것을 아는 것이다. 그렇기 때문에 거짓을 아는 것은 아는 것이 아니다. 왜냐하면 그것은 이해하는 것도 아니고 지혜로운 것도 아니기 때문이다. 나중에 그들은 "네가 말하기를 나는 부자라 부요하다 하나 네 곤고한 것과 가련한 것과 가난한 것과 눈 먼 것과 벌거벗은 것을 알지 못하는도다"라는 주님의 말씀이 그런 뜻이라는 말을 들었다.

(4) 말씀에서 "부자"는 진리 안에 있는 사람들을 뜻한다. 왜냐하면 영적인 부는 다른 게 아니기 때문이다. 그러므로 말씀에서 "부"는 진리와 선에 관한 지식을 뜻하고, "부자"는 그것에서 비롯한 지성 안에 있는 사람들을 뜻한다. 다음 구절에서 그것을 알 수 있다.

에스겔서에,

> 네 지혜와 총명으로 재물을 얻었으며 금과 은을 곳간에 저축하였으며 네
> 큰 지혜로 재물을 더하였도다 (겔 28:4-5)

이것은 영적 의미로 진리의 지식 안에 있는 사람들을 뜻하는 두로의 왕에게 한 말이다. 즉 "재물"은 일반적으로 그 지식 자체를 뜻하고, "곳간 안의 금"은 선에 관한 지식을, "곳간 안의 은"은 진리에 관한 지식을 뜻한다. 이것이 지식을 뜻하는 것이 분명한 것은, "네 지혜와 총명으로 재물을 얻었으며 네 큰 지혜로 재물을 더 하였도다"라고 말했기 때문이다("두로의 왕"이 진리의 지식 안에 있는 사람들을 뜻하는 것은 왕이 제일 중요한 진리를 뜻하기 때문인 것은 『천국의 비밀』 1482, 2089, 5044번, "두로"가 진리의 지식을 뜻하는 것은 1201번, "곳간"이 지식의 소유를 뜻하는 것은 1694, 4508, 10227번, "금"이 선을, "은"이 진리를 뜻하는 것은 1551, 1552, 2954, 5658번 참고).

(5) 스가랴서에,

> 두로는 은을 티끌같이, 금을 거리의 진흙같이 쌓았도다 주께서 그의 소유
> 를 빼앗으시며 그의 재물을 바다에 쳐넣으시리라 (슥 9:3-4) [16]

---

16) Tyre … piled up silver like dust, And gold like the mire of the streets, the Lord will dispossess her And cast her wealth into the sea(NASB)

여기서도 "두로"는 자신을 위해 지식, 즉 "은"과 "금", "재물"을 획득하는 사람들을 뜻한다.

시편에,
두로의 딸은 예물을 드리고 백성 중 부한 자도 네 얼굴 보기를 원하리로다
(시 45:12)

여기서는 "왕의 딸", 즉 진리에 대한 애정의 측면에서 교회를 말하고 있다. 왜냐하면 "딸", 즉 "왕의 딸"은 애정의 측면에서 교회를 뜻하기 때문이다 (『천국의 비밀』3262, 3963, 6729, 9059번, "왕"이 진리를 뜻하는 것은 1672, 2015, 2069, 3670, 4575, 4581, 4966, 6148번).

이런 이유 때문에 "두로의 딸이 예물을 드리고" 또 "백성 중 부한 자가 네 얼굴 보기를 원한다"고 말하는 것이다. "백성 중 부한 자"는 진리가 많은 사람들이다.

(6) 호세아서에,
에브라임이 말하기를 나는 실로 부자라 내가 재물을 얻었는데 내가 수고한
모든 것 중에서 죄라 할 만한 불의를 내게서 찾아 낼 자 없으리라 하거니
와, 내가 여러 선지자에게 말하였고 이상을 많이 보였으며 (호 12:8, 10)

"나는 실로 부자라 내가 재물을 얻었는데"는 세상의 부유함을 뜻하지 않고 천국의 부와 재물인 진리와 선의 지식을 뜻한다. 왜냐하면 "에브라임"은 교회에 속한 사람들이 말씀을 읽을 때 깨닫는 지적인 것들을 뜻하기 때문이다(『천국의 비밀』5354, 6222, 6238, 6267번). 그러므로 "내가 여러 선지자에게 말

하였고 이상을 많이 보였다"고 말한 것이다. "이상" 또한 교리에 관한 진리를 뜻한다.

(7) 예레미야서에,

여호와는 각각 그의 행위와 그의 행실대로 보응하나니 불의로 치부하는 자는 자고새가 낳지 아니한 알을 품음 같아서 그의 중년에 그것이 떠나겠고 마침내 어리석은 자가 되리라 (렘 17:10-11)

이것은 스스로 지식을 획득하되, 단지 알기 위한 목적으로 획득하는 사람들에 대해 말하고 있다. 그러나 지식은 반드시 삶을 위한 것이어야 한다. "자고새가 낳지 아니한 알을 품는 것", "불의로 치부하는 것", "마침내 어리석은 자가 되는 것"은 그것을 의미한다. 선과 진리의 지식으로 인해 삶이 완전하게 되기 때문에, 선과 진리의 지식은 마땅히 삶을 섬겨야만 한다. 그래서 이르길 "여호와는 각각 그의 행위와 그의 행실대로 보응하나니"라고 말한다.

(8) 누가복음에,

이와 같이 너희 중의 누구든지 자기의 모든 소유를 버리지 아니하면 능히 내 제자가 되지 못하리라 (눅 14:33)

말씀에서 "소유"가 영적 부와 재물, 즉 말씀의 지식을 뜻하는 것을 모르는 사람은 사람이 구원받으려면 스스로 모든 재산을 버려야 한다고 생각할 수 있다. 그러나 이 말씀의 뜻은 그런 게 아니다. 여기서 "소유"는 자신의 총명함에서 비롯한 모든 것을 뜻한다. 왜냐하면 어떤 사람도 자기 자신으로부터 지혜로울 수 없고 오직 주님으로부터 지혜롭게 되기 때문이다. "모든 소유를 버리는 것"은 총명함과 지혜에 속한 어떤 것도 자기에게 돌리지 않는 것이다. 그렇게 하는 사람은 주님의 가르침을 받을 수 없다. 즉 주님의 제자가 될 수 없는 것이다.

(9) "부자"가 진리와 선의 지식을 소유한 사람, 즉 말씀을 소유한 사람을 뜻하고, "가난한 자"는 지식을 소유하고 있지 않으나 갈망하는 사람을 뜻한다는 걸 모르는 사람은, 자색 고운 베옷을 입은 부자와 그의 대문 앞에 버려진 가난한 자를(눅 16) 생각할 때, 일반적 의미로 부자와 거지라는 것 말고는 알 수가 없다. 그러나 이때 "부자"는 선과 진리에 관한 모든 지식이 담긴 말씀을 소유한 유대 민족을 뜻하고, 그가 입은 "자색 옷"은 진정한 선을(『천국의 비밀』9467번), "고운 베옷"은 진정한 진리를(『천국의 비밀』5319, 9469, 9596, 9744번), 그리고 "대문 앞에 버려진 가난한 자"는 교회 밖의 이방인들로 말씀을 소유하고 있지 않으나 천국과 교회에 속한 선과 진리를 갈망하는 사람을 뜻한다. 이것으로 "부자"는 말씀을 소유한 사람이고, 그러므로 선과 진리의 지식을 소유한 사람들을 뜻하는 것이 분명하다. 왜냐하면 말씀 속에 그 지식이 들어 있기 때문이다.

(10) 그것은 엘리사벳에게 한 예언에서도 마찬가지이다.

하나님께서 주리는 자를 좋은 것으로 배불리셨으며 부자는 빈손으로 보내셨도다 (눅 1:53)

"주리는 자"는 지식을 갈망하는 사람들을 뜻한다. 즉 주님을 받아들이고 그로부터 교리를 받아들이는 이방인들이다. 그러나 "부자"는 말씀을 소유하고 있고, 그러므로 지식을 가진 유대인들이다. 그들은 말씀을 통해 진리를 알려 하지 않았으므로 주님을 받아들이지 않았고 그분에게서 교리를 받아들이지

않았다. 이들이 빈손으로 보내질 "부자"이며, 앞에서 말한 사람들은 좋은 것
으로 배부르게 될 "주리는 자"이다.

237

　(1) "네 곤고한 것을 알지 못하는도다"는 그들의 거짓이 진리와 부합하지 않
음을 그들이 모르는 것을 뜻한다. 이것이 분명한 것은 "곤고한 것(wretched)"
은 거짓을 가지고 진리를 파괴하는 것을 뜻하고, 또한 서로 부합하지 않는 것
을 뜻하기 때문이다. 이것으로 "곤고한 것"이 무슨 뜻인지 알 수 있다. 그들이
그런 것은 그들의 교리가 오직 믿음, 그리고 믿음에 의한 칭의라는 두 가지 거
짓 원리 위에 세워졌기 때문이다. 따라서 이 원리들로부터 끊임없이 거짓이
흘러 들어오며, 그리하여 그 원리를 입증하기 위해 말씀의 글자의 뜻에서 인
용한 진리는 힘을 잃고 거짓으로 변한다. 거짓으로 변한 진리는 자체로 거짓
이다. 말씀의 여러 구절에서 이것에 대해 말하는데, 선지자가 보았다는 "헛된
것"과 그들이 말하는 "거짓말"이 그것을 뜻한다. 그것은 또 집과 벽의 "갈라
진 틈"과 그것들이 무너지는 것으로 묘사된다. 마찬가지로 장인이 만들고 사
슬로 연결해 하나로 만든 "우상"과 "새긴 신상들"로 묘사된다. 왜냐하면 "우
상"과 "새긴 신상들"은 교리에 관한 거짓을 뜻하기 때문이다. "벽과 집의 갈라
진 틈"과 "헛된 것을 보고 거짓말을 하는 선지자" 역시 같은 뜻이다. 왜냐하면
"선지자"는 교리를 뜻하고, "헛된 것"은 하찮은 것을, "거짓말"은 거짓을 뜻하
기 때문이다. 말씀의 여러 구절에서 이것을 언급하기 때문에 여기서 그 많은
것을 다 인용할 수는 없다. 그래서 다른 것들은 생략하고 "곤고한 것"과 "벽"
에 대해 말한 몇 구절만 인용하여 그것들이 거짓으로 인해 진리가 힘을 잃는

것과 그러므로 서로 부합하지 않는 것을 뜻한다는 것을 밝히고자 한다.

(2) 이사야서에,

> 네 지혜와 네 지식이 너를 유혹하였음이라 네 마음에 이르기를 나뿐이라
> 나 외에 다른 이가 없다 하였으므로 재앙이 네게 임하리라 파멸이 홀연히
> 네게 임하리라 (사 47:10–11)

여기서도 스스로 모든 걸 알고 누구보다 총명하다고 믿지만 실은 진리에 대해 아무것도 모르는 사람들과 그러므로 그들이 진리에 대한 이해력을 빼앗기는 것을 말하고 있다. "네 지혜와 네 지식이 너를 유혹하였음이라 네 마음에 이르기를 나뿐이라 나 외에 다른 이가 없다 하였다"는 그들 스스로 누구보다 총명하다고 믿는 것이며, "재앙이 네게 임하리라 파멸이 홀연히 네게 임하리라"는 진리에 대한 이해력을 모두 잃는 것을 뜻한다.

(3) 에스겔서에,

> 환난에 환난이 더하고 그들이 선지자에게서 묵시를 구하나 제사장에게는
> 율법이 없어질 것이요 장로에게는 책략이 없어질 것이며 왕은 애통하고 고
> 관은 놀람을 옷 입듯 하며 (겔 7:26–27)

여기서는 교회의 파멸에 대해 말한다. 즉 진리가 모두 거짓으로 변할 때 파멸이 일어난다는 것이다. "환난에 환난이 더하는 것"은 거짓에서 거짓이 나오는 것을 뜻하고, "선지자의 묵시"는 교리를 뜻하는데, 여기서는 거짓 교리를 말한다. "제사장에게 율법이 없어지는 것"은 말씀을 이해하지 못하는 것을 뜻한다. 왜냐하면 "율법"은 말씀을 뜻하고, "제사장"은 가르치는 자를 뜻하기 때문이다. "장로에게 책략이 없어지는 것"은 지혜로운 자에게서 정의가 사라지

는 것을 뜻한다. "책략"은 정의를 뜻하고, "장로"는 지혜로운 자를 뜻하기 때문이다. "왕은 애통하고 고관은 놀람을 옷 입듯 하며"는 더 이상 진리가 없는 것을 뜻한다. "왕"은 진리를 뜻하고, "고관"은 제일 유용한 진리를 뜻하기 때문이다.

(4) 시편에,

그들의 입에 신실함이 없고 그들의 심중이 심히 악하며 (시 5:9)

여기서 "악하며"라는 표현 역시 어떤 진리에도 부합하지 않는 거짓을 뜻한다. 다음 예레미야서의 말씀 역시 마찬가지이다.

슬피 울지어다, 울타리 가운데에서 허둥지둥할지어다 왕과 그 제사장들과
그 고관들이 다 사로잡혀 가리로다 (렘 49:3)

"울타리 가운데에서 허둥지둥할지어다"는 거짓에 의해 파괴된 진리 안에 있는 것이며, "사로잡혀 가는 왕"은 진리를 뜻하고, "그 제사장과 고관들"은 삶과 교리에 속한 선과 진리를 뜻한다(앞 부분 참고).

(5) 에스겔서에,

어떤 사람이 담을 쌓을 때에 그들이 회칠을 하는도다 그러므로 너는 회칠
하는 자에게 이르기를 그것이 무너지리라, 너희에게 말하기를 그것에 칠한
회가 어디 있느냐 하지 아니하겠느냐 (겔 13:10-12)

"그들이 회칠하는 담"은 원리인 것처럼 가장한 거짓을 뜻한다. 즉 말씀의 글자의 뜻을 적용하여 마치 진리인 것처럼 보이게 하는 것이다. "회칠하는

것"은 적용과 그를 통한 표면적인 입증을 뜻하고, "회반죽"은 거짓으로 변해 버린 것을 뜻한다. 말씀의 진리가 그렇게 파괴되고, 입증하는 데 사용된 진리는 자체로 거짓인 왜곡된 진리가 되었으며, 그리고 그 진리는 거짓 원리와 함께 사라질 것이기 때문에, 말씀에 이르기를 "그것이 무너지리라, 너희에게 말하기를 그것에 칠한 회가 어디 있느냐 하지 아니하겠느냐"라고 하였다.

(6) 호세아서에,

> 그러므로 내가 가시로 그 길을 막으며 담을 쌓아 그로 그 길을 찾지 못하게
> 하리니 (호 2:6)

"가시로 길을 막는 것"은 악에서 비롯한 거짓이 모든 생각을 방해하는 것, 즉 진리를 보지 못하게 하는 것이다. "가시"는 악에서 비롯한 거짓을 말하며, "담을 쌓는 것"은 거짓 위에 거짓을 쌓는 것이며, "그가 길을 찾지 못하는 것"은 진리를 조금도 이해하지 못하는 것을 뜻한다. 이와 같은 일이 일어나는 이유는, 천국과 지옥이 함께 있을 수 없는 것처럼 진리와 악에서 비롯한 거짓도 함께 있을 수 없기 때문이다. 왜냐하면 진리는 천국에서 오고 악에서 비롯한 거짓은 지옥에서 오기 때문이다. 그러므로 악에서 비롯한 거짓이 지배할 때 천국과 소통할 수 없고, 천국과 소통하지 못할 때 진리를 이해할 수 없으며, 다른 사람이 진리를 말해도 그것을 받아들이지 않는다. 그러므로 오직 믿음과 믿음에 의한 칭의의 원리 안에 있는 사람들처럼 거짓 원리 안에 있는 사람들은 어떤 진리 안에도 있지 않다(앞의 235, 236번 참고).

(7) 이제 이 주제를 예를 들어 설명하겠다. 오직 믿음과 믿음에 의한 칭의를 종교의 원리로 삼고 있는 사람들은, 말씀에서 주님이 사람은 행위와 일에 따라 상을 받으며 선을 행한 사람은 천국에 들어가고 악을 행한 사람은 지옥에

간다고 가르치실 때, 그들은 자기들이 행하는 선한 일들을 믿음의 열매라고 부른다. 그리고 선은 모두 인애에 속하고, 진리는 인애에서 비롯한 믿음에 속하기 때문에, 그들이 믿음의 열매라 부르는 선은 모두 인애에서 오고 그중 어느 것도 오직 믿음이라 불리는 인애에서 분리된 믿음에서 오는 것이 아니라는 걸 알지 못하거나 알려고 하지도 않는다. 이것을 보더라도 그들이 말씀을 왜곡하고 있는 것이 분명하다. 그들이 이런 일을 하는 이유는 그들의 원리에 진리를 달리 적용할 방법이 없기 때문이다. 그들은 여전히 그 둘이 서로 모순되지 않는다고 믿으나 결과적으로는 진리는 소멸되어 거짓이 되고, 거짓일 뿐아니라 악이 된다.

(8) 이것으로 거짓들이 계속 이어지는 것이 분명하다. 왜냐하면 그들은 사람이 선을 행하는 것은 공로를 바라는 것이라고 가르치고, 자체의 진리를 가진 믿음은 주님으로부터 오는 것이기 때문에 공로를 바라는 것이 아니며 자체의 선을 가진 인애 또한 그렇다는 것을 알려고 하지 않기 때문이다. 그들은 또한 사람이 믿음을 받아들이는 순간 아들을 통해 아버지 하나님과 화해하게 되며, 그때부터 행하는 악뿐만 아니라 이전에 행한 악까지도 그에게 전가되지 않는다고 가르친다. 왜냐하면 그들은 죽기 직전이라도 믿음을 받아들이기만 하면 어떠한 삶을 살았든 모두 구원받는다고 말하기 때문이다. 그러나 이러한 것들과 그밖에 원리의 거짓으로부터 추론한 많은 것들은 말씀의 진리에 부합하지 않으며 오히려 그것을 파괴한다. 그러므로 파괴된 진리는 거짓이며 심지어 악취를 풍기는 거짓이다. 사후의 세계에서는 이러한 것에서 지독한 냄새가 나는데, 그것은 선한 영들이면 누구도 참을 수 없는 냄새이다. 그것은 폐의 곪은 부위에서 풍기는 악취와 같은 것이다. 다른 예를 들 수도 있다. 사례는 아주 많다. 왜냐하면 거짓 원리로부터 추론한 것은 무엇이든 거짓이기 때문이다. 추론할 때는 그것이 고수하는 원리만을 고려하기 때문인데 그 이유는, 추

론은 원리에서 나오고, 또 원리에 적용되기 때문이다.

(9) 오직 믿음과 믿음에 의한 칭의의 신앙이 어떤 것인가 하는 것은 이러한 교의들을 교리와 삶을 통해 마음에 굳혔던 사람들이 사후에 마치 어머니와 아들 또는 계모와 아들의 불륜과 같은 혐오스러운 간통의 기운을 발산한다는 사실만으로 짐작할 수 있다. 이 혐오스러운 간통이 상응적으로 그들과 통하고, 그리하여 어디에 가든 그들로부터 그런 기운이 느껴진다. 그 기운 때문에 나는 아주 여러 번 그들이 있다는 것을 알았다. 그들에게서 이런 기운이 흘러나오는 이유는 그들이 말씀과 인애에 속한 선을 더럽혔기 때문이다. 상응적으로 간통은 선을 더럽히는 것이고 매춘은 진리를 왜곡하는 것이기 때문이다(『천국의 비밀』 2466, 2729, 3399, 4865, 6348, 8904, 10648번).

(10) 다음 말씀에도 같은 의미가 있다.

르우벤이 빌하와 동침하매 그의 아버지가 그 여자에게서 단과 납달리를 얻었더라 (창 35:22)
그러므로 그가 저주를 받았다 (창 49:4)

르우벤은 아버지의 침상을 더럽혔으므로 장자의 명분을 빼앗아 요셉에게로 돌아갔느니라 (역상 5:1)

왜냐하면 말씀에서 "르우벤"은 믿음을 뜻하는데, 여기서는 믿음만의 신앙을 뜻하고(『천국의 비밀』 3325, 3861, 3866, 3870, 4601, 4605, 4731, 4734, 4761, 6342, 6350번 참고), "요셉"은 신앙의 선을 뜻한다(『천국의 비밀』 3969, 3971, 4669, 6417번 참고).

(11) 다니엘서에서는 교회의 마지막 때 이런 일들이 일어날 것을 예언한다. 다음 말씀은 느브갓네살의 꿈에 나타난 신상에 대한 기록이다.

> 왕께서 쇠와 진흙이 섞인 것을 보셨은즉 그들이 사람의 자손과 서로 섞일 것이나 그들이 피차에 합하지 아니함이 쇠와 진흙이 합하지 않음과 같으리이다 (단 2:43)

"쇠"는 선이 없는 진리를 뜻하고, "진흙"은 자아의 지성에서 비롯한 거짓을, "사람의 자손"은 주님의 말씀을 뜻한다(마 13:24, 37). "그들이 피차에 합하지 아니함이 쇠와 진흙이 합하지 않음과 같으리이다"는 이들이 서로 부합하지 않는 것을 뜻한다.

238

(1) "가련한 것과 가난한 것"은 그들에게 진리에 관한 지식도 선에 관한 지식도 없음을 그들이 모르는 것을 뜻한다. 이것이 분명한 것은 "가련한 것" 또는 "불쌍한 것"은 진리에 대해 무지한 사람들을 뜻하고, "가난한 것"은 선에 대해 무지한 사람들을 뜻하기 때문이다. "가련한 것"과 "가난한 것"이 이런 의미라는 것은 말씀의 많은 구절로부터 분명하며, 그러므로 영적 불행과 빈곤이 진리와 선에 관한 지식의 결핍과 다르지 않음이 또한 분명하다. 왜냐하면 영은 그때 가련하고 가난하게 되지만, 그 지식을 가질 때 부유하고 유복하게 되기 때문이다. 그러므로 말씀에서 "부"와 "재산"은 영적 부와 재산, 즉 진리와 선에 관한 지식을 뜻한다(바로 앞의 236번 참고).

(2) "가련한 것과 가난한 것"은 말씀의 여러 구절에서 쓰이는 표현이다. 말씀의 영적 의미를 모르는 사람은 이 말을 세상에서 불쌍하고 가난한 것으로만 생각한다. 그러나 이것은 그런 의미가 아니라 진리와 선 안에 있지 않으며, 그러므로 그것들에 관한 지식이 없는 사람들을 뜻한다. 그뿐 아니라 "가련한 것"은 진리에 관한 지식이 없으므로 진리 안에 있지 않은 사람들을 뜻하며, "가난한 것"은 선에 관한 지식이 없으므로 선 안에 있지 않은 사람들을 뜻한다. 이 두 가지 표현이 진리와 선을 뜻하기 때문에, 많은 곳에서 그 둘을 함께 언급한다. 다음 구절들이 그렇다.

시편에,
나는 가련하고 궁핍하오나 주께서는 나를 생각하시오니 (시 40:17; 70:5)
여호와여 나는 가련하고 궁핍하오니 주의 귀를 기울여 내게 응답하소서
(시 86:1)

여기서 "가련하고 궁핍한 것"은 세상의 부가 아니라 영적인 부에 있어서 가련하고 궁핍한 것을 뜻하는 게 분명하다. 다윗이 자신에 대해 그렇게 말했기 때문이다. 그러므로 그는 또 "여호와여 귀를 기울여 내게 응답하소서"라고 말했다.

(3) 같은 말씀에,
악인이 칼을 빼고 활을 당겨 가련하고 궁핍한 자를 엎드러뜨리며 (시 37:14)

여기서 "가난하고 궁핍한 자" 또한 영적으로 그런 사람이며, 그러나 진리와 선에 관한 지식을 갈망하는 사람들을 뜻하는 것이 분명하다. 왜냐하면 "악인이 칼을 빼고 활을 당겼다"고 했는데, "칼"은 진리를 대적해 싸우고 그것을 파

괴하려고 하는 거짓을 뜻하며, "활"은 진리의 교리에 대적해 싸우는 거짓 교리를 뜻하기 때문이다. 그러므로 그들이 "가련하고 궁핍한 자를 엎드러뜨린다"고 말한 것이다("칼"이 거짓을 대적해 싸우는 진리를 뜻하고, 반대 의미로는 진리를 대적해 싸우는 거짓을 뜻하는 것은 앞의 131번 참고, "활"이 두 가지 모두의 의미에서 교리를 뜻하는 것은 『천국의 비밀』 2686, 270번 참고).

(4) 같은 말씀의 다른 곳에서도 그렇다.

악한 자가 가련하고 궁핍한 자와 마음이 상한 자를 핍박하여 죽이려 하였다 (시 109:16)

이사야서에,

어리석은 자는 어리석은 것을 말하며 그 마음에 불의를 품어 간사를 행하며 패역한 말로 여호와를 거스르며 주린 자의 속을 비게 하며 목마른 자에게서 마실 것을 없어지게 함이며 악한 자는 악한 계획을 세워 거짓말로 가련한 자를 멸하며 가난한 자가 말을 바르게 할지라도 그리함이거니와 (사 32:6-7)

여기서도 마찬가지로 "가련하고 가난한 자"는 진리와 선에 관한 지식이 없는 사람들을 뜻한다. 그러므로 "악한 자는 악한 계획을 세워 거짓말로 가련한 자를 멸하며 가난한 자가 말을 바르게 할지라도 그리함이거니와"라고 말하는 것이다. "거짓말로"는 '거짓으로'라는 뜻이며, "말을 바르게 하는 것"은 올바른 말을 하는 것이다. 이러한 것을 나타내기 때문에, 또한 "간사를 행하며 패역한 말로 여호와를 거스르며 주린 자의 속을 비게 하며 목마른 자에게서 마실 것을 없어지게 함이며"라고 말했다. "간사를 행하며 패역한 말을 하는 것"은 거짓으로부터 악을 행하고 악으로부터 거짓을 말하는 것이다. "주린 자의 속

을 비게 하는 것"은 선에 관한 지식을 갈망하는 사람들에게서 그것을 빼앗는
것이며, "목마른 자에게서 마실 것을 없어지게 하는 것"은 진리의 지식을 갈
망하는 사람에게서 그것을 빼앗는 것이다.

같은 말씀에,
가련한 자에게[17] 여호와로 말미암아 기쁨이 더하겠고 사람 중 가난한 자가
이스라엘의 거룩하신 이로 말미암아 즐거워하리니 (사 29:19)

여기서 "가련하고 가난한 자" 또한 세상의 재물에 관해 가련하고 가난한 사
람들이 아니라 진리와 선은 없지만 그것을 갈망하는 사람들을 뜻한다. 그러
므로 이들에 대해 "여호와로 말미암아 기쁨이 더하겠고 이스라엘의 거룩하신
이로 말미암아 즐거워하리니"라고 말한 것이다.

(5) 이것으로 말씀의 다른 구절들에서 "가련하고 가난한 것"이 무슨 뜻인지
알 수 있다. 그것은 다음과 같다.

시편에,
궁핍한 자가 항상 잊어버림을 당하지 아니함이여 가난한 자들이 영원히 실
망하지 아니하리로다 (시 9:18)
그가 가난한 백성의 억울함을 풀어 주며 궁핍한 자의 자손을 구원하며, 그
는 궁핍한 자가 부르짖을 때에 건지며 가련한 자도 건지며 그는 가난한
자와 궁핍한 자를 불쌍히 여기며 궁핍한 자의 생명을 구원하며 (시 72:4,
72:12-13)

---

17) KJV 번역에는 the meek, 즉 온순한 자로 되어 있지만 속뜻에 가까운 표현은 The afflicted
(NASB), 즉 가련한 자이다. (역자)

하나님을 찾는 가련한 자가 이를 보고 기뻐하나니, 여호와는 궁핍한 자의
소리를 들으시며 (시 69:32-33)
여호와는 가련한 자를 그보다 강한 자에게서 건지시고 가난한 자를 노략하
는 자에게서 건지시리로다 (시 35:10)
가련한 자와 궁핍한 자가 주의 이름을 찬송하게 하소서 (시 74:21, 109:22)
내가 알거니와 여호와는 가련한 자를 변호해 주시며 궁핍한 자에게 정의를
베푸시리이다 (시 140:12)

그 밖에 다른 곳에도 있다(사 10:2, 렘 22:16, 겔 16:49, 18:12, 22:29, 암
8:4, 신 15:11, 24:14). 이 구절들에서 "가련한 자"와 "가난한 자"를 함께 말하
는 것은, 진리를 말할 때 선도 함께 말하는 말씀의 독특한 방식을 따른 것이
다. 그리고 반대로 거짓을 말할 때는 악도 함께 말하는데, 그 이유는 그들이
마치 결혼을 한 것처럼 하나를 이루기 때문이다. 그것이 "가련한 자"와 "가난
한 자"를 함께 말하는 이유이다. "가련한 자"는 진리에 관한 지식이 없는 사람
을 뜻하고, "가난한 자"는 선에 관한 지식이 없는 사람들을 뜻하기 때문이다
(예언서의 거의 모든 곳에 이와 같은 결혼이 있다는 것은 『천국의 비밀』 683,
793, 801, 2516, 2712, 3004, 3005, 3009, 4138, 5138, 5194, 5502, 6343,
7022, 7945, 8339, 9263, 9314번 참고). 다음에 이어서 "눈먼 것과 벌거벗
은 것"이라고 말한 것도 같은 이유이다. "눈먼 자"는 진리에 대한 이해력이 없
는 사람을 뜻하고, "벌거벗은 자"는 선에 대한 이해력과 의지가 없는 사람을
뜻하기 때문이다. 그래서 다음 절에 "내가 너를 권하노니 내게서 불로 연단한
금을 사고 흰옷을 사서 입으라"고 했다. 왜냐하면 "불로 연단한 금"은 사랑에
속한 선을 뜻하고, "흰옷"은 믿음에 속한 진리를 뜻하기 때문이다. 그리고 또
"벌거벗은 수치를 보이지 않게 하고 안약을 사서 눈에 발라 보게 하라"고 했
는데, 그것은 악과 거짓이 보이지 않게 하라는 뜻이다. 그와 같은 의미는 다

른 곳에서도 마찬가지이다. 개별적인 말씀 안에 이러한 결혼이 있는 것은 말씀의 내적 의미를 아는 자 외에는 알 수가 없다.

239

(1) "눈먼 것과 벌거벗은 것"은 진리에 대한 이해력이 없는 사람들과 선에 대한 이해력과 의지가 없는 사람들을 뜻한다. 이것이 분명한 것은 "눈먼 것"은 진리를 이해하지 못하는 사람들을 뜻하며(이것에 대해 곧 말하겠다), "벌거벗은 것"은 선에 대한 의지가 없고, 그러므로 선을 이해하지 못하는 사람들을(이것에 대해 곧 말하겠다) 뜻하기 때문이다. 오직 믿음과 믿음에 의한 칭의의 교리 안에 있는 사람들이 진리를 이해하지 못하는 것은 다음과 같은 사실로 알 수 있다. 즉 믿음뿐인 믿음, 또는 인애와 동떨어진 믿음은 그 전체가 기억 속에만 자리 잡고 있고, 그 어떤 것도 이해력 안에 있지 않은 것이다. 그러므로 그런 믿음 안에 있는 사람들은 믿음에 관한 것들을 이해하려 하지 않는다. 그들은 믿음에 관한 것은 믿는 것이고 이해하는 게 아니라고 말한다. 그러므로 그들이 거짓을 입증하기 위해 말씀의 글자의 뜻으로부터 어떤 것을 인용하는 방법을 안다면, 그리고 그것의 영적 의미에 대해서는 전혀 모른다면, 그들은 무엇이든 자기들이 원하는 대로 말할 수 있고, 가장 심한 거짓말도 할 수 있는 것이다. 그런 거짓말들 속에는 교황들의 명령 같은 것이 숨어 있는데, 그것은 모든 사람은 교황들의 말에 의지해야 하며, 그러므로 교황들이 알고 이해하는 것을 그들도 믿어야 한다는 것이다. 그러나 그때 그들이 아는 것은 하나도 없다. 그러므로 자기들이 믿는 것에 대해 알지 못하고 이해하지 못하는 사람들이 "눈이 먼" 사람인 것이다. 그러므로 또한 그들은 믿음에 관한

것을 수단으로 하여 삶을 완성시킬 수 없다. 왜냐하면 이해력은 사람이 생명으로 나아가는 길이기 때문이다. 즉 다른 방법으로는 영적으로 될 수 없는 것이다. 천국의 모든 사람은 이해력으로 진리를 이해하고 그것을 받아들인다. 그러나 이해력으로 이해하지 못하는 것은 받아들이지 않는다. 만일 어떤 사람이 그들에게 알지 못하거나 이해하지 못해도 믿어야 한다고 말한다면, 그들은 "어떻게 그런 일이 있을 수 있는가? 나는 내가 알고 이해하는 것을 믿으며 알지 못하고 이해하지 못하는 것은 믿을 수 없다. 그런 것은 영적 생명을 파괴하는 거짓일지도 모르기 때문이다"라고 말하면서 돌아서 버린다.

(2) 오직 믿음과 믿음에 의한 칭의의 교리 안에 있는 사람들이 선을 이해하지 못하는 까닭은 그들에게 선에 대한 의지가 없기 때문인데, 그것은 다음 사실로 알 수 있다. 즉 그들은 이웃을 향한 인애에 대해 아무것도 모르며, 따라서 선에 대해 아무것도 모른다는 사실이다. 왜냐하면 모든 영적인 선은 인애에서 오며, 인애가 없으면 아무것도 없는 것이기 때문이다. 그러므로 인애로는 구원받지 못하고 오직 믿음으로만 구원받는다고 하며 인애로부터 믿음을 분리시킨 사람들은 선이 무엇인지 전혀 모른다. 그 이유는 그들이 인애에 대해 전혀 모르기 때문이다. 그러나 인애라 불리는 영적 선과 그것에 대한 애정이야말로 사람의 영적 생명이다. 그리고 그것이 없으면 믿음도 없는 것이다. 이것으로 분명한 것은 이들은 선을 이해하지 못한다는 것이다. 그들에게 선에 대한 의지가 없기 때문이다. 그렇기 때문에 그들은 믿음을 갖게 되면 스스로 의롭다고 하거나 의롭게 되었다고 공언한다. "의롭게 된다"는 것은 그들이 생각하고 의도하는 어떤 것 때문에 정죄되지 않는 것을 의미한다. 왜냐하면 그들은 이미 하나님과 화해했기 때문이다. 그러므로 그들은 악한 사람이라도 믿음을 받아들이기만 하면, 그것도 삶의 마지막 순간에 받아들이더라도 선한 사람과 똑같이 구원받는다고 믿는다. 왜냐하면 그것이 그들이 믿는 원칙에 따른 것이기 때

문이다. 이 교리의 불가사의는 다음과 같이 만들어진다. 즉 그들은 칭의에 대한 점진적 단계에 대해 말하면서, 그것은 사람의 생명에 관한 어떤 것이나 인애에 대한 애정으로 이루어지는 게 아니라, 아들을 통해 아버지 하나님과 화해한다는 단순한 믿음으로 이루어진다고 말한다. 그 믿음을 그들은 확신, 신뢰구원의 신앙 자체라고 부른다. 그러니까 그들은 인애가 없는 곳에는 어떤 영적생명도 있을 수 없다는 걸 모르는 것이다. 그들의 확신에서 나타나거나 내적으로 느껴지는 것 안에는 영적 애정에서 비롯한 건 아무것도 없고 오로지 복을받는다거나 저주를 피한다는 자연적 생각에서 비롯한 것들만 있다.

(3) 더욱이 인애의 선에 대해 모르는 사람은 선에 대한 의지가 없다. 그리고 그 선에 대해 모르는 사람은 악에 대해서도 모른다. 왜냐하면 악을 드러내는 것이 선이기 때문이다. 따라서 그런 사람은 자기 자신을 점검해 악을 발견하고, 그렇게 해서 악을 피하고 거절할 수가 없으며, 그러므로 생각과 의지에 대한 절제를 모두 풀어 버린다. 그들이 악행을 저지르지 않으려고 조심하는 것은 오직 법 때문이며, 그리고 평판과 명예, 이득, 생명을 잃지 않기 위해서이다. 그러므로 그들이 영이 되어 그런 두려움이 사라질 때, 그들은 스스로악마와 결합한다. 그들이 세상에서 생각했던 거와 같이 악마처럼 생각하고 뜻하기 때문이다. 왜냐하면 생각하는 것은 사람 안의 영이기 때문이다. 그러나인애의 삶을 살았던 사람들의 경우는 다르다.

(4) 믿음만으로 의롭게 되었다고 믿는 사람들도 하나님의 인도를 받는다고생각하며, 그러므로 자기가 하는 일이 선하다고 생각한다. 그리고 모든 선은하나님에게서 오고 사람으로부터 오지 않으며, 그게 아니라면 선은 공로를 바라는 일이 될 것이라고 말한다. 그러나 그들은 사람의 편에서 받아들임이 있어야 한다는 것과, 받아들임은 사람이 생각과 의도와 그것에서 비롯한 행위

를 조심하고, 그리고 그때 악을 끊고 선을 행하지 않으면 있을 수 없음을 모른다. 이러한 일은 그가 말씀에서 배운 진리를 존중하여 그것에 따라 살 때 이루어지는 것이다. 그렇게 하지 않으면 상호작용이 일어나지 않으며, 그러므로 개혁이 일어나지 않는다. 그것이 아니라면 말씀 안의 주님의 가르침이 무슨 소용이 있겠는가? 사람이 이런 일을 할 수 있는 것도 주님으로부터 가능한 것이다. 왜냐하면 모든 사람은 주님의 신적 임재로부터, 그리고 받아들임이 있기를 바라는 주님의 열의로부터 이런 능력을 얻기 때문이다. 한마디로 사람이 이해력과 의지, 생각과 애정, 또는 같은 의미로 믿음과 사랑 안으로 (주님을) 받아들이지 않으면 사람 편에서 받아들임은 없으며, 그러므로 주님과의 결합도 없다. 누구나 주님께서 끊임없이 선으로 임재하시고 또 받아들여지기를 원하신다는 걸 안다. 그러나 사람이 사고에 대한 모든 절제를 포기할 때 주님은 흘러 들어오실 수 없다. 주님은 욕망에서 오는 생각과 의도들이 말씀의 진리에 의해 억제될 때만 흘러 들어오실 수 있는 것이다.

(5) 주님은 끊임없이 선으로 임재하시고 받아들여지기를 원하신다. 주님은 이 장의 계속되는 말씀에서 이렇게 가르치신다. "볼지어다 내가 문밖에 서서 두드리노니 누구든지 내 음성을 듣고 문을 열면 내가 그에게로 들어가 그와 더불어 먹고 그는 나와 더불어 먹으리라"(계 3:20) "문을 여는 것"은 방금 말한 것처럼 사람의 편에서 받아들이는 것이다. 주님은 말씀의 다른 곳에서도 똑같이 가르치신다.

요한복음에서,
사람이 나를 사랑하면 내 말을 지키리니 내 아버지께서 그를 사랑하실 것이요 우리가 그에게 가서 거처를 그와 함께하리라 나를 사랑하지 아니하는 자는 내 말을 지키지 아니하나니 (요 14:23-24)

마태복음에,

> 좋은 땅에 뿌려졌다는 것은 말씀을 듣고 깨달아 결실하는 자니라 (마
> 13:23)

마가복음에,

> 좋은 땅에 뿌려졌다는 것은 곧 말씀을 듣고 받아 결실을 하는 자니라 (막
> 4:20)

주님과 결합하는 것은 사람이 받아들이는 것이며, 그렇게 해서 영적으로 되는 것이다. 그렇기 때문에 주님은 그 말씀을 하시면서 이렇게 외치셨다.

> 귀 있는 자는 들으라 (마 13:9, 막 4:9, 눅 8:8)

(6) "눈먼 자"는 진리를 이해하지 못하는 사람을 뜻하고, "벌거벗은 자"는 선에 대한 의지가 없으므로 선을 이해하지 못하는 사람을 뜻한다는 것은 여기서 인용하는 말씀의 여러 구절로부터 분명하다. 그러므로 말씀은 내적으로는 영적이지만 글자에 있어서는 자연적이며, 그러므로 자연적인 말씀의 글자의 뜻은 그 속에 영적 의미를 담고 있음을 알 수 있다. "눈먼 자"가 진리를 이해하지 못하는 사람들이라는 것은 다음 구절들에서 분명하다.

이사야서에,

> 그날에 못 듣는 사람이 책의 말을 들을 것이며 어둡고 캄캄한 데에서 맹인
> 의 눈이 볼 것이며 (사 29:18)

이 구절에서는 교회의 회복에 대해 말하고 있다. "못 듣는 사람이 책의 말

을 들을 것이며"는 진리에 순종하기를 원하고, 그렇게 해서 선한 삶을 살기를 원하지만 말씀이 없기 때문에 그렇게 하지 못하는 사람을 뜻하고, "어둡고 캄캄한 데에서 맹인의 눈이 볼 것이며"는 무지로 인해 진리를 이해하지 못하던 사람들이 그때 이해하는 것을 뜻한다. 따라서 귀머거리와 맹인을 말하는 것이 아님이 분명하다.

(7) 같은 말씀에,

보라 너희 하나님이 오사 보복하시며 갚아 주실 것이라 하나님이 오사 너희를 구하시리라 하라 그때에 맹인의 눈이 밝을 것이며 못 듣는 사람의 귀가 열릴 것이며 그때에 광야에서 물이 솟겠고 사막에서 시내가 흐를 것임이라 (사 35:4-6)

이 말씀은 주님의 오심과 그때 주님을 믿는 사람들이 구원받는다는 것을 말하고 있다. "맹인의 눈이 밝을 것이며"는 진리를 이해하지 못하던 사람들이 그때 이해한다는 뜻이고, "못 듣는 사람의 귀가 열릴 것이며"는 선을 지각하지 못하고 선에 대한 의지가 없던 사람들이 그때 순종하고 선 안에서 사는 것을 뜻한다. 그래서 "광야에서 물이 솟겠고 사막에서 시내가 흐를 것이라"고 말한 것이다. "광야"는 진리가 없으므로 선이 없는 것을 뜻하며, "물"은 진리를, "시내"는 진리에서 비롯한 지성을 뜻한다.

(8) 같은 말씀에,

내가 너를 세워 백성의 언약과 이방의 빛이 되게 하리니 네가 눈먼 자들의 눈을 밝히며 갇힌 자를 감옥에서 이끌어 내며, 나는 여호와이니 이는 내 이름이라 나는 내 영광을 다른 자에게 주지 아니하리라 (사 42:6-8)

이 말씀 또한 주님에 대해, 그리고 주님이 이방인들 가운데 교회를 세우시는 것에 대해 말한다. "네가 눈먼 자들의 눈을 밝히며"는 이전에 무지했던 사람들이 그때 진리를 이해하게 되는 것을 뜻한다. 그리고 "갇힌 자를 감옥에서 이끌어 내며"는 그들이 무지와 거짓으로부터 이끌려 나오는 것을 뜻한다. "나는 여호와이니 이는 내 이름이라 나는 내 영광을 다른 자에게 주지 아니하리라"는 신성 자체인 분이 인성을 입으실 것을 뜻한다.

(9) 같은 말씀에,

> 내가 맹인들을 그들이 알지 못하는 길로 이끌며 그들이 알지 못하는 지름길로 인도하며 암흑이 그 앞에서 광명이 되게 하리니 (사 42:16)

여기서도 "맹인"은 진리를 이해하지 못하는 사람들을 뜻한다. "그들이 알지 못하는 지름길로 인도하며"는 그들이 받아들일 진리와 진리에서 비롯한 선을 뜻한다. "암흑이 그 앞에서 광명이 되게 하리니"는 무지에서 비롯한 거짓이 흩어져 없어지는 것과 깨달음을 뜻한다.

(10) 같은 말씀에,

> 내가 네 자손을 동쪽에서부터 오게 하며 서쪽에서부터 너를 모을 것이며 내가 북쪽에게 이르기를 내놓으라 남쪽에게 이르기를 가두어 두지 말라 내 아들들을 먼 곳에서 이끌며 내 딸들을 땅 끝에서 오게 하며 내 이름으로 불려지는 모든 자 곧 내가 창조한 자를 오게 하라 그를 내가 지었고 그를 내가 만들었느니라 눈이 있어도 보지 못하고 귀가 있어도 듣지 못하는 백성을 이끌어내라 (사 43:5-8)

이 말씀 또한 주님이 이방인들 가운데 교회를 세우시는 것을 말하고 있다.

"자손을 동쪽, 서쪽, 남쪽, 북쪽에서 모으는 것"은 모든 종교를 뜻한다. 왜냐하면 "동쪽"과 "서쪽"은 사랑의 선이 분명한 곳과 희미한 곳을 뜻하고, "북쪽"과 "남쪽"은 신앙의 진리가 희미한 곳과 분명한 곳을 뜻하기 때문이다. 여기서는 무지로 인해 희미한 가운데 있는 사람들을 뜻한다. "내 아들들을 먼 곳에서 이끌며 내 딸들을 땅 끝에서 오게 하며"라고 말했기 때문이다. "아들"이라 불리는 사람들은 진리를 받아들이는 사람이고, "딸"이라 불리는 사람들은 선을 받아들이는 사람이다. "먼 곳에서"와 "땅 끝에서"는 교회의 진리와 선으로부터 멀리 떨어져 있는 것을 뜻한다. "내 이름으로 불려지는 모든 자 곧 내가 창조하고 내가 지었고"는 주님은 당신을 시인하는 모든 사람을 받아들이고 개혁하시는 것을 뜻한다. 여기서 "눈이 있어도 보지 못하고 귀가 있어도 듣지 못하는 백성"은 그 사람들을 뜻한다.

(11) 같은 말씀에,

　우리가 빛을 바라나 어둠뿐이요 캄캄한 가운데에 행하므로 우리가 맹인같

　이 담을 더듬으며 눈 없는 자 같이 두루 더듬으며 낮에도 황혼 때 같이 넘

　어지니 우리는 강장한 자 중에서도 죽은 자 같은지라 (사 59:9, 10)

마찬가지로 여기서 "맹인"도 진리를 이해하지 못하는 사람들을 뜻한다. "어둠"과 "캄캄함"은 거짓을 뜻하고, "낮에도 황혼 때 같이 넘어지는 것"은 말씀의 빛 안에 있을 수 있는데도 길을 잘못 들어 거짓 가운데서 행하는 것을 뜻한다.

(12) 같은 말씀에,

　이스라엘의 파수꾼들은 맹인이요 그들은 무지하며 몰지각한 목자들이라

　(사 56:10, 11)

여기서도 "맹인"은 말씀을 소유하고 있으면서도 진리를 이해하지 못하는 사람들을 뜻한다. "맹인"이 이런 사람들을 뜻하는 것이 분명한 것은, 말씀에서 "그들이 무지하며", "몰지각하다"고 했기 때문이다.

(13) 예레미야서에,

나는 그들을 북쪽 땅에서 인도하리라 그들 중에는 맹인과 다리 저는 사람이 함께 있어, 그들이 울며 돌아오리니 나의 인도함을 받고 간구할 때에 내가 그들을 물 있는 계곡의 곧은 길로 가게 하리라 (렘 31:8, 9)

"북쪽 땅"은 무지에서 비롯한 거짓이 만연한 곳이며, "맹인"은 그 거짓 안에 있는 사람들이다. "내가 그들을 물 있는 계곡의 곧은 길로 가게 하리라"는 이들을 진리 쪽으로 이끄는 것을 뜻한다.

(14) 예레미야 애가에,

여호와께서 시온에 불을 지르사 그 터를 사르셨도다, 그의 선지자들의 죄들과 제사장들의 죄악들 때문이니, 그들이 거리에서 맹인같이 방황함이여 그들의 옷들이 피에 더러워졌으므로 그들이 만질 수 없도다 (애 4:11, 13, 14)

"시온"은 교회를 뜻하고, "불이 터를 사르는 것"은 자기 자신에 대한 사랑이 진리의 지식을 모두 흩어 없애는 것을 뜻한다. "선지자들의 죄"와 "제사장들의 죄악"은 진실하고 선한 것을 가르쳐야 할 사람들이 타락하는 것을, 그들이 "거리에서 맹인같이 방황하는 것"은 그러므로 그들이 진리를 조금도 이해하지 못하게 되는 것을 뜻한다. "그들의 옷이 피로 더럽혀지는 것"은 말씀의 진리가 거짓으로 변하고 선이 더럽혀지는 것이고, "그들이 옷들을 만질 수 없는 것"은 악과 거짓이 선과 선에서 비롯한 진리를 더럽히는 것을 뜻한다.

(15) 스가랴서에,

> 그날에 내가 모든 말을 쳐서 놀라게 하며 그 탄 자를 쳐서 미치게 하고, 모
> 든 민족의 말을 쳐서 눈이 멀게 하리니 (슥 12:4)

"말"은 지성을, "말 탄 자"는 총명한 사람을 뜻한다. 이것으로 "모든 말을 쳐
서 놀라게 하는 것"과 "말에 탄 자를 모두 눈 멀게 하는 것", "말에 탄 자를 미
치게 하는 것"이 무슨 뜻인지 분명하다("말"이 지성을 뜻하는 것은 저서 『백
마』 1–6번 참고).

(16) 시편에,

> 여호와께서는 갇힌 자들에게 자유를 주시며 맹인들의 눈을 여시며 (시
> 146:7-8)

거짓 안에 있으면서 거짓에서 놓여나기를 원하는 사람들을 "갇힌 자"라고
부른다. "맹인"은 그로 인해 진리를 이해하지 못하는 사람들이고, "그들의 눈
을 여는 것"은 그들을 이해시키는 것이다.

(17) 요한복음에,

> 이사야가 다시 일렀으되 그들의 눈을 멀게 하시고 그들의 마음을 완고하게
> 하셨으니 이는 그들로 하여금 눈으로 보고 마음으로 깨닫지 못하게 하려
> 함이라(요 12:39-40)

"눈을 멀게 해 눈으로 보지 못하게 하는 것"은 진리를 이해하지 못하게 하
는 것을 뜻함이 분명하다.

(18) 같은 말씀에,

예수께서 이르시되 내가 심판하러 이 세상에 왔으니 보지 못하는 자들은 보게 하고 보는 자들은 맹인이 되게 하려 함이라 하시니 바리새인들이 이 말씀을 듣고 이르되 우리도 맹인인가 예수께서 이르시되 너희가 맹인이 되었더라면 죄가 없으려니와 본다고 하니 너희 죄가 그대로 있느니라 (요 9:39-41)

"보지 못하는 자"는 말씀을 소유하지 못함으로 진리를 모르는 교회 밖의 사람을 뜻하고, 그러므로 이방인을 뜻한다. 그러나 "보는 자"는 말씀을 소유하고 있는 교회 안의 사람들이며, 그러므로 유대인들을 뜻한다. 말씀은 이들에 대해 "맹인이 될 것이라"고 하고, 앞의 사람들에 대해서는 "그들이 볼 것이라"고 말했다. 또 그들이 맹인이 아니고 보기 때문에 그들의 죄가 그대로 있다고 말했다. 그 이유는, 그들이 말씀이 있는 교회 안에 있으면서 진리를 알려 하지도 시인하려 하지도 않으며, 그러므로 주님을 시인하려 하지 않았기 때문이다. 그러므로 주님은 유대인들 가운데 서기관과 바리새인들을 가리켜 이렇게 말씀하셨다.

맹인이 되어 맹인을 인도하는 자로다 (마 15:14, 눅 6:39) 또
눈 먼 인도자요, 어리석은 자라 (마 23:16-17, 19, 24)

(19) 요한복음에,

예수께서 날 때부터 맹인 된 사람을 보신지라 내가 세상에 있는 동안에는 세상의 빛이로라 이 말씀을 하시고 땅에 침을 뱉어 진흙을 이겨 그의 눈에 바르시고 이르시되 실로암 못에 가서 씻으라 하시니 이에 가서 씻고 밝은 눈으로 왔더라 (요 9:1, 5-7)

주님이 왜 이런 일을 하셨는지는 말씀의 내적, 또는 영적 의미를 모르면 아무도 이해할 수 없다. 영적 의미로 "날 때부터 맹인 된 사람"은 교회 밖에서 태어난 사람들을 뜻하고, 그러므로 주님에 대해 알지 못하거나, 또는 말씀으로부터 어떤 가르침도 받을 수 없었던 사람들을 뜻한다. "주님이 땅에 침을 뱉어 만드신 진흙"은 말씀의 글자의 뜻에서 나오는 진리를 통해 이루어지는 개혁을 뜻한다. "땅"은 말씀이 있는 교회이며, "진흙"은 개혁하는 말단의 신성을[18] 뜻한다. "그것을 맹인의 눈에 바르는 것"은 그렇게 해서 진리를 이해할 수 있도록 하는 것이다. "실로암의 못" 또한 글자의 뜻으로서 말씀을 뜻한다. "그곳에서 씻는 것"은 악과 거짓을 씻어 내는 것이다. 이 말씀이 이런 의미라는 것은 지금까지는 감추어져 있었다("땅"이 교회를 뜻하는 것은 『천국의 비밀』566, 10570번, "진흙"이 진리의 근원인 선을 뜻하고, 그러므로 선한 창조를 뜻하는 것은 1300, 6669번, "실로암 못"이 글자의 의미로서 말씀을 뜻하는 것은 이사야서 8:6절에서 분명하다. 예루살렘에 있는 "못"이 일반적으로 이런 의미라는 것은 이사야서 22:9, 11 참고),

(20) 마가복음에,

예수께서 벳새다에 이르매 사람들이 맹인 한 사람을 데리고 예수께 나아와

손 대시기를 구하거늘 예수께서 맹인의 손을 붙잡으시고 마을 밖으로 데리

고 나가사 눈에 침을 뱉으시며 무엇이 보이느냐 물으시니 쳐다보며 이르되

---

18) 여기서 말하는 하나님의 신성은 말씀 안에 있는 진리를 뜻한다. 말씀 안에는 가장 높은 등차의 진리인 천적인 진리가 있고, 중간 등차의 진리인 영적인 진리가 있으며, 마지막 등차의 진리인 자연적 진리가 있다. 본문에서 말단의 신성(The ultimate divine)이란 말씀의 글자의 뜻에서 비롯한 진리, 즉 자연적 진리를 뜻한다. 그것이 사람을 영적으로 개혁하는 까닭은, 첫째는 말씀의 글자의 뜻은 영적으로 가장 낮은 상태에 있는 사람들도 이해할 수 있는 진리이기 때문이고, 둘째는 자연적이라 불리는 말단의 진리는 그보다 높은 등차의 것인 천적인 진리와 영적인 진리를 모두 담고 있어서 완전하고 힘이 있기 때문이다. (역자)

사람들이 보이나이다 나무가 사람처럼 걸어가는 것을 보나이다[19] 하거늘

이에 그 눈에 다시 안수하시매 그가 주목하여 보더니 나아서 모든 것을 밝

히 보는지라 (막 8:22-27)

이 말씀이 무엇을 의미하는지는 말씀의 내적, 또는 영적 의미를 모르면 알 수 없다. 그러니까 내적 의미를 이해하지 못하는 사람은 그런 일들이 행해졌다는 것 말고는 아무것도 알 수 없으며, 그것에 대한 그들의 생각은 다만 감각적이기만 할 거라는 것이다. 그러나 주님께서 이 세상에 계실 때 말하고 행동하신 모든 것에는 가장 높은 것으로부터 가장 낮은 것에 이르는 영적인 것들이 차례로 들어 있으며, 그러므로 모든 기적과 그 기록들이 그러하듯 완전한 것이었다. 주님이 시력을 찾아 주신 "맹인"은 진리를 알지도 이해하지도 못하는 영적 맹인을 나타낸다. 맹인을 벳세다 "마을 밖으로 데리고 나간 것"은 벳세다 마을이 주님을 받아들이지 않았으므로 (영적으로) 저주를 뜻했기 때문이다. "눈에 침을 뱉으시는 것"은 앞에서 "침으로 진흙을 만든 것"과 같은 의미이다. 그리고 그때 주님께서 눈에 안수하시는 것은 그가 신성으로부터 깨달음을 얻는 것을 뜻한다. 그러자 맹인이 처음으로 "나무가 사람처럼 걸어가는 것을 보았다"고 했는데, 이것은 말씀의 글자의 뜻으로부터 평범한 진리를 어렴풋하게 깨닫는 것을 뜻한다. "나무"는 지식을 뜻하고, "걷는 것"은 삶을 뜻하기 때문이다. 주님께서 안수하신 후에 "그가 모든 것을 밝히 보는 것"은 주님에게서 가르침을 받고 깨달은 후에 그가 진리에 대해 이해하는 것을 뜻한다. 이러한 의미들이 이 말씀 안에 들어있으며, 그것이 곧 천사들이 지각하는 의미이다("벳세다" 마을이 주님을 받아들이지 않았으므로 저주를 뜻하는 것은 마 11:21과 눅 10:13에서 분명하다. "만지는 것"은 전달하는 것과 옮기는 것을 뜻하지만, 눈에 안수했기 때문에 여기서는 깨닫는 것을 뜻한다. 그것은 앞의

---

19) 개역개정의 번역은 "나무 같은 것들이 걸어 가는 것을 보나이다"이다. (역자)

79번 참고, "나무"가 지식을 뜻하는 것은 『천국의 비밀』 2722, 2972, 7692번, "걷는 것"이 삶을 뜻하는 것은 519, 1794, 8417, 8420번과 앞의 97번 참고).

(21) 더욱이 주님이 낫게 하신 모든 "맹인"은 무지한 사람들로, 주님을 받아들이고 그분의 말씀을 통해 깨우침을 얻은 사람들을 뜻한다. 일반적으로 주님의 모든 기적은 천국과 교회에 관한 것들, 즉 영적인 것을 나타낸다. 그런 까닭에 주님의 기적은 신성했다. 왜냐하면 신성은 최초의 것으로부터 활동하기 시작해 마지막의 것 안에서 그 일들을 나타내기 때문이다. 이것으로 주님이 낫게 하신 "맹인"이 무엇을 의미하는지 분명하다(그들에 대해서는 마 9:27-31, 12:22, 20:29에서 끝까지, 눅 7:21-23, 18:35에서 끝까지, 21:14, 막 10:46에서 끝까지 참고하기 바란다).

(22) "맹인"은 진리에 대한 지식이 없어 진리를 전혀 이해하지 못하는 사람들을 뜻하기 때문에, 이스라엘 자손에게 내려진 율법과 규례에는 다음과 같은 내용이 있다.

즉 아론과 레위의 자손 중 맹인은 하나님의 음식, 즉 제사를 드리기 위해
가까이 올 수 없었다 (레 21:17-18)
또한 눈먼 것을 제물로 드릴 수 없었으며, (레 22:22, 신 15:21)
맹인 앞에 장애물을 두면 안 됐다 (레 19:14)
그리고 맹인에게 길을 잃게 하는 자는 저주를 받아야 했다 (신 27:18)

이러한 법이 제정된 이유는 이스라엘 자손들에게 세워진 교회는 표상적인 교회였고, 그 교회 안의 모든 것들은 그에 상응하는 영적인 것을 표상했기 때문이었다. 그러므로 계명을 지키지 않는 사람들에게는 다음과 같은 저주가 내

려졌다.

신명기에,

> 네가 만일 네 하나님 여호와의 말씀을 순종하지 아니하여 그의 모든 명령을 지켜 행하지 아니하면, 여호와께서 또 너를 미치는 것과 눈머는 것과 정신병으로 치시리니 맹인이 어두운 데에서 더듬는 것과 같이 네가 백주에도 더듬을 것이라 (신 28:15, 28-29)

이 또한 말씀에서 주님이 명령하신 것을 행하지 않음으로써 주님의 말씀에 순종치 않는 사람들이 영적으로 눈멀고 정신 이상이 되는 것을 뜻한다. 영적으로 눈머는 것과 영적인 정신 이상은 진리에 대한 이해력과 선에 대한 의지가 없는 것을 뜻한다. "백주에도 더듬는 것"은 말씀을 통해 진리의 빛을 받은 교회가 그렇게 된다는 것이다("백주"가 진리가 밝은 곳을 뜻하는 것은 『천국의 비밀』9642번, 『천국과 지옥』148, 149, 151번 참고).

240

(1) 그리고 "벌거벗은 것"이 선에 대한 의지가 없으므로 진리에 대한 이해력도 없는 사람을 뜻하는 것은 다음에 인용할 구절들, 즉 "벌거벗은 것"에 대해 언급하는 말씀의 구절들을 보면 분명하다. "벌거벗은 것"이 그런 의미인 까닭은, "옷"은 이해력에 속한 진리를 뜻하기 때문이며, 그리고 진리가 없는 사람은 선 또한 없기 때문이다. 왜냐하면 모든 영적 선은 진리를 통해 얻어지기 때문이다. 다시 말해서 진리가 없거나 진리를 수단으로 하지 않으면 영적인 선

인 인애는 없는 것이다. "벌거벗은 것"과 "벌거벗음"은 지성과 사랑이 없거나 부족함을 뜻하고, 그리하여 선에 대한 이해력과 의지가 없는 것을 뜻한다. 또한 옷은 몸과 살을 덮는 것이고 "몸"과 "살"은 선을 뜻하기 때문에, "옷"은 선을 덮는 것들을 뜻한다.

(2) 진리에 대한 이해력이 있고 선에 대한 이해력이 있다. 진리를 이해하는 것은 믿음에 관한 것을 이해하는 것이며, 선을 이해하는 것은 사랑과 인애에 관한 것을 이해하는 것이다. 또한 진리에 대한 의지가 있고 선에 대한 의지가 있다. 진리에 대한 의지는 주님의 영적 천국에 속한 사람들에게 있는 것이다. 그러나 선에 대한 의지는 주님의 천적 천국에 속한 사람들에게 있다. 후자의 사람들은 주님에 대한 사랑 안에 있고 그로 인해 상호 사랑이라는 이웃에 대한 인애 안에 있으므로, 진리를 가슴에 새기며 가슴으로 그것을 행한다. "가슴"은 선에 대한 의지를 뜻하는바, 가슴에서 나오는 것은 선에 대한 의지에서 나오는 것이다. 그러나 인애라고 하는 이웃 사랑 안에 있는 사람들은 진리를 가슴에 새기지 않고 기억에 새기며, 그러므로 지적 마음에 새긴다. 그리고 그 지적 마음에서 애정으로 나오는 것이 진리에 대한 의지이다. 그러므로 영적 천사와 천적 천사는 서로 다르다. 천국에서 후자는 벌거벗은 모습이지만 전자는 옷을 입고 있다. 천적 천사들이 벌거벗은 모습으로 보이는 것은, 그들은 진리를 얻는 데 기억이 필요 없고, 또한 진리를 이해하는 데 기억을 사용하지 않기 때문이다. 왜냐하면 그들은 진리를 가슴, 즉 사랑과 의지에 새기고 그것을 통해 진리를 보기 때문이다. 그러나 영적 천사들은 옷을 입은 모습으로 보인다. 그들은 진리를 기억에 새기고 그리하여 이해력에 새기며, 기억 안에 있음으로 해서 이해력 안에 있는 진리는 옷에 상응하기 때문이다. 그러므로 그들은 모두 자기의 지성에 따른 옷을 입은 것으로 보인다(천사들이 이렇게 옷을 입고 있는 것은 『천국과 지옥』 177-182번 참고). 이것으로 분명한 것은 "벌

거벗은 것"은 한 가지 의미로는 천적 선 안에 있는 사람들을 뜻하지만, 다른 의미로는 진리 안에 있지 않으므로 선 안에 있지 않은 사람들을 뜻한다는 것이다.

(3) 그러나 이러한 것들은 "벌거벗은 것"과 "벌거벗음"이란 말이 나오는 다음 말씀의 구절들을 보면 더욱 잘 알 수 있다.

이사야서에,

여호와께서 선지자에게 말씀하여 이르시되 네 허리에서 베를 끄르고 네 발에서 신을 벗을지니라 하시매 그가 그대로 하였다, 여호와께서 이르시되 나의 종 이사야가 벗은 몸과 벗은 발로 다녔느니라 이와 같이 애굽의 포로와 구스의 사로잡힌 자가 앗수르 왕에게 끌려갈 때에 젊은 자나 늙은 자가 다 벗은 몸과 벗은 발로 볼기까지 드러내어 애굽의 수치를 보이리니 (사 20:2-4)

이 말씀 속에 교회와 천국에 관한 것이 숨어 있다는 것은 그 영적 의미를 알지 못하면 아무도 알 수 없다. 말씀은 영적이며, 그러므로 각각의 말씀 속에는 교회와 천국에 관한 어떤 것이 들어 있기 때문이다. 그러므로 그것에 대해 설명하겠다. 여기서 "선지자"는 교회의 교리를 뜻하며, "허리에서 베를 끄르는 것" 또는 벌거벗은 허리를 드러내는 것은 불결한 사랑을 드러내는 것을 뜻한다. 여기서 선지자가 관례로 입는 "베옷"은 가리는 바지를, 그리고 "허리"는 불결한 사랑을 뜻한다. "발에서 신을 벗는 것", 또는 발바닥을 드러내는 것은 자연적인 불결한 것들을 드러내는 것을 뜻한다. "앗수르 왕이 애굽의 포로와 사로잡힌 구스의 무리를 끌고 가는 것"은 비뚤어진 합리성이 지식과 잘못된 추론을 통해 악과 거짓을 굳히는 것을 뜻한다. "젊은 자와 늙은 자"는 일반적이고 개별적인 것들을 모두 동원해서라는 뜻이다. "벗은 몸과 벗은 발"은 그들이 진리와 선을 모두 **빼앗기는** 것을 뜻한다. "볼기가 드러나는 것"은 자아 사랑의 악을 뜻하고, "애굽의 수치"는 그것에서 비롯한 거짓을 뜻한다. 이 것으로 여기서 다루는 교회와 천국에 관한 것들이 어떤 것인지를 분명히 알 수 있다. 즉 하나님을 부인하고 모든 것을 자연의 탓으로 돌리는 비뚤어진 합리성이 지식과 잘못된 추론을 통해 자신을 증명하는 것이며, 결국 진리에 대한 이해력과 선에 대한 의지를 모두 잃어버리는 것이다(말씀에서 "선지자"가 교리를 뜻하는 것은 『천국의 비밀』 2534, 7269번, "허리"가 두 가지 의미에서 사랑을 뜻하는 것은 3021, 4280, 5059번, "발"이 사람에게 있는 자연적인 것들을 뜻하고, "발바닥"이 가장 끝의 것들을 뜻하는 것은 2162, 3147, 3761, 3986, 4280, 4938-4952번, "신"은 그것들을 덮는 것으로 같은 의미인 것은 1748, 2162, 4835, 6844번, "앗수르 왕"이 두 가지 의미에서 합리성을 뜻하는 것은 119, 1186번, "애굽"이 좋은 의미와 나쁜 의미, 두 가지 의미에서 자연적 사람의 이해력을 뜻하는 것은 1164, 1165, 1186, 1462, 5700, 5702, 6015, 6651, 6679, 6683, 6692, 7296, 9340, 9391번, "구스"가 감각의 오류를 뜻하는 것은 1163, 1164, 1166번 참고).

(4) 에스겔서에,

> 내가 네 곁으로 지나며 보고 너를 덮어 벌거벗은 것을 가리고, 내가 너를 씻어 옷을 입혔도다, 그러나 네가 네 화려함을 믿고 행음하고 네가 어렸을 때에 벌거벗은 몸이었던 것을 기억하지 아니하고, 애굽 사람과 또 앗수르 사람과 행음하고, 갈대아에까지 심히 행음하였느니라, 네가 행음함으로 벗은 몸을 드러내었더니, 그들이 너를 돌로 치며 칼로 찌르며 불로 네 집들을 사를 것이라 (겔 16:6에서 끝까지)

여기서는 교회의 교리를 뜻하는 예루살렘에 대해 말하고 있고, 같은 장에 나오는 예루살렘과 그 밖의 표현들은 교회가 처음 시작될 때는 어떤 모습이고, 선과 진리로부터 멀어질 때는 어떻게 되는지를 설명한다. 다음 말씀은 주님이 교회를 세우실 때, 그러니까 처음 교회의 모습은 어떠한지를 설명하고 있다. "내가 네 곁으로 지나며 보고 너를 덮어 벌거벗은 것을 가리고 내가 너를 씻어 옷을 입혔도다". "덮어 벌거벗은 것을 가리는 것"은 의지에 속한 악과 이해력에 속한 거짓을 제거하는 것을 뜻한다. "씻는 것"은 악을 씻어 깨끗하게 하는 것이며, "옷 입히는 것"은 진리를 가르치는 것을 뜻한다. 그러나 그다음 말씀은 교회가 선과 진리로부터 멀어질 때 어떻게 변하는지를 말한다. 즉 "네가 네 화려함을 믿고"는 자아에서 비롯한 총명함과 그것이 주는 기쁨을 뜻하고, "행음하는 것"은 그로 인해 교회가 거짓으로 물드는 것을 뜻한다. "애굽 사람과 앗수르 사람과 행음하는 것"은 지식과 그것에서 비롯한 논리로 진리를 곡해하여 굳히는 것을 뜻한다. "갈대아에까지 행음하는 것"은 진리를 모독하기까지 하는 것을 뜻한다. 이것으로 "네가 행음함으로 벗은 몸을 드러내었더니"가 무슨 뜻인지 알 수 있다. 그것은 교회가 진리의 왜곡과 거짓으로 인해 진리에 대한 이해력을 모두 빼앗기는 것을 뜻한다. "그들이 너를 돌로 치며"는 거짓 때문에 교회가 파멸하는 것을 뜻한다. "그들이 칼로 찌르며"는 진리의 왜곡으로 인해 교회가 완전히 파멸하는 것을 뜻하고, "그들이 불로 네 집들을 사를 것이라"는 지옥적 사랑으로 인해 교회가 완전히 파멸하는 것을 뜻한다. "집"은 사람에게 있는 모든 것을, "불"은 지옥적 사랑을 뜻한다. 이로써 분명한 것은 이 말씀에 담겨 있는 것들은 천국과 교회와 관련이 있으며, 그것은 영적 의미를 통해서만 알 수 있다는 것이다("씻는 것"이 악과 거짓을 제거하는 것을 뜻하는 것은 『천국의 비밀』 3147, 10237, 10240, 10243번, "옷 입히는 것"이 진리를 가르치는 것을 뜻하는 것은 1073, 2576, 5248, 5319, 5954, 9212, 9216, 9952, 10536번, "아름다움"이 총명함을 뜻하는 것은 3080, 4985, 5199번 참고, 여기서는 인간의 자아에서 비롯한 총명을 말한다. "행음하는 것"이 거짓에 물드는 것을 뜻하는 것은 앞의 141번, "애굽"이 지적 능력을 뜻하고, "앗수르"가 합리성을 뜻하는 것은 바로 앞을 참고할 것, "갈대아"가 진리의 모독을 뜻하는 것은 『천국의 비밀』 1182, 1283, 1295, 1304, 1306-1308, 1321, 1322, 1326번, "돌로 치는 것"이 거짓으로 인해 파멸하는 것을 뜻하는 것은 5156, 7456, 8575, 8799번, "칼"이 진리를 대적해 싸우고 파괴하는 거짓을 뜻하는 것은 2799, 4499, 7102번, 그러므로 "칼로 찌르는 것"은 진리의 왜곡으로 인해 완전히 파멸하는 것을 뜻한다. "불"이 지옥적 사랑을 뜻하는 것은 1861, 5071, 6314, 6832, 7575, 10747번, "집"이 사람 전체와 그에게 있는 것들을 뜻하고, 그러므로 그의 이해력과 의지에 관한 것을 뜻하는 것은 710, 2231, 2233, 2559, 3128, 3538, 4973, 5023, 6690, 7353, 7848, 7910, 7929, 9150번, 이것으로 "그들이 불로 네 집들을 사를 것이라"가 무슨 뜻인지 분명하다).

(5) 호세아서에,

> 너희 어머니와 논쟁하라 그가 음란을 제하게 하고 음행을 제하게 하라 그렇지 아니하면 내가 그를 벌거벗겨서 그로 광야같이 되게 하며 마른 땅같이 되게 하여 목말라 죽게 할 것이며 내가 그의 자녀를 긍휼히 여기지 아니하리니 이는 그들이 음란한 자식들임이니라 (호 2:2-4)

여기서도 거짓과 악에 빠진 교회를 다루고 있다. 그들과 싸우는 어머니는 교회를 뜻한다. "음란"과 "음행"은 거짓과 그것에서 비롯한 악을 뜻하며, "그녀를 광야 같게 하고 마른 땅같이 되게 하는 것"은 선과 진리가 없어지는 것을 뜻한다. 또 "목말라 죽는 것"은 진리가 완전히 없어지는 것을 뜻하며, "내가 긍휼히 여기지 않는 그의 자녀"는 일반적으로는 그로 인한 모든 거짓을 뜻한다. 그래서 그것들을 "음란한 자식들"이라고 불렀다("어머니"가 교회를 뜻하는 것은 『천국의 비밀』 289, 2691, 2717, 3703, 4257, 5581, 8897번, "광야"가 진리가 없으므로 선이 없는 곳을 뜻하는 것은 2708, 4736, 7055번, "마른 땅"은 진리가 없는 곳을 뜻하는데, 그 이유는 "물"은 신앙의 진리를 뜻하기 때문인 것은 2702, 3058, 5668, 8568, 10238번, "목말라 죽게 하는 것"이 진리가 없어서 파멸하는 것을 뜻하는 것은 8568번의 마지막 부분, "아들"이 진리에 대한 애정과 일반적인 진리를 뜻하는 것은 2362, 3963, 6729, 6775, 6779, 9055번 참고, 그러므로 반대의 의미로는 거짓에 대한 애정과 일반적인 거짓을 뜻한다. 이것으로 "그를 벌거벗기는 것"이 무슨 뜻인지 알 수 있다. 그것은 교회에 선과 진리가 없어지는 것을 뜻한다).

(6) 예레미야 애가에서,

예루살렘이 크게 범죄함으로 전에 그에게 영광을 돌리던 모든 사람이 그의

벗었음을 보고 업신여김이여 (애 1:8)

에스겔서에,

오홀라는 사마리아요 그가 애굽 사람과 앗수르 사람과 행음하였고 그들이

그를 벌거벗기고 그의 자녀를 빼앗으며 칼로 그를 죽였느니라 그러므로 네

가 미워하는 자의 손에 너를 붙이리니 그들이 미워하는 마음으로 네게 행

하여 네 모든 수고한 것을 빼앗고 너를 벌거벗겨 네 행음하던 것을 드러낼

것이라 (겔 23:4, 8-10, 18, 28-29)

이 장에서는 "오홀라"라 불리는 사마리아와 "오홀리바"라 불리는 예루살렘에 대해 다루는데, 이들은 모두 교회를 뜻한다. 이스라엘 자손들이 살았던 "사마리아"는 진리는 없고 거짓만 있는 교회를 뜻하고, "예루살렘"은 선은 없

고 악만 있는 교회를 뜻한다. "애굽 사람과 앗수르 사람들과 음행하는 것"과 "칼로 그녀의 자녀들을 죽이는 것"의 의미는 앞에서 설명했다. 이것으로 "그녀들이 벌거벗겨지는 것"은 곧 선과 진리가 없어지는 것을 뜻하는 것이 분명하다.

(7) 이사야서에,

그러므로 주께서 시온의 딸들의 정수리를 벗겨지게 하시며 여호와께서 그들의 하체가 드러나게 하시리라 (사 3:17)

"시온의 딸들"은 천적 교회와 천적 교회에 속한 것들을 뜻하지만, 여기서는 타락한 천적 교회를 뜻한다. "그들의 정수리가 벗겨지는 것"은 교회가 지성을 빼앗기는 것을 뜻하고, "하체가 드러나는 것"은 악과 거짓에 대한 사랑을 뜻한다.

(8) 나훔서에,

화 있을진저 피의 성이여 그 안에는 거짓이 가득하고 탈취가 떠나지 아니하는도다 이는 많은 음행을 함이라 내가 네 치마를 걷어 올려 네 얼굴에 이르게 하고 네 벌거벗은 것을 나라들에게 보이며 네 부끄러운 곳을 뭇 민족에게 보일 것이요 (나 3:1, 4-5)

"피의 성"은 인애의 선을 폭행하는 거짓 교리를 뜻한다.

(9) 하박국서에,

이웃에게 술을 마시게 하여 그에게 취하게 하고 그 하체를 드러내려 하는 자에게 화 있을진저 너도 마시고 너의 할례 받지 아니한 것을 드러내라 (합 2:15)

"이웃에게 술을 마시게 하여 취하게 하는 것"은 사람에게 거짓을 불어넣어 그로 하여 진리를 보지 못하게 하는 것을 뜻한다. "하체를 드러내는 것"은 이 해력에 속한 거짓과 의지에 속한 악이 드러나는 것을 뜻한다. "할례받지 아니한 것이 드러나는 것"은 그렇게 해서 불결한 사랑이 드러나는 것을 뜻한다 ("마시는 것"이 진리의 가르침을 받는 것을 뜻하는 것은,『천국의 비밀』3069, 3772, 4017, 4018, 8562, 9412번 참고, 그러므로 반대의 의미로는 거짓에 물드는 것을 뜻한다. "취하게 하는 것"은 거짓으로 인해 제정신이 아닌 것을 말하며, 그러므로 진리를 보지 못하는 것을 뜻하는 것은 1072번, "할례받지 않은 것"이 육체적이고 세속적인 사랑을 뜻하는 것은 4462, 7045번 참고). 이것으로 다음 말씀이 무슨 뜻인지 알 수 있다.

> 노아가 포도주를 마시고 취하여 그 장막 안에서 벌거벗은지라 함이 그의 아버지의 하체를 보고 웃으매 셈과 야벳이 옷을 가져다가 그들의 아버지의 하체를 덮었으며 그들이 얼굴을 돌이키고 그들의 아버지의 하체를 보지 아 니하였더라 (창 9:21-23)

(이 말씀에 대한 설명은『천국의 비밀』에 이 구절에 대해 다루는 곳을 참고하기 바란다.)

(10) 예레미야 애가서에,
> 에돔의 딸아 즐거워하라 잔이 네게도 이를지니 네가 취하여 벌거벗으리라
> (애 4:21)

여기서 "취하여 벌거벗는 것"도 앞에서 말한 것과 같은 뜻이다(그러나 "에돔"이 의미하는 사람들은『천국의 비밀』3322, 8314번 참고할 것).

이사야서에,

바벨론과 갈대아의 딸이여 땅에 앉으라 맷돌을 가지고 가루를 갈고 너울을
벗으며 다리를 드러내고 강을 건너라 네 속살이 드러나고 네 부끄러운 것
이 보일 것이라 (사 47: 1-3)

"바벨론과 갈대아의 땅"은 교회의 선과 진리를 더럽히는 사람들을 뜻한다.
"맷돌"은 진리를 거짓으로 만드는 것을 뜻하며, "너울을 벗고 다리를 드러내
는 것"은 진리에 속한 지성과 선에 속한 의지를 빼앗기는 것을 뜻한다. "강을
건너는 것"과 "속살이 드러나는 것"도 같은 뜻이다.

(11) "벌거벗은 것"은 진리에 대한 이해력과 선에 대한 의지를 빼앗기는 것
을 뜻하기 때문에 아론과 그의 아들들에게는 다음과 같은 명령이 내려졌다.

너는 층계로 내 제단에 오르지 말라 네 하체가 그 위에서 드러날까 함이니
라 (출 20:26)
또 그들을 위하여 베로 속바지를 만들어 하체를 가리게 하라 아론과 그의
아들들이 회막에 들어갈 때에나 제단에 가까이 할 때에 그것들을 입어야
죄를 짊어진 채 죽지 아니하리니 (출 28:42 -43)

이것으로 이 장의 다음 말씀, 즉 "내가 너를 권하노니 흰옷을 사서 입어 벌
거벗은 수치를 보이지 않게 하라"와 이 책, 즉 계시록의 다음 구절이 무엇을
의미하는지 분명히 알 수 있다.

누구든지 깨어 자기 옷을 지켜 벌거벗고 다니지 아니하며 자기의 부끄러움
을 보이지 아니하는 자는 복이 있도다 (계 16:15)

(12) 또한 말씀에서 "벌거벗은 자"는 진리 안에 있지 않기 때문에 선 안에
있지 않은 사람들을 뜻한다. 왜냐하면 진리에 대해 무지하나 진리를 동경하기
때문이다. 이것은 교회 안에서는 가르치는 자들이 거짓에 빠져 있는 교회의
사람들의 경우이고, 교회 밖에서는 사람들이 말씀을 소유하지 않아서 진리를
모르고 주님에 대해서도 전혀 모르는 경우이다. 다음 구절에서 의미하는 것이
그것이다.

이사야서에,

> 내가 기뻐하는 금식은 주린 자에게 네 양식을 나누어 주며 헐벗은 자를 보
> 면 입히는 것이 아니겠느냐 (사 58:6-7)

에스겔서에,

> 주린 자에게 음식물을 주며 벗은 자에게 옷을 입히며 (겔 18:7)

또 마태복음에,

> 헐벗었을 때에 옷 입히지 아니하였고 (마 25:43)

"옷으로 덮는 것"과 "옷 입히는 것"은 진리를 가르치는 것을 뜻한다("옷"이
진리를 뜻하는 것은 앞의 195번 참고. "벌거벗은 것"이 또한 순진함의 선을 뜻
하는 것은 『천국의 비밀』165, 8375, 9960번과 『천국과 지옥』179, 180, 280번
참고).

241

18절. "내가 너를 권하노니"는 믿음만의 교리 안에 있는 사람들의 개혁을
뜻한다. 이것은 곧이어 말할 내용으로부터 분명하다. 왜냐하면 그 교리 안에
있는 사람들의 개혁에 대해 말할 것이기 때문이다. 그러므로 "내가 너를 권하
노니"란 말은 이런 사람들이 개혁되고 구원받기 위해서는 어떻게 살아야 하
는지에 대한 교훈을 함축하고 있다.

242

⑴ "내게서 불로 연단한 금을 사서 부요하게 하고"는 그들 스스로 주님으
로부터 진정한 선을 얻어 신앙의 진리를 받을 수 있게 하라는 뜻이다. 이것이
분명한 것은 "사는 것"은 획득하여 자기 것으로 만드는 것이고(『천국의 비밀』
4397, 5374, 5397, 5406, 5410, 5426번 참고), "불로 연단한 금"은 진정한
선, 즉 주님에게서 오는 선을 뜻하며(이것에 대해서는 곧 말하겠다), "부요하
게 하는 것"은 신앙의 진리를 받을 수 있게 되는 것을 뜻하기 때문이다. "부유
한 것"이 이러한 것을 뜻하는 까닭은 "부"와 "재산"은 선과 진리의 지식을 뜻
하고, "부자"는 지식을 통해 지성 안에 있는 사람들, 그리고 여기서는 지식을
통해 믿음 안에 있는 사람들을 뜻하기 때문이다. 왜냐하면 여기서는 믿음만의
교리 안에 있는 사람들을 다루기 때문이다. 이것으로 분명한 것은 "내게서 불
로 연단한 금을 사서 부요하게 하라"는 그들이 신앙의 진리를 받기 위해서는
주님으로부터 진정한 선을 획득해야 함을 뜻한다는 것이다.

(2) 먼저 이것을 어떻게 이해할 것인지를 말할까 한다. 앞에서 자주 말한 것처럼 어떤 진리도 자체로는 진리가 아니고 선에서 비롯해야 하며, 그러므로 어떤 믿음도 자체로는 믿음이 아니고 인애에서 비롯해야 한다. 왜냐하면 속에 영적 생명을 품고 있지 않으면서 자체로 진리인 진리는 없기 때문이다. 영적 생명은 인애의 선으로부터 진리가 형성될 때 그 진리 안에 있다. 진리는 선의 형상이며 선은 진리의 본질이며 생명이기 때문이다. 선은 주님이 아닌 어떤 근원으로부터도 오지 않는다. 주님으로부터 선이 올 때 선에서 비롯한 진리는 제일 먼저 주님과 이웃을 바라보고 주님의 선을 바라본다. 왜냐하면 주님은 선과 함께 흘러 들어오셔서 그 선을 가지고 신앙의 진리라는 진리를 형성하시며, 그렇게 해서 사람의 영적인 눈이 주님과 이웃을 바라보도록 하시기 때문이다(이것은 『천국과 지옥』 145, 251번을 보면 알 수 있다. 즉 주님은 천사와 사람들을 이마로 보시며 천사와 사람들은 눈으로 주님을 바라보는데, 그 이유는 상응으로 볼 때 이마는 사랑의 선과 통하고, 눈은 사랑의 선으로부터 깨닫는 이해력과 통하며, 그러므로 신앙의 진리와 통하기 때문이다. 또 같은 책 17, 123, 124, 142-144, 510번에서는, 영계에서는 모든 사람이 자신의 사랑을 향해 돌아서고, 그러므로 주님을 시인하고 믿는 사람들은 주님을 향해 돌아서고 그렇게 해서 선을 소유하며, 선을 통해 진리에 대한 깨달음을 얻는다고 말한다). 이것으로 "불로 연단한 금"이 의미하는바 진정한 선이 무엇인지 알 수 있다. 그것은 오직 주님에게서 오는 선인 것이다.

(3) 이 교회의 사자에게 쓴 편지에서는 믿음만의 교리에 따라 사는 사람들과 그 교리를 스스로 굳히고 그로 인해 세상에서 학식 있는 사람이라고 불리는 자들이 거짓을 진리와 묶어 참되게 보이는 교리를 만들 수 있다는 것을 말하고 있다. 그러므로 나는 사후의 세계에서 허락하심을 받아 그들 중 몇 사람과 대화를 나누게 되었다. 이때 양쪽 사람들의 말이 모두 설명에 도움이 될

수 있으므로 그것에 대해 말하려 한다. 학식이 있다는 이 사람들은 세상에 살 때 자신의 신념으로부터 인애가 없는 믿음이 있을 수 있다고 생각했고, 또 그 것만으로도 의롭다 여김을 받을 수 있다고 생각했다. 그들의 말은 아주 교묘 했다. 즉 믿음이 인애보다 먼저라고 말했는데, 그 이유는 인애 없이도 믿음이 있을 수 있으며, 사람은 믿음에 의해 선 안에 있는 것이기 때문이라고 했다. 그들은 또 하나님이 계시다는 것과 말씀이 신성하다는 것, 그리고 다른 유사 한 진리들은 믿음 없이는 받아들이거나 생각할 수 없는데 누가 믿지 않을 수 있겠느냐고 말했다. 이러한 사실로부터 그들은 다음과 같은 결론을 내렸다. 즉 믿음이 인애보다 우선하거나 앞서기 때문에 인애 없이도 믿음이 존재할 수 있다는 것과 만일 그렇다면 믿음이 곧 구원이 되어야 한다는 것이다. 왜냐하 면 인간은 자기 자신으로부터는 선을 행할 수 없고, 그러므로 믿음이 구원이 되지 못한다면 인간은 모두 멸망할 것이기 때문이다. 더구나 믿음이 없으면 인간에게 하나님의 임재가 있을 수 없고, 하나님의 임재가 없다면 악의 지배 를 받게 될 것이며, 그리하여 사람은 어떤 선도 소유할 수 없다는 것이다. 이 것이 오직 믿음으로 의롭게 여김을 받는다는 의미라고 그들은 말했다. 그러 자 그들에게 다음과 같은 사실이 알려졌다. 즉 인애와 함께 있지 않으면 믿음 은 존재할 수 없으며, 그들이 믿음이라 부르는 것, 이를테면 하나님이 계시다 는 것과 말씀이 신성하다는 것과 같은 생각들은 누구나 처음 갖는 지식에 불 과하다는 것, 그리고 그러한 지식은 의지 안에 있기 전에는 사람 안에 있는 것 이 아니라 그에게로 들어가는 입구인 기억 속에만 있는 거라는 것이다. 또한 그것들은 의지 안에 있는 만큼 그 사람 안에 있는데, 그 이유는 의지가 곧 그 사람이며 지식은 의지 안에 있는 만큼 믿음이라는 사람의 시각 속에 있는 것 이기 때문이라는 것이다. 더 먼저 있고, 자연적 시각으로 보면 믿음처럼 보이 는 지식 자체는 그때까지는 믿음이 아니다. 따라서 믿음처럼 보이는 이 지식 은 사람이 악을 기뻐하여 그것을 생각하기 시작할 때 점차 사라지게 되며, 사후에 영이 되었을 때도 그 지식이 그의 삶, 즉 의지나 사랑 안에 심어지지 않았으면 그에게서 사라진다.

(4) 이것은 되새김 위라고 불리는 땅의 새와 짐승의 위장을 예로 들어 설명할 수 있다. 그들은 먼저 이 위 속에 먹이를 모아놓고, 나중에 조금씩 꺼내 먹으면서 혈액에 영양을 공급한다. 그리고 그렇게 해서 먹이는 그들의 생명의 일부가 된다. 상응적으로 볼 때 사람의 기억은 이런 위장과 같다. 사람은 영적인 존재이기 때문에 위장 대신 기억이 주어지는 것이다. 사람은 먼저 기억 속에 지식이라고 하는 영적 양식을 모아들이고, 나중에 되새김질하는 방법으로 그것을 밖으로 끌어낸다. 즉 생각하고 의도하여 그것들을 자기 것으로 만들며, 그렇게 해서 그의 생명의 일부로 만드는 것이다. 비록 사소한 것이지만 이 비유를 통해, 지식은 생각하고 의도하고 행함으로 생명 속에 심어지지 않으면 되새김 위에서 소비되지 않고 남은 음식처럼 부패하거나 토해진다는 것을 알 수 있다. 사람의 생명의 순환은 알고, 이해하고, 의도하고, 행하는 것이다. 왜냐하면 사람의 영적 생명은 아는 것에서 시작해 이해를 거쳐 의도하고, 최종적으로는 행하는 것이기 때문이다. 이것으로 분명한 것은 지식이 기억 속에 있는 한 그것은 단지 생명으로 들어가는 입구에 머물러 있는 것이며, 지식이 행위 안에 있을 때까지는 그것은 사람 안에 온전히 있는 것이 아니라는 것이다. 그러므로 지식이 행위 가운데 있을수록 그만큼 그것은 온전히 이해력과 의지 안에 있는 것이다.

(5) 또한 지식에 속한 믿음은 삶에 속한 믿음이 되기 전에는 역사적 믿음[20]

---

20) 스베덴보리의 지시에는 역사적 믿음(historica faith)이라는 용어가 자주 나온다. 역사적 믿음이란 말씀에 기록된 역사적 사실과 설교자로부터 들은 내용을 받아들임으로 생겨난 믿음으로, 진리에 대한 순수한 애정으로 말씀을 이해하고 그대로 행할 때 주님으로부터 얻는 믿음, 즉 영적 믿음과 구별된다. 스베덴보리는 후자의 믿음을 구원의 신앙(saving faith)이라 부른다. (역자)

에 불과하다는 사실이 밝혀졌다. 역사적 믿음의 특징은 잘 알려진 바와 같이 다른 사람이 말하는 것을 그대로 믿는 것이다. 이것은 그 사람의 것이 되기까지는 이질적인 것이다. 그러니까 그에게 있는 다른 사람의 것이라는 거다. 역사적 믿음은 모르는 것을 믿는 것과 같다. 왜냐하면 이해되지 않아도 믿어야 한다고 말하기 때문이다. 그렇다. 그것은 이해력을 갖고 파헤치면 안 되는 것이다. 그러나 영적 믿음은 믿음 안에서 진리 그 자체를 보고 그에 따라 믿는 것이다. 천국에 사는 사람들은 누구나 자기가 알지 못하는 진리는 어떤 것도 믿지 않는다. 왜냐하면 그들은 "알지 못하면서 믿는 사람이 어디 있는가? 그것은 어쩌면 거짓일 수도 있다."라고 말하기 때문이다. 악한 사람만 거짓된 것을 믿는다. 왜냐하면 악한 사람은 악으로부터 거짓을 보며, 선한 사람은 선으로부터 진리를 보기 때문이다. 선은 주님에게서 오는 것이기 때문에, 선으로부터 진리를 보는 것은 또한 주님으로부터 진리를 보는 것이다. 천사들이 진리를 보는 이유는, 그들을 에워싸고 있는 천국의 빛이 주님에게서 나오는 신성한 진리이기 때문이다. 그러므로 그 빛 안에 있는 사람은 세상의 사람일지라도 진리를 볼 수 있다(천국의 빛에 대해, 그리고 그것이 그렇다는 것은 『천국과 지옥』 126-140번 참고).

(6) 그런 다음, 다음과 같은 사실이 또 밝혀졌다. 즉 인애와 믿음은 하나로 움직이고 사람 안으로 들어갈 때도 함께 들어가므로, 사람은 인애 안에 있는 만큼 믿음 안에 있다는 것이다. 왜냐하면 진리의 본질이 선인 것처럼 믿음의 본질은 인애이기 때문이다. 그러니까 선이 모양 또는 형상을 갖추고 존재할 때 그것이 진리이고, 마찬가지로 인애의 형상은 곧 믿음인 것이다. 왜냐하면 선은 인애에 속하고 진리는 믿음에 속하기 때문이다. 또한 전자는 후자를 사랑하여 그와 결합하므로 후자와 함께 가 아니면 전자는 주어지지 않는다. 이것을 이해력에서 비롯한 사람의 생각과 의지에서 비롯한 애정을 예로 들어 설

명하겠다. 애정 없이 생각하는 것은 있을 수 없는 일이다. 생각의 본질은 애정, 또는 사랑이기 때문이다. 사람은 분명 교회의 교리를 통해 아는 모든 걸 생각할 수 있다. 그러나 그것은 오로지 자연적 애정, 즉 영광이나, 명성, 명예, 또는 이득에 대한 애정이나 사랑에서 비롯한 것이다. 이러한 애정은 생각을 영적으로 만들지 못한다. 생각이 영적으로 되기 위해서는 영적 애정 그 자체인 인애가 필요하다. 이것이 지식과 결합할 때 믿음이 생기며, 그때 사람은 그 애정 안에 있는 만큼 생각 속에서 진리라고 하는 믿음에 속한 것을 보고 그것들을 인정한다. 왜냐하면 그것들이 그의 진정한 영, 그러니까 그의 진정한 영적 생명에서 비롯한 것이기 때문이다. 이것을 깨달음이라 부르기도 하는데, 그 이유는 진리에 대한 영적 애정 안에 있지 않으면 어떤 사람도 말씀으로부터 깨달음을 얻을 수 없기 때문이다. 사실 오직 믿음과 믿음에 의한 칭의의 교리를 굳게 믿는 사람들에게도 깨달음 같은 것이 있다. 그러나 그것은 실체가 없는 깨달음이다. 왜냐하면 유대인과 교황주의자들에게 널리 퍼졌던 모든 이단적 신앙이 그런 것처럼 거짓들도 진리와 마찬가지로 입증될 수 있기 때문이다. 이른바 자연주의자라 불리는 사람들과 하나님과 말씀의 신성함을 부인하고 교회에 속한 여타의 모든 것들을 부인하는 사람들에게도 신념을 뒷받침하는 유사한 빛이 있다. 오직 믿음과 믿음에 의한 칭의를 굳게 믿는 사람들에게 있는 빛이 그런 것이다(영적이지 않고 자연적이며 악한 사람에게도 확증하는 빛이 있다는 것은 『천국의 비밀』 8780번 참고).

(7) 이제 인애를 본질로 하는 믿음에 대해 다시 얘기해 보자. 그 믿음은 입증하는 것들에 의해 지속적으로 완전해진다. 왜냐하면 영적인 빛을 통해 계속해서 더 많은 진리를 알게 되고, 그것들은 모두 인애의 선과 결합하여 그 믿음을 완전하게 만들기 때문이다. 그런 방법으로 사람은 지성과 지혜를 얻게 되고 결국 천사가 된다. 믿음의 지식만 있고 그에 따라 살지 않는 사람들은 세

상에서가 아니면 사후에라도 쉽게 믿음을 받아들일 수 있을 거라고 믿는다. 그러면서 속으로 "내가 사실이 그런 것을 보고 듣는데 믿지 않을 수가 있겠는가"라고 말한다. 그러나 그것은 크게 잘못 생각하는 것이다. 세상에서 영적 신앙을 받아들이지 않았던 사람들은 나중에 그것을 수없이 보고 들어도 절대 받아들이지 않기 때문이다. 그 이유는 이런 믿음은 사람 안에 있지 않고 사람 밖에 있는 믿음이기 때문이다. 이것은 다음 사실로 분명히 알 수 있다. 즉 세상에서 (영계로) 오는 사람들은 처음에는 모두 천사들과 선한 영들에 의해 받아들여져 모든 방법으로 가르쳐진다. 그렇다. 많은 것들이 그들 눈앞에서 생생하게 보여지나 그럼에도 받아들이지 않는다. 그렇게 그들은 천사들과 선한 영들을 떠나 믿음 없는 사람들에게로 가 그들과 함께한다.

(8) 그들은 또 다음과 같은 말을 들었다. 단지 알고 생각하는 것만으로 믿음을 받아들일 수 있다면 선한 사람이나 악한 사람이나 모두 믿음을 받을 수 있게 되고, 그렇게 되면 지옥에 떨어질 사람은 아무도 없을 거라는 것이다. 인애라고 하는 영적 애정은 진리를 알고 그것으로 자신을 검토하는 사람, 그리고 진리를 인정하고 그에 따라 새로운 삶을 사는 사람이 아니면 누구에게도 주어지지 않는다(앞의 239번). 이러한 사실로부터 다음과 같은 결론을 얻을 수 있다. 즉 인애는 믿음의 생명이기 때문에 믿음 안에 인애가 없으면 생명이 없는 믿음이라는 것, 믿음 안에 인애가 있는 만큼 사람은 주님의 인도를 받지만 인애가 없으면 그만큼 자기 자신의 인도를 받는다는 것, 주님이 아니라 자기 자신의 인도를 받는 사람은 선을 생각할 수 없고, 자체로 선인 선을 의도하거나 행할 수는 더욱 없다는 것이다. 왜냐하면 사람의 자아로부터는 악 외에는 어떤 것도 나오지 않기 때문이다. 사람이 자기의 자아로부터 선을 생각하고 의도하고 행할 때, 그것은 오직 자기 자신과 세상을 위한 것이기 때문이다. 그것이 그가 하는 일의 목적이며, 그 목적은 그를 이끄는 사랑이다. 사람

은 삶에 관한 일에 있어서 주님을 바라보지 않으면 자아로부터 물러설 수 없거나, 영적으로 고양될 수 없다. 이 바라봄을 통해 사람은 천국과 결합하고, 천국에 계신 주님으로부터 영적 애정을 받는다. 이러한 것이 말해졌을 때 이 주제에 관해 나와 얘기하던 사람들에게 영적인 빛이 주어졌는데, 그 빛은 세상의 빛 안에서 사물들이 명확히 보이는 것처럼 그 속에서 진리를 명확하게 볼 수 있는 그런 빛이었다. 그리고 그때 오직 믿음과 믿음에 의한 칭의의 교리 안에 있던 사람들은 그 말이 진실임을 인정하지 않을 수 없었다. 그러나 그 빛이 그들에게서 거두어지고 그들 자신의 빛인 자연적인 빛 속으로 다시 돌아오자, 즉시 그들은 지식에서 비롯한 시각이 구원의 믿음이라고밖에는 생각할 수 없었고, 그러므로 그들이 믿음의 일부로 만들어 버린 거짓이 진리라는 것 외에 다른 것을 볼 수 없게 되었다. 악들이 삶이 될 때 거짓들이 믿음이 되는 것이다.

(9) 다시 "내가 너를 권하노니 내게서 불로 연단한 금을 사서 부요하게 하라"는 구절에 대해 설명하겠다. 이 말씀은 진리를 받기 위해서는 그들 스스로 주님으로부터 진정한 선을 획득해야 하는 것을 뜻한다. 이제 말씀에서 "금"이 사랑의 선을 뜻한다는 것을 밝힐 차례이다. 그것은 다음 구절을 보면 알 수 있다.

말라기서에,

보라 내가 내 사자를 보내리니 그가 내 앞에서 길을 준비할 것이요 또 너희가 구하는 바 주가 갑자기 그의 성전에 임하시리니 곧 너희가 사모하는 바 언약의 사자가 임하실 것이라, 그가 은을 연단하여 깨끗하게 하는 자 같이 앉아서 레위 자손을 깨끗하게 하되 금, 은같이 그들을 연단하리니 그들이 공의로운 제물을 나 여호와께 바칠 것이라 (말 3:1-3)

이 말씀은 주님이 오시는 것을 말하고 있다. 여호와께서 당신 앞에 길을 준비할 사자를 보내신다고 했는데, 사자는 알려진 바와 같이 세례 요한을 뜻한다. "내 앞에" 또는 여호와 앞에는 주님의 신성 자체 앞에를 뜻한다. "주님이 임하시는 성전"은 주님의 신적 인성을 뜻하며, 이것을 또한 언약의 사자라 부르는 이유는, 주님의 신성 인성을 통해 사람과 천사가 신성 그 자체와 결합하기 때문이다. 왜냐하면 언약은 결합을 뜻하기 때문이다. "그가 앉아서 연단하고 깨끗하게 하는 은"은 선에서 비롯한 진리를 뜻한다. "레위 자손"은 인애의 선 안에 있고, 그것으로부터 신앙의 진리 안에 있는 모든 사람을 뜻한다. 그래서 "그들을 금과 은같이 연단한다"고 했다. 그렇게 말하는 까닭은, "금"은 선을 뜻하고 "은"은 그것에서 비롯한 진리를 뜻하기 때문이다. "여호와께 공의로운 제물을 바치는 것"은 인애의 선으로부터 주님을 예배하는 것을 뜻한다("성전"이 주님의 신적 인성을 뜻하는 것은 앞의 220번 참고, "언약"이 결합을 뜻하는 것은 『천국의 비밀』 665, 666, 1023, 1038, 1864, 1996, 2003, 2021, 6804, 8767, 8778, 9396, 10632번 참고, "은"이 선에서 비롯한 진리를 뜻하는 것은 1551, 1552, 2954, 5658번, "제물"이 사랑과 인애의 선을 뜻하는 것은 4581, 9992-9994, 10079, 10137번, "공의로움"이 선을 뜻하는 것은 2235, 9857번 참고). 그러므로 "공의로운 제물을 바치는 것"은 사랑의 선으로 드리는 예배를 뜻한다.

(10) 스가랴서에,
　온 땅에서 삼분의 이는 멸망하고 삼분의 일은 거기 남으리니 내가 그 삼분의
　일을 불 가운데에 던져 은같이 연단하며 금같이 시험할 것이라 (슥 13:8-9)

"온 땅"은 모든 땅이 아니라 모든 교회를 뜻한다. "삼분의 일"도 삼분의 일이 아니라 교회 안의 몇 명의 사람을 뜻한다. "그들을 불 가운데 던져 은같

이 연단하며 금같이 시험하는 것"은 선과 진리를 심기 위해 그들에게서 거짓과 악을 씻어 내는 것을 뜻한다(말씀에서 "땅"이 교회를 뜻하는 것은 『천국의 비밀』 662, 1066, 1068, 1262, 1413, 1607, 2928, 3355, 4447, 4535, 5577, 6516, 9325, 9643번, "삼분의 일"이 몇 명의 사람을 뜻하는 것은 2788번 참고). 이 구절들에서는 "금"과 "은"을 진리와 선에 비유하고 있다. 말씀에서 비유로 사용되는 모든 것들은 서로 대응하며, 그러므로 서로 상대를 나타낸다(『천국의 비밀』 3579, 8989번 참고). "불에 연단한 금"은 악이 제거된 사랑의 선을 뜻하기 때문에 다음과 같이 명령했다.

> 미디안에서 빼앗아 온 금과 은은 불을 지나게 하여 깨끗하게 만들라. (민 31:21-23)

(11) "금"이 사랑과 인애의 선을 뜻하는 것은 다음 구절들에서도 알 수 있다.

호세아서에,
> 이스라엘이 이미 선을 버렸으니 원수가 그를 따를 것이라, 그들이 또 그 은, 금으로 자기를 위하여 우상을 만들었나니 (호8:3-4)

"은과 금으로 자기를 위하여 우상을 만드는 것"은 진리와 선을 거짓과 악으로 변질시키는 것을 뜻한다. 그것은 "이스라엘이 선을 버렸고 원수가 그를 따른다"는 말씀으로부터 분명하다. "원수"는 악에서 비롯한 거짓이요, 거짓에서 비롯한 악이기 때문이다.

(12) 요엘서에,
> 두로와 시돈과 블레셋 사방아 너희가 나와 무슨 상관이 있느냐, 너희가 내

은과 금을 빼앗고 나의 진기한 보물을 너희 신전으로 가져갔으며 또 유다
자손과 예루살렘 자손들을 헬라 족속에게 팔아서 그들의 영토에서 멀리 떠
나게 하였음이니라 (욜 3:4-6)

"두로와 시돈"은 진리와 선의 지식 안에 있는 교회 안의 사람들을 뜻하지
만, 여기서는 이 지식을 왜곡하고 그것을 가지고 거짓과 거짓에서 비롯한 악
을 위해 이용하는 사람들을 뜻한다. 그것이 "너희가 내 은과 금을 빼앗고 나
의 진기한 보물을 너희 신전으로 가져갔다"는 말의 의미이다. "은"은 진리를
뜻하고, "금"은 선을 뜻하며, "진기한 보물"은 말씀의 글자의 뜻으로부터 나오
는 진리와 선을 뜻한다. "그들의 신전으로 가져가는 것"은 그것을 가지고 예
배를 모독하는 것을 뜻한다. "유다 자손과 예루살렘 자손들을 헬라 족속에게
파는 것"은 선에서 비롯한 모든 진리를 악에서 비롯한 거짓으로 변질시키는
것을 뜻한다. "그들을 그들의 영토에서 멀리 떠나게 하는 것"은 진리 자체로
부터 멀어지는 것을 뜻한다("두로와 시돈"이 진리와 선의 지식 안에 있는 교
회 안의 사람들을 뜻하는 것은 『천국의 비밀』 1201번, "유다와 예루살렘의 자
손"은 선에서 비롯한 모든 진리를 뜻하며, 그 이유가 "자손"이 진리를 뜻하기
때문이라는 것은 1729, 1733, 2159, 2623, 2803, 2813, 3373, 3704, 7499,
8897, 9807번, "유다"가 천적 교회를 뜻하는 것은 3654, 6364번, "예루살렘"
이 참된 교리가 있는 교회를 뜻하는 것은 3654, 9166번, "헬라 족속이 거짓을
뜻하는 까닭은, "헬라인들"이 거짓 안에 있는 민족들을 뜻하기 때문이라는 것
은 앞의 50번 참고).

(13) 에스겔서에,

스바와 라아마의 상인들도 너의 상인들이 됨이여 각종 극상품 향 재료와

각종 보석과 황금으로 네 물품을 바꾸어 갔도다 (겔 27:22)

네 지혜와 총명으로 재물을 얻었으며 금과 은을 곳간에 저축하였으며 네가
하나님의 동산 에덴에 있어서 각종 보석과 황금으로 단장하였음이여 (겔
28:4, 13)

이 두 구절에서도 두로에 대해 말하고 있다. 두로는 앞에서 말한 것처럼 진
리와 선의 지식 안에 있는 교회 안의 사람들을 뜻한다("그들이 바꾼 물품"은
바로 그 지식을 뜻한다. "스바와 라아마" 역시 그 지식 안에 있는 사람들을 뜻
하는 것은 『천국의 비밀』 1171, 3240번, "향 재료"는 진리를 뜻하며, 그것이 선
에서 비롯하기 때문에 기뻐하는 것은 4748, 5621, 9474, 9475, 10199, 10254
번, "보석"은 진리를 뜻하며, 그것이 선에서 비롯한 것이기 때문에 아름다운
것은 9863, 9865, 9868, 9873, 9905번, "에덴 동산"이 지성과 그것에서 비롯
한 지혜를 뜻하는 것은 100, 108, 1588, 2702, 3220번 참고). 이들이 진리와
선에 관한 지식을 뜻하고, "금과 은"은 선과 진리 자체를 뜻하며, 이것들을 통
해 모든 지성과 지혜를 얻기 때문에 "네 지혜와 총명으로 재물을 얻었으며 금
과 은을 곳간에 저축하였다"고 말했다.

(14) 예레미야 애가서에,
어찌 그리 금이 빛을 잃고 순금이 변질하였으며 성소의 돌들이 거리 어귀
마다 쏟아졌는고 순금에 비할 만큼 보배로운 시온의 아들들이 어찌 그리
토기장이가 만든 질항아리같이 여김이 되었는고 (애 4:1-2)

여기서는 교회의 파멸에 대해 말한다. "금이 빛을 잃는 것"과 "순금이 변질
되는 것"은 교회의 선이 변질되는 것을 뜻하고, "거리 어귀마다 쏟아지는 성
소의 돌들"은 그로 말미암아 진리가 거짓으로 변하는 것을 뜻한다. "순금에
비할 만큼 보배로운 시온의 아들들"은 이전 교회의 진리를 뜻하고, "토기장이

의 손으로 만든 질항아리"는 교리의 거짓에서 비롯한 삶의 악, 즉 인간의 지성에서 비롯한 삶의 악을 뜻한다.

(15) 에스겔서에,

패물을 채우고 팔고리를 손목에 끼우고 목걸이를 목에 걸고 이와 같이 네가 금, 은으로 장식하고 가는 베와 모시와 수놓은 것을 입으며, 네가 또 내가 준 금, 은 장식품으로 너를 위하여 남자 우상을 만들어 행음하며 (겔 16:1, 13, 17-18)

여기서는 교리의 측면에서 교회, 즉 예루살렘에 대해 말하고 있다(앞의 내용 참고). "그녀를 치장한 패물"은 일반적 의미로 선에서 비롯한 모든 진리와 그것에서 나오는 지성을 뜻한다(『천국의 비밀』 10536, 10540번). "팔고리"는 개별적 의미로 선에서 비롯한 진리를 뜻한다(『천국의 비밀』 3103, 3105번 참고). "목걸이"는 내적 진리와 외적인 선의 결합, 또는 자연적인 것과 함께 있는 영적인 것을 뜻한다(『천국의 비밀』 5320번). "가는 베"는 진정한 진리를 뜻하며, 마찬가지로 "모시"도 내적 선으로부터 나오는 빛나는 진리를 뜻한다(『천국의 비밀』 5319, 9469번). "수놓은 것"은 자연적 사람에 속한 지식을 뜻한다(9688번). "그녀가 행음하는 우상"은 거짓 안에 있는 사람들에게 진리처럼 보이는 감각의 오류를 뜻한다. "그것을 가지고 행음하는 것"은 오류를 가지고 거짓을 굳히는 것이다("행음하는 것"이 거짓에 물드는 것을 뜻하는 것은 앞의 141번 참고). 이것으로, 이 장에서는 주님이 처음 교회를 세우실 때와 그 후의 교회의 모습에 대해 말하고 있음이 분명하다.

(16) 이사야서에,

보라 은을 돌아보지 아니하며 금을 기뻐하지 아니하는 메대 사람을 내가

충동하여 그들을 치게 하리니 메대 사람이 활로 청년을 쏘아 죽이며 아이
를 애석하게 보지 아니하리라 (사 13:17-18)

"메대"는 교회의 진리와 선을 대적하는 사람들을 뜻한다. 그러므로 그들
에 대해 "그들이 은을 돌아보지 아니하며 금을 기뻐하지 아니한다"고 말했다.
"은"은 교회의 진리를 뜻하고, "금"은 교회의 선을 뜻한다. 메대 사람의 "활"
은 진리와 선에 대항해 싸우는 거짓 교리를 뜻한다(『천국의 비밀』 2686, 2709
번). "그들이 쏘아 죽이는 청년"은 진리를 통해 지성을 갖춘 사람들을 뜻한다
(『천국의 비밀』 7668번). "그들이 애석해하지 않는 아이"는 진리 그 자체를 뜻
한다.

(17) 같은 말씀에,

허다한 낙타가 네 가운데에 가득할 것이며 스바 사람들은 다 금과 유향을
가지고 와서 여호와의 찬송을 전파할 것이며 곧 섬들이 나를 앙망하고 다
시스의 배들이 먼저 이르되 먼 곳에서 네 자손과 그들의 은금을 아울러 싣
고 오리라 (사 60:6-9)

여기서는 주님이 오시는 것을 말하고 있다. "허다한 낙타"는 선과 진리의
지식 안에 있는 모든 사람을 뜻한다(『천국의 비밀』 3048, 3071, 3143, 3145
번). "그들이 오는 곳인 "스바"는 바로 그러한 지식이 있는 곳을 뜻한다(1170,
3240번). "그들이 가지고 올 금과 유향"은 그들이 기뻐하는 선과 선에서 비롯
한 진리를 뜻한다. "금"은 선을 뜻하고, "유향"은 진리를 뜻한다(9993, 10177,
10296번). "나를 앙망하는 섬들"은 거룩한 예배 안에 있지만 교회의 진리로부
터는 멀리 있는 나라들을 뜻한다(1158번). "다시스의 배들"은 진리와 선에 관
한 일반적인 지식으로 그 속에 개별적인 많은 지식들을 내포하고 있는 것을

뜻한다(1977, 6385번). "먼 곳에서 싣고 올 자손들"은 멀리 있는 진리를 뜻하
며(1613, 9487번), "그들과 함께 싣고 올 은과 금"은 그들에게 있는 진리와 선
의 지식을 뜻한다.

다음 말씀도 같은 뜻이다.
　동방에서 온 박사들이 그리스도가 나신 곳에 와서 황금과 유향과 몰약을
　예물로 드렸다 (마 2:11)

그들이 이러한 예물을 드린 이유는, 그것이 내적이면서 외적인 선과 진리를
뜻하고, 그러므로 하나님을 기쁘게 하는 예물이기 때문이다.

(18) 시편에,
　모든 왕이 그의 앞에 부복하며 모든 나라들이[21] 다 그를 섬기리로다 그는
　궁핍한 자의 생명을 구원하며 그들이 생존하여 스바의 금을 그에게 드리리
　로다 (시 72:11, 13, 15)

여기서도 주님이 오시는 것에 대해 말하고 있다. "왕들이 그의 앞에 부복하
고", "나라들이 그를 섬기는 것"은 선에서 비롯한 진리 안에 있는 사람들을 뜻
한다("왕들"이 진리 안에 있는 사람들을 뜻하는 것은 앞의 31번, "나라들"이
선 안에 있는 사람들을 뜻하는 것은 앞의 175번 참고). "그가 구원하는 궁핍한
자"는 선과 진리의 지식 안에 있지 않으나 그것을 사모하는 사람들을 뜻한다
(앞의 238번 참고). "스바의 금"은 주께서 지식을 통해 그들을 인도하시는 곳,
즉 사랑의 선을 뜻한다("스바"가 무슨 의미인지는 바로 앞을 참고할 것).

---

21) 영문으로는 nations라고 되어 있고, 개역개정에는 민족이라고 번역했는데, 속뜻에 부합하게 옮
기면 나라들이라고 하는 것이 옳다. 민족(people)이라고 할 때는 보통 진리를 뜻한다. (역자)

(19) 학개서에,

> 또한 모든 나라를 진동시킬 것이며 모든 나라의 보배가 이르리니 내가 이
> 성전에 영광이 충만하게 하리라, 은도 내 것이요 금도 내 것이니라 이 성전
> 의 나중 영광이 이전 영광보다 크리라 (학 2:7-9)

이 말씀 또한 주님이 오시는 것을 다루고 있다. "나라들"은 선과 그것에서 비롯한 진리 안에 있는 사람들을 뜻하며, "성전"은 교회를 뜻한다(『천국의 비밀』 3720번). "성전에 충만한 영광"은 신성한 진리를 뜻한다(4809, 5922, 8267, 8427, 9429번). "은도 내 것이요 금도 내 것이니라"는 진리와 선은 오직 주님으로부터 나온다는 뜻이다.

(20) 스가랴서에,

> 이방 나라들의 보화 곧 금 은과 의복이 심히 많이 모여질 것이요 (슥 14:14)

"이방 나라들의 보화"는 어디에나 있으며, 심지어 악한 사람에게도 있는 지식을 뜻한다. "많은 금과 은과 의복들"은 선과 진리를 뜻하는데, 영적이고 자연적인 선과 진리를 뜻한다. 다음 말씀의 의미 또한 같다.

> 이스라엘의 자손들이 애굽을 떠날 때 애굽인들에게 은혜를 입어 금 은 패
> 물과 의복을 취했더라 (출 3:22, 11:2, 3, 12:35-36)

이런 일이 왜 일어났으며 무슨 의미인지는 『천국의 비밀』 6914, 6917번을 보면 알 수 있다. 그 의미인즉 악한 사람에게 있는 것을 빼앗아 서한 사람에게 주는 것을 뜻하고 (마 25:28, 29, 눅 19:24, 26), 불의의 재물로 친구를 삼아야 하는 것을 뜻한다(눅 16:9). "불의의 재물"이란 바르게 소유하지 못하는 사

람들에게 있는 선과 진리의 지식, 즉 삶에 적용하지 않는 사람들에게 있는 선과 진리의 지식을 뜻한다.

(21) 시편에,

왕의 딸들이 네가 귀하게 여기는 이들 가운데 있으며 왕후는 오빌의 금으로 꾸미고 왕의 오른쪽에 서도다 왕의 딸은 궁중에서 모든 영화를 누리니 그의 옷은 금으로 수놓았도다 (시 45:9, 13)

이것은 주님에 대한 말씀이다. "왕의 딸들"은 진리에 대한 애정 안에 있는 교회를 뜻하며, 그것에 대해 "왕이 귀하게 여기는 이들 가운데[22] 왕들의 딸이 있다"고 한 까닭은 "왕이 귀하게 여기는 이들"은 진리에 대한 애정 그 자체를 뜻하기 때문이다. "왕후가 오빌의 금으로 꾸미고 왕의 오른편에 선 것"은 사랑의 선 안에 있는 주님의 천적 천국을 뜻한다. "그의 옷이 금으로 수놓인 것"은 그곳의 진리가 선에서 비롯한 것이라는 뜻이다.

(22) 마태복음에,

예수께서 복음을 전하기 위해 열두 제자를 보내시면서 말씀하시되 너희 전대에 금이나 은이나 동을 가지지 말라 (마 10:9)

이 말씀은 선과 진리에 관한 어떤 것도 자기 자신에게서 나오는 것을 취하면 안 되고 오직 주님에게서 나오는 것만 취해야 한다는 것이며, 또한 모든 것이 값없이 그들에게 주어질 것이라는 뜻이다. 왜냐하면 "금"은 사랑의 선을

---

22) 개역개정에는 "왕이 가까이 하는 여인들 중에는 왕들의 딸이 있으며"라고 되어 있으나, whitehead의 영역본에 따라 "왕의 딸들이 네가 귀하게 여기는 이들 가운데 있으며"라고 옮긴다. 그것이 속뜻에 부합하기 때문이다. (역자)

뜻하기 때문이다.

그러므로 진설병을 올려놓는 상을 순금으로 쌌고(출 25:23-24), 분향단 역시 순금으로 쌌기 때문에 그것을 금 제단이라 불렀으며(출 30:3), 같은 이유로 등잔도 순금으로 만들었고(출 25:31, 38), 그룹도 마찬가지였다(출 25:18), 또한 같은 이유로 궤의 안과 밖도 금으로 쌌다(출 25:11).

예루살렘 성전에 있는 다른 많은 것들도 사정은 같았다. 왜냐하면 궤와 그룹과 진설병을 올려놓는 상과 분향단과 등잔대가 있는 성막은 천국을 표상했고, 성전 또한 천국을 표상했기 때문이다. 그러므로 그 안에 있는 금은 사랑의 선을, 은은 선에서 비롯한 진리를 뜻했다.

(23) 성전의 금은 천국에서 가장 거룩한 것을 표상했으므로,

그러므로 벨사살이 예루살렘 성전에서 가지고 온 금 그릇으로 술을 마시고
동시에 금, 은, 동, 철, 나무와 돌로 만든 우상을 찬양했을 때, 벽에 글씨가
나타나 왕의 시대를 세었고 왕을 저울에 달았으며, 왕의 나라가 나뉘었다
고 했다. 그리고 그날 밤에 죽임을 당했다 (단 5:2절 이하)

왜냐하면 그것은 선에 대한 모독을 의미했기 때문이다.

(24) 또한 말씀에서 "금"은 반대의 의미로는 자아 사랑에서 비롯한 악을 뜻하고, "은"은 그 악에서 비롯한 거짓을 뜻했다. 그것은 다음의 신명기 말씀으로 알 수 있다.

너는 이방인들의 은이나 금을 탐내지 말라 이는 여호와께서 가증히 여기시
는 것임이니라 너는 가증한 것을 네 집에 들이지 말고 심히 미워하라 그것
은 진멸 당할 것임이니라 (신 7:25-26)

“금”과 “은”의 이러한 의미에 대해서는 앞으로도 더 얘기할 것이다.

243

“네가 입을 흰옷”은 참된 진리와 그로부터 생기는 지성을 뜻한다. 이것이 분명한 것은 “흰옷”은 참된 진리를 뜻하기 때문이다. 흰옷이 참된 진리를 뜻하는 까닭은, 옷은 진리를 뜻하고(앞의 195번), “흰 것”은 참된 것과 진리를 뜻하기 때문이다(앞의 196번). “네가 입을 흰옷”이 참된 진리와 그로부터 생기는 지성을 뜻하는 또 하나의 이유는 “옷 입는 것”은 진리로부터 지성을 얻는 것을 뜻하기 때문이다. 모든 지성은 참된 진리로부터 얻어지기 때문이다. 왜냐하면 인간의 이해력(지성)은 진리를 받아들이기 위해 만들어진 것이며, 그러므로 진리를 바탕으로 형성된 진리 같은 것이기 때문이다. 이해력은 또한 생각을 통해 추론하고, 거짓으로부터 말하며, 많은 논쟁을 통해 거짓을 굳히는 능력으로 믿어지기도 한다. 그러나 그것은 이해력이 아니고 기억과 함께 인간에게 주어진 어떤 능력에 불과하다. 즉 기억 가까이에 있으면서 기억을 바탕으로 활동하는 어떤 능력에 불과한 것이다. 그럼에도 이 능력을 통해 이해력이 생기는데, 사람이 애정을 가지고 진리를 받아들이는 만큼 생긴다. 그러나 애정을 가졌다고 누구나 참된 진리를 받는 건 아니고 주님이 주셔야만 받을 수 있다. 왜냐하면 참된 진리는 오직 주님으로부터 오기 때문이다. 따라서 이해력을 얻거나 지성적으로 되는 일은 주님으로부터가 아니면 이루어질 수 없고, 얻기 위해 스스로 노력하는 사람이라야 얻을 수 있다(앞의 239번 참고). 그리고 그것이 “내가 너를 권하노니 내게서 흰옷을 사서 입으라”는 말씀의 의미이다.

"벌거벗은 수치를 보이지 않게 하고"는 불결한 사랑이 드러나지 않도록 하라는 뜻이다. 이것이 분명한 것은 "벌거벗은 것"은 의지로부터 진리와 선이 박탈되었기 때문에 이해력으로부터도 박탈된 것을 뜻하거나, 또는 사랑의 선이 없으므로 신앙(믿음)의 진리도 없는 것을 뜻하기 때문이다(앞의 240번). "벌거벗은 것"이 진리와 선이 없는 것을 뜻하기 때문에, "벌거벗은 수치"는 불결한 사랑을 나타낸다. 왜냐하면 그런 사랑은 선에 대한 사랑과 그 사랑에서 나오는 진리에 대한 믿음으로 제거되는데, 그러지 못할 때 겉으로 나타나기 때문이다. 사람은 자아 사랑과 세상 사랑이라는 두 가지 사랑 속으로 태어나기 때문에, 유전적으로 자기 자신과 세상을 무엇보다 사랑하는 경향이 있다. 불결한 사랑이란 이 사랑을 말한다. 왜냐하면 자기와 비교해 다른 사람을 경멸하는 것, 자신을 지지하지 않는 사람에 대한 적개심, 증오, 보복, 교활함, 온갖 속임수와 같은 악이 그 사랑으로부터 나오기 때문이다. 사람의 악과 함께 있는 이러한 사랑은 주님 사랑과 이웃 사랑이라는 두 가지 사랑이 아니면 제거될 수 없다. 이 사랑 때문에 사람은 점점 무엇보다 주님을 더 사랑하고 이웃을 자기 자신처럼 사랑하게 된다. 이 두 사랑이야말로 순수한 사랑인데, 그 이유는 그것들이 주님으로부터 천국을 통해 오는 사랑이며, 그뿐 아니라 이 사랑으로부터 모든 선이 흘러나오기 때문이다. 그러므로 사람이 이 두 사랑 안에 있는 만큼 그가 가지고 태어난 불결한 사랑이 제거되고 나중에는 나타나지 않게 된다. 그러므로 그것은 진리를 수단으로 하여 주님이 제거하시는 것이다. 이것으로 다음과 같은 사실을 알 수 있다. 즉 "내가 너를 권하노니 내게서 흰옷을 사서 입어 벌거벗은 수치를 보이지 않게 하라"는 불결한 사랑이 드러나지 않게 하려면 스스로 참된 진리를 획득해야 하며, 또한 그것을 통해 주님으로부터 지성을 얻어야 한다는 것이다.

245

"안약을 사서 눈에 발라 보게 하라"는 이해력이 어느 정도 열려야 함을 뜻
한다. 이것이 분명한 것은 "눈"은 이해력을 뜻하고(앞의 152번), 그리하여 "눈
에 발라 보게 하라"는 이해력이 열려야 함을 뜻하기 때문이다. "안약을 바르
라"고 한 것은 "안약"은 가루를 기름과 섞어 만든 연고인데, "가루"는 신앙의
진리를, "기름"은 사랑의 선을 뜻하기 때문이다("가루"가 신앙의 진리를 뜻
하는 것은 『천국의 비밀』 2177, 9995번, "기름"이 사랑의 선을 뜻하는 것은
3728, 4582, 4638번 참고). 이 말씀을 그렇게 하는 이유는, 의지가 선하지 않
으면 이해력은 진리에 대해 아무것도 볼 수 없기 때문이다. 왜냐하면 이해력
안에 있는 진리는 의지 안에 있는 선의 형상 외의 아무것도 아니기 때문이다.

246

(1) 19절. "무릇 내가 사랑하는 자를 책망하여 징계하노니"는 그때의 시험
을 뜻한다. 이것이 분명한 것은 "책망하여 징계하는 것"은 시험에 드는 것을
뜻하기 때문이다. 이때 시험에 드는 사람은 앞 절에서 말했던 사람들로, 자신
을 위해 선을 획득하고 그것을 통해 진리를 받아들이는 사람들을 뜻한다. "내
가 사랑하는 자"는 믿음만의 교리 안에 있지만 선과 그것에서 비롯한 진리 안

에 있거나, 또는 인애와 그것에서 비롯한 믿음 안에 있는 모든 사람을 뜻한다. 주님이 이들을 사랑하시는 까닭은, 주님은 선 또는 인애 안으로 임재하시고, 선 또는 인애를 통해 진리 또는 믿음 안으로 임재하시며 그 반대로 임재하시지는 않기 때문이다. 여기서 주님이 믿음만의 교리 안에 있는 사람들을 책망하고 징계하시는 이유는, 앞에서 "내가 너를 권하노니 내게서 불로 연단한 금과 흰옷을 사서 입어 벌거벗은 수치를 보이지 않게 하고 안약을 사서 눈에 발라 보게 하라"고 하셨는데, 이 말씀의 의미는 믿음만의 교리 안에 있는 사람들은 스스로 참된 선과 진리를 얻어 그것을 통해 지성을 획득해야 하며, 그리하여 불결한 사랑이 드러나지 않도록 하고 또한 이해력이 어느 정도 열려야 하는 것을 뜻하기 때문이다. 믿음만의 교리 안에 있는 사람들에게 이런 일이 일어나는 동안 그들은 시험에 들지 않을 수 없다. 왜냐하면 그들에게 있는 오직 믿음과 믿음에 의한 칭의와 관련된 거짓 원리들은 시험을 통하지 않으면 제거되지 않기 때문이다. 그것들이 완전하게 제거되어야 하는 까닭은, 인애의 선은 진리하고만 결합하고 거짓된 원리와는 결합할 수 없기 때문이다. 그렇기 때문에 지금껏 말한 것처럼 진리를 획득해야만 하는 것이다. 그들은 공언하기를, 사람은 믿음을 받아들인 후 하나님의 인도를 받게 되고, 그렇게 해서 인애의 선 안에 있게 된다고 말하는데, 그걸 보면 확실히 (인애의 선과) 진리의 결합은 존재하는 것이다. 그런데도 그들은 그것이 구원에 아무런 도움이 되지 않는다고 하찮게 여기며, 나아가서 그 믿음 안에 있는 사람은 생각과 의지에 속한 악이든 삶에 속한 악이든 어떤 것으로도 정죄되지 않는다고 하고, 또한 주님이 인간을 위해 율법을 온전히 이루셨으므로 이들은 율법에 구속받지 않으며, 그러므로 믿음 외에는 아무것도 중요하지 않다고 말한다. 바로 이러한 것들 때문에 (인애와 믿음의) 분리가 일어난다. 그들이 그것들(인애와 믿음)을 하나로 묶는 이유는, 그렇게 하지 않으면 말씀과 그들의 교리가 서로 일치하지 않기 때문이다. 왜냐하면 말씀에서는 인애와 행위에 대해 수시로 말하기 때문이다. 그러므로 이 결합은 교리에 따라 사는 사람들에게 있는 결합이 아니라 말씀에 따라 사는 사람들에게 있는 결합이다.

(2) 말씀에서는 "내가 사랑하는 자를 책망하여 징계하노니"라고 말하지만, 책망하고 징계하는 이는 주님이 아니라 유사한 거짓 원리 안에 있는 지옥의 영들이다. 그들이 사람들을 징계하는 자, 즉 시험하는 자인 것이다. 잘 알려진 바와 같이 하나님은 어떤 사람도 시험하시지 않는다. 그러므로 비록 문자적으로는 하나님께서 시험 가운데로 이끌고, 악한 일을 행하시며, 지옥에 던지고, 또 그와 비슷한 일을 많이 하시는 것처럼 말하지만, 이 말씀은 반대로 이해해야 한다. 이것으로 말씀 안의 신성한 진리는 말씀의 영적 의미, 또는 깨달은 사람이 전하는 교리를 통하지 않으면 이해할 수 없음이 분명하다. 시험도 그렇다. 사람은 자기의 자아 안에 있을 때 시험에 든다. 왜냐하면 그의 원칙에 속한 거짓과 그의 사랑에 속한 악 안에 있는 지옥의 영들이 그에게 들러붙어 그의 생각을 악과 거짓 안에 붙잡아 두기 때문이다. 그러나 주님은 신앙의 진리와 인애의 선 안에서 그의 생각을 붙드신다. 그리고 그때 그는 구원과 천국에 관한 생각 속에 지속적으로 머물러 있게 된다. 그때부터 내적 불안과 시험이라 불리는 싸움이 마음속에서 일어난다. 그러나 진리와 선 안에 있지 않은 사람, 즉 인애의 믿음 안에 있지 않은 사람은 시험에 들 수가 없다. 왜냐하면 그들에게는 거짓과 악과의 싸움이 없기 때문이다. 그러므로 오늘날 시험에 드는 사람이 거의 없고, 영적 시험이 무엇인지도 거의 알려져 있지 않다(이것에 대해서는 『천국의 비밀』에서 더 충실히 설명하고 있다. 거기서 발췌해 『새예루살렘의 교리』 196-201번에 실린 내용을 참고하기 바란다).

247

"그러므로 네가 열심을 내라 회개하라"는 그들이 인애를 가져야 하는 것을 뜻한다. 이것이 분명한 것은 "열심을 내는 것"은 영적 애정으로부터 행동하는 것을 뜻하기 때문이다. 왜냐하면 영적 의미로 열심은 이 애정을 뜻하기 때문이다. 인애가 바로 이 애정이기 때문에 "열심을 내고 회개하라"고 말했고, 그것은 그들이 인애를 가져야 하는 것을 뜻한다. 인애라고 하는 영적 애정 안에 있지 않으면 아무도 영적 시험에 들지 않는다. 왜냐하면 사람이 영적 애정 안에 있지 않으면 진리와 선을 위한 열정이 없는 것이고, 그러므로 거짓과 악을 상대로 싸움이 일어나지 않기 때문이다. 시험을 통해 악이 정복되고 거짓이 제거될 뿐 아니라, 그 자리에 진리가 심어지며, 이 진리들은 인애의 선과 결합해 하나가 된다. 그러므로 "열심을 내고 회개하는 것"은 그들이 인애를 가져야 하는 것을 뜻한다.

248

(1) 20절. "볼지어다 내가 문 밖에 서서 두드리노니"는 주님의 끊임없는 임재를 뜻한다. 이것이 분명한 이유는, "문 또는 입구"는 가장 높은 의미로는 천국 또는 교회로 받아들이시는 주님을 뜻하고, 내적 의미로는 주님에게서 오는 선에서 비롯한 진리를 뜻하기 때문이다. 왜냐하면 사람은 이 진리를 통해 천국에 받아들여지기 때문이다(앞의 208번 참고). 주님께서 "볼지어다 내가 문 밖에 서서 두드리노니"라고 하셨는데, 이는 주님의 끝없는 임재와 받아들이

고자 하는 주님의 끝없는 소망을 뜻하며, 또한 선에서 비롯한 진리 또는 인애에서 비롯한 믿음으로 당신을 영접하는 모든 이들을 받아들이시고 그들과 결합하시는 것을 뜻한다. 그렇기 때문에 바로 다음에 "누구든지 내 음성을 듣고 문을 열면 내가 그에게로 들어가 그와 더불어 먹고 그는 나와 더불어 먹으리라"고 말씀하셨다. "문"이라고 했기 때문에 "두드린다"고 한 것인데, 이 말은 인간과 결합하여 그들에게 천국의 복을 전해 주시려는 주님의 영원한 바람을 뜻한다. 이것이 그런 의미라는 것은 다음 사실에서 알 수 있다. 즉 주님 안에는 신성한 사랑이 있으며 신성한 사랑은 자신이 가진 모든 것을 다른 사람에게 주는 것이고, 그들 또한 자기를 받아들이기를 바라는 것이다. 이 일은 사람이 선과 진리, 또는 사랑과 믿음을 받아들임을 통해서만 이루어진다. 왜냐하면 이러한 것들이 주님에게서 나와 (인간에게) 받아들여지는 신성한 것들이기 때문이다(그것들은 신성하므로 주님은 그 안에 계신다). 그러므로 주님은 선에서 비롯한 진리와 사랑에서 비롯한 믿음을 통해 천사와 결합하시고 인간들과 결합하신다. "내가 문 밖에 서서 두드리노니"는 특별히 그것들을 사람에게 주시고 그의 안에 심기를 원하시는 주님의 열망을 뜻한다.

(2) 주님의 끊임없는 임재와 사람과 결합하고자 하는 끊임없는 열망 때문에 사람의 자유 안에는 두 가지 것이 존재한다. 사람의 자유 안에 존재하는 첫 번째 것은, 사람은 주님과 이웃에 대해 호의적으로 생각할 수 있는 능력과 수단을 가진다는 것이다. 왜냐하면 사람은 누구나 주님과 이웃에 대해 호의적으로 생각하거나, 또는 나쁘게 생각할 수 있기 때문이다. 만일 그가 호의적으로 생각한다면 문이 열릴 것이고 나쁘게 생각하면 문이 닫힐 것이다. 주님과 이웃에 대해 호의적으로 생각하는 일은 사람 자신이 하는 것도, 그의 자아가 하는 것도 아니며, 끊임없이 임재하시어 사람에게 그런 능력과 수단을 주시는 주님께서 하시는 것이다. 그러나 주님과 이웃에 대해 나쁘게 생각하는 건 사람

자신과 그의 자아가 하는 것이다. 주님의 끊임없는 임재와 사람과 결합하고자 하는 끊임없는 열망 때문에 사람의 자유 안에 존재하는 또 다른 능력은 악을 멀리하는 능력이다. 사람이 (악을) 멀리하는 만큼 주님은 문을 열고 들어오신다. 왜냐하면 주님은 사람의 생각과 의지 안에 악이 있는 한 문을 열고 들어오실 수 없기 때문이다. 악들이 길을 막고 문을 닫아 버리기 때문이다. 게다가 주님은 사람으로 하여 생각과 의지 가운데 있는 악을 알도록 하시고 또한 그러한 악들을 흩어 버릴 진리를 알도록 허락하신다. 왜냐하면 말씀을 주시고 거기서 그러한 것들을 밝히시기 때문이다.

(3) 이로써 사람이 개혁되기를 원하면 개혁을 위해 부족한 것이 전혀 없음을 알 수 있다. 왜냐하면 개혁의 모든 수단이 사람의 자유 안에 있기 때문이다. 그러나 앞에서 말한 것처럼 이 자유는 주님에게서 오는 것이며, 누구에게나 주어진 자유를 통해 사람이 받아들여야 주님은 그것으로 개혁을 이루신다는 걸 알아야 한다. 그러므로 "누구든지 내 음성을 듣고 문을 열면"은 사람의 편에서 받아들임이 절대적으로 있어야 함을 뜻한다. 사람이 그 유입을[23] 느끼지 못해 처음에는 그것이 주님에게서 온 거라는 것을 모르더라도, 나중에 말씀을 통해 모든 사랑의 선과 신앙의 진리가 주님에게서 오는 것이라는 걸 믿는다면 아무 문제가 되지 않는다. 왜냐하면 주님은 사람이 알지 못하더라도 그것들을 이루시며, 또한 그것은 "내가 문 밖에 서서 두드리노니"라는 말이 의미하는바 주님의 임재에 의해 이루어지기 때문이다. 요컨대 주님이 원하시는 것은, 악을 멀리하고 선을 행하는 능력이 사람에게서 나오지 않고 주님에게서 오는 것을 사람이 믿더라도 그 일을 사람이 스스로 해야 한다는 것이다. 왜냐하면 주님의 뜻은 사람의 편에서 받아들임이 있어야 한다는 것이고, 또한 주님으로부터 하더라도 사람이 스스로 하듯 할 때만 받아들임이 있는 것이기

---

23) 영역 원문에는 inflowing이라고 되어 있다. (역자)

때문이다. 그러므로 상호적인 어떤 것이[24] 사람에게 주어지며 그것이 그의 새로운 의지가 되는 것이다.

(4) 이것으로 사람의 힘으로는 선을 행할 수 없으므로 오직 믿음으로만 의롭게 되고 구원받는다고 말하는 사람들이 얼마나 잘못된 생각을 하고 있는지를 알 수 있다. 이것이야말로 직접적인 유입(流入)을 기다리며 두 손을 늘어뜨리고 있는 것과 무엇이 다른가? 이런 사람은 결국 아무것도 받지 못한다. 또한 기도와 숭배와 예배의 외적인 것을 통해 (주님의) 유입을 받을 수 있다고 믿는 사람도 잘못 생각하는 것이다. 사람이 악한 생각과 행위를 끊고 말씀의 진리에 따라 스스로 하듯 선한 삶을 살 때 그는 받아들임의 상태가 되고 그의 기도와 숭배와 예배의 외적인 것들이 주님 앞에 가치 있는 일이 된다. 그렇지 않으면 그러한 것들은 아무 소용이 없는 것이다(이것에 대해서는 『천국과 지옥』 521- 527번 참고).

249

(1) "누구든지 내 음성을 들으면"은 사람이 주님의 가르침에 주의를 기울이면 이란 뜻이다. 이것이 분명한 것은, "듣는 것"은 주의하는 것, 즉 주의하여 지키고 귀 기울이는 것, 또는 순종하는 것을 뜻하기 때문이다. 사람은 청각을 통해 들어오는 것들을 이해력으로 이해할 뿐 아니라 애정과 일치하면 그것에

---

24) 원문에 reciprocal이라고 되어 있는 것을 여기서는 상호적인 것으로 옮긴다. 상호적인 것, 또는 상호성은 주님과 인간의 관계에서 주님은 인간에게 끊임없이 주시려고 하고 인간은 그것을 받아들인 후 다시 주님께 돌려 드리는, 즉 끊임없는 주고받음의 관계라고 이해할 수 있다. (역자)

순종하기 때문이다. 내면의 애정은 들리는 것과 결합하고 보이는 것과 결합하지 않기 때문이다. 그러므로 일반적인 담화에서듣는 것, 경청하는 것은 두 가지 의미를 가진다. 하나는 누군가의 말을 듣는 것이고, 다른 하나는 누군가의 말에 귀를 기울이는 것이다.[25] 전자는 지각하는 것을 뜻하고 후자는 순종하는 것을 뜻한다. 그러므로 "들어라"는 순종하는 것을 뜻하고, "보아라"는 이해하는 것을 뜻한다. 일반적인 대화 속에 이런 의미들이 있는 것은 영인들이 사는 영계에서 유래한 것이다(앞의 14, 108번 참고). "누구든지 내 음성을 들으면"이 주님의 가르침에 주의를 기울이면 이란 뜻임이 분명한 또 하나의 이유는, "내 음성" 또는 주님의 음성은 말씀과 교리의 진리를 뜻하고, 그러므로 신앙의 진리와 가르침을 뜻하기 때문이다(『천국의 비밀』 219, 220, 3563, 6971, 8813, 9926번 참고).

(2) "주님의 가르침에 주의를 기울이면"은 사람이 진리를 알고자 하고 말씀으로부터 진리를 탐구하기를 원하면이란 뜻이다. 삶의 악 안에 있고 교리의 거짓을 굳게 믿는 사람은 아무도 그렇게 할 수 없다. 교리의 거짓을 굳게 믿는 사람들은 그들의 거짓 원리를 지지하는 것이 아니면 말씀의 어떤 것에도 주의를 기울이지 않고, 못 본 것처럼 지나쳐 버리거나 왜곡하여 거짓으로 만들어 버린다. 반면에 삶의 악 안에 있는 사람들은 진리에 대해 아예 관심이 없고 진리를 들어도 귀 기울이지 않는다. 그러므로 그들은 듣는 방법, 즉 진리를 보고 이해하는 방법으로만 진리를 받아들이며, 귀 기울이고 순종하는 방법으로는 받아들이지 않는다. 그러나 진리를 알고자 하고 말씀으로부터 그것을 탐구하기를 원하는 사람들은 진리에 대한 영적 애정 안에 있는 사람들이다. 이들

---

25) 문장의 이해를 돕기 위해 라틴어 원문을 다음과 같이 올린다. inde est quod binae significationes audire et auscultare sint in communi sermone, nempe audire et auscultare aliquem, ac audire et auscultare alicui; hoc enim est obedire, illud autem appercipere. (역자)

은 진리를 사랑하되 그것이 진리이기 때문에 사랑한다. 말씀에서 배우는 진리, 즉 주님의 계명에 따라 살기를 원하는 사람들이 그 애정 안에 있는 사람들이다. 그러므로 "누구든지 내 음성을 듣고 문을 열면 내가 그에게로 들어가 그와 더불어 먹고 그는 나와 더불어 먹으리라"라고 하신 것은 그 사람들을 뜻한다.

250

(1) 그러므로 문을 여는 것은 마음 또는 생명 안으로 받아들이는 것을 뜻한다. 이것이 분명한 것은 "문을 여는 것"은 안으로 들이는 것을 뜻하기 때문이다. 왜냐하면 "문"은 입장의 허락을 뜻하기 때문이다(앞의 208번 참고). 그러나 여기서 "문을 여는 것"은 마음 또는 생명 안으로 받아들이는 것이다. 왜냐하면 바로 다음에 "내가 그에게로 들어가"라고 했기 때문이다. 말씀에는 마치 사람이 문을 여는 것처럼 "문을 열면"이라고 말했지만, 바로 앞에서 말한 거와 같이(248번 참고) 문을 여는 이는 주님이시다. 그런데도 (누구든지) 문을 열면이라고 말한 것은 주님이 주신 자유 때문에 사람에게는 그렇게 보이기 때문이다. 게다가 말씀의 문자적 의미에는 많은 것들이 겉으로 보이는 대로 기록되어 있다. 그러나 말씀의 내적, 또는 영적 의미가 있는 천국에서는 그런 겉모습들이 벗겨진다. 많은 곳에서 말씀의 문자적 의미가 겉으로 보이는 그대로 기록된 것은, 그것으로 영적 의미의 기초를 삼기 위해서이다. 만약 그렇지 않으면 영적 의미는 기초, 또는 토대를 갖지 못할 것이다. 말씀의 많은 것들이 보이는 대로 기록되었다는 것은 다음 사실에서 알 수 있다. 즉 말씀에는 하나님에게서 악이 나오고, 분노와 성냄, 보복 등의 것들도 하나님께 속한 것이

라고 말한다. 그러나 하나님은 어떤 사람에게도 악을 행하지 않으시고, 어떤 성냄이나 보복도 하나님께 속하지 않는다. 왜냐하면 하나님은 선 자체이고 사랑 자체이신 분이기 때문이다. 그럼에도 사람이 악을 행하고 벌을 받을 때는 그렇게 보이기 때문에, 문자의 의미로는 그렇게 말하지만 말씀의 영적 의미로는 전혀 다른 뜻이다. "사람이 문을 열면"이라고 한 것도 그와 같은 것이다.

(2) 여기서처럼 사람이 연다고 할 때, "문을 여는 것"이 어떤 의미인지를 좀 더 설명하겠다. 주님은 언제나 사람 안에 있는 선과 진리와 함께 계시면서 그의 영적 마음을 열기 위해 노력하신다. 이것이 주님이 열어 사람에게 천국적 사랑과 믿음을 넣어 주고 싶어 하시는 문이다. 왜냐하면 "내가 문 밖에 서서 두드리노니"라고 주님이 말씀하시기 때문이다. 그러나 사람은 주님의 그런 노력이나 끊임없는 열망을 지각하지 못한다. 왜냐하면 그는 자기 자신으로부터 선을 행한다고 생각하며, 그런 노력이나 바람 또한 자기 안에 있다고 생각하기 때문이다. 이때 사람은 모든 선은 하나님에게서 나오고 그 어떤 것도 사람에게서 나오지 않는다는 것을 교회의 교리로부터 시인하기만 하면 된다. 사람이 이러한 것을 지각하지 못하는 것은 사람에 의한 받아들임(reception)과 받아들임을 통한 전유(專有)[26]가 있도록 하기 위함이다. 왜냐하면 그러지 않으면 사람은 개혁될 수 없기 때문이다.

(3) 이것으로 믿음만의 교리 안에 있는 사람, 즉 구원하는 것은 믿음이며 삶의 선이 아니라고 말하고 믿는 사람들이 얼마나 큰 오류에 빠져 있는지 알 수 있다. 그들은 오직 믿음으로 의롭다 함을 얻는다고 하면서, 받아들임을 위한

---

26) 전유(appropriation)란 주님이 주시는 신성한 것을 인간이 자기의 것으로 만드는 것을 말한다. 구체적으로 말하면 주님이 주시는 선을 의지로 만들고 진리를 신앙으로 만드는 것이다. 이에 대해 『천국의 비밀』 9273번은 "전유는 교리에 속했던 진리가 삶으로 될 때 일어난다"고 말한다. (역자)

사람의 편에서의 적용을 배척한다. 사실 그들은 사람은 자신을 검토하여 악을 발견하고 인정하되 행위에 속한 것뿐만 아니라 생각과 의도에 속한 것까지 인정해야 하며, 그런 다음 그 악들을 멀리하고 끊어 새로운 삶인 선한 삶을 살아야 한다는 것을 안다. 그리고 그렇게 하지 않으면 죄를 용서받지 못하고 구원받지 못한다는 것을 안다. 교회의 학자와 지도자들은 말씀으로 설교할 때 이것을 가르치고, 성찬식에 참가하는 모든 사람에게도 가르친다. 그때 그들은 이것을 마치 믿음에서 비롯한 일인 것처럼 가르친다. 그러나 그들이 돌아가고 오직 믿음으로 의롭다 함을 얻는다는 교리를 바라보자마자, 그들은 더 이상 그러한 것을 믿지 않고, 모든 사람은 믿음을 받아들인 다음에야 하나님에 의해 악으로부터 선으로 인도된다고 말한다. 그들 중 어떤 사람은 자기들의 거짓 원리를 진리와 연결하려고 이렇게 말한다. 즉 사람은 믿음으로 의롭다고 함을 얻은 후에 하나님의 이끄심에 따라 자신을 검토하고, 하나님 앞에서 죄를 고백하고, 그것들을 끊는 등의 일을 할 수 있다고 말한다. 그러나 이러한 일은 믿음만으로 의롭게 된다고 믿는 사람에게는 일어나지 않고 인애의 삶을 사는 사람에게 일어난다. 사람은 인애의 삶을 통해 천국과 결합하며 믿음만으로는 어떤 사람도 천국과 결합할 수 없다. 인애의 삶으로 천국과 결합하는 사람은 주님의 이끄심에 따라 자신의 악을 보는데, 생각과 의지 안에 있는 악을 모두 본다. 사람이 선으로부터 악을 보는 까닭은 악은 선과 반대되는 것이기 때문이다. 그러나 믿음만으로 구원받는다고 믿는 사람은 속으로, "내가 믿음을 가진 까닭은, 내가 들은 바를 믿기 때문이다. 즉 어떤 것도 나를 정죄하지 못하며, 나는 의롭다 여김을 받았다는 것을 믿기 때문이다."라고 말한다. 그러나 그렇게 믿는 사람은 결코 주님의 인도를 받지 못하며, 그러므로 자신을 검토하거나 악을 회개할 수도 없다. 그들은 그렇게 사람들 앞에서 진리를 가르치며, 사람들은 그 말을 듣고 믿음으로 의롭게 되는 것은 잘 믿고 잘 사는 것을 의미한다고 믿으면서 교리의 비밀을 더 깊이 들여다보지 않는다. 이들은 구원을 받지만 앞에서 말한 사람들은 정죄를 받는다. 그들도 원하기만 하면 자기들이 정죄 받는다는 사실을 알 수 있다. 왜냐하면 그들은 교리를 통해 구원은 오직 믿음으로 이루어지며 행위, 즉 삶의 선으로는 이루어지지 않는다고 믿는데, 그러나 이때 행위란 악을 끊고 새로운 삶을 사는 것이며 그러므로 그 것이 없다면 정죄를 받기 때문이다.

(4) 이러한 가르침은 그들의 교리의 비밀로부터 배우는 것이 아니고 교회에서 받아들인 기도문이 가르친다는 것은 성찬을 위해 제단에 나오는 모든 사람 앞에서 읽는 글을 보면 알 수 있다. 그것을 소개하면 다음과 같다.

성찬의 소중한 참석자로 받아들여지기 위해서는, 먼저 당신의 삶과 행동이 하나님의 계명의 법에 따른 것인지를 검토하고, 그런 가운데 의지로나, 말로나, 행위로 계명을 어긴 것을 알았다면, 자신의 죄를 슬퍼하고, 삶을 바꾸겠다는 전적인 의지를 갖고 전능하신 하나님께 참회해야 합니다. 그리고 만일 당신이 하나님께만 아니라 이웃에게도 범죄했다면 그들과 화해해야 하며, 당신이 다른 사람에게 행한 모든 손해와 과오에 대해 힘닿는 대로 보상할 마음을 가져야 합니다. 그리고 하나님께서 당신의 죄를 용서하신 것처럼 당신도 자기에게 죄를 지은 사람을 용서할 마음을 가져야 합니다. 왜냐하면 그렇게 하지 않으면 성찬을 받아들임으로써 당신의 벌이 더욱 커질 뿐이기 때문입니다. 그러므로 여러분 중 누가 하나님을 모독하고 그분의 말씀을 비방하고, 간음하고, 또는 원한을 품거나, 시기하고, 다른 악한 죄를 지었다면 자신의 죄를 회개하십시오. 그게 아니라면 성찬대에 나오지 마시기 바랍니다. 성찬을 받은 후 악마가 유다에게 들어간 것처럼 당신에게 들어가 당신을 죄악으로 가득 채우고 당신의 몸과 영혼을 파괴하지 않을까 염려되기 때문입니다. 그러므로 자신이 주님의 심판을 받지 않을 사람인지를 스스로 판단하십시오. 당신의 지난 죄를 진심으로 회개하십시오. 우리 주 그리스도에 대한 분명하고 확고한 믿음을 가지십시오. 당신의 삶을 바꾸고 모든 사람들과 완전한 인애로 함께 하십시오. 당신이 자기의 죄를 진심으로, 그리고 열심히 회개하고 이웃에 대한 사랑과 인애 안에 있으며 하나님의 계명에 따라 새로운 삶을 살기를 원하고, 그리하여 거룩한 길을 걷고 믿음에 가까이 갈 거라면, 이 성찬을 먹음으로 위안을 얻고 전능하신 하나님께 겸손한 참회의 고백을 드리기 바랍니다.

(5) 이것으로 알 수 있는 건, 교회의 학자와 지도자들은 천국으로 가는 길은 바로 이 길이며 그와 거리가 먼 믿음의 길이 아니라는 것을 알기도 하고 모르기도 한다는 것이다. 여기서 인용한 내용을 사람들 앞에서 설교하고 기도할 때는 알지만, 그들의 교리로부터 가르칠 때는 모르는 것이다. 그들은 앞에서 말한 길을 실용적 종교라 부르고 뒤의 길은 기독교라고 부른다. 또 앞의 길은 단순한 사람들을 위한 것이고, 뒤의 길은 지혜로운 사람을 위한 것이라고 믿는다. 그러나 단언컨대 오직 믿음과 믿음에 의한 칭의의 교리에 따라 사는 사람들은 영적인 믿음을 조금도 갖지 못하고 이 세상 삶이 끝나면 지옥에 떨어진다는 것이다. 그러나 앞의 권고에서 나온 교리에 따라 사는 사람들은 영적인 믿음을 갖고 세상의 삶을 마치고 천국에 들어간다. 이것은 또한 아타나시오스 신조라 불리는 기독교 전체가 받아들인 믿음과 완전히 일치하는데, 거기에서는 주님에 대해 이렇게 말한다. 즉 "그가 오실 때 모든 사람은 각자의 행위를 설명할 것이다. 그리고 선을 행한 사람은 영원한 삶으로 들어가고 악을 행한 사람들은 영원한 불 속으로 들어갈 것이다." 이것이 곧 가톨릭의 신앙이다.

(6) 이러한 것들이 말씀과 완전하게 일치한다는 것은 다음 구절들을 보면 알 수 있다.

인자가 아버지의 영광으로 그 천사들과 함께 오리니 그 때에 각 사람이 행한 대로 갚으리라 (마 16:27)

선한 일을 행한 자는 생명의 부활로 악한 일을 행한 자는 심판의 부활로 나오리라 (요 5:28, 29)

주 안에서 죽는 자들은 복이 있도다 하시매 성령이 이르시되 그러하다 그들이 수고를 그치고 쉬리니 이는 그들의 행한 일이 따름이라 하시더라 (계 14:13)

내가 너희 각 사람의 행위대로 갚아 주리라 (계 2:23)

내가 보니 죽은 자들이 큰 자나 작은 자나 그 보좌 앞에 서 있는데 책들이 펴 있고 죽은 자들이 자기 행위를 따라 책들에 기록된 대로 심판을 받으니 바다가 그 가운데에서 죽은 자들을 내주고 또 사망과 음부도 그 가운데에서 죽은 자들을 내주매 각 사람이 자기의 행위대로 심판을 받고 (계 20:12, 13)

보라 내가 속히 오리니 내가 줄 상이 내게 있어 각 사람에게 그가 행한 대로 갚아 주리라 (계 22:12)

일곱 교회에 쓴 편지에서는 각 교회를 향해 "내가 네 행위를 안다"라고 말한다.

에베소 교회의 사자에게 편지하라 오른손에 있는 일곱 별을 붙잡고 있는 이가 이르시되 내가 네 행위를 알고 (계 2:1, 2)

서머나 교회의 사자에게 편지하라 처음이며 마지막이신 이가 이르시되 내가 네 행위를 알거니와 (계 2:8, 9)

버가모 교회의 사자에게 편지하라 검을 가지신 이가 이르시되, 내가 네 행위를 아노니 (계 2:12, 13)

두아디라 교회의 사자에게 편지하라 하나님의 아들이 이르시되 내가 네 사

업과 사랑을 아노니 (계 2:18, 19)

사데 교회의 사자에게 편지하라 하나님의 일곱 영을 가지신 이가 이르시되 내가 네 행위를 아노니 (계 3:1)

빌라델비아 교회의 사자에게 편지하라 거룩하고 진실한 이가 이르시되 내가 네 행위를 아노니 (계 3:7, 8)

라오디게아 교회의 사자에게 편지하라 아멘이시요 충성되고 참된 증인이신 이가 이르시되 내가 네 행위를 아노니 (계 3:14, 15)

예레미야서에,

나는 그들의 행위와 그들의 손이 행한 대로 갚으리라 (렘 25:14)

주는 인류의 모든 길을 주목하시며 그의 길과 그의 행위의 열매대로 보응하시나이다 (렘 32:19)

호세아서에,

내가 그들의 행실대로 벌하며 그들의 행위대로 갚으리라 (호 4:9)

스가랴서에,

만군의 여호와께서 우리 길대로 우리 행위대로 우리에게 행하셨도다 (슥 1:6)

요한복음에,

너희가 이것을 알고 행하면 복이 있으리라 (요 13:17)

누가복음에,

너희는 나를 불러 주여 주여 하면서도 어찌하여 내가 말하는 것을 행하지 아니하느냐 (눅 6:46)

마태복음에,

누구든지 이를 행하며 가르치는 자는 천국에서 크다 일컬음을 받으리라
(마 5:19)

아름다운 열매를 맺지 아니하는 나무마다 찍혀 불에 던져지느니라 나더러
주여 주여 하는 자마다 다 천국에 들어갈 것이 아니요 다만 하늘에 계신 내
아버지의 뜻대로 행하는 자라야 들어가리라 그러므로 누구든지 나의 이 말
을 듣고 행하는 자는 지혜로운 사람 같고 나의 이 말을 듣고 행하지 아니하
는 자는 어리석은 사람 같으리니 (마 7:19-27)

좋은 땅에 뿌려졌다는 것은 말씀을 듣고 깨달아 결실을 맺는 자니라 (마
13:23)

좋은 땅에 뿌려졌다는 것은 곧 말씀을 듣고 받아 결실을 하는 자니라 (막
4:20)

좋은 땅에 있다는 것은 착하고 좋은 마음으로 말씀을 듣고 지키어 인내로
결실하는 자니라 (눅 8:15)

주께서 이러한 것들을 말씀하시고 이르시길 귀 있는 자는 들으라 하시니라
(마 13:9, 막 4:19, 눅 8:8)

마태복음에,

예수께서 이르시되 네 마음을 다하고 목숨을 다하고 뜻을 다하여 주 너의
하나님을 사랑하라 하셨으니 이것이 크고 첫째 되는 계명이요 둘째도 그와
같으니 네 이웃을 네 자신같이 사랑하라 하셨으니 이 두 계명이 온 율법과
선지자의 강령이니라 (마 22:37-40)

"율법과 선지자"는 말씀 전체를 뜻한다.

(7) 주님은 요한복음에서 주 하나님을 사랑하는 것은 그분의 말씀, 또는 가르침을 따르는 것이라고 직접 말씀하셨다.

> 나를 사랑하면 내 말을 지키리니 내 아버지께서 그를 사랑하실 것이요 우리가 그에게 가서 거처를 그와 함께 하리라 그러나 나를 사랑하지 아니하는 자는 내 말을 지키지 아니하나니 (요 14:21, 23-24)

또한 마태복음에,
> 주님이 이르시되 왼편의 염소는 영원한 불에 들어가고 오른 편의 양은 영생에 들어가리라 (마 25:31-46)

“염소”는 인애의 선을 행하지 않는 사람들이며, “양”은 인애의 선을 행하는 사람이라는 것은 위의 말씀에서 분명하다. 그들은 모두 이웃에게 선을 행하는 것이 주님께 행하는 것인지를 알지 못했다. 그러나 그렇더라도 심판 날에 가면 선을 행하는 것이 곧 주님을 사랑하는 것이라는 것을 배우게 된다. “자기 등잔에 기름을 준비하지 못한 어리석은 다섯 처녀” 역시 믿음 안에 있지만, 인애의 선 안에 있지 않은 사람들을 뜻한다. 그리고 “자기 등잔에 기름을 준비한 지혜로운 다섯 처녀”는 인애의 선 안에 있는 사람들을 뜻한다. 왜냐하면 “등잔”은 믿음을 뜻하고 “기름”은 인애에서 비롯한 선을 뜻하기 때문이다.

> 말씀은 그들에 대해, 지혜로운 처녀들은 들어갈 수 있으나 주여, 주여, 문을 열어 주소서라고 말하는 다른 처녀들은 “내가 진실로 네게 말하노니 나는 너를 알지 못한다”라는 대답만 듣는다고 말한다(마 25:1-12).

교회의 마지막 때에는 인애가 없기 때문에 주님에 대한 믿음도 없다는 것을 말씀에서는 이렇게 말한다.

> 베드로가 닭 울기 전에 주님을 세 번 부인한다 (마 26:34, 69-74)

다음 말씀도 같은 의미이다.

> 주님을 따르는 요한을 보고 베드로가 "주님 이 사람은 어떻게 되겠습니까?"라고 묻자 주님은 "베드로야 네게 무슨 상관이냐? 너는 나를 따르라"라고 말씀하셨다 (요 21:21-22)
> 왜냐하면 표상의 의미로 "베드로"는 믿음을 뜻하고, "요한"은 인애의 선을 뜻하기 때문이다. 요한이 인애의 선을 뜻하기 때문에 그는 주님의 가슴에 기대어 누웠다 (요 21:20).

(8) 십자가 위에서 주님이 요한에게 하신 다음 말씀은 그 선으로 교회가 만들어지는 것을 뜻한다.

> 예수께서 자기의 어머니와 사랑하시는 제자가 곁에 서 있는 것을 보시고 자기 어머니께 말씀하시되 여자여 보소서 아들이니이다 하시고 또 그 제자에게 이르시되 보라 네 어머니라 하신대 그때부터 그 제자가 자기 집에 모시니라 (요 19:26-27)

여기서 "어머니"와 "여인"은 교회를 뜻하고, "요한"은 인애의 선"을 뜻한다. 그러므로 이 말씀은 교회는 인애의 선이 있는 곳에 있음을 뜻한다(이것은 『새 예루살렘의 교리』 122번에 인용된 구절에서 보다 충실히 설명하고 있다. 또한 인애가 없는 곳에는 믿음도 없다는 것은 저서 『마지막 심판』 33-39번에 있다.

사후에 사람의 모습은 세상에서의 삶의 모습과 같고 믿음과 같지 않다는 것은 『천국과 지옥』 470-484번에 있으며, 인애가 무엇이고 믿음의 본질이 무엇인가 하는 것은 『새예루살렘의 교리』 84-122번에 있다.)

(9) 이제까지의 설명으로부터 믿음을 갖는 것과 삶으로 실천하는 것이 서로 다른 것인지, 그리고 믿음을 삶으로 실천하는 것이 알고 생각하는 것만이 아니라 뜻하고 행하는 것은 아닌지를 생각해야 할 것이다. 왜냐하면 믿음은 사람의 지식과 생각 속에만 있을 때는 그의 안에 있는 것이 아니며, 의지와 행위 속에 있어야 그의 안에 있는 것이기 때문이다. 삶에서 비롯한 믿음이라야 사람 안에 있는 것이며, 지식과 그것에서 나오는 생각에서 비롯한 믿음은 아직 사람 안에 있는 것이 아니다. 삶에서 비롯한 믿음이 하나님을 믿는 것이다. 하나님에게서 오는 것들을 믿으면서 하나님을 믿지 않는 것은 역사적 믿음, 즉 구원받지 못하는 믿음이다. 참된 성직자, 좋은 목회자라면 누가 올바로 사는 것을 원하지 않겠는가? 그리고 다른 사람에게서 들은 지식에서 비롯한 믿음이 삶에서 비롯한 믿음이 아니라 역사적 믿음이라는 것을 누가 모르겠는가?

(10) 삶에 속한 믿음이 인애에 속한 믿음이다. 인애가 곧 삶이기 때문이다. 그럼에도 불구하고 오직 믿음과 믿음에 의한 칭의의 교리를 마음에 굳히고 있는 사람들은 거짓들을 진리와 연결지으며 여전히 그 교리에서 물러서지 않을 것이다. 왜냐하면 그들은 말씀으로부터 가르칠 때는 진리를 가르치지만 교리로부터 가르칠 때는 거짓을 가르치기 때문이다. 그러므로 그들은 믿음의 열매가 곧 삶의 선이며, 따라서 삶의 선은 믿음에서 비롯된 것이라고 주장하며, 동시에 삶의 선으로는 구원받지 못하고 오로지 믿음으로만 구원받는다고 말함으로써, 이것들을(믿음과 삶의 관계를) 뒤죽박죽으로 만든다. 그렇게 해서 그들은 그 둘을 연결하기도 하고 또 분리하기도 한다. 둘을 연결할 때 그들은

진리를 가르친다. 그러나 그것이 교리를 뒤집는 일이라는 것을 모르는 사람들 앞에서만 그렇게 가르친다. 그리고 그들의 교리와 말씀을 일치시키기 위해서는 그러한 일들이 필요하다고 말한다. 그리고 둘을 분리할 때 그들은 거짓을 가르친다. 왜냐하면 믿음으로 구원받으며, 인애의 선, 즉 행위로는 구원받지 못한다고 말하기 때문이다. 그리고 그때 그들은 인애와 믿음이 하나로 움직인다는 것, 인애는 바르게 행동하는 것이고 믿음은 바르게 믿는 것이라는 것, 그리고 바르게 믿는 것과 바르게 행동하는 것은 서로 떨어질 수 없는 것임을 알지 못한다. 그러므로 인애에서 분리된 믿음은 있을 수 없다. 인애는 믿음의 본질이고 그 생명이기 때문이다. 그러므로 믿음만 있는 것은 생명이 없는 믿음이며 죽은 믿음이다. 이런 믿음은 믿음이 아니기 때문에 그 믿음으로 의롭게 된다는 것은 공허한 말이다.

251

"내가 그에게로 들어가"는 결합을 뜻한다. 이것이 분명한 것은 주님께서 "들어가신다는 것"은 주님과 결합하는 것을 뜻하기 때문이다(『천국의 비밀』 3914, 3918, 6782, 6783번 참고). 주님이 마음과 삶 안으로 당신을 받아들이는 사람들과 결합하시는 이유는, 주님은 삶 속으로 흘러 들어오시기 때문이다. 주님은 영적 사랑의 삶, 또는 인애의 삶 안에 있는 사람들에게만 흘러 들어오신다. 왜냐하면 인애가 곧 영적 사랑이기 때문이다. 그 사랑이 사람의 삶이 될 때 주님은 그것을 통해 신앙의 진리 안으로 흘러 들어오시고, 그로 인해 사람은 진리를 보거나 또는 알게 된다. 그리고 그것으로부터 사람은 진리에 대한 영적 애정을 갖는다. 주님이 사람 안의 인애 없는 믿음, 또는 인애와 분리된 믿음 속으로 들어오신다고 생각하는 것은 큰 오해이다. 그런 믿음 안에는 생명이 없다. 왜냐하면 그것은 심장으로부터의 유입이 없는 폐의 호흡과 같은 것이기 때문이다. 그런 호흡은 생명 없는 움직임일 뿐이다. 왜냐하면 잘 알려진 바와 같이 폐의 호흡은 심장으로부터 유입이 있을 때 살아 있기 때문이다. 그것은 주님에게서 나오는 신성이 어떤 경로로 사람에게 받아들여지는지를 보면 분명히 알 수 있다. 신성은 심장, 즉 사랑을 통해 받아들여진다. 그것을 심장이라 하거나, 또는 사랑이라고 하는 것은 같은 말이다. 거기서부터 영의 생명이 나오기 때문이다. 생각하면 누구나 알 수 있듯이 사람의 생명을 만드는 것은 사랑이다. 사랑이 없다면 사람은 무엇을 위해 존재하는가? 사람은 목석이 아니지 않은가? 그러므로 사랑이 곧 사람이다. 그리고 사랑은 뜻하고 행하는 것이다. 사람은 그가 사랑하는 것에 뜻을 두고 그것을 행하기 때문이다. 인애의 선과 신앙의 진리에 대한 관념은 태양의 빛과 열기로 형상화될 수 있다. 태양에서 나오는 빛과 봄, 여름철의 태양의 열기가 결합할 때, 지상의 모든 것들은 싹을 내고 꽃을 피운다. 그러나 겨울철의 빛과 같이 그 속에 열기가 없을 때는 지상에 있는 모든 것들은 활기를 잃고 죽는다. 마찬가지로 신앙의 진리는 영적 빛이며 인애의 선은 영적 열기이다. 교회에 속한 사람들에 대해서도 그런 식으로 생각할 수 있다. 즉 사람에게 있는 믿음이 인애와 결합할 때 그는 정원의 모습이 되고 낙원의 모습이 된다. 그러나 사람 안의 믿음이 인애와 결합하지 않으면 그는 사막과 같은 모습이거나 눈 덮인 땅과 같다.

252

(1) "그와 더불어 먹고 그는 나와 더불어 먹으리라"는 천국의 지극한 행복을

그들에게 전하는 것을 뜻한다. 이것이 분명한 것은 "먹는 것"은 천국의 선을 전하는 것을 뜻하기 때문이다. "먹는 것"이 전하는 것을 뜻하는 이유는 말씀에서 "잔치", "축제", "만찬", "저녁 식사"는 사랑으로 연합하고, 그렇게 해서 사랑의 기쁨을 전달하는 것을 뜻하기 때문이다. 왜냐하면 모든 기쁨은 사랑에서 비롯하기 때문이다. 이러한 의미들은 빵과 포도주가 천적, 영적 사랑에 속한 선을 뜻하고, 함께 먹는 것은 전달하는 것, 어떤 개인의 것이 되는 것(專有)을 뜻하는 것에서 유래한다. 전에는 유월절이 그러한 것들을 나타냈지만, 오늘날에는 성찬이 그것을 나타낸다(앞의 146번, 『새예루살렘의 교리』 210-222번 참고). "먹는 것"에 대해 언급한 이유는, 결혼은 저녁 식사 때 거행되고, 그것은 선과 진리의 결합을 뜻하며, 그러므로 기쁨을 전하는 것이기 때문이다. 그러므로 계시록에서는 다음과 같이 말한다.

어린 양의 혼인 잔치에 청함을 받은 자들은 복이 있도다 (계 19:9). 그리고
나중에 오라 하나님의 큰 잔치에 모이라 (계19:17)

(2) 저녁 식사의 의미가 사랑으로 연합하는 것이고 그렇게 해서 기쁨을 전하는 것이기 때문에, 주님은 누가복음의 다음 구절에서도 교회와 천국을 "저녁 식사"와 "결혼식"에 비유하셨다.

어떤 사람이 큰 잔치를 베풀고 많은 사람을 청하였더니 다 일치하게 사양
하여 이에 집주인이 노하여 그 종에게 이르되 가난한 자들과 몸 불편한 자
들과 맹인들과 저는 자들을 데려오라 하니라 내가 너희에게 말하노니 전에
청하였던 그 사람들은 하나도 내 잔치를 맛보지 못하리라 하였다 하시니라
(눅 14:16-24)

(마태복음 22:1-15절에서 결혼식에 초대받은 것도 거의 같은 의미이다.)

"저녁 식사"는 여기서 천국과 교회를 뜻한다. 그러니까 "초대받고 사양한 사람들"은 당시 교회가 그들에게 있었던 유대인들을 뜻한다. 왜냐하면 교회는 구체적으로 말씀이 있는 곳이며 말씀을 통해 주님을 알리는 곳이기 때문이다. "가난한 자, 몸 불편한 자, 저는 자, 맹인"은 영적으로 그런 장애가 있는 사람들이며 당시에는 교회 밖의 사람들을 뜻한다. 여기서 천국과 교회를 "저녁 식사"와 "결혼식"에 비유한 것은 천국은 천사들과 주님이 서로 사랑으로 결합하고 인애로 연합하며, 그러므로 모든 기쁨과 지극한 행복이 전해지는 곳이기 때문이다. 교회도 마찬가지이다. 교회는 지상에 있는 주님의 천국이기 때문이다(천국은 천사들과 주님이 사랑으로 결합하고, 또한 인애로 서로 연합하는 곳이라는 것은 『천국과 지옥』 13-19번 참고, 그러므로 모든 기쁨과 지극한 행복이 전해지는 곳이라는 것은 396-400번 참고).

(3) 말씀에는 여러 곳에서 천국에서 그들이 "함께 먹을 것"이라고 말한다. 이것은 영적 의미로 그들이 지극한 행복과 은총을 누릴 것이란 뜻이다. 따라서 여기서 "함께 먹는 것"은 "먹는 것"과 같은 뜻이다. 그러므로 누가복음에서는 이렇게 말한다.

사람들이 동서남북으로부터 와서 하나님의 나라 잔치에 참여하리니 (눅 13:29)

그리고 마태복음에서는,
동서로부터 많은 사람이 이르러 아브라함과 이삭과 야곱과 함께 천국에서 먹으려니와 (마 8:11)

"동서남북으로부터 온 사람들은 사랑의 선과 그것에서 비롯한 신앙의 진리 안에 있는 사람들이다(말씀에서 "네 방향"이 이러한 의미라는 것은 『천국과 지옥』 141-153번, "아브라함과 이삭, 야곱"이 신성 자체이며 신적 인성이신 주님을 뜻한다는 것은 『천국의 비밀』 1893, 4615, 6098, 6185, 6276, 6804, 6847번 참고. 그러므로 "그들과 함께 먹는 것"은 주님과 결합하는 것이고, 사랑으로 서로 연합하는 것이며, 그러한 결합과 연합에 의해 영원한 행복과 은총을 누리는 것이다. 그리고 그것은 오직 주님에게서만 오는 것이다).

(4) 누가복음에,

예수께서 이르시되 허리에 띠를 띠고 등불을 켜고 서 있으라 너희는 마치 그 주인이 혼인 집에서 돌아와 문을 두드리면 곧 열어 주려고 기다리는 사람과 같이 되라 주인이 와서 깨어 있는 것을 보면 그 종들은 복이 있으리로다 내가 진실로 너희에게 이르노니 주인이 띠를 띠고 그 종들을 자리에 앉히고 나아와 수종들리라 (눅 12:35-37)

"허리에 띠를 띠고"는 사랑에서 비롯한 선을 뜻한다(『천국의 비밀』 3021, 4280, 9961번). "등불을 켜는 것"은 사랑의 선에서 비롯한 신앙의 진리를 뜻한다(『천국의 비밀』 9548, 9551, 9783번). "띠를 띠고 종들을 자리에 앉히고 나아와 수종들리라"는 그들에게 온갖 선을 주시는 것을 뜻한다.

(5) 같은 책에,

너희는 나의 모든 시험 중에 항상 나와 함께 한 자들인즉 내 아버지께서 나라를 내게 맡기신 것 같이 나도 너희에게 맡겨 너희로 내 나라에 있어 내 상에서 먹고 마시게 하려 하노라 (눅 22:28-30)

"하나님의 나라에 있어 내 상에서 먹고 마시게 하는 것"은 사랑과 믿음으로 주님과 결합하는 것이며, 천국의 복을 누리는 것이다.

(6) 마태복음에

예수께서 이르시되 너희에게 이르노니 내가 포도나무에서 난 것을 이제부
터 내 아버지의 나라에서 새것으로 너희와 함께 마시는 날까지 마시지 아
니하리라 하시니라 (마 26:29)

주님께서 성찬을 시행하신 후 이 말씀을 하셨는데, "포도나무에서 난 것"은 신성한 선에서 비롯한 신성한 진리와 그것에서 비롯한 지극한 행복과 은총을 뜻한다.

(7) "축제"와 "저녁 식사"는 의미가 서로 같다.

이사야서에,

여호와께서 이 산에서 만민을 위하여 기름진 것과 오래 저장하였던 포도주
로 연회를 베푸시리니 (사 25:6)

여기서는 주님이 오시는 것에 대해 말하는데, "기름진 것으로 베푸는 연회"는 선이 전해지는 것과 그리하여 개인의 것이 되는 것, 즉 전유(專有)를 뜻하고, "오래 저장하였던 포도주로 베푸는 연회", 또는 "최고의 포도주로 베푸는 연회"는 진리의 전유(專有)를 뜻한다("기름진 것"이 사랑의 선을 뜻하는 것은 『천국의 비밀』 353, 5943, 10033번 참고, 또한 사랑에서 비롯한 기쁨을 뜻하는 것은 6409번, "포도주"가 진리를 본질로 하는 인애의 선을 뜻하는 것은 1071, 1798, 6377번 참고).

(8) "열 처녀가 초대받은 혼인 잔치" 역시 같은 의미이다. 그것에 대해 마태복음에서는 이렇게 말한다.

> 천국은 마치 등을 들고 신랑을 맞으러 나간 열 처녀와 같다 하리니 그중의 다섯은 미련하고 다섯은 슬기 있는 자라 미련한 자들은 등을 가지되 기름을 가지지 아니하고 슬기 있는 자들은 그릇에 기름을 담아 등과 함께 가져갔더니 신랑이 더디 오므로 다 졸며 잘새 밤중에 소리가 나되 보라 신랑이로다 맞으러 나오라 하매 이에 그 처녀들이 다 일어나 등을 준비할새 미련한 자들이 슬기 있는 자들에게 이르되 우리 등불이 꺼져가니 너희 기름을 좀 나눠 달라 하거늘 슬기 있는 자들이 대답하여 이르되 우리와 너희가 쓰기에 다 부족할까 하노니 차라리 파는 자들에게 가서 너희 쓸 것을 사라 하니 그들이 사러 간 사이에 신랑이 오므로 준비하였던 자들은 함께 혼인 잔치에 들어가고 문은 닫힌지라 그 후에 남은 처녀들이 와서 이르되 주여 주여 우리에게 열어 주소서 대답하여 이르되 진실로 너희에게 이르노니 내가 너희를 알지 못하노라 하였느니라 (마 25:1-12)

이 말씀은 사랑과 믿음으로 주님과 결합하는 것을 말한다. 그것이 "혼인 잔치"가 의미하는 것이다. "기름"은 사랑의 선을, 그리고 "등"은 신앙의 진리를 뜻한다. 주님이 말씀하신 모든 세세한 것들 안에 영적 의미가 있는 것을 분명히 하기 위해 이 비유의 영적 의미를 자세히 밝히겠다. 열 처녀에 비유된 "천국"은 천국과 교회를 뜻한다. 즉 "열 처녀"는 교회에 속한 모든 사람을 뜻한다("열"은 모든 것을, 그리고 "처녀"는 교회를 이루는 애정인 영적 진리와 선에 대한 애정 안에 있는 사람들을 나타낸다. 그러므로 교회를 나타내는 "시온"과 "예루살렘"을 말씀에서는 "처녀"라고 불렀다. 이를테면, "처녀 시온", "처녀 예루살렘"이라고 부르고, 계시록에서는 처녀가 양을 따른다고 말한다). 그들이 "신랑을 맞으러 갈 때 들고 가는 등"은 신앙의 진리를 뜻한다. 그러니까 "신랑"은 사랑과 믿음으로 천국과 교회와 결합하시는 주님을 뜻한다. 왜냐하면 여기서 말하는 "혼인 잔치"는 그러한 결합을 뜻하기 때문이다. "슬기로운 다섯 처녀"와 "미련한 다섯 처녀"는 교회에 속한 사람들로, 사랑에서 비롯한 믿음 안에 있는 사람들과 사랑과 동떨어진 믿음 안에 있는 사람들을 뜻한다 (마태복음 7:24, 26절의 "지혜로운 사람"과 "어리석은 사람"도 같은 뜻이다). "밤중에 소리가 나는 것"은 마지막 심판을 뜻하고 일반적으로는 인생의 마지막 순간을 뜻하는데, 그때 사람은 천국으로 갈 것인지, 또는 지옥으로 갈 것인지 결정된다. "그때 미련한 처녀들이 슬기로운 처녀들에게 기름을 나눠달라고 하고, 슬기로운 처녀들은 파는 사람에게 가서 사야 한다고 말하는 것"은 모든 사람의 사후의 상태를 나타낸다. 즉 그때 그들의 믿음 안에 사랑의 선이 없는 사람, 또는 사랑의 선에서 비롯한 신앙의 진리를 갖지 못한 사람들은 그것을 간절히 원하더라도 소용이 없다는 뜻이다. 왜냐하면 사람은 세상에서의 삶의 모습 그대로 계속 남아 있기 때문이다. 이것으로 혼인 잔치에 가는 "슬기로운 처녀"가 무엇을 뜻하며, "주여 주여 우리에게 열어주소서라고 하지만 진실로 너희에게 이르노니 내가 너를 알지 못하노라"라는 대답을 듣는 "어리석은 처녀"가 무엇을 뜻하는지 분명하다. "내가 너를 알지 못하노라"는 주님과 그들이 결합하지 못하는 것을 뜻한다. 왜냐하면 결합은 영적 사랑으로 이루어지며 사랑 없는 믿음으로는 이루어지지 않기 때문이다. 즉 주님은 사랑과 그것에서 비롯한 믿음 안에 있는 사람들과 함께 계신다. 그리고 주님이 그곳에 계시기 때문에 주님은 그들을 아시는 것이다.

(1) 21절, "이기는 그에게는 내가 내 보좌에 함께 앉게 하리라"는 삶이 다할 때까지 믿음이 변하지 않는 사람은 주님이 계신 천국과 결합할 것이라는 뜻이다. 이것이 분명한 것은, "이기는 것"은 삶이 끝날 때까지 변치 않고 진리에 대한 영적 애정 안에 있는 것을 뜻하기 때문이다(앞의 128번 참고). 그러나 여기서는 변함없이 인애의 믿음 안에 있는 것을 뜻한다. 왜냐하면 여기서는 인애에 대해 다루기 때문이다. "이기는 것"이 이런 의미인 까닭은, 사람은 세상에 사는 동안 그의 악과 그것에서 비롯한 거짓을 상대로 싸워야 하기 때문이다. 즉 삶이 끝날 때까지 싸우고 변함없이 인애의 믿음 안에 있는 사람이 이기는 것이다. 그리고 세상에서 이기는 사람은 영원히 이긴다. 왜냐하면 사후에 사람은 세상에서 살아온 그와 삶과 같기 때문이다. 이것이 또한 분명한 것은 "내가 내 보좌에 함께 앉게 하리라"는 주님이 계신 천국과 결합하는 것을 뜻하기 때문이다. "보좌"는 천국을 뜻하고, "주님과 함께 앉는 것"은 주님과 함께 있는 것이고, 그러므로 주님과 결합하는 것을 뜻하기 때문이다.

(2) 말씀에는 "보좌"란 말이 많이 나오는데, 주님에 관해 말할 때 보좌는 일반적으로는 천국을 뜻하고, 특별하게는 영적 천국을 뜻한다. 그리고 추상적 의미로는 주님에게서 나오는 신성한 진리를 뜻한다. 왜냐하면 그것이 천국을 만들기 때문이다. 그런 이유로 "보좌"는 또한 심판을 의미하기도 한다. 모든 심판은 진리를 근거로 이루어지기 때문이다. 말씀에서 "보좌"가 이런 의미라는 것은 다음 구절에서 알 수 있다.

이사야서에,

여호와께서 말씀하시되 하늘은 나의 보좌요 (사 66:1)

시편에,

여호와께서 그의 보좌를 하늘에 세우시도다 (시 103:19)

마태복음에,

하늘로 맹세하는 자는 하나님의 보좌와 그 위에 앉으신 이로 맹세함이니라

(마 23:22)

이 구절들에 나오는 "보좌"가 천국(하늘)을 뜻하는 것은 분명하다. 왜냐하면 말씀에 이르기를, "하늘은 하나님의 보좌이다", "여호와께서 하늘에 당신의 보좌를 세우셨다", "하늘로 맹세하는 자는 하나님의 보좌로 맹세함이라"고 했기 때문이다. 즉 여호와 또는 주님이 천국에서 보좌 위에 앉아계시기 때문이 아니라, 천국에서는 주님의 신성을 "보좌"라 부르고, 또한 천국을 들여다볼 수 있는 사람에게 그것은 가끔 보좌로 나타나기 때문이다. 주님이 이런 모습으로 보이는 것은 이사야서의 다음 말씀으로 분명하다.

내가 본즉 주께서 높이 들린 보좌에 앉으셨는데 그의 옷자락은 성전에 가

득하였고 (사 6:1)

"그의 옷자락이 성전에 가득하다"는 것은 주님에게서 나오는 신성한 진리가 천국과 교회의 끝에까지 가득한 것을 뜻한다. 왜냐하면 일반적으로 "주님의 옷자락"은 (주님에게서) 발현되는 신성한 진리를 뜻하고, 특별하게는 천국과 교회의 가장 끝에 있는 신성한 진리를 뜻하기 때문이다(앞의 220번 참고).

(3) 에스겔서에,

그룹들 머리 위 궁창에 남보석 같은 것이 나타나는데 보좌의 형상이더라,

그 보좌의 형상 위에 한 형상이 있어 사람의 모양 같더라 (겔 1:26, 10:1)

"보좌"가 남보석(sapphire) 같다고 한 이유는 "남보석"은 주님의 신성한 선에서 나오는 신성한 진리를 뜻하고, 그러므로 천적 선으로부터 나오는 투명한 영적 진리를 뜻하기 때문이다(『천국의 비밀』9407, 9873번 참고). 따라서 여기서 "보좌"는 천국 전체를 뜻한다. 천국은 신성한 진리로 말미암아 천국이기 때문이다(그룹의 의미는『천국의 비밀』9277번의 끝과 9509, 9673번 참고).

(4) 계시록에,

보라 하늘에 보좌를 베풀었고 그 보좌 위에 앉으신 이가 있고 무지개가 있어 보좌에 둘렸는데 그 모양이 녹보석 같더라 보좌로부터 번개와 음성과 우렛소리가 나고 보좌 앞에 수정과 같은 유리 바다가 있고 보좌 주위에 네 생물이 있는데 앞뒤에 눈들이 가득하더라 (계 4:2-6, 9).

여기서는 신성한 진리로서 천국을 설명하고 있는데, 그것은 다음 장의 이 말씀에 대한 설명을 보면 알 수 있을 것이다. 계시록의 다음 말씀도 같은 의미이다.

수정같이 맑은 강을 내게 보이니 하나님과 및 어린 양의 보좌로부터 나오더라 (계 22:1)

"수정같이 맑은 강"이 "보좌에서 나오는 것"처럼 보이는 것은 "강"과 "수정"은 모두 신성한 진리를 뜻하기 때문이다.

(5) 말씀에서 "다윗의 보좌"도 같은 뜻이다. 왜냐하면 예언서의 "다윗"은 다윗을 뜻하지 않고 주님의 왕권, 즉 두 번째 천국인 영적 천국에서의 신성한 진리를 뜻하기 때문이다.

그래서 누가복음에는,

천사가 마리아에게 그가 큰 자가 되고 지극히 높으신 이의 아들이라 일컬어질 것이요 주 하나님께서 그 조상 다윗의 보좌를 그에게 주시리니(눅 1:32)

이사야서에는,

한 아기가 우리에게 났고 한 아들을 우리에게 주신 바 되었는데 그의 어깨에는 정사를 메었고 그의 이름은 기묘자라 모사라 전능하신 하나님이라 영존하시는 아버지라 평강의 왕이라 할 것임이라 그 정사와 평강의 더함이 무궁하며 또 다윗의 왕좌와 그의 나라에 군림하여 그 나라를 굳게 세우고 지금 이후로 영원히 정의와 공의로 그것을 보존하실 것이라 (사 9:6-7).

여기서도 다윗과 그의 왕좌, 즉 주님이 앉으실 보좌를 뜻하지 않는 게 분명하다. 왜냐하면 주님의 나라는 땅에 있지 않고 천국에 있기 때문이다. 그러므로 "다윗의 왕좌"는 신성한 진리로서 천국을 뜻한다(앞의 205번 참고). 주님께서 당신의 보좌와 나라에 대해 말씀하신 시편에 다윗에 관한 것도 의미는 같다. 이를테면 시편 89편 전체가 그런 것이다. 거기에는 다음과 같은 말씀이 있다.

내가 내 종 다윗에게 맹세하기를 내가 네 자손을 영원히 견고히 하며 네 왕위를 대대에 세우리라 하셨나이다 공의와 정의가 주의 보좌의 기초라, 또 그의 왕위를 하늘의 날과 같게 하리로다 (시 89:3-4, 14, 29)

여기서 다윗이 주님을 뜻한다는 것은 앞의 205번을 보면 알 수 있다. 주님이 말씀하시는 곳인 "영광의 보좌" 또한 같은 뜻이다. "영광"은 신성한 진리를 뜻하기 때문이다. 그것은 마태복음의 다음 말씀과 같다.

> 인자가 자기 영광으로 모든 천사와 함께 올 때에 자기 영광의 보좌에 앉으리니 (마 25:31)

("영광"이 천국의 신성한 진리를 뜻하는 것은 『천국의 비밀』 4809, 5922, 8267, 8427, 9429번과 앞의 33번 참고). 이것으로 다음 예레미야서의 말씀에서 "영광의 보좌"가 무슨 뜻인지 알 수 있다.

> 주의 영광의 보좌를 욕되게 마옵소서 (렘 14:21, 17:12)

이 말씀이 의미하는 바는 신성한 진리는 더럽혀지면 안 된다는 것이다. 예루살렘이 "여호와의 보좌"로 불리는 것도 같은 의미이다. 왜냐하면 "예루살렘"은 교리의 측면에서 교회를 뜻하고, 교리는 신성한 진리이기 때문이다. 이것으로 다음 말씀을 어떻게 이해해야 하는지 분명하다.

예레미야서에,
> 그때에 예루살렘이 그들에게 여호와의 보좌라 일컬음이 되며 모든 백성이 그리로 모이리니 (렘 3:17)

시편에,
> 예루살렘이 건설되었도다 지파들이 그리로 올라가는도다 거기에 심판의 보좌를 두셨으니 곧 다윗의 집의 보좌로다 (시 122: 3-5).

에스겔서에,

여호와의 영광이 동문을 통하여 성전으로 들어가고, 그가 내게 이르시되
인자야 이는 내 보좌의 처소 내 발을 두는 처소 내가 이스라엘 족속 가운데
에 영원히 있을 곳이라 (겔 43:4, 7)

("예루살렘"은 교리의 측면에서 교회를 뜻하고, 그러므로 하늘과 땅에서의
신성한 진리를 뜻한다. 그 이유는 신성한 진리가 교회를 만들기 때문이다. 그
것에 대해서는 『천국의 비밀』 3654, 9166번과 앞의 223번 참고). 모든 심판은
진리로 이루어지고 천국에서의 심판은 신성한 진리로 이루어지기 때문에, 심
판하시는 주님을 다루는 곳에서는 "보좌"도 언급된다. 그것은 앞에서 말한 바
와 같다.(마 25:31과 시 122:3-5)

다시 시편에,

주께서 보좌에 앉으사 의롭게 심판하셨나이다 이방 나라들을 책망하시고
악인을 멸하시며 여호와께서 영원히 앉으심이여 심판을 위하여 보좌를 준
비하셨도다 (시 9:4-5, 9:7)

(6) 또 말씀에는 여러 곳에서 주님만 보좌에 앉으시는 것이 아니라 다른 사
람들도 보좌에 앉을 것이라고 말하는데, 그 "보좌" 역시 보좌를 뜻하지 않고
신성한 진리를 뜻한다. 그래서 사무엘서 상권에서는 다음과 같이 말한다.

가난한 자를 진토에서 일으키시며 빈궁한 자를 거름더미에서 올리사 귀족
들과 함께 앉게 하시며 영광의 자리를 차지하게 하시는도다 (삼상 2:8)

계시록에,

하나님 앞에서 이십사 장로가 자기 보좌에 앉아 있더라 (계 11:16)

내가 보좌들을 보니 거기에 앉은 자들이 있어 심판하는 권세를 받았더라

(계 20:4)

마태복음에,

인자가 자기 영광의 보좌에 앉을 때에 나를 따르는 너희도 보좌에 앉아 이

스라엘 열두 지파를 심판하리라 (마 19:28)

여기서 "보좌"는 모든 사람이 그것에 따라, 그리고 그것으로부터 심판받는 신성한 진리를 뜻하고, "열둘"과 "이십사"는 모든 것을 뜻하며 또한 진리를 나타낸다. "장로들"과 "제자들", "지파들" 역시 신성한 진리를 뜻한다. 이러한 것을 알면 위의 구절에서 "보좌"가 무슨 뜻인지 알 수 있다. 그건 지금 다루는 말씀, 즉 "이기는 그에게는 내가 내 보좌에 함께 앉게 하리라"에서 "보좌"가 무슨 뜻인지 알 수 있는 것과 같다("열둘"이 모든 것을 뜻하고, 또한 진리를 나타낸다는 것은 『천국의 비밀』 577, 2089, 2129, 2130, 3272, 3858, 3913 번 참고, "이십사"도 같은 뜻인데, 그 이유가 숫자 열둘의 두 배이며, 열둘에 곱한 수이기 때문이라는 것은 5921, 5335, 5708, 7973번, "이스라엘의 장로들"이 선에서 비롯한 진리 안에 있는 교회의 모든 사람을 뜻하는 것은 6524, 6525, 6890, 7912, 8578, 8585, 9376, 9404번, 그리고 "주님의 열두 제자"도 같은 뜻인 것은 3858, 3926, 4060, 6335, 7836, 7891번 참고).

(7) 이것으로 열왕기 상권에 기록된 솔로몬이 만든 보좌가 무슨 뜻인지 알 수 있다.

왕이 또 상아로 큰 보좌를 만들고 정금으로 입혔으니 그 보좌에는 여섯 층

계가 있고 보좌 뒤에 둥근 머리가 있고 앉는 자리 양쪽에는 팔걸이가 있
고 팔걸이 곁에는 사자가 하나씩 서 있으며 또 열두 사자가 있어 그 여섯
층계 좌우편에 서 있으니 어느 나라에도 이같이 만든 것이 없었더라 (왕상
10:18-20)

여기서 "상아"는 맨 마지막의 신성한 진리를 뜻하며, "둥근 머리"는 상응하
는 선을, "보좌 위에 입힌 정금"은 신성한 진리의 기원인 신성한 선을 뜻하고,
"여섯 층계"는 처음부터 마지막에 이르는 모든 것을, "두 개의 팔걸이"는 모든
능력을, "사자들"은 능력이 있는 교회의 진리를, "열둘"은 모든 것을 뜻한다.
주님의 "보좌"가 천국의 모든 신성한 진리를 뜻하기 때문에 반대의 의미로는
지옥의 모든 거짓을 뜻한다("보좌"가 이렇게 반대의 의미로 언급된 곳은 계
2:13, 사 14:9, 13, 47:1, 학 2:22, 단 7:9, 눅 1:52, 등이다).

254

(1) "내가 이기고 아버지 보좌에 함께 앉은 것과 같이"는 천국에서 신성한
선과 신성한 진리가 하나로 결합되어 있음을 비유적으로 나타낸 것이다. 이것
이 분명한 것은, 주님에게 있어 "이기는 것"은 신성한 선과 신성한 진리가 하
나가 되는 것을 뜻하기 때문이다. 신성한 선과 진리가 하나가 되는 일은 시험
과 거기서 이김을 통해 이루어졌다. 말씀에 "내가 이긴 것과 같이"라고 한 것
은 그 때문이다(주님이 당신의 인성 안으로 받아들인 시험과 그때 연속적인
승리를 통해 신성한 선과 신성한 진리를 하나로 만드신 것은 『새예루살렘의
교리』201, 293, 302번 참고). "아버지 보좌에 함께 앉는 것"은 천국에서 신성

한 진리와 하나로 결합되어 있는 신성한 선을 뜻한다. 왜냐하면 주님이 말씀하시는 "아버지"는 잉태할 때부터 주님 안에 있던 신성한 선을 뜻하고, "아들"은 신성한 진리를 뜻하며 이 둘은 모두 천국에 있기 때문이다. 또한 "보좌"는 천국을 뜻하기 때문이다(바로 앞 참고). 천국에서는 주님의 이 신성을 신성한 진리라고 부르지만, 그것은 신성한 진리와 결합한 신성한 선이다(이것에 대해서는 저서 『천국과 지옥』13, 133, 139, 140번을 볼 것).

(2) 주님께서는 "이기는 그에게는 내가 내 보좌에 함께 앉게 하여 주기를 내가 이기고 아버지 보좌에 함께 앉은 것과 같이 하리라"라고 하시면서 교회에 속한 사람들을 주님 자신에 비유하셨다. 왜냐하면 세상에서 주님의 삶은 교회에 속한 사람들이 따라야 할 모범이었기 때문이다. 주님은 그것을 요한복음에서 다음과 같이 직접 가르치셨다.

> 내가 너희에게 이르노니 종이 주인보다 크지 못하나니 너희가 이것을 알고 행하면 복이 있으리라 (요 13:16, 17)

주님은 요한복음의 다음 말씀에서도 당신 자신과 사람들을 비유하셨다.

> 아버지께서 나를 사랑하신 것 같이 나도 너희를 사랑하였으니 내가 아버지의 계명을 지켜 그의 사랑 안에 거하는 것 같이 나의 사랑 안에 거하라 (요 15:9, 10)
> 내가 세상에 속하지 아니함같이 그들도 세상에 속하지 아니하였고 아버지께서 나를 세상에 보내신 것 같이 나도 그들을 세상에 보내었나이다 (요 17:16, 18)
> 아버지께서 나를 보내신 것 같이 나도 너희를 보내노라 (요 20:21)

같은 책에,

내게 주신 영광을 내가 그들에게 주었사오니 이는 우리가 하나가 된 것 같
이 그들도 하나 되게 하려 함이니이다 곧 내가 그들 안에 있고 아버지께서
내 안에 계시어 그들로 온전함을 이루어 하나가 되게 하려 함은 아버지께
서 나를 보내신 것과 또 나를 사랑하심같이 그들도 사랑하신 것을 세상으
로 알게 하려 함이로소이다 아버지여 내게 주신 자도 나 있는 곳에 나와 함
께 있어 아버지께서 내게 주신 나의 영광을 그들로 보게 하시기를 원하옵
나이다. 내가 아버지의 이름을 그들에게 알게 하였고 또 알게 하리니 이는
나를 사랑하신 사랑이 그들 안에 있고 나도 그들 안에 있게 하려 함이니이
다 (요 17:22-24, 26)

주님은 당신과 사람의 결합을 당신과 아버지가 결합하는 것처럼, 즉 주님의
인성과 당신 안의 신성이 결합하는 것처럼 결합한다고 말씀하셨다. 왜냐하면
주님은 사람의 자아와 결합하지 않고 사람에게 있는 당신의 자아와 결합하시
기 때문이다. 주님은 사람의 자아를 제거하시고 당신의 자아에 속한 것을 주
시며, 그 속에 거하신다. 교회 안에서 이와 같은 사실을 알고 있다는 것은 성
찬식에 참여하는 이들을 위한 관례적인 기도와 권고문으로부터 분명히 알 수
있다. 거기서는 이렇게 말한다. "우리가 진정으로 회개하는 마음과 살아 있
는 믿음으로 성찬을 받아들일 때(그때 우리는 영적으로 그리스도의 살과 피를
먹기 때문이다), 우리는 그리스도 안에 거하고 그리스도는 우리 안에 거하신
다. 즉 우리와 그리스도가 하나가 되고 그리스도가 우리와 하나가 되신다(요
6:56 참고, 그러나 저서 『천국과 지옥』11, 12번을 보면 더욱 잘 이해할 수 있
다)." 이것으로 천사와 사람이 주님의 신성을 받아들일 때 그들 안에 천국과
교회가 만들어지고, 주님과 아버지가 하나가 되는 것처럼 그들도 주님과 하나
가 되는 것이 분명하다.

(3) 주님께서 "내가 아버지 보좌에 함께 앉는다"고 하신 의미를 좀 더 분명히 이해하려면, "하나님의 보좌"가 곧 천국이라는 것과(앞의 글에서 말한 것처럼), 천국은 주님에게서 나오는 신성으로 인해 천국이라는 것, 그리고 이 신성은 신성한 진리라 불리지만 신성한 진리와 하나로 결합한 신성한 선이라는 것을 알아야 한다(앞에서 말한 것처럼). 주님 자신은 천국 안에 계시지 않고 천국 위에 계시며, 천국에 있는 사람들에게는 해처럼 보인다. 주님이 해로 보이는 까닭은, 주님은 신성한 사랑이시고, 신성한 사랑은 천사들에게 태양의 불로 보이기 때문이다. 그래서 말씀에서 "신성한 불"은 사랑의 신성을 뜻한다. 주님으로부터 햇빛과 열기 같은 것이 나온다. 주님에게서 나오는 빛은 영적인 빛이기 때문에 신성한 진리이며, 열기는 영적 열기이기 때문에 신성한 선이다. 이것이 바로 "하늘에 계신 아버지"가 의미하는 바, 신성한 선이다(주님은 천국의 태양이시며, 거기서 나오는 빛과 열기는 신성한 선과 하나로 결합한 신성한 진리라는 것은 저서『천국과 지옥』116-125, 126-140번, 천국은 주님에게서 나오는 신성으로 인해 천국이라는 것은 7-12번에서 볼 수 있다). 이것으로 말씀에서 "하늘에 계신 아버지"와 "하늘 아버지"가 뜻하는 게 무엇인지 알 수 있다.

마태복음에,

너희 원수를 사랑하라 이같이 한즉 하늘에 계신 너희 아버지의 아들이 되리라 (마 5:44, 45)

하늘에 계신 너희 아버지의 온전하심과 같이 너희도 온전하라 (마 5:48)

너희가 악한 자라도 좋은 것으로 자식에게 줄 줄 알거든 하물며 하늘에 계신 너희 아버지께서 구하는 자에게 좋은 것으로 주시지 않겠느냐 (마 7:11)

하늘에 계신 내 아버지의 뜻대로 행하는 자라야 천국에 들어가리라 (마 7:21)

내 하늘 아버지께서 심으시지 않은 것은 모두 뽑힐 것이니 (마 15:13)

또 다른 곳에도 있다(마 5:16; 6:1, 6, 8; 12:50; 16:17; 18:14, 19, 35, 막 11:25, 26, 눅 11:13).

(4) "아버지"가 신성한 선을 뜻한다는 것은 다음 구절을 통해서도 알 수 있다.

마태복음에,
삼가 이 작은 자 중의 하나도 업신여기지 말라 그들의 천사들이 하늘에 계
신 내 아버지의 얼굴을 항상 뵈옵느니라 (마 18:10)

"그들이 하늘에 계신 아버지의 얼굴을 본다"는 것은 그들이 주님으로부터 신성한 선을 받는 것을 뜻한다. 그들이 주님의 얼굴을 볼 수 없다는 것은 다음 주님의 말씀으로 분명하다.

요한복음에,
본래 하나님을 본 사람이 없으되 (요 1:18, 5:37, 6:46).

마태복음의 다음 말씀에서도 알 수 있다.
땅에 있는 자를 아버지라 하지 말라 너희의 아버지는 한 분이시니 곧 하늘
에 계신 이시니라 (마 23:9)

분명한 것은 땅에서 자기 아버지를 아버지라 부르면 안 되는 사람은 아무도 없고, 또한 여기서 주님도 그걸 금하지 않으셨다는 것이다. 그런데도 그렇게 말씀하신 것은, "아버지"는 신성한 선을 뜻하며, 또 "선한 이는 오직 한 분 하

나님이시니라"(마 19:17)라고 했기 때문이다(주님이 그렇게 말씀하신 이유는, 신구약 말씀에서 "아버지"는 영적 의미로 선을 뜻하기 때문이다. 그것에 대해서는 『천국의 비밀』 3703, 5902, 6050, 7833, 7834번 참고, 또한 선의 측면에서 천국과 교회를 뜻하기도 하는데, 그것은 2691, 2717, 3703, 5581, 8897번 참고, 주님이 말씀하시는 "아버지"가 주님의 신성한 사랑에 속한 신성한 선을 뜻하는 것은 2803, 3704, 7499, 8328, 8897번 참고).

255

22절. "귀 있는 자는 성령이 교회들에게 하시는 말씀을 들을지어다"는 이해하는 사람은 주님에게서 나오는 신성한 진리가 당신의 교회에 속한 사람들을 가르치고 말하는 것에 귀를 기울여야 한다는 뜻이다. 이것은 앞에서(108번) 밝힌 내용으로 분명하다.

256

여기서 편지를 보낸 일곱 교회는 일곱 개의 교회가 아니라 교회에 속한 모든 사람을 뜻하고, 추상적인 의미로는 교회에 속한 모든 것을 뜻한다고 앞에서 말한 바 있다. 그것이 그런 뜻인 것은 다음 사실로 알 수 있다. 즉 "일곱"은 모든 사람과 모든 것을 뜻하고, 이름은 사물들을 뜻하는 것이다. 이들 일곱 교회에 편지한 것이 교회에 속한 모든 사람, 또는 교회에 속한 모든 것을 뜻한다는 것은 거기에 적힌 모든 내용에 대한 설명으로도 알 수 있다. 왜냐하면 교회에 속한 모든 것들은 다음 세 가지 원칙, 즉 교리와 교리에 따른 삶, 삶과 일치하는 믿음과 관련이 있기 때문이다. 교회들 가운데 여섯 교회에 쓴 편지에서 이 세 가지를 다루고 있다. 즉 에베소, 서머나 교회에 쓴 편지에서는 교리를, 사데 교회와 두아디라 교회에 쓴 편지에서는 교리에 따른 삶을, 빌라델비아 교회와 라오디게아 교회에 쓴 편지에서는 삶과 일치하는 믿음을 다룬다. 교리는 사람이 유전적으로 가지고 있는 악과 거짓과 싸우지 않고는 삶 안에 심어질 수 없고 믿음이 될 수 없으므로, 버가모 교회에 쓴 편지에서는 그 싸움에 대해서도 다룬다. 왜냐하면 거기서는 시험에 대해 다루는데, 시험은 악과 거짓을 상대로 한 싸움이기 때문이다(거기서 시험을 다루는 것은 앞의 130번, 에베소와 서머나 교회에 쓴 편지에서 교리를 다루는 것은 앞의 93, 95, 112번, 두아디라와 사데교회에 쓴 편지에서 교리에 따른 삶을 다루는 것은 150, 182번, 그리고 빌라델비아와 라오디게아 교회에 쓴 편지에서 삶에 일치하는 믿음을 다루는 것은 203, 227번 참고). 라오디게아에 있는 마지막 교회에 쓴 편지가 믿음만의 교리 안에 있는 사람들을 다루고 있고, 끝으로 가게 되면 인애에 속한 믿음을 다루기 때문에, 이제까지 말한 것에 더하여 말할 것은 사랑이 천국을 만들고 또한 교회를 만든다는 것이다. 왜냐하면 헤아릴 수 없이 많은 천국의 모든 사회와 각 사회 안에 있는 모든 사람은 사랑에서 비롯한 애정에 따라 자기 자리가 정해지기 때문이다. 그러므로 천국의 모든 것들을 배열하는 기준은 애정 또는 사랑이며, 믿음에 따라 자기 자리를 갖는 사람은 한 사람도 없다. 영적 애정 또는 사랑은 곧 인애이다. 그러므로 인애 안에 있지 않으면 아무도 천국에 들어갈 수 없음이 분명하다.

(1) 이 예언서에서는 숫자들이 자주 언급되고 각각의 숫자의 뜻을 모르면 아무도 그 속에 담긴 영적 의미를 알 수 없으며(말씀의 숫자는 모든 이름이 그런 것처럼 영적인 것을 나타내기 때문이다), 그리고 다른 예언서에서도 "일곱"이란 수를 자주 언급하므로, 나는 여기서 "일곱"은 모든 사람과 모든 것을 뜻하고, 마찬가지로 충만함과 완전함을 뜻한다는 것을 밝히려고 한다. 모든 사람과 모든 것을 뜻하는 것은 또한 충만함과 완전함을 뜻하기 때문이다. 왜냐하면 충만함과 완전함은 사물의 크기를 나타내고 모든 사람과 모든 것은 수가 많음을 나타내기 때문이다. "일곱"이 이런 의미를 갖는 것은 다음 구절들을 보면 알 수 있다.

에스겔서에,

이스라엘 성읍들에 거주하는 자가 나가서 그들의 무기를 불태워 사르되 큰 방패와 작은 방패와 활과 화살과 몽둥이와 창을 가지고 일곱 해 동안 불태우리라 사람이 거기에서 곡과 그 모든 무리를 매장하고 일곱 달 동안에 그들을 매장하여 그 땅을 정결하게 할 것이라 (겔 39:9, 11-12)

여기서는 교회가 모든 것을 잃고 황폐하게 되는 것을 말하고 있다. "이스라엘 성읍에 거주하는 자"는 진리에서 비롯한 모든 선을 뜻하고, "불태우는 것"은 악에 의해 파괴되는 것을, "무기와 큰 방패, 작은 방패, 활과 화살, 몽둥이와 창"은 교리에 관한 모든 것을 뜻하고, "일곱 해 동안 그것들을 태우는 것"은 악이 그 모든 것을 완전히 파괴하는 것을 뜻한다. "곡"은 내적 예배 안에 있지 않고 외적 예배 안에 있는 사람들을 뜻하고, "그들을 매장하여 땅을 정결하게 하는 것"은 이들을 모두 제거하여 교회를 깨끗이 하는 것을 뜻한다.

(2) 예레미야서에,

과부가 바다 모래보다 더 많아졌느니라 내가 대낮에 파멸시킬 자를 그들에
게로 데려다가 그들과 청년들의 어미를 칠 것이며, 일곱을 낳은 여인에게
는 쇠약하여 기절하게 할 것이라 (렘 15:8-9)

수가 많아질 "과부"는 선 안에 있으면서 진리를 갈구하는 사람들을 뜻하는
데, 여기서는 반대로 악 안에 있으면서 거짓을 갈망하는 사람들을 뜻한다. "청
년들의 어미"는 교회를 뜻하고, "대낮에 파멸시킬 자"는 그 교회가 말씀의 진
리를 많이 가지고 있는데도 황폐하게 되는 것을 뜻한다. "일곱을 낳은 여인이
쇠약하여 기절하는 것"은 말씀이 주어짐으로 하여 모든 진리를 가졌던 교회가
멸망하는 것을 뜻한다. 왜냐하면 "일곱을 낳은 여인"은 모든 진리가 그에게
주어진 것을 뜻하기 때문이다. 이것은 특별히 유대인들에 대한 말씀이다.

(3) 사무엘서 상권에도 같은 말씀이 있다.

주리던 자들은 다시 주리지 아니하도다 전에 임신하지 못하던 자는 일곱을
낳았고 많은 자녀를 둔 자는 쇠약하도다 (삼상 2:5)

다시 주리지 않을 "주리던 자들"은 교회의 선과 진리를 갈망하는 사람들을
뜻한다. "임신하지 못하던 자가 일곱을 낳은 것"은 교회 밖에 있는 사람들, 즉
말씀을 가지고 있지 않아서 진리에 대해 무지했던 이방인들에게 모든 것이 주
어지는 것을 뜻한다. "많은 자녀를 둔 자가 쇠약해지는 것"은 가졌던 자들이
그것을 빼앗기는 것을 뜻한다.

시편에,

주여 우리 이웃의 품에 칠 배나 갚으소서 (시 79:12)

레위기에,

유대인들은 그들의 죄에 대해 일곱 배의 벌을 받아야 했다(레 26:18, 21,
24, 28)

여기서 "일곱 배"는 충분한 것을 뜻한다.

(4) 누가복음에,

만일 하루에 일곱 번이라도 네게 죄를 짓고 일곱 번 네게 돌아와 내가 회개
하노라 하거든 너는 용서하라 하시더라 (눅 17:4)

"일곱 번 돌아오면 일곱 번 용서하라"는 것은 그가 돌아올 때마다 용서하라
는 것이며, 그러므로 매번 용서하는 것을 뜻한다. 일곱 번이라는 뜻으로 이해
하면 안 되기 때문에, 주님께서는 그런 뜻으로 생각하는 베드로에게 당신의
뜻을 설명해 주셨다.

마태복음에,

베드로가 이르되 주여 형제가 내게 죄를 범하면 몇 번이나 용서하여 주리
이까 일곱 번까지 하오리이까 예수께서 이르시되 네게 이르노니 일곱 번뿐
아니라 일곱 번을 일흔 번까지라도 할지니라 (마 18:21-22)

"일곱 번의 일흔 번"은 계산하지 말고 항상 하라는 뜻이다.

시편에,

주의 의로운 규례들로 말미암아 내가 하루 일곱 번씩 주를 찬양하나이다
(시 119:164)

"일곱 번"은 항상, 또는 언제나를 뜻한다.

(5) 같은 책에서,

여호와의 말씀은 순결함이여 흙 도가니에 일곱 번 단련한 은 같도다 (시
12:6)

"은"은 신성으로부터 나오는 진리를 뜻하고, "일곱 번 단련한 것"은 완전히,
그리고 충분히 순수한 것을 뜻한다.

(6) 이사야서에,

달빛은 햇빛 같겠고 햇빛은 일곱 배가 되어 일곱 날의 빛과 같으리라 (사
30:26)

"햇빛"은 신성한 선에서 비롯한 신성한 진리를 뜻하고, "이 빛이 일곱 배가
되어 일곱 날의 빛과 같이 되는 것"은 천국의 신성한 진리는 거짓이 없으며,
그러므로 완전히 순수함을 뜻한다.

(7) 마태복음에,

더러운 귀신이 저보다 더 악한 귀신 일곱을 데리고 들어가 거기서 거하니
라 (마 12:45, 눅 11:26)

여기서는 신성 모독에 대해 말한다. 즉 더러운 귀신과 함께 돌아온 "악한 일곱 귀신"은 악에서 비롯한 모든 거짓을 뜻하고, 그러므로 선과 진리가 완전하게 파괴된 것을 뜻한다.

(8) 바빌론 왕이 지낼 "일곱 때"도 같은 뜻이다.

다니엘서에,

그 마음은 변하여 사람의 마음 같지 아니하고 짐승의 마음을 받아 일곱 때를 지내리라 (단 4:16, 25, 32)

"바빌론 왕"은 말씀의 선과 진리를 모독하는 사람들을 뜻한다. "그 마음이 변하여 사람의 마음 같지 아니하고 짐승의 마음을 받은 것"은 진정한 인간성인 영적인 것은 남아 있지 않고, 대신 악마적인 것이 있게 될 것을 뜻한다. "그가 지낼 일곱 때"는 모독, 즉 선과 진리의 완전한 파괴를 뜻한다.

(9) "일곱"과 "일곱 번"은 모든 것, 완전한 것을 뜻하기 때문에 이스라엘 백성들에게 다음과 같은 명령이 내려졌다.

너는 아론과 그의 아들들에게 이레 동안 위임식을 행하라 (출 29:35)

너는 이레 동안 제단을 거룩하게 하라 (출 29:37)

아론이 (제사장직을) 시작할 때 이레 동안 그 옷을 입어야 했다 (출 29:30)

왜냐하면 아론과 그의 아들들은 위임식이 끝나는 날까지 이레 동안은 회막에서 나가면 안 됐기 때문이다 (레 8:33, 34)

속죄를 위하여 제단 뿔 위에 피를 일곱 번 뿌렸다 (레 16:18, 19)

제단에 관유를 일곱 번 뿌려 거룩하게 했다 (레 8:11)

제사장이 피를 찍어 휘장 앞에 일곱 번 뿌렸다 (레 4:16, 17)

아론이 속죄소로 갈 때 피를 손가락에 찍어 일곱 번 동쪽으로 뿌렸다 (레 16:12-15)

회막을 향하여 피를 일곱 번 뿌렸다 (민 19:4)

나병에서 정결함을 받을 자에게 피를 일곱 번 뿌렸다 (레 14:7, 8, 27, 38, 51)

등잔대에 등잔 일곱을 만들었다 (출 25:32, 37, 37:18-25)

이레 동안 절기를 지켜야 했다 (출 34:18, 레 23:9, 39:44, 신 16:3, 4, 8)

명절 칠일 동안 수송아지 일곱과 숫양 일곱 마리를 매일같이 번제로 드려야 했다 (에 45:23)

발람이 제단 일곱을 쌓고 수소 일곱 마리와 숫양 일곱 마리를 제물로 드렸다 (민 23:1-7, 15-18, 29, 30)

그들은 해마다 일곱 주를 계수하고, 일곱 안식년을 계수하며, 일곱째 달에 희년의 뿔나팔 소리를 냈다 (레 25:8, 9)

숫자 "일곱"의 의미로부터 다음 말씀이 무슨 뜻인지 알 수 있다.

창조의 칠일의 의미 (창 1)

또 떡 일곱 덩이로 사천 명이 배불리 먹고 일곱 광주리가 남은 것의 의미 (마 15:34-38, 막 8:5-9)

이것으로 계시록의 다음 표현들이 무엇을 의미하는지 분명하다.

일곱 교회 (계 1:4, 11)

일곱개의 금 촛대와 그 사이에 계신 인자 (계 1:13)

주님의 오른 손에 있는 일곱 개의 별 (계 1:16, 20)

하나님의 일곱 영 (계 3:1)

보좌 앞에 켜 있는 일곱 등불 (계 4:5)

일곱 개의 인으로 봉해진 책 (계 5:1)

일곱 천사와 그들에게 주어진 일곱 나팔 (계 8:2)

소리 내는 일곱 우레 (계 10:3-4)

마지막 일곱 재앙을 가진 일곱 천사 (계 16:1, 6)

마지막 일곱 재앙이 담긴 일곱 개의 대접 (계 16:1, 21:9)

그리고 말씀의 다른 곳에서도 숫자 "일곱"이 언급된다.

계시록 4장

1. 이 일 후에 내가 보니 하늘에 열린 문이 있는데 내가 들은 바 처음에 내게 말하던 나팔 소리 같은 그 음성이 이르되 이리로 올라오라 이 후에 마땅히 일어날 일들을 내가 네게 보이리라 하시더라

2. 내가 곧 성령에 감동되었더니 보라 하늘에 보좌를 베풀었고 그 보좌 위에 앉으신 이가 있는데

3. 앉으신 이의 모양이 벽옥과 홍보석 같고 또 무지개가 있어 보좌에 둘렸는데 그 모양이 녹보석 같더라

4. 또 보좌에 둘려 이십사 보좌들이 있고 그 보좌들 위에 이십사 장로들이 흰 옷을 입고 머리에 금관을 쓰고 앉았더라

5. 보좌로부터 번개와 음성과 우렛소리가 나고 보좌 앞에 켠 등불 일곱이 있으니 이는 하나님의 일곱 영이라

6. 보좌 앞에 수정과 같은 유리 바다가 있고 보좌 가운데와 보좌 주위에 네 동물이 있는데 앞뒤에 눈들이 가득하더라

7. 그 첫째 동물은 사자 같고 그 둘째 동물은 송아지 같고 그 셋째 동물은 얼굴이 사람 같고 그 넷째 동물은 날아가는 독수리 같은데

8. 네 동물은 각각 여섯 날개를 가졌고 그 안과 주위에는 눈들이 가득하더라 그들이 밤낮 쉬지 않고 이르기를 거룩하다 거룩하다 거룩하다 주 하나님 곧 전능하신 이여 전에도 계셨고 이제도 계시고 장차 오실 이시라 하고

9. 그 동물들이 보좌에 앉으사 세세토록 살아 계시는 이에게 영광과 존귀와 감사를 돌릴 때에

10. 이십사 장로들이 보좌에 앉으신 이 앞에 엎드려 세세토록 살아 계시는 이에게 경배하고 자기의 관을 보좌 앞에 드리며 이르되

11. 우리 주 하나님이여 영광과 존귀와 권능을 받으시는 것이 합당하오니 주께서 만물을 지으신지라 만물이 주의 뜻대로 있었고 또 지으심을 받았나이다 하더라

258. 해설

위에서(5항) 지적한 바와 같이, 이 예언서에서 다루는 내용은 이제까지 사람들이 믿어 온 것처럼 기독교회의 시작부터 끝까지의 연속적인 상태가 아니라 마지막 때 교회와 천국의 상태에 대한 것이며, 그때 새 천국과 새 교회가 나타난다는 것이다. 즉 천국과 지상에 새 교회가 생기고, 그리하여 그때 심판이 있을 거라는 것이다. 천국의 새 교회라고 말하는 이유는, 지상뿐만 아니라 그곳에도 교회가 있기 때문이다(저서『천국과 지옥』221-227번 참고). 이러한 것이 이 책의 주제이기 때문에, 첫 장은 심판자이신 주님을 다루고, 두 번째와 세 번째 장은 교회에 속한 사람들과 교회에 속하지 않은 사람들을 다루며, 그러므로 없어질 이전 천국의 사람들과 이제 생겨날 새 천국의 사람들을 다룬다. 두 번째 장과 세 번째 장에서 다루는 일곱 교회는 교회 안에 있는 모든 사람과, 또한 교회에 속한 모든 것들을 뜻하는데, 그것은 위의 256, 257번을 참고하기 바란다. 이제 이 네 번째 장에서는 심판 전에 있을 모든 것들의 배치, 특히 천국의 모든 것들의 배치에 대해 다룬다. 그렇기 때문에 하늘에 한 보좌가 보이고 그 둘레에 이십사 장로들이 앉아 있는 이십사 보좌가 보이며, 또한 네 동물, 즉 그룹[27]이 보좌 가까이에 있는 것이다. 이러한 것들이 심판 전에, 그리고 심판을 위해 모든 것들이 배치됨을 말한다는 것은 이 장을 잘 살펴보면 알 수 있을 것이다. 알아야 할 것은, 어떤 변화가 일어나기 전에는 다가오는 사건을 위해 모든 것들이 미리 배치되고 준비되어야 한다는 것이다. 왜냐하면 주님은 모

---

27) "감람나무"는 주님에 대한 사랑의 선을 나타내기 때문에, 집이나 성전 안의 그룹은 감람나무로 만들었고, 마찬가지로 성소로 가는 분 역시 감람나무로 만들었다(왕상 6:23-33). 왜냐하면 "그룹"과 "성소로 가는 문"은 주님에 대한 사랑의 선을 통하지 않으면 주님께 가까이 갈 수 없도록 하는 주님의 막으심과 섭리를 뜻하기 때문이다. 그리고 그렇기 때문에 그것들을 감람나무로 만들었다(『천국의 비밀』9277:5).

든 것들을 예견하시고, 예견한 대로 준비하고 처리하시기 때문이다. 그러므로 천국 한 가운데 있는 "보좌"는 "심판"을 뜻하고, "그 위에 앉으신 이"는 주님을 뜻한다. "이십사 장로들이 앉은 이십사 보좌"는 심판의 기준이 되는 모든 복합적인 진리를 뜻한다. "네 동물", 즉 그룹은 이제 막 일어날 현저한 변화로 인해 이전의 천국이 해를 당해서 안 되며, 또한 그때 모든 일들이 질서에 따라 이루어져야만 하는 주님의 신적 섭리를 뜻한다. 즉 내적으로 악한 사람들이 내적으로 선한 사람들로부터 분리되고, 그렇게 해서 선한 사람들은 천국으로 들어 올려지고 악한 사람들은 지옥으로 떨어지는 섭리를 뜻한다.

259

1절. 이 일 후에 내가 보니 하늘에 열린 문이 있는데 내가 들은바 처음에 내게 말하던 나팔 소리 같은 그 음성이 이르되 이리로 올라오라 이후에 마땅히 일어날 일들을 내가 네게 보이리라 하시더라

"이 일 후에 내가 보니"는 이해력이 밝아진 것을 뜻한다(260번). "하늘에 문이 열린 것"은 천국의 비밀이 밝혀지는 것을 뜻한다(260번). "내가 들은바 첫 번째 음성"은 이제 일어날 일에 대한 계시를 뜻한다(261번). "내게 말하는 나팔 소리 같은"은 뚜렷하고 명확한 것을 뜻한다(262번). "이리로 오라"는 마음의 상승과 주의(注意)를 뜻한다(263번). "이후에 마땅히 일어날 일들을 내가 네게 보이리라"는 교회의 마지막 때 일어날 일들에 대한 가르침을 뜻한다(264번).

(1) 1절 "이 일 후에 내가 보니"는 이해력이 밝아진 것을 뜻한다. 이것이 분명한 것은, "보는 것"은 이해하는 것을 뜻하기 때문이다. "보는 것"이 이해하는 것을 뜻하는 이유는, 눈으로 보는 것은 마음으로 보는 것, 즉 이해력과 통하기 때문이다. 상응은 이러한 것으로부터 시작된다. 즉 이해력이 영적인 것들을 보는 것과 같이 눈의 시력은 자연적인 것들을 본다는 사실로부터 상응이 존재한다. 영적인 것은 선에서 비롯한 진리들이며 자연적인 것들은 다양한 형태의 사물들이다. 선에서 비롯한 진리, 즉 영적인 것들은 천국에서는 마치 눈앞의 물체를 보는 것처럼 명확히 보이지만 그럼에도 많이 다르다. 왜냐하면 이 진리들을 볼 때는 지성을 통해 보기 때문이다. 즉 지각하는 것이다. 이 시각, 또는 지각의 성격에 대해서는 인간의 언어로는 설명할 수 없다. 그것은 다음과 같을 때에만 이해될 수 있다. 즉 그 시각이 자기의 내면 가장 깊은 곳으로부터 그것이 그렇다고 동의하고 확인할 때 이해될 수 있는 것이다. 사실 엄청나게 많은 확인의 논거들이 지적 시각에 주어져 그들이 하나가 되며, 그 하나는 마치 개별적인 많은 것들로부터 얻어진 결론인 것처럼 된다. 이 확인의 논거들은 천국의 빛인 주님에게서 오는 신성한 진리 또는 신성한 지혜 안에 있는 것으로, 각 천사들의 받아들임의 상태에 따라 그들 안에서 작용한다. 이것이 바로 이해력이라는 영적 시각이다. 천사들에게는 이 시각이 눈의 시각에 작용하여 자연계에서 사물이라 불리는 형태와 다르지 않은 천국의 상응의 형태로 이해력에 속한 진리들을 제공한다. 그렇기 때문에 말씀의 글자의 뜻으로 "보는 것"은 곧 이해하는 것을 뜻한다(천국에 나타나는 현상들이 어떤 것이고, 그것이 천사들의 내적 시각에 속한 것들과 상응하는 것은 저서 『천국과 지옥』170–176번 참고).

(2) 말씀에서 "이해한다"고 하지 않고 "본다"라고 말하는 까닭은, 말씀은 궁극적으로 자연적이며, 자연적인 것은 영적인 것들이 근거하는 토대이기 때문이다. 그러므로 만약 말씀이 글자에 있어서도 영적이었다면, 그것은 토대와 기초가 없는 집과 같이 되었을 것이다(이것에 대해서도 저서 『천국과 지옥』 303-310번 참고). "보다"가 이해하는 것을 뜻하는 것은 다음 구절들로 분명하다.

> 그들이 선견자들에게 이르기를 선견하지 말라 선지자들에게 이르기를 우리에게 바른 것을 보이지 말라 우리에게 부드러운 말을 하라 거짓된 것을 보이라 (사 30:10)

같은 책에,
> 보는 자의 눈이 감기지 아니할 것이요 듣는 자가 귀를 기울일 것이며 (사 32:3)

같은 책에,
> 너희 맹인들아 밝히 보라 네가 많은 것을 볼지라도 유의하지 아니하는도다 (사 42:18, 20)

같은 책에,
> 제사장과 선지자도 환상을 잘못 풀며 재판할 때에 실수하나니 (사 28:7)

그리고 다른 곳에,
> 그들이 보아도 보지 못하며 들어도 듣지 못함이니라 (마 13:13-15, 막 4:11-12, 8:17-18, 사 6:9-10, 겔 12:2)

그 밖에도 많은 사례가 있는데, 그것들을 인용할 필요는 없을 것이다. 왜냐하면 어디서나 쓰는 습관적인 말투로 "보는 것"은 곧 "이해하는 것"을 뜻한다는 것을 누구나 알기 때문이다. 왜냐하면 "나는 이것을 이렇게 본다", 또는 "그것은 그렇지 않다고 본다"라고 말하는 것은 "나는 이해한다"라는 뜻이기 때문이다.

(260 1/2). "하늘에 열린 문이 있는데"는 천국의 비밀이 밝혀지는 것을 뜻한다. 이것이 분명한 것은, "문"은 안으로 들어가는 것을 뜻하지만(이것에 대해서는 앞의 208번 참고), 여기서는 "들여다보는 것", 즉 시력(視力)이 안으로 들어가는 것을 뜻하고, 나아가서 육신의 시력이 어두워짐과 동시에 영적 시력이 밝아지는 곳인 천국 안으로 시력이 들어가는 것을 뜻하기 때문이다. 선지자들은 이 시력으로 모든 것들을 보았다. 여기서 "하늘에 열린 문이 있는데"가 천국의 비밀이 밝혀지는 것을 뜻하는 까닭은, 이때 천국에 있는 것들이 나타나며, 선지자들 앞에 교회의 비밀들이 모습을 드러내기 때문이다. 여기에 기록된 마지막 심판의 때에 일어날 일에 대한 비밀들은 지금까지 그 어떤 것도 밝혀진 바가 없고, 또 심판이 완전히 끝날 때까지는 밝혀질 수가 없었다. 그것은 오로지 그때 주님의 허락하심을 받아 그것들을 봄과 동시에 말씀의 영적 의미를 계시받은 세상의 어떤 사람을 통해서만 밝혀지는 것이다. 왜냐하면 이 예언서에 적힌 마지막 심판에 대한 모든 기록은 표상과 상응을 통해 기록되었기 때문이다. 주님이 말씀하시고 천사들이 지각하는 것은 무엇이든 아래로 내려올 때는 표상(representatives)들로 바뀌며, 사람들의 영안이 열릴 때에야 비로소 마지막 천국의 천사들과 선지자들의 눈앞에 그 모습을 나타내기 때문이다. 이것으로 "하늘에 열린 문이 있는데"가 무슨 뜻인지 알 수 있다.

(1) "내가 들은바 첫 번째 음성"은 앞으로 다가올 일에 대한 계시를 뜻한다. 이것이 분명한 것은, "음성"은 주님으로부터 나와 천사와 사람들이 지각하는 모든 것을 뜻하기 때문이다. 여기서는 특별히 앞으로 다가올 일에 대한 계시인데, 그것은 마지막 심판 전에 일어날 일과 심판 때의 일, 그리고 심판 후의 일에 대한 것이다. 왜냐하면 이제부터 말할 내용에서 그것들을 다룰 것이기 때문이다. 말씀에서 "여호와의 음성"은 신성의 발현, 즉 모든 지성과 지혜의 근원인 신성한 진리를 뜻한다(『천국의 비밀』 219, 220, 375, 3563, 6971, 8813, 9926번 참고). 이것은 또한 다음 구절들로 분명하다.

시편에,

여호와의 소리가 물 위에 있도다, 여호와의 소리가 힘 있음이여 여호와의 소리가 위엄차도다, 여호와의 소리가 백향목을 꺾으심이여, 여호와의 소리가 화염을 가르시도다, 여호와의 소리가 광야를 진동하심이여, 여호와의 소리가 암사슴을 낙태하게 하시니, 그의 성전에서 그의 모든 것들이 말하기를 영광이라 하도다 (시 29:3–9)

이 시편 말씀은 주님에게서 나오는 신성에 대해 말하고 있는데, 말씀에서는 그 신성을 신성한 진리라 부른다. 이 구절에서는 선한 사람과 악한 사람 모두에게 미치는 신성한 진리의 효력에 대해 설명한다. 이것으로 "여호와의 음성"이 무슨 뜻인지 분명하다.

(2) 요한복음에,

이는 양의 목자라 문지기는 그를 위하여 문을 열고 양은 그의 음성을 듣나
니, 타인의 음성은 알지 못하는 고로 타인을 따르지 아니하니라 또 이 우
리에 들지 아니한 다른 양들이 내게 있어 내가 인도하여야 할 터이니 그들
도 내 음성을 듣느니라, 너희가 내 양이 아니므로 믿지 아니하는도다 내 양
은 내 음성을 들으며 나는 그들을 알며 그들은 나를 따르느니라 (요 10:2-5,
16, 26-27)

말씀에서 "양"은 선에서 비롯한 진리 안에 있는 사람들을 뜻하고, 그러므로
인애에서 비롯한 믿음 안에 있는 사람을 뜻한다. 여기서 "음성"은 신성의 발
현, 즉 신성한 진리가 아닌 다른 음성을 뜻하지 않는다. 이것이 인애의 선 안
에 있는 사람들에게 흘러들어와 그들에게 지성을 가져다준다. 즉 그들이 선
안에 있는 만큼 지혜를 가져다주는 것이다. 지성은 진리에 관한 것이고, 지혜
는 선에서 비롯한 진리에 관한 것이다.

(3) 예레미야서에,
  땅을 지으신 이가 그의 명철로 하늘을 펴셨으며 그가 목소리를 내신즉 하
  늘에 많은 물이 생기나니 (렘 10:12-13, 51:16)

시편에,
  여호와의 소리가 물 위에 있도다, 여호와는 많은 물 위에 계시도다 (시
  29:3)

계시록에,
  인자의 음성은 많은 물 소리와 같으며 (계 1:15)

그밖에,

　내가 하늘에서 나는 소리를 들으니 많은 물 소리와도 같고 (계 14:2)

"여호와의 음성"과 "하늘의 소리"는 신성의 발현, 또는 모든 지성과 지혜의
원천인 신성한 진리를 뜻한다. 그것을 "많은 물소리처럼" 들렸다고 하는 까닭
은, "물"은 가장 마지막의 것들(ultimates) 안에 있는 신성한 진리를 뜻하기
때문이다("물"의 의미가 이런 것은 앞의 71번 참고).

(4) 시편에,

　땅의 왕국들아 주께 찬송할지어다 옛적 하늘들의 하늘을 타신 자에게 찬송
　하라 주께서 그 소리를 내시니 웅장한 소리로다 (시 68:32-33)

요한복음에,

　너희에게 이르노니 죽은 자들이 하나님의 아들의 음성을 들을 때가 오나니
　곧 이 때라 듣는 자는 살아나리라 (요 5:25)

요엘서에,

　여호와께서 예루살렘에서 목소리를 내시리니 하늘과 땅이 진동하리로다
　(욜 3:16)

같은 책에서,

　여호와께서 그의 군대 앞에서 소리를 지르시고, 그의 명령을 행하는 자는
　강하니 (욜 2:11)

여기서 "여호와의 음성"이 신성한 진리를 뜻한다는 것은 다른 여러 곳의 말

씀으로 분명하다.

262

"내게 말하는 나팔 소리 같은"은 뚜렷하고 분명한 것을 뜻한다. 이것이 분명한 것은, "나팔"은 천국으로부터 계시되고 드러난 신성한 진리를 뜻하기 때문이다(이것에 대해서는 앞의 55번 참고). 영의 상태에 있는 사람들에게 천국으로부터 들리는 음성은 보통 사람의 음성처럼 들린다. 그것이 "나팔 소리같이" 들린 이유는 영의 귀에는 크게 들리며, 그러므로 천사들에게는 뚜렷하고 분명하게 지각되기 때문이다. 그러므로 요한에게 이런 일이 일어난 것은 그의 주의와 시각을 깨우기 위한 것이고, 그리하여 무엇이든 그에게 분명치 않은 것이 없도록 하려는 것이었다. 다른 곳에서도 "나팔 소리"는 이런 의미로 쓰였다(마 24:31, 슥 9:14, 시 47:5, 계 8:2, 7-8, 13, 9:1, 13-14, 10:7, 18:22, 그리고 다른 곳에).

263

"이리로 올라오라"는 마음의 상승(上昇)과 주의(注意)를 뜻한다. 이것이 분명한 것은, 하나님의 음성을 들을 때 "올라가는 것"은 마음이 상승하는 것을 뜻하기 때문이며(『천국의 비밀』 3084, 4539, 4969, 5406, 5817, 6007번 참고). 또한 주의를 뜻하는 까닭은, 마음이 상승할 때 주의력이 깨어나기 때문이다. 왜냐하면 사람의 생각과 의지에는 속사람에 속한 내면과 겉사람에 속한 외면이 있으며, 속사람에 속한 내면은 영계에 있고, 그러므로 영적이며, 겉사람에 속한 외면은 자연계에 있으며, 그러므로 자연적이기 때문이다. 후자의 것들은 외면이고 전자의 것들은 내면이기 때문에 "이리로 올라오라"는 내면을 향해 올라가는 것, 또는 마음의 상승을 뜻하는 것이다(이 상승에 대해서는 저서 『천국과 지옥』 33, 34, 38, 92, 499, 501번과 『새예루살렘의 교리』 36-53번 참고).

264

그리고 "이후에 마땅히 일어날 일들을 내가 네게 보이리라"는 교회의 마지막 때 일어날 일들에 대한 가르침을 뜻한다. 이것이 분명한 것은, "보이리라"는 분명하게 가르치는 것을 뜻하고(이것에 대해서는 곧 말하겠다), "이후에 마땅히 일어날 일들"은 교회의 마지막 때 일어날 일들을 뜻하기 때문이다. 그 의미가 이런 것인 까닭은, 뒤에 이어지는 내용에서 마지막 심판 직전의 천국과 교회의 상태를 다루고, 그다음에 바로 심판에 대해 다루기 때문이다. 그리고 심판은 교회의 마지막 때 일어나기 때문에, 이 일들은 교회의 마지막 때 일어날 일을 뜻한다(교회의 마지막 때 심판이 일어나는 것은 소책자 『최후의 심판』 33-39, 45-52번 참고). 밝혀지는 모든 것들 안에 이러한 것들이 들어 있기 때문에, "네게 보이리라"는 이러한 것들에 대한 분명한 가르침을 뜻한다. 왜냐하면 계시록에 기술된 표상들 안에는 그러한 것들이 숨어 있는데 그것들은 천사들 앞에, 그리고 말씀의 영적 의미를 아는 사람들 앞에 분명하게 드러나기 때문이다.

2-6절 내가 곧 성령에 감동되었더니 보라 하늘에 보좌를 베풀었고 그 보좌 위에 앉으신 이가 있는데 앉으신 이의 모양이 벽옥과 홍보석 같고 또 무지개가 있어 보좌에 둘렸는데 그 모양이 녹보석 같더라 또 보좌에 둘려 이십사 보좌들이 있고 그 보좌들 위에 이십사 장로들이 흰옷을 입고 머리에 금관을 쓰고 앉았더라 보좌로부터 번개와 음성과 우렛소리가 나고 보좌 앞에 켠 등불 일곱이 있으니 이는 하나님의 일곱 영이라 보좌 앞에 수정과 같은 유리 바다가 있더라

2. "내가 곧 성령에 감동되었더니"는 계시가 있을 때의 영적 상태를 뜻한다 (266번). "보라 하늘에 보좌를 베풀었고 그 보좌 위에 앉으신 이가 있는데"는 마지막 심판을 주관하시는 주님을 뜻한다(267번). 3. "앉으신 이의 모양이 벽옥과 홍보석 같고"는 신적 사랑에서 비롯한 신적 선으로 인해 투명하게 빛나는 신성한 진리로서 주님의 용모를 뜻한다(268번). "또 무지개가 있어 보좌에 둘렸는데 그 모양이 녹보석 같더라"는 주님 주위의 천국들에 나타난 신성한 진리를 뜻한다(269번). 4. "또 보좌에 둘려 이십사 보좌들이 있고 그 보좌들 위에 이십사 장로들이 앉은 것"은 주께서 심판 전에 준비해 놓으신 진리들로, 보다 높은 천국에 있는 선에서 비롯한 모든 진리를 뜻한다(270번). "흰옷을 입고"는 보다 낮은 천국의 선에서 비롯한 모든 진리들을 뜻한다(271번). "머리에 금관을 쓰고 앉았더라"는 신성한 선에 의해 질서 있게 정돈된 모든 진리를 뜻하고, 그러므로 또한 이전의 모든 천국들을 뜻한다(272번). 5. "보좌로부터 번개와 음성과 우렛소리가 나고"는 천국에서의 신성한 진리에 대한 설명과 이해와 지각을 뜻한다(273번). "보좌 앞에 켠 등불 일곱이 있으니 이는 하나

님의 일곱 영이라”는 주님의 신성한 사랑에서 나오는 신성한 선과 결합한 신성한 진리 자체를 뜻한다(274번). 6. 보좌 앞에 수정과 같은 유리 바다가 있더라”는 최초의 것 안에서 하나로 결합한 신성한 선과 신성한 진리가 진리의 일반적인 것들이 있는 마지막의 것들 안으로 유입됨으로 인해 마지막의 것들 안에서 투명하게 빛나는 신성한 진리의 모습을 뜻한다(275번).

266

2절. “내가 곧 성령에 감동되었더니”가 계시가 있을 때의 영적 상태를 뜻하는 것은 앞의 53번에서 밝힌 것으로 분명하다. 거기에서도 똑같이 “내가 성령에 감동되어”라고 말하기 때문이다.

267

“보라 하늘에 보좌를 베풀었고 그 보좌 위에 앉으신 이가 있는데”는 마지막 심판을 주관하시는 주님을 뜻한다. 이것이 분명한 것은, “보좌”는 일반적으로 천국을 뜻하고, 개별적으로는 영적 천국을, 그리고 추상적으로는 주님에게서 나오는 신성한 진리를 뜻하기 때문이다. 그것은 또 심판을 뜻하기도 하는데 그 이유는, 모든 사람은 신성한 진리로 심판받으며, 천국에 있는 사람들도 모두 그렇기 때문이다(이것에 대해서는 앞의 253번 참고). “보좌 위에 앉으신 이”가 주님인 것은 분명하다. 그리고 심판이 오로지 주님에게 속한 일이라는 것을 주님께서는 마태복음에서 다음과 같이 가르치셨다.

> 인자가 자기 영광으로 모든 천사와 함께 올 때에 자기 영광의 보좌에 앉으
> 리니 모든 민족을 그 앞에 모으고 각각 구분하기를 목자가 양과 염소를 구
> 분하는 것같이 하여 (마 25:31-32)

그리고 요한복음에,

> 아버지께서 아무도 심판하지 아니하시고 심판을 다 아들에게 맡기셨으니
> 또 인자됨으로 말미암아 심판하는 권한을 주셨느니라 (요 5:22, 27)

누구든지 신성한 선으로부터 심판받지 않고 신성한 진리로 심판받기 때문에 말씀에 이르기를, "아버지께서 아무도 심판하지 아니하시고 심판을 다 아들에게 맡기셨으니 이는 그가 인자됨으로 말미암음이라"고 하였다. 왜냐하면 "아버지"는 신성한 선을 뜻하고, "인자"는 신성한 선에서 발현되는 신성한 진리를 뜻하기 때문이다("아버지"가 신성한 선을 뜻하는 것은 위의 254번을, 그리고 "인자"가 발현되는 신성한 진리를 뜻하는 것은 53, 151번 참고). 여기서 "보좌"가 심판을 뜻하는 까닭은, 이 장에서는 심판을 위한 모든 준비에 대해 다루기 때문이다(위의 258번 참고).

268

(1) 3절. "앉으신 이의 모양이 벽옥과 홍보석 같고"는 신적 사랑에서 비롯한 신적 선으로 인해 맑고 투명한 신성한 진리로서 주님의 모습을 뜻한다. 이것

이 분명한 것은, "보좌에 앉으신 이"는 마지막 심판을 주관하시는 주님을 뜻하고(위의 267번 참고), "모양"은 (주님의) 모습을 뜻하며, "벽옥"은 진리에 대한 영적 사랑을(이것에 대해서는 이어서 말하겠다), "홍보석"은 선에 대한 천적 사랑을[28] 뜻하기 때문이다. 그러므로 주님의 모습이 "벽옥과 홍보석 같다"고 하는 것은 신적 사랑에서 비롯한 신적 선으로 인해 맑고 투명한 신성한 진리를 뜻한다.

(2) "벽옥"이 진리에 속한 신적 사랑, 또는 발현되는 신성한 진리를 뜻하는 것은, 그 말이 언급된 출애굽기 28:20과 에스겔서 28:13, 그리고 계시록의 다음 구절로부터 분명하다.

거룩한 예루살렘 성의 빛이 지극히 귀한 보석 같고 벽옥과 수정 같이 맑더라 (계 21:11)

"거룩한 예루살렘 성의 빛"은 교회의 신적 진리가 빛나는 것을 뜻하고, "빛"은 빛나는 진리 그 자체를, 그리고 "예루살렘"은 교리의 측면에서 교회를 뜻한다. 이것을 벽옥과 같다고 하는 까닭은, "벽옥"도 같은 뜻이기 때문이다.

또한,

---

28) 저자는 천적(celestial), 영적(spiritual)이란 표현을 자주 사용하는데, 천적이란 표현은 선, 또는 선에 대한 애정과 관련이 있고, 영적이란 표현은 진리, 또는 진리에 대한 애정과 관련이 있다. 선과 진리는 주님에 속한 두 가지 본질이지만 선이 진리에 앞선 본질이다. 왜냐하면 선은 본질 그 자체이고, 진리는 본질의 드러남이기 때문이다. 그래서 말씀에서는 선으로서 주님을 아버지라 부르고, 진리로서 주님을 아들이라 부른다. 또한 그렇기 때문에 선에 대한 애정 안에 있는 천사, 즉 천적인 천사들은 가장 높은 천국에 있고, 진리에 대한 애정 안에 있는 천사, 즉 영적 천사들은 그보다 낮은 천국에 있다. (역자)

(거룩한 예루살렘) 성벽은 벽옥으로 쌓였고 그 성은 정금인데 맑은 유리 같

더라 (계 21:18)

거룩한 예루살렘 성의 "벽"이 "벽옥으로" 만들어졌다고 하는 까닭은, "벽"은 보호하는 신성한 진리를 뜻하기 때문이다. "벽"에 이러한 의미가 있기 때문에, 성벽의 첫 번째 기초석을 벽옥으로 꾸몄다고 말했다(19절). 그리고 "기초"는 교회가 세워지는 근거로서 진리를 뜻한다.

(3) "홍보석"을 언급한 것은 그 돌이 선을 뜻하며, 여기서는 신성한 선을 뜻하기 때문이다. 왜냐하면 주님에 대해 기술하고 있기 때문이다. 이것은 화염석(pyropus)이라 불리는 돌인데 불붙는 것처럼 빛나기 때문에, 두 이름 모두 선에서 비롯한 진리의 투명함을 뜻한다(모든 보석들이 천국과 교회에 속한 선에서 비롯한 진리를 뜻하는 것은『천국의 비밀』114, 9863, 9865, 9868, 9873번 참고, 이런 이유로 아론의 흉패에 우림과 둠밈이라 불리는 열두 개의 보석을 박았고, 그것들을 통해 응답이 주어졌는데, 그것은 보석들의 빛나는 모습으로, 그리고 동시에 질문한 것에 대한 지각으로, 또는 생생한 음성으로 주어졌다. 그것은 9905번 참고).

269

"또 무지개가 있어 보좌에 둘렸는데 그 모양이 녹보석 같더라"는 주님 주변의 천국들에 나타난 신성한 진리의 모습을 뜻한다. 이것이 분명한 것은, "녹보석(emerald)과 같은 무지개"는 그 주변의 신성한 진리의 모습을 뜻하기 때

문이다. 왜냐하면 "보좌를 둘러싼 무지개"는 주위를 둘러싸고 있는 신성한 진리를 뜻하고, "모양이 같다는 것"은 모습을 뜻하기 때문이다. 그 모양이 녹보석 같다고 한 것은 마지막 심판과 관련이 있기 때문이다. 왜냐하면 이 보석의 색이 녹색이고, "녹색"은 어둡고 희미한 진리를 뜻하기 때문이다. 신성한 진리가 밝게 빛날 때는 천국의 색으로 보이거나, 무지개처럼 여러 가지 색이 아름다운 질서를 이루고 있는 모습으로 보인다. 그러나 진리가 어둡고 희미할 때는 에메랄드 색으로 보인다. 어둡고 희미한 천국은 "이전의 천국"이라 불리는 천국으로, 심판을 받고 막 사라질 예정이었다(계 21:1 참고). 그렇기 때문에 "무지개가 둘렸는데 그 모양이 녹보석과 같다"고 말한 것이다. "무지개"는 천국의 신성한 진리가 자체의 질서 가운데 있고, 그러므로 자체의 아름다움 가운데 있는 것을 뜻한다. 천국에는 선에서 비롯한 진리가 무한히 다양하게 존재하며 그것들이 색으로 표상될 때는 가장 아름다운 무지개의 모습으로 나타나기 때문이다. 그런 까닭에 홍수 후에 언약의 표시로 "무지개"가 나타난 것이다(창 9:12-17). (천국에 무한한 다양성이 존재하는 것은 저서 『천국과 지옥』 56, 405, 418, 486번과 『마지막 심판』 13번, 그리고 『천국의 비밀』 684, 690, 3744, 5598, 7236, 7833, 7836, 9002번 참고, 천국에서의 색은 그곳의 빛으로부터 나타나며, 그것들은 빛의 변화와 다양성을 뜻하는 것은 1042, 1043, 1053, 1624, 3993, 4530, 4742, 4922번, 그 색깔들이 선에서 비롯한 진리와 그것에서 비롯한 지성과 지혜의 상태에 따라 다양하게 나타나는 것은 4530, 4677, 4922, 9466번, 천국에도 무지개가 보이고, 그것이 무엇이며, 어디서 오는지는 1042, 1043, 1623-1625번 참고)

(1) 4절. "또 보좌에 둘려 이십사 보좌들이 있고 그 보좌들 위에 이십사 장로들이 앉은 것"은 주님이 심판 전에 준비해 놓으신 진리들로, 보다 높은 천국에 있는 선에서 비롯한 모든 진리들을 뜻한다. 이것이 분명한 것은, "보좌"와 그 위에 "앉은 이"는 마지막 심판을 주관하시는 주님을 뜻하고(이것에 대해서는 앞의 267번 참고, "보좌"가 심판을 뜻하는 것은 253번 참고), "그 둘레에 이십사 보좌들이 있고 보좌들 위에 이십사 장로들이 앉은 것"은 심판 전에 준비된 천국의 모든 진리들이 함께 모여 있는 것을 뜻하기 때문이다. "이십사"는 모든 것을 뜻하고, "보좌"는 심판을 뜻한다. "장로들"은 선에서 비롯한 진리 안에 있는 사람들을, 그리고 추상적으로는 선에서 비롯한 진리들을 뜻하는데, 여기서는 보다 높은 천국들을 뜻한다. 그 이유는, 사랑의 선에서 비롯한 진리 안에 있는 사람들이 모두 그 천국들 안에 있기 때문이며, 또한 바로 뒤에 보다 낮은 천국들에 대해 다룰 것이기 때문이다("이십사"가 모든 것을 뜻하는 까닭은, 그것이 숫자 "십이"와 같은 뜻이며, "십이"는 모든 것을 뜻하고, 또한 진리를 나타내기 때문이다. 이것에 대해서는 『천국의 비밀』 577, 2089, 2129, 2130, 3272, 3858, 3913번 참고. 숫자 "이십사"가 "십이"와 같은 뜻인 까닭은, 그것이 "십이"의 두 배이고, 두 배인 수는 곱해서 두 배가 되기 전 처음 수와 뜻이 같기 때문이다. 그것에 대해서는 5291, 5335, 5708, 7973번을 참고할 것).

(2) "열두 제자가 앉은 보좌"도 같은 뜻인데, 그것에 대해 마태복음에서는 이렇게 말한다.

세상이 새롭게 되어 인자가 자기 영광의 보좌에 앉을 때에 나를 따르는 너
희도 열두 보좌에 앉아 이스라엘 열두 지파를 심판하리라 (마 19:28)

"열두 제자"는 모든 진리들이 함께 모여 있는 것을 뜻한다. 다음 계시록의
말씀에서도 마찬가지이다.

내가 보좌들을 보니 거기에 앉은 자들이 있어 심판하는 권세를 받았더라
(계 20:4)

"보좌에 앉은 이들에게 심판의 권세가 주어진 것"은 심판은 오직 주님에게
속한 일임을 뜻한다. 왜냐하면 말씀에서 "장로들"은 선에서 비롯한 진리 안에
있는 모든 사람을 뜻하고, 추상적으로는 심판의 수단인 선에서 비롯한 진리들
을 뜻하기 때문이다. 말씀에 나오는 "장로들"과 "제자들"을 장로들과 사도들
로 생각한다면 크게 오해하는 것이다. 즉 말씀의 영적 의미 안에서는 사람으
로 이해하면 안 되고, 사람으로 추상된 사물들로 이해해야 하는 것이다. 왜냐
하면 영적인 것은 사람과 아무런 관련이 없기 때문이다. 자연적 의미인 말씀
의 글자의 뜻에서는 사정이 다르다. 글자의 뜻으로 된 많은 표현 속에는 사람
뿐만 아니라 사람에 대한 관념도 들어 있다. 그 이유는 말씀은 궁극적으로 자
연적이어야 하며, 그렇게 해서 영적 의미의 기초가 되어야 하기 때문이다. 그
것은 "유아"나 "어린이", "젊은이", "노인", "처녀", "여자" 같은 많은 낱말의
의미에서 그렇고, "장로들"의 의미에서도 그렇다. 자연적 의미로는 이들 모
두가 그냥 사람들로 생각되지만, 영적 의미로 보면, "유아"는 순진함을, "어
린이"는 인애를, "젊은이"는 지성을, "노인"은 지혜를, "처녀"는 진리와 선에
대한 애정을, "여자"는 교회의 선을 뜻한다. 다른 경우도 마찬가지이다. "이
웃"에 대한 자연적 의미와 영적 의미에 대해서도 진실은 같다. 자연적 의미로

"이웃"은 모든 사람을 뜻하지만, 영적 의미로는 사람 안에 있는 선과 진리, 성실과 정의 그 자체를 뜻한다. 사려 깊은 사람이면 누구나 이것이 이웃의 영적 의미라는 것을 알 수 있다. 사람을 다른 이유로 사랑할 수는 없기 때문이다. 왜냐하면 사람을 사람으로 만들고 사랑받게 만드는 것은, 그의 용모나 몸이 아니라 선과 진리이기 때문이다.

(3) 이제 "장로들"의 의미에 대해 다시 알아보자. "장로들"이 선에서 비롯한 진리를 뜻한다는 것은 그 낱말이 언급된 말씀의 구절들을 통해 알 수 있다.

이사야서에,
> 그때에 달이 수치를 당하고 해가 부끄러워하리니 이는 만군의 여호와께서 시온 산과 예루살렘에서 왕이 되시고 그 장로들 앞에서 영광을 나타내실 것임이라 (사 24:23)

"달"과 "해"는 우상을 섬기는 이들의 예배를 뜻하며, 또한 믿음에 속한 거짓과 사랑에 속한 악을 뜻한다. "시온산"과 "예루살렘"은 천국과 교회를 뜻하고, "장로들"은 선에서 비롯한 진리들을 뜻한다. 그래서 "장로들 앞에서 영광을 나타내실 것"이라고 말하는 것이다. 왜냐하면 "영광"은 천국의 신성한 진리를 뜻하기 때문이다(앞의 33번 참고).

(4) 예레미야 애가에,
> 나의 처녀들과 나의 청년들이 사로잡혀 갔도다 내가 내 사랑하는 자들을 불렀으나 그들은 나를 속였으며 나의 장로들은 성 가운데에서 숨을 거두었도다[29] (애 1:18-19)

---

29) 개역개정에서는 "기절하였도다"라고 옮겼으나, Whitehead의 영역본에는 "expired" 즉 "숨을

여기서는 교회의 파멸에 대해 말한다. 그러니까 교회의 파멸을 슬퍼하는 것이다. 이러한 파멸은 진리에 대한 영적 애정이 없어짐으로 해서 교회에 속한 것들을 더 이상 이해하지 못하며, 그리하여 진리가 존재하지 않을 때 일어난다. "처녀들"은 진리에 대한 영적 애정을 뜻하고, "청년들"은 이해력을 뜻한다. "사로잡힌 것"은 이러한 애정과 이해력이 없어진 것을 뜻한다. 그리고 숨을 거둔 "장로들"은 교회의 진리들을 뜻한다.

(5) 에스겔서에,

늙은 자와 젊은 자와 처녀와 어린 아이와 여자를 다 죽이되 내 성소에서 시작할지니라 하시매 그들이 성전 앞에 있는 장로들[30]로부터 시작하더라 (겔 9:6)

여기서도 교회의 파멸에 대해 말한다. "늙은 자"와 "젊은 자"는 지혜와 지성을 뜻하고, "처녀"는 진리와 선에 대한 애정을 뜻하며, "어린 아이"는 순진함을, "여자"는 교회의 선을, 그리고 "죽이는 것"은 파멸을 뜻한다. 그 일들을 시작하는 곳인 "성전"은 사랑의 선과 신앙의 진리의 측면에서 교회를 뜻한다. 그리고 그 사랑의 선과 신앙의 진리가 곧 "성전 앞에 있는 장로들"이다.

(6) 예레미야 애가에,

노인들의 얼굴도 존경을 받지 못하나이다 장로들은 다시 성문에 앉지 못하며 청년들은 다시 노래하지 못하나이다 (애 5:12, 14)

"노인"은 선에서 비롯한 지혜를, "장로들"은 선에서 비롯한 진리를 뜻한다.

거두었다"고 되어 있다. (역자)
30) 개역개정에는 "늙은자들"로 되어 있는데 속뜻을 살리기 위해 "장로들"로 옮긴다. (역자)

그리고 "청년들"은 지성을 뜻한다. 모세와 아론과 나답과 아비후와 칠십 명의 장로들이 청옥을 편 듯한 하나님의 발 아래에서 이스라엘의 하나님을 뵌 것은 (출 24:1, 9-12), 주님은 선 안에 있는 사람과 선에서 비롯한 진리 안에 있는 사람들만 뵐 수 있는 것을 뜻한다(『천국의 비밀』 9403-9411번에 해당 구절에 대한 설명 참고). 이것이 이스라엘의 장로 칠십 인이 표상하고, 많은 보좌들 위에 앉은 이십사 장로들이 나타내는 의미이다. 또한 그것이 "보좌에 앉아 이스라엘의 열두 지파를 심판하리라고 한 열두 제자"의 의미이다("열두 제자"가 선에서 비롯한 모든 진리를 뜻하는 것은 『천국의 비밀』 2129, 3354, 3488, 3858, 6397번 참고, "이스라엘의 열두 지파"도 같은 뜻을 가지는 것은 3858, 3926, 4060, 6335번을, "이스라엘의 장로들" 역시 같은 뜻인 것은 6524, 6525, 6890, 7912, 8578, 8585, 9376, 9404번을 참고할 것).

271

"흰옷을 입고"는 낮은 천국에 있는 선에서 비롯한 모든 진리들을 뜻한다. 이것이 분명한 것은, "흰옷"은 옷 입고 있는 진리를 뜻하며, 구체적으로는 과학의 진리와 지식을 뜻하기 때문이다(앞의 195, 196, 198번 참고). 낮은 천국은 그런 진리들 가운데 있기 때문에 그 진리들을 뜻하는 것이다. 천국에 나타나는 현상과 표상들에 대해 모르는 사람들은 "흰옷"이 낮은 천국을 뜻한다는 사실에 생소함을 느낄 수 있다. 그러나 천국의 모든 사람들은 각자의 진리에 따라 옷을 입으며, 옷은 더 낮은 진리[31]와 상응한다 낮은 천국은 이 진리들

---

31) 『천국과 지옥』 179번은 "가장 내적인 천국의 천사들은 옷을 입지 않으며, 그 이유는 그들이 순진무구하며, 순진무구는 벌거벗은 것에 상응하기 때문이다"라고 말한다. (역자)

안에 있으므로, 보다 높은 천국에 있는 천사들의 옷 또한 그것들과 상응한다
(이 비밀을 보다 명확히 이해하려면, 저서 『천국과 지옥』 177–182번에 천사들
이 입고 있는 옷에 대한 내용과 『천국의 비밀』 19814, 10068번에 아론과 그의
아들들의 옷의 의미와 표상, 그리고 9212, 9216번에 주님이 변모하셨을 때 주
님의 옷에 대한 내용을 참고하기 바란다).

272

(1) "머리에 금관을 쓰고 앉았더라"는 신성한 선에 의해 질서 있게 배치된
모든 진리들을 뜻하고, 그렇기 때문에 또한 이전의 모든 천국들을 뜻한다. 이
것이 분명한 것은, "흰옷을 입고 이십사 보좌 위에 앉은 이십사 장로들"은 천
국의 모든 진리들을 뜻하고, 그러므로 높고 낮은 모든 천국들을 뜻하며(이것
에 대해서는 위의 270, 271번 참고), "금관"은 진리의 근원인 신성한 선을 뜻
하기 때문이다(이것에 대해서는 이어서 말할 것이다). 천국과 교회의 모든 진
리들은 신성한 선으로부터 존재한다. 즉 신성한 선으로부터 존재하지 않는 진
리는 진리가 아닌 것이다. 선으로부터 존재하지 않는 진리는 핵이 없는 조개
와 같고, 사람의 집이 아니라 야수가 사는 집과 같다. 이런 진리가 이른바 인
애의 선에서 분리된 신앙의 진리이다. 인애의 선은 주님으로부터 오는 선이
며, 그러므로 신성한 선이다. "보좌에 앉은 장로들"은 천국의 진리들을 뜻하
고 "금관"은 그 진리들의 근원인 선을 뜻하기 때문에, 장로들은 금관을 쓴 모
습으로 보인 것이다. "왕관"도 같은 뜻이다. 왜냐하면 "왕"은 표상적 의미로
진리를 뜻하고, 머리에 쓴 "관"은 진리의 근원인 선을 뜻하기 때문이다("왕"이
진리를 뜻한다는 것은 앞의 31번 참고). 이런 이유로 해서 왕관은 금으로 되어

있다. "금" 또한 같은 방법으로 선을 뜻하기 때문이다(앞의 242번 참고).

(2) "관"이 선과 선에서 비롯한 지혜를 뜻하고, 관을 쓴 것은 진리를 뜻한다는 것은 다음 구절들을 보면 알 수 있다.

시편에,
> 내가 거기서 다윗에게 뿔이 나게 할 것이라 내가 내 기름 부음 받은 자를
> 위하여 등을 준비하였도다 내가 그의 원수에게는 수치를 옷 입히고 그에게
> 는 왕관이 빛나게 하리라 (시 132:17-18)

여기서 "다윗"과 "기름 부음을 받은 자"는 주님을 뜻하고(앞의 205번 참고), "뿔"은 주님의 능력을, "등"은 신성한 지성의 근원인 신적 진리를 뜻한다. "왕관"은 신성한 지혜의 근원이며 주님의 통치의 근본인 신적 선을 뜻한다. 그리고 수치를 옷 입을 "원수들"은 악과 거짓을 뜻한다.

(3) 시편에,
> 주께서 주의 기름 부음 받은 자에게 노하사, 그의 관을 땅에 던져 욕되게
> 하셨으며 (시 89:38-39)

여기서도 "기름 부음을 받은 자"는 주님을 뜻하고, "노염"은 주님이 지옥과 싸우실 때의 상태, 즉 시험의 상태를 뜻한다. "노염"과 "욕되게 하는 것"은 그때의 슬픔을 말한다. 이를테면 십자가 위에서의 주님의 마지막 탄식, 즉 버림받음에 대한 탄식과 같은 것이다. 왜냐하면 십자가는 주님의 마지막 시험, 또는 지옥과의 마지막 싸움이었기 때문이다. 그 마지막 시험 후에 주님은 신적 사랑에서 비롯한 신적 선으로 옷 입으셨고, 그렇게 해서 신적 인성을 당신 안

에 있는 신성 자체와 하나로 만드셨다.

(4) 이사야서에,

그날에 만군의 여호와께서 자기 백성의 남은 자에게 영화로운 면류관이 되시며 아름다운 관이 되실 것이라 (사 28:5)

여기서 "아름다운 관"은 신성으로부터 나오는 선에 속한 지혜를 뜻하고, "영화로운 면류관"은 그 선에서 나오는 진리에 속한 지성을 뜻한다.

(5) 이사야서에,

나는 시온의 의가 빛 같이, 예루살렘의 구원이 횃불같이 나타나도록 시온을 위하여 잠잠하지 아니하며 예루살렘을 위하여 쉬지 아니할 것인즉 너는 또 여호와의 손의 아름다운 관, 네 하나님의 손의 왕관이 될 것이라 (사 62:1-3)

여기서 "시온"과 "예루살렘"은 교회를 뜻하는데, "시온"은 선 안에 있는 교회를, "예루살렘"은 그 선에서 비롯한 진리 안에 있는 교회를 뜻한다. 그러므로 그것을 가리켜 "여호와의 손의 아름다운 관"이요, "네 하나님의 손의 왕관"이라고 했다. "아름다운 관"은 선에 속한 지혜를 뜻하고, "왕관"은 진리에 속한 지성을 뜻한다. "관"이 선에 속한 지혜를 뜻하기 때문에 "여호와의 손에" 있다고 하고, "왕관"은 진리에 속한 지성을 뜻하기 때문에 "하나님의 손에" 있다고 말한다. 왜냐하면 선에 대해 말할 때 "여호와"라는 이름을 사용하고, 진리에 대해 말할 때는 "하나님"이란 이름을 사용하기 때문이다(『천국의 비밀』 2586, 2769, 6905번 참고).

(6) 예레미야서에,

너는 왕과 왕후에게 전하기를 스스로 낮추어 앉으라 관 곧 영광의 면류관
이 내려졌다 하라 (렘 13:18)

"영광의 면류관"은 선에 속한 지혜를 뜻한다("영광"이 교회의 신적 진리인
것은『천국의 비밀』9815번 참고).

(7) 예레미야 애가에서,

우리의 마음에는 기쁨이 그쳤고 우리의 춤은 변하여 슬픔이 되었사오며 우
리의 머리에서는 면류관이 떨어졌사오니 오호라 우리의 범죄 때문이니이
다 (애 5:15-16)

"머리의 관이 떨어진 것"은 교회에 속한 사람들이 신성한 진리를 통해 가졌
던 지혜가 없어지는 것이며, 그와 함께 내적 행복도 없어지는 것을 뜻한다.

(8) 에스겔서에,

보석[32]을 코에 달고 귀고리를 귀에 달고 화려한 왕관을 머리에 씌웠나니
(겔 16:12)

이 말씀은 예루살렘, 즉 교회에 관한 말씀으로, 여기서는 처음 세워질 때의
교회를 말한다. "코에 단 보석"은 선에 대한 지각을 뜻하고, "귀에 단 귀고리"
는 진리에 대한 지각과 복종을, "머리에 쓴 왕관"은 그러한 것들로부터 오는
지혜를 뜻한다.

---

32) 한글 성경(개역 개정)에는 코고리로 번역되었지만 whitehead의 영역본의 표현대로 보석(jewel)
으로 옮긴다. (역자)

욥기에,

나의 영광을 거두어가시며 나의 관모를 머리에서 벗기시고 (욥 19:9)

"영광"은 신성한 진리에서 비롯한 지성을, "머리의 관"은 그것에서 비롯한 지혜를 뜻한다.

(9) 계시록에,

이에 내가 보니 흰 말이 있는데 그 탄 자가 활을 가졌고 면류관을 받고 나아가서 이기고 또 이기려고 하더라 (계 6:2)

"흰 말과 거기에 탄 자"는 말씀으로서 주님을 뜻하고, "활"은 싸우는 무기인 진리에 속한 교리를 뜻한다. 이것으로 분명한 것은 주님의 소유인 "면류관"은 주님이 승리의 대가로 당신의 인성에 이르기까지 옷 입으신 신적 선을 뜻한다는 것이다.

(10) 계시록에,

또 내가 보니 흰 구름이 있고 구름 위에 인자와 같은 이가 앉으셨는데 그 머리에는 금 면류관이 있고 그 손에는 예리한 낫을 가졌더라 (계 14:14)

"흰 구름"은 말씀의 글자의 뜻을 뜻하고(『천국의 비밀』4060, 4391, 5922, 6343, 6752, 8281, 8781번), "인자"는 신적 진리로서 주님을, "금 면류관"은 신적 진리의 근본인 신적 선을 뜻하며, "예리한 낫"은 악과 거짓을 흩어 버리는 것을 뜻한다.

(11) "관"은 신성한 진리의 근본인 신성한 선을 뜻하는데, 그것은 "관", 또는

"소관(小冠)"이라 불리는 아론의 관의 전면에 있는 순금 패가 표상하는 것이기도 하다. 그것에 대해 출애굽기에서는 다음과 같이 말한다.

> 너는 또 순금으로 패를 만들어 도장을 새기는 법으로 그 위에 새기되 '여호와께 성결'이라 하고 그 패를 청색 끈으로 관 위에 매되 곧 관 전면에 있게 하라 (출 28:36-37)

이 패를 "성결의 관", 또는 "소관"이라 부르는 것은 출애굽기 39:30, 레위기 8:9를 보면 알 수 있다(그러나 그것의 특별한 의미는 『천국의 비밀』9930-9936번에서 자세히 설명한다).

273

(1) 5절. "보좌로부터 번개와 음성과 우렛소리가 나고"는 천국에서 주님으로부터 오는 신성한 진리를 깨닫고, 지각하고 이해하는 것을 뜻한다. 이것이 분명한 것은, "번개와 음성과 우레"는 신성한 진리를 뜻하기 때문이다. 즉 "번개"는 신성한 진리를 깨닫는 것과 관련이 있고, "우레"는 이해하는 것, 그리고 "음성"은 지각하는 것과 관련이 있다. 그것들의 의미가 이런 것은, 그 낱말들이 언급된 말씀의 구절들을 보면 분명히 알 수 있다. 그러나 먼저 이런 의미들이 어디서 유래하는가에 대해 말할까 한다. 가시적인 천국에서 사람의 눈에 보이는 모든 것들, 이를테면 해와 달, 별들, 공기, 허공, 빛, 열기, 구름, 안개, 소나기, 그리고 그 밖의 많은 것들은 모두 상응물이다. 그것들이 상응물인 것은 자연계의 모든 것들은 영계에 있는 그것들과 상응하기 때문이다. 이

러한 것들은 천사들이 사는 천국에서도 상응물이다. 왜냐하면 천사들도 유사한 것들을 보지만 거기서 그것들은 자연적인 것이 아니라 영적인 것이기 때문이다(『천국과 지옥』에서 이것에 대해 밝히고 있다. 천국의 해와 달에 대해서는 116-125번에, 천국의 빛과 볕에 대해서는 126-140번, 그리고 일반적인 내용으로 천국의 상응물과 땅의 모든 것에 대해서는 103-115번, 천국의 현상들에 대해서는 170-176번에 있다). 그러므로 "번개"와 "우레" 또한 상응물이다. 그리고 그렇기 때문에 그것들은 자기와 상응하는 것들과 같은 의미를 갖는다. 일반적으로 그것들이 의미하는 것은 가장 높은 천사들이 받아들이고 말하는 신성한 진리이다. 그 진리가 낮은 천사들에게로 내려올 때, 그것은 가끔 번개로 보이고, 우레와 음성으로 들린다. 따라서 "번개"는 깨달음의 측면에서 신성한 진리를 뜻하고, "우레"는 이해의 측면에서, 그리고 "음성"은 지각이라는 측면에서 신성한 진리를 뜻한다. 이해와 지각에 대해 말하는 것은 청각을 통해 마음으로 들어오는 것은 이해될 뿐 아니라 지각되기 때문이다. 즉 이해력 안에서 보이고, 의지와의 교류를 통해 지각되는 것이다(지각이 엄밀히 말해 천국의 천사들이 가지고 있는 것이라는 것은 『새예루살렘의 교리』 140번 참고).

(2) 그러므로 말씀에서 "번개"와 "우레"는 깨달음과 이해의 측면에서 신성한 진리를 뜻한다. 그것은 다음 구절들을 보면 알 수 있다.

시편에,
주의 팔로 주의 백성을 속량하셨나이다, 구름이 물을 쏟고 하늘이 소리를 내며 주의 화살도 날아갔나이다 주의 우렛소리가 있으며 번개가 세계를 비추나이다 (시 77:15, 17-18)

여기서는 교회가 새로 세워지는 것에 대해 말하고 있다. "구름이 물을 쏟고”는 말씀의 글자의 뜻에서 나오는 진리를 뜻하고, “소리를 내는 하늘(즉 더 높은 구름)”은 말씀의 영적 의미에서 나오는 진리를 뜻한다. “날아가는 화살”은 천둥과 번개가 칠 때 마치 활에서 화살이 날아가는 것처럼 보이는 벼락을 말하는데, 그것은 신성한 진리를 뜻한다. “우렛소리가 있으며”는 교회에서 지각하고 이해하는 신성한 진리를 뜻하며, “세계를 비추는 번개”는 그것으로부터 깨닫는 신성한 진리를 뜻한다. 그리고 “세계”는 교회를 뜻한다.

(3) 시편에,

불이 여호와 앞에서 나와 사방의 대적들을 불사르시는도다 그의 번개가 세계를 비추도다 (시 97:3-4)

이 말씀들로부터 “번개”가 깨달음의 측면에서 신성한 진리를 뜻하는 것이 또한 분명하다. 왜냐하면 “그의 번개가 세계를 비추도다”라고 말하기 때문이다.

(4) 예레미야서에,

여호와께서 그의 권능으로 땅을 지으셨고 그의 지혜로 세계를 세우셨고 그의 명철로 하늘을 펴셨으며 그가 목소리를 내신즉 하늘에 많은 물이 생기나니 그는 땅 끝에서 구름이 오르게 하시며 비를 위하여 번개 치게 하시며 (렘 10:12-13, 51:16, 시 135:7-8)

여기서도 교회가 세워지는 것을 말하고 있다. “우렛소리”가 지각과 이해의 측면에서 신성한 진리를 뜻하고, “번개”가 깨달음의 측면에서 신성한 진리를 뜻한다는 것은, 말씀에서 “땅을 지으신 이가 그의 지혜로 세계를 세우셨고 그의 명철로 하늘을 펴셨으며”, 그때 “그가 목소리를 내신즉 하늘에 많은 물이 생겼고”, 또한 “비를 위하여 번개 치게 하셨다”고 말하는 것으로 알 수 있다.

즉 "땅"과 "세계"는 교회를 뜻하고, "하늘의 물"은 영적 진리를, "비"는 그 진리가 내려와 자연적으로 되는 것을 뜻하며, "번개"는 그것을 깨닫는 것을 뜻하는 것이다.

(5) 사무엘 하권에,

> 여호와께서 하늘에서 우렛소리를 내시며 지존하신 자가 음성을 내심이여
> 화살을 날려 그들을 흩으시며 번개로 무찌르셨도다 (삼하 22:14-15)

여기서는 천둥을 "하늘에서 나는 우렛소리"와 "음성을 내시는 것"으로, 내려치는 벼락을 "화살"로 표현하는데, 이것들은 신성한 진리를 뜻하고, "번개"는 그 빛을 뜻한다. 이것들이 선한 사람들을 활기 있게 하고 깨달음을 주기 때문에 악한 자가 겁을 내며 무색해진다. "그가 화살을 날려 그들을 흩으시며 번개로 무찌르셨도다"라는 말은 그런 뜻이다. 왜냐하면 악한 자는 신성한 진리나 천국에서 오는 어떤 빛도 견디지 못하며, 그러므로 그것들이 있을 때 달아나 버리기 때문이다.

(6) 시편에도 같은 말씀이 있다.

> 여호와께서 하늘에서 우렛소리를 내시고 지존하신 이가 음성을 내시며 우
> 박과 숯불을 내리시도다 그의 화살을 날려 그들을 흩으심이여 많은 번개로
> 그들을 깨뜨리셨도다 (시 18:13-14)
> 번개를 번쩍이사 원수들을 흩으시며 주의 화살을 쏘아 그들을 무찌르소서
> (시 144:6)

"우레"와 "번개"가 이해와 깨달음의 측면에서 신성한 진리를 뜻하는 것은 다음 구절들을 보면 보다 분명해진다.

시편에,

네가 고난 중에 부르짖으매 내가 너를 건졌고 우렛소리의 은밀한 곳에서 네게 응답하였도다 (시 81:7)

계시록에,

내가 들으니 네 생물 중의 하나가 우렛소리 같이 말하되 오라 하기로 (계 6:1)

천사가 향로를 가지고 제단의 불을 담아다가 땅에 쏟으매 우레와 음성과 번개가 치더라 (계 8:5)

사자가 부르짖는 것같이 큰 소리로 외치니 그가 외칠 때에 일곱 우레가 그 소리를 내어 말하더라 (계 10:3)

이에 하늘에 있는 하나님의 성전이 열리니 성전 안에 하나님의 언약궤가 보이며 또 번개와 음성들과 우레가 있더라 (계 11:19)

내가 하늘에서 나는 소리를 들으니 많은 물 소리와도 같고 큰 우렛소리와 도 같은데 내가 들은 소리는 거문고 타는 자들이 그 거문고를 타는 것 같더 라 (계 14:2)

또 내가 들으니 허다한 무리의 음성과도 같고 많은 물 소리와도 같고 큰 우 렛소리와도 같은 소리로 이르되 할렐루야 주 우리 하나님 곧 전능하신 이 가 통치하시도다 (계 19:6)

"우레"와 "번개"가 신성한 진리를 뜻하기 때문에, 여호와께서는 시내산에 강림하셔서 다음과 같이 이 진리들을 선포하셨다.

우레와 번개가 있고 나팔 소리가 들리더라 (출 19:16)

"나팔 소리"는 계시와 관련해 신성한 진리를 뜻한다(55, 262항).

하늘에서 주님께 이르는 소리가 마치 천둥과 같았다 (요 12: 28-29)

야고보와 야고보의 형제 요한에게 보아너게 곧 우레의 아들이란 이름을 더

하셨으며 (막 3:17)

274

(1) "보좌 앞에 켠 등불 일곱이 있으니 이는 하나님의 일곱 영이라"는 주님
의 신적 사랑에서 나오는 신성한 선과 하나가 된 신성한 진리 자체를 뜻한다.
이것이 분명한 것은, "일곱"은 집합체로서 모든 것들을 뜻하고, "보좌 앞에 켠
등불"은 주님의 신적 사랑에서 나오는 신성한 선과 하나가 된 신성한 진리를
뜻하기 때문이다. 왜냐하면 "등"은 진리를 뜻하고, 그러므로 "일곱 등"은 모
든 진리의 집합체인 신적 진리를 뜻하며, "불"은 사랑의 선을 뜻하기 때문이
다. 등불이 주님이 앉으신 "보좌 앞에서 불타는 것"처럼 보였기 때문에, 그것
은 주님으로부터 진리가 나오는 것을 뜻한다. "하나님의 일곱 영"은 주님으
로부터 나와 천국과 교회 안에 있는 모든 진리를 뜻하기 때문에(앞의 183번),
"이는 하나님의 일곱 영이라"고 말했다("일곱"이 모든 것을 뜻하는 것은 앞
의 256번, "불"이 사랑의 선을 뜻하는 것은『천국의 비밀』934, 4906, 5215,
6314, 6832, 10055번 참고).

(2) "등"이 신앙의 진리라 불리는 진리를 뜻하는 것은 말씀의 다음 구절들을
보면 알 수 있다.

시편에,

주의 말씀은 내 발에 등이요 내 길에 빛이니이다 (시 119:105)

말씀을 "등"이라고 부르는 것은 그것이 신성한 진리이기 때문이다.

시편에,
주께서 나의 등불을 켜심이여 여호와 내 하나님이 내 흑암을 밝히시리이다
(시 18:28)

"등불을 켜는 것"은 신성한 진리에 의해 이해력이 밝아지는 것을 뜻하고,
"흑암을 밝히는 것"은 진리의 빛에 의해 무지에서 비롯한 거짓들이 흩어지는
것을 뜻한다.

누가복음에,
허리에 띠를 띠고 등불을 켜고 서 있으라 (눅 12:35)

띠를 두르는 "허리"는 사랑의 선을 뜻하고 (『천국의 비밀』 3021, 4280,
4462, 5050-5052, 9961번 참고), "등불을 켜는 것"은 사랑의 선에서 비롯한
신앙의 진리를 뜻한다.

(3) 마태복음에,
눈은 몸의 등불이니 그러므로 네 눈이 성하면 온몸이 밝을 것이요 눈이 나
쁘면 온몸이 어두울 것이니 그러므로 네게 있는 빛이 어두우면 그 어둠이
얼마나 더하겠느냐 (마 6:22-23)

여기서 눈을 "등불"이라 부르는 까닭은, "눈"은 진리에 대한 이해력을 뜻하

고, 그러므로 또한 신앙의 진리를 뜻하기 때문이다. 이해력은 자기의 모든 것을 의지에서 끌어오기 때문에(이해력의 특성이 그렇고, 의지의 특성이 그렇기 때문이다), 신앙의 진리 역시 자기의 모든 것을 사랑의 선으로부터 끌어온다. 그러므로 진리에 대한 이해력이 의지 안에 있는 선으로부터 나올 때 사람 전체가 영적으로 된다. 말씀에서 "눈이 성하면 온 몸이 밝을 것이요"라고 한 것은 그런 뜻이다. 그러나 이해력이 의지 안의 악으로부터 형성될 때는 정반대이다. 즉 그때 이해력은 순전히 거짓 안에 있게 되는데, 그것을 말씀에서는 "눈이 나쁘면 온몸이 어두울 것이니 그러므로 네게 있는 빛이 어두우면 그 어둠이 얼마나 더하겠느냐"라고 표현한다("눈"이 이해력을 뜻하는 것은 앞의 152번을, 그리고 "어둠"이 거짓을 뜻하는 것은 『천국의 비밀』1839, 1860, 3340, 4418, 4531, 7688, 7711, 7712번 참고). 그러므로 "눈"이 이해력을 뜻한다는 것을 모르는 사람은 이 말씀들을 전혀 이해하지 못한다.

(4) 예레미야서에,

내가 그들 중에서 기뻐하는 소리와 즐거워하는 소리와 신랑의 소리와 신부
의 소리와 맷돌 소리와 등불 빛이 끊어지게 하리니 (렘 25:10)

"기뻐하는 소리와 즐거워하는 소리를 끊어지게 하는 것"은 사랑의 선과 신앙의 진리에서 오는 내적 행복이 사라지는 것을 뜻하고, "신랑의 소리와 신부의 소리가 끊어지는 것"은 사람에게 천국과 교회를 만들어 주는 선과 진리의 모든 결합이 사라지는 것을, 그리고 "맷돌 소리와 등불 빛이 끊어지는 것"은 인애와 믿음에 관한 교리가 사라지는 것을 뜻한다("맷돌"과 "가는 것"이 무슨 뜻인지는 『천국의 비밀』4335, 7780, 9995, 10303번 참고).

계시록에도,

등불 빛이 결코 다시 바벨론 안에서 비치지 아니하고 신랑과 신부의 음성
이 결코 다시 네 안에서 들리지 아니하리로다 (계 18:23)

이사야서에,

예루살렘의 구원이 횃불 같이 나타날지니 (사 62:1)

이 말씀은 신앙의 진리는 반드시 사랑의 선으로부터 나오는 것을 의미한다.

마태복음에는,

천국은 마치 등을 들고 신랑을 맞으러 나간 열 처녀와 같다 하리니 그중의
다섯은 미련하여 등을 가지되 기름을 가지지 아니하고 다섯은 슬기 있는
자라 기름을 등과 함께 가져갔더니 신랑이 오므로 슬기로운 자들은 혼인
잔치에 들어가고 어리석은 자들은 들어가지 못하더라 (마 25:1)

여기서 "등"은 신앙의 진리를 뜻하고, "기름"은 사랑의 선을 뜻한다. 이 비
유의 나머지 부분이 무슨 뜻인지는 앞의 252번에서 볼 수 있다. 거기서 자세
히 설명하고 있다.

275

(1) 6절. "보좌 앞에 수정과 같은 유리 바다가 있고"는 진리의 일반적인 것
들이 모여 있는 가장 마지막의 것 안에 있는 신성한 진리의 모습과 그것의 투

명함을 뜻하는데, 그 투명함은 최초의 것[33] 안에서 하나가 된 신성한 선과 신성한 진리의 유입으로 인한 것이다. 이것이 분명한 것은, "보좌 앞에"는 (진리의) 모습을 뜻하고, "유리"는 투명한 것을 뜻하기 때문이다. 또한 "수정과 같다"고 했는데, 이는 최초의 것 안에서 하나가 된 신성한 선과 신성한 진리의 유입으로 인해 투명한 것을 묘사하려는 것이다. 이것이 "보좌 앞에 켠 일곱 등불"이 의미하는 것이다(앞의 274번 참고). 이 절과 앞의 절들에서는 심판을 위해 질서 있게 정돈된 천국 전체의 상태에 대해 말하고 있다. 그리고 "수정과 같은 유리 바다"는 그 마지막 천국의 진리를 뜻한다. "유리 바다"가 마지막 천국의 진리를 뜻하는 것은, "바다"는 진리의 일반적인 것들을 뜻하기 때문이다. 이 진리가 천국의 가장 마지막의 것들 안에 있는 진리이고, 사람에게는 자연적 사람 안에 있는 진리이며, 지식이라 불리는 진리이다. "바다"가 그런 진리를 뜻하는 것은, 바다는 물이 한데 모이는 곳이고, "물"은 진리를 뜻하기 때문이다(앞의 71번 참고).

(2) "바다"의 의미가 이런 것은 말씀의 여러 구절을 통해 분명하다. 여기서 그중 몇 가지를 인용하면 다음과 같다.

이사야서에,
내가 애굽인을 잔인한 주인의 손으로 가두리니 포학한 왕이 그들을 다스리

---

33) 본문에는 최초의 것과 마지막의 것이란 말이 종종 등장한다. 최초의 것(The firsts)이란 가장 높은 천국인 천적 천국(celestial heaven)과 거기 속한 것들을 뜻하고, 마지막의 것(The ultimates)은 가장 낮은 천국인 자연적 천국(natural heaven)과 거기 속한 것들을 뜻한다. 주님의 선과 진리는 주님으로부터 나와 천적 천국과 영적 천국과 자연적 천국을 거쳐 지상의 교회와 사람들에게로 차례로 내려오는데, 사람 안에서는 속사람을 거쳐 겉사람과 그 말단까지 내려와 거기서 흐름이 끝난다. 이것을 신성의 유입(Divine influx)이라 부른다. 그러므로 마지막의 것, 또는 말단의 것 안에 있는 진리는 최초의 것으로부터의 유입이 있는 만큼 순수하고 투명해진다. (역자)

리라 그때 바닷물이 없어지겠고 강이 잦아서 마르겠고 (사 19:4-5)

"애굽인"은 자연적 사람에 속한 지식을 뜻하고, "그들을 손으로 가두는 잔인한 주인"은 자아 사랑에서 비롯한 악을 뜻하며, "포학한 왕"은 악에서 비롯한 거짓을 뜻한다. "바닷물이 없어지겠고"는 지식이 많음에도 진리가 없는 것을 뜻하며, "강이 잦아서 마르겠고"는 진리에서 비롯한 교리가 없고, 그러므로 지성이 없는 것을 뜻한다.

(3) 같은 곳에,

여호와께서 그의 견고하고 크고 강한 칼로 쭉 뻗은 뱀 리워야단과 꼬불꼬불한 뱀 리워야단을 벌하시며 바다에 있는 고래를 죽이시리라 (사 27:1)

이 말씀 또한 "애굽", 즉 자연적 사람 안의 지식에 대해 말한다. "쭉 뻗은 뱀 리워야단"은 눈으로, 즉 감각으로 보지 않은 것은 모두 거부하는 사람들을 뜻한다. 그러니까 이해를 하지 못하기 때문에 믿지 못하는 사람들이다. "꼬불꼬불한 뱀 리워야단"은 같은 이유로 믿지는 않지만 그럼에도 믿는다고 말하는 사람들을 뜻한다. "견고하고 크고 강한 칼"과 그것으로 그들이 벌을 받는 것은 모든 진리가 소멸되는 것을 뜻한다. 왜냐하면 "칼"은 진리를 파괴하는 거짓을 뜻하기 때문이다. 죽임을 당할 "바다의 고래들"은 일반적인 지식들을 뜻한다(고래가 이런 뜻인 것은 『천국의 비밀』 7293번 참고).

(4) 같은 곳에,

바다에 왕래하는 시돈 상인들로 말미암아 부요하게 된 너희 해변 주민들아 잠잠하라 시돈이여 너는 부끄러워할지어다 대저 바다 곧 바다의 요새가 말하기를 나는 산고를 겪지 못하였으며 출산하지 못하였으며 청년들을 양

육하지도 못하였으며 처녀들을 생육하지도 못하였다 하였음이라 그 소식
이 애굽에 이르면 그들이 두로의 소식으로 말미암음 같이 고통 받으리로다
(사 23:2-5)

"시돈과 두로"는 선과 진리에 관한 지식을 뜻한다. 그래서 "시돈의 상인들
이 바다를 건넌다"고 말했다. "상인"은 이러한 지식들을 스스로 얻어 전하는
사람을 뜻한다. "바다가 말하기를 나는 산고를 겪지 못하였으며 출산하지 못
하였으며 청년들을 양육하지도 못하였으며 처녀들을 생육하지도 못하였다"는
그들이 그런 식으로는 선과 진리를 조금도 얻지 못했음을 뜻한다. "산고를 겪
고 출산하는 것"은 지식을 통해 어떤 것을 생산하는 것을 뜻하며, "청년들"은
진리를, "처녀들"은 선을 뜻한다. "그 소식이 애굽에 이르면 그들이 두로의 소
식으로 말미암음 같이 고통 받으리로다"는 그러므로 인식과 지식이 쓸모없게
되는 것을 뜻한다.

(5) 에스겔서에,
바다의 모든 왕이 그 보좌에서 내려 조복을 벗으며 수놓은 옷을 버리고 떨
림을 입듯 하고, 그들이 너를 위하여 슬픈 노래를 불러 이르기를 바닷가에
있던 강하고 유명한 성읍이여 네가 어찌 그리 멸망하였는고, 그날에 바다
가운데의 섬들이 네 결국을 보고 놀라리로다 (겔 26:16-18)

이것은 진리에 대한 인식을 의미하는 "두로"에 대한 말씀으로, 그 인식을
소홀히 하다가 결국 잃어버리는 것을 그렇게 기술하고 있다. "바다의 모든 왕
이 그 보좌에서 내려"는 가장 중요한 인식들을 뜻하며, "그들이 조복을 벗으
며 수놓은 옷을 버리고"는 그 인식들이 지식과 함께 버려지는 것을 뜻한다.
수놓은 물품은 지식을 뜻한다. "바닷가에 있던 강한 성읍"은 풍부한 지식의

힘을 뜻한다("바다"는 모아 놓은 것을 뜻한다). "바다 가운데의 섬들"은 알고
자 하는 진리로부터 멀리 떨어져 있는 나라들을 뜻한다. 그렇기 때문에 이르
기를, "바다 가운데의 섬들이 네 결국을 보고 놀라리로다"라고 말했다.

(6) 이사야서에,
　　내 거룩한 산 모든 곳에서 해 됨도 없고 상함도 없을 것이니 이는 물이 바
　　다를 덮음 같이 여호와를 아는 지식이 세상에 충만할 것임이니라 (사 11:9)

이것은 새 교회와 새 천국에 대한 말씀으로, "그들이 해롭게 하지도 상하게
하지도 못할 거룩한 산"은 새 교회와 새 천국을 뜻한다. "여호와를 아는 지식
이 세상에 충만할 것임이라"는 주님에게서 받은 진리에 대한 그들의 이해력
을 뜻한다. "물이 바다를 덮음같이"라고 말한 것은 "물"은 진리를 뜻하고, "바
다"는 진리가 충만함을 뜻하기 때문이다.

(7) 같은 곳에서,
　　내가 꾸짖어 바다를 마르게 하며 강들을 사막이 되게 하며 물이 없어졌으
　　므로 그 물고기들이 악취를 내며 갈하여 죽으리라 (사 50:2)

"바다를 마르게 하는 것"은 진리에 관한 일반적 지식들이 완전히 없어지는
것을 뜻하고, "강들을 사막이 되게 하는 것"은 진리와 그것에서 비롯한 지성
을 모두 잃어버리는 것을 뜻한다. "물고기들이 악취를 내는 것"은 자연적 사
람에 속한 지식들이 영적 생명을 조금도 갖지 못하게 됨을 뜻한다. 이러한 일
은 그 지식을 가지고 교회의 진리에 반하는 거짓을 입증할 때 일어난다. "물
이 없어졌으므로"는 진리가 없기 때문에라는 뜻이며, "갈하여 죽으리라"는 진
리가 완전히 없어지는 것을 뜻한다("강들"이 지성과 관련된 것들을 뜻하는 것

은『천국의 비밀』108, 2702, 3051번 참고, "사막"이 진리가 없기 때문에 선도 없는 곳을 뜻하는 것은 2708, 4736, 7055번, "물고기"가 자연적 사람 안의 지식을 뜻하는 것은 40, 991번, "물"이 진리를 뜻하는 것은 2702, 3058, 3424, 5668, 8568번 그리고 "갈하여 죽는 것"이 진리가 없기 때문에 영적 생명 또한 없는 것을 뜻하는 것은 8568번의 끝 부분 참고).

(8) 시편에,

주께서 바다가 일어나는 것을 다스리시며 그 파도가 일어날 때에 잔잔하게
하시나이다 (시 89:9)

여기서 "바다"는 자연적 사람을 뜻하는데, 그 이유는 진리의 일반적인 것들이 자연적 사람 안에 있기 때문이다. "바다가 일어나는 것"은 그것이 신성에 대항하여 자기 자신을 높이고, 또한 교회에 속한 것들을 부인하는 것을 뜻한다. 바다가 일으키는 "파도"는 거짓을 뜻한다.

(9) 같은 곳에서,

여호와께서 세상을 바다 위에 세우심이여 강들 위에 건설하셨도다 (시
24:2)

"세상"은 교회를 뜻하고, "바다"는 일반적으로 자연적 사람 안에 있는 지식을 뜻하며, "강"은 신앙의 진리를 뜻한다. 그러므로 교회는 이 두 가지를 토대로 해서 세워진다.

(10) 아모스서에,

여호와께서 그의 발판을 하늘에 만드시고, 바닷물을 불러 지면에 쏟으시니

라 (암 9:6)

"여호와께서 하늘에 만드신 발판"은 영적이라 불리는 내적 진리를 뜻한다. 그리고 "바닷물"은 자연적인 외적 진리를 뜻하는데, 그 이유는 그것이 자연적 사람 안에 있기 때문이다. "그것들을 지면에 쏟는 것"은 교회에 속한 사람들에게 부어 주는 것이다. 왜냐하면 "땅"은 교회를 뜻하기 때문이다.

(11) 시편에,
여호와의 말씀으로 하늘이 지음이 되었으며 그 만군을 그의 입 기운으로 이루었도다 그가 바닷물을 모아 무더기 같이 쌓으시며 깊은 물을 보고 안 에 두시도다 (시 33:6-7)

"하늘을 만든 여호와의 말씀"과 "만군(host)을 이룬 여호와의 입 기운"은 주님에게서 나오는 신성한 진리를 뜻하고, "하늘의 만상"은 사랑과 믿음에 관한 모든 것들을 뜻한다. "그가 모아 무더기처럼 쌓은 바닷물"은 진리의 지식들을 뜻하고, 일반적으로는 자연적 사람 안에 모여 있는 진리들을 뜻한다. "그가 보고 안에 둔 깊은 물"은 감각적인 지식들을 뜻한다. 이 지식은 자연적 사람 안에 있는 가장 일반적이고 마지막의 지식이지만 동시에 그 속에는 보다 내적이고 높은 진리가 들어 있다. 그래서 그것들을 "보고"[34]라고 불렀다.

(12) 같은 책에,
여호와께서 땅을 기초 위에 세우사 영원히 흔들리지 아니하게 하셨나이다 옷으로 덮음같이 주께서 땅을 깊은 바다로 덮으시매 (시 104:5-6)

---

34) KJV에는 storehouse라고 되어 있고, Whitehead의 영역본에는 treasure라고 되어 있다. (역자)

"땅"은 교회를 뜻하고, "땅을 영원히 그 위에 세우신 기초"는 진리와 선에 관한 지식을 뜻한다. "옷으로 덮음 같이 땅을 덮은 깊은 바다"는 자연적 사람에 속한 가장 마지막의 것인 감각적인 지식을 뜻한다. 가장 마지막의 것이기 때문에 "그가 옷으로 덮음 같이 덮었다"고 말했다.

(13) 같은 책에,

여호와여 주의 길이 바다에 있었고 주의 곧은 길이 큰 물에 있었으나 주의

발자취를 알 수 없었나이다 (시 77:19)

이사야서에,

나 여호와가 이같이 말하노라 바다 가운데에 길을, 큰 물 가운데에 지름길

을 내고 (사 43:16)

여기서 "바다"는 바다를 뜻하지 않고, "물" 역시 물을 뜻하지 않는다는 것은 분명한 사실이다. 왜냐하면 그 가운데 여호와의 길이 있고 지름길이 있다고 했기 때문이다. 그러므로 "바다"와 "물"은 여호와 또는 주님이 계시는 곳을 뜻하며, 일반적으로는 말씀에서 비롯한 진리의 지식들과 그 안에 있는 진리들을 뜻한다. 그러니까 "바다"는 그러한 지식들을, "물"은 진리들을 뜻하는 것이다. 지식과 진리는 다음과 같은 점에서 서로 다르다. 즉 지식은 자연적 사람에 속한 것이고 진리는 영적 사람에 속한 것이다.

(14) 예레미야서에,

보라 내가 네 송사를 듣고 너를 위하여 보복하여 바벨론의 바다를 말리며

그의 샘을 말리리니 바다가 바벨론에 넘침이여 많은 파도가 그를 뒤덮었도

다 (렘 51:36, 42)

"바벨론"은 선을 더럽힌 사람들을 뜻하고, "바벨론의 바다"는 그들의 전통, 즉 말씀에서 비롯한 선을 변질시키는 전통을 뜻한다. "파도"는 그것에서 비롯한 거짓을 뜻한다. 따라서 이 말씀에서는 마지막 심판 때 있을 그들의 파멸에 대해 기술하고 있다.

(15) 같은 책에,
한 민족이 북쪽에서 오고 큰 나라와 여러 왕이 충동을 받아 땅 끝에서 일어나리니, 그들의 목소리는 바다가 소동하는 것 같고, 그들이 말을 탔더라 (렘 50:41, 42)

"북쪽에서 오는 한 민족"은 악에서 비롯한 거짓 안에 있는 사람들을 뜻하고, "큰 나라"는 악을, "여러 왕"은 거짓을 뜻한다. "땅 끝"은 교회 밖의 것들과 교회에 속하지 않은 사람들을 뜻한다. 왜냐하면 "땅"은 교회를 뜻하기 때문이다. "그들의 목소리는 바다가 소동하는 것 같고"는 자연적 사람으로부터 나오는 거짓이 자기를 높이며 교회의 진리에 대항하는 것을 뜻한다. "그들이 탄 말"은 감각의 오류를 바탕으로 한 추론을 뜻한다.

(16) 같은 책에서,
여호와께서 해를 낮의 빛으로 주셨고 달과 별들의 법도를 밤의 빛으로 정하였고 바다를 뒤흔들어 그 파도로 소리치게 하나니 (렘 31:35)

"낮의 빛을 내는 해"는 진리에 대한 지각의 원천인 천적[35] 사랑의 선을 뜻한

---

35) 질서 안에서 계속 이어지는 세 가지 것들이 있는데, 그것을 천국에서는 천적인 것과 영적인 것, 그리고 거기서 파생된 자연적인 것이라 부른다. 천적인 것은 주님에 대한 사랑의 선이고, 영적인 것은 이웃에 대한 인애의 선이며, 거기서 파생된 자연적인 것은 신앙의 선이다(『천국의 비밀』 10005:2). (역자)

다. "달과 별들의 법도에서 비롯한 밤의 빛"은 지성의 원천인 영적인 선과 지식들로부터 나오는 진리를 뜻한다. "바다가 흔들리고 파도가 소리치는 것"은 자연적 사람 안에 있는 진리의 일반적인 것들과 지식들을 뜻한다.

(17) 이사야서에,

악인은 평온함을 얻지 못하고 그 물이 진흙과 더러운 것을 늘 솟구쳐 내는
요동하는 바다와 같으니라 (사 57:20)

"악인들처럼 요동하는 바다"는 거짓을 바탕으로 한 추론을 뜻하며, "진흙과 더러운 것을 솟구쳐 내는 물"은 삶의 악과 교리의 거짓의 근원인 거짓 그 자체를 뜻한다.

(18) 에스겔서에,

주 여호와께서 이같이 말씀하셨느니라 내가 블레셋 사람 위에 손을 펴고
그렛 사람을 끊으며 해변에 남은 자를 진멸하되 (겔 25:16)

"블레셋 사람"은 믿음만의 교리 안에 있는 사람들을 뜻하며, "멸망하게 될 해변에 남은 자"는 진리에 속한 모든 것들을 뜻한다.

(19) 호세아서에,

내가 다시는 에브라임을 멸하지 아니하리니, 그들은 여호와를 따를 것이
라, 자손들이 바다로부터[36] 떨며 오되 그들은 애굽에서부터 새같이 앗수르
에서부터 비둘기같이 떨며 오리라 (호 11:9–11)

---

36) 개역성경에는 "서쪽에서부터"로 되어 있지만 whitehead 영역본의 표현은 "바다로부터(from the sea)"이다. (역자)

"에브라임"은 진리에 대한 이해력의 측면에서 교회를 뜻하고, "바다로부터 오는 자손들"은 말씀이라는 일반적인 원천으로부터 나오는 진리들을 뜻한다. "애굽에서부터 오는 새"는 (그 진리와) 일치하는 지식을 뜻하고, "앗수르에서부터 오는 비둘기"는 합리성을 뜻한다.

(20) 스가랴서에,

> 그날에 생수가 예루살렘에서 솟아나서 절반은 동해로, 절반은 서해로 흐를 것이라 여름에도 겨울에도 그러하리라 (슥 14:8)

"예루살렘에서 오는 생수"는 영적 근원으로부터 오는 교회의 진리를 말하며, 말씀을 읽는 동안 주님이 가르치시고 사람이 받아들이는 진리를 뜻한다. "예루살렘"은 교리의 측면에서 교회를 뜻하고, "바다"는 영적 사람 안에 있는 것들이 흘러 들어가는 곳인 자연적 사람을 뜻한다. "동해"는 자연적 사람의 선을 뜻하고, "서해"는 자연적 사람의 진리를 뜻한다. 자연적 사람은 진리의 일반적인 것들 안에 있기 때문에, "바다" 또한 진리의 일반적인 것들을 뜻한다.

(21) 영적 사람과 그 안에 있는 진리와 선에 대해 전혀 모르는 사람은 자연적 사람 안에 있는 진리, 즉 인식과 지식이라 불리는 진리가 단지 진리의 일반적인 것이 아니라 사람에게 있는 진리의 모든 것이라고 생각할 수 있다. 그러나 자연적 사람 안에 있는 진리들의 원천인 영적 사람 안의 진리들은 (자연적 사람의 진리에 비해) 비교할 수 없을 정도로 더 많다는 것을 알아야 한다. 그러나 사람이 사후에 영계에 들어갈 때까지는 영적 사람 안에 있는 이런 진리들에 대해 자연적 사람은 잘 알지 못한다. 왜냐하면 사람은 그때 비로소 자연적인 것을 벗고 영적인 것으로 갈아입기 때문이다. 이것은 다음과 같은 사실만으로도 알 수 있다. 즉 천사들은 인류로부터 존재하지만 사람과 비교하면

이루 말할 수 없이 지혜롭고 총명하다는 것이다(천사들이 인류로부터 존재한다는 것은 저서『마지막 심판』14-22과 23-27 참고).

(22) "바다"가 진리의 일반적인 것들을 뜻하기 때문에, 보통 씻는 데 사용하는 큰 그릇을 "놋 바다"라고 불렀다(열왕기7:23-26). 왜냐하면 "씻는 것"은 거짓과 악으로부터의 정화를 뜻하고, "물"은 정결하게 하는 진리들을 뜻하기 때문이다. 모든 진리는 선에서 나오기 때문에 담는 그릇을 놋으로 만들었고, 그리하여 "놋 바다"라고 불렀는데, 그 이유는 놋은 선을 뜻하기 때문이다. 거짓과 악이 씻어지는 것인 영적 정화에 대해서는 그 그릇의 크기와 그릇 받침의 영적 의미를 통해 충분히 설명된다. 지금까지 말한 것으로부터 "바다"는 진리의 일반적인 것들, 또는 함께 모여 있는 진리의 지식들을 뜻한다는 것을 알 수 있다. "바다"의 또 다른 의미에 대해서는 다음 설명에서 밝히겠다. 왜냐하면 "바다"는 다양한 의미로 쓰이기 때문이다(계 5:13, 7:1-3, 8:8,9, 10:2, 8, 12:12, 13:1, 14:7, 15:2, 16:3, 18:17, 19, 21, 20:13, 21:1 참고).

276

6-8절. 보좌 가운데와 보좌 주위에 네 짐승이 있는데 앞뒤에 눈들이 가득하더라 그 첫째 짐승은 사자 같고 그 둘째 짐승은 송아지 같고 그 셋째 짐승은 얼굴이 사람 같고 그 넷째 짐승은 날아가는 독수리 같은데 네 짐승은 각각 여섯 날개를 가졌고 그 안과 주위에는 눈들이 가득하더라 그들이 밤낮 쉬지 않고 이르기를 거룩하다 거룩하다 거룩하다 주 하나님 곧 전능하신 이여 전에도 계셨고 이제도 계시고 장차 오실 이시라 하더라

"보좌 가운데와 보좌 주위에 네 짐승이 있는데 앞뒤에 눈들이 가득하더라" 는 사랑과 인애의 선에 의하지 않고는 내적 천국에 접근하지 못하도록 하시는 주님의 보호와 섭리를 뜻하며, 이는 그 천국에 종속된 보다 낮은 것들을 질서 가운데 두기 위한 것이다(277번).

"그 첫째 짐승은 사자 같고"는 주님에게서 나오는 신성한 진리의 힘과 효력이 가장 마지막 등차의 것으로 나타난 모습을 뜻한다(278번). "그 둘째 짐승은 송아지 같고"는 보호하는 신성한 선이 가장 마지막 등차의 것들로 나타난 모습을 뜻한다(279번). "그 셋째 짐승은 얼굴이 사람 같고"는 보호하고 섭리하시는 신적 지혜가 가장 마지막 등차의 것으로 나타난 모습을 뜻한다(280번). "그 넷째 짐승은 날아가는 독수리 같고"는 보호하고 섭리하시는 신적 지성과 모든 면에서의 신중함이 가장 마지막 등차의 것으로 나타난 모습을 뜻한다(281-282번). "네 짐승은 각각 여섯 날개를 가졌고"는 하나님의 천적인 신성[37] 둘레 사방으로 영적인 신성(靈性)이 나타나는 것을 뜻한다(283번). "그 안과 주위에는 눈들이 가득하더라"는 신적 섭리와 보호를 뜻한다(284번). "그들이 밤낮 쉬지 않고 이르기를 거룩하다 거룩하다 거룩하다"는 주님에게서 나오는 지극히 거룩한 것을 뜻한다(285번). "주 하나님 곧 전능하신 이여 전에도 계셨고 이제도 계시고 장차 오실 이시라 하더라"는 (주님의) 무한하심과 영원하심을 뜻한다(286번).

---

37) 하나님의 천적 신성(the celestial Divine)은 주님에게 속한 가장 높은 등차의 신성, 즉 사랑의 선과 관련이 있고, 하나님의 영적 신성 (the spiritual Divine)은 그보다 낮은 등차의 신성인 인애의 선과 관련이 있다. (역자)

(1) "보좌 가운데와 보좌 주위에 네 짐승이 있는데 앞뒤에 눈들이 가득하더라"는 사랑과 인애의 선으로부터가 아니면 내적 천국에 접근하지 못하도록 하고, 또한 그 천국에 의존하는 보다 낮은 것들을 질서 가운데 두기 위한 주님의 섭리와 보호를 뜻한다. 이것이 분명한 것은 "보좌에 앉으신 이"는 주님이시며, 그러므로 "보좌"에서 나오는 것은 주님에게서 나오는 것을 뜻하며(위의 268번), "보좌 주위"는 주님을 가장 가까이 에워싸고 있는 내적 천국, 또는 보다 높은 천국들을 뜻하며, "네 짐승들" 즉 그룹들(cherubim)은 사랑과 인애의 선으로부터가 아니면 내적, 또는 보다 높은 천국에 가까이 가지 못하도록 하는 신적 보호와 섭리를 뜻하며(이것에 대해서는 바로 뒤에 말하겠다), 앞뒤에 가득한 그들의 "눈들"은 주님의 신성한 섭리를 뜻하기 때문이다. 왜냐하면 사람에 대해 말할 때 "눈들"이라고 하면 그의 내적 시각인 이해력을 뜻하지만, 주님에 대해 말할 때 "눈들"은 신적 섭리를 뜻하기 때문이다(위의 68, 152번 참고). 여기서 눈들은 사랑과 인애의 선으로부터가 아니면 보다 높은 천국에 가까이 가지 못하도록 하는 주님의 신성한 섭리를 뜻하기 때문에, 이 그룹들이 "앞뒤에 눈들이 가득한" 모습으로 보였다. 낮은 것들인 보다 낮은 천국과 지상의 교회가 주님의 이러한 섭리에 의존하는 것은, 그들을 질서 가운데 두기 위함이다. 왜냐하면 주님으로부터의 입류(入流)는 주님 자신으로부터 나와 낮은 천국들과 교회 속으로 직접 흘러 들어오기도 하고, 보다 높은 천국들을 통해 간접적으로 흘러 들어오기도 하기 때문이다. 그러므로 보다 높은 천국들이 질서 가운데 있지 않으면 낮은 천국들 역시 질서 가운데 있을 수 없는 것이다(이 입류에 대해서는 『새예루살렘의 교리』 277-278번 참고).

(2) 여기서 "네 짐승"이 그룹을 뜻하는 것은 에스겔서의 말씀으로 분명하다. 에스겔은 그발 강가에서 비슷한 것들을 보고 1장과 10장에 기록했는데, 10장에서는 그것들을 "그룹"이라고 불렀다(겔 10:1-2, 4-9, 14, 16, 18-19). 그것은 다음과 같다.

> 그룹들이 올라가니 그들은 내가 그발 강가에서 보던 생물이라, 그것은 내가 그발 강가에서 보던 이스라엘의 하나님 아래에 있던 생물이라 그들이 그룹인 줄을 내가 아니라 (겔 10:15, 20)

그런 까닭에 에스겔 선지자는 그룹, 즉 "네 짐승"을 다음과 같이 기술했다.

> 그발 강가에 네 생물의 형상이 나타나는데 그들의 모양이 이러하니 그들에게 사람의 형상이 있더라 그들에게 각각 네 얼굴과 네 날개가 있고, 그 얼굴들의 모양은 넷의 앞은 사람의 얼굴이요 넷의 오른쪽은 사자의 얼굴이요 넷의 왼쪽은 소의 얼굴이요 넷의 뒤는 독수리의 얼굴이니 또 생물들의 모양은 타는 숯불과 횃불 모양 같은데 그 불이 그 생물 사이에서 오르락내리락하며 그 불은 광채가 있고 그 가운데에서는 번개가 나더라, 그 생물의 머리 위에는 수정 같은 궁창의 형상이 있어 보기에 두려운데 그들의 머리 위에 펼쳐져 있고, 그 머리 위에 있는 궁창 위에 보좌의 형상이 있는데 그 모양이 남보석 같고 그 보좌의 형상 위에 한 형상이 있어 사람의 모양 같더라 내가 보니 그 허리 위로부터 그 허리 아래의 모양이 불 같아서 사방으로 광채가 나며 구름에 있는 무지개 같으니 이는 여호와의 영광의 형상의 모양이라 (겔 1:5-6, 10, 13, 22, 26-28).

이러한 표상들은 보다 높은 천국들에 계신 주님의 신성에 대해, 그리고 사랑과 인애의 선으로부터가 아니면 그 천국들에 가까이 가지 못하게 막으시는 주님의 섭리에 대해 설명하고 있다. 또한 그 설명 속에는 계시록의 이 장에서 언급하고 있는 천국들의 배치에 관한 모든 것이 들어있고, 그것들이 벽옥과 홍보석 같은 모습을 한 이가 앉으신 보좌와 보좌를 에워싼 무지개로, 그리고 보좌 앞에 켜진 등불로 표현되었다는 것과 그 밖에 여기서 따로 설명할 필요가 없는 것들이 포함되어 있다.

(3) 말씀에서 "그룹"은 사랑과 인애의 선으로부터가 아니면 더 높은 천국에 가까이 갈 수 없도록 막으시고, 또한 보다 낮은 것들을 질서 가운데 두시려는 주님의 섭리와 보호를 뜻하는데, 이제 그것에 대해 말하겠다. 이것은 에덴동산에서 인간이 쫓겨날 때 동산 앞에 그룹을 둔 것으로도 분명히 알 수 있다. 모세의 기록에는 그것을 다음과 같이 기술하고 있다.

하나님이 그 사람을 쫓아내시고 에덴 동산 동쪽에 그룹들과 두루 도는 불 칼을 두어 생명 나무의 길을 지키게 하시니라 (창 3:24)

이 장에서 "사람"과 "그의 아내"가 무슨 뜻인지는 『천국의 비밀』에서 설명하고 있다. 즉 여기서 "사람"은 천적 교회였던 태고교회를 뜻한다. 천적 교회는 영적 교회와는 다음과 같은 점에서 서로 다르다. 즉 천적 교회는 주님에 대한 사랑의 선 안에 있고 영적 교회는 이웃에 대한 인애의 선 안에 있는 것이다(『천국과 지옥』 20-28번 참고). 지상에서 이 두 교회를 세운 사람들로부터 두 개의 높은 천국들이 만들어진다. 그러므로 "에덴동산 동쪽에 그룹들과 두루 도는 불 칼을 두어 생명나무의 길을 지키게 하시니라"라는 말씀은, 지상 최초의 교회이며 천적 교회인 태고교회가 타락해 사랑의 선으로부터 물러나기 시작했을 때를 말한다. "에덴의 동쪽"은 천적 사랑에서 비롯한 선이 시작되는 곳을 뜻하고, "두루 도는 불 칼"은 그 선에서 비롯한 진리로서 보호하는 진리를 뜻한다. 그리고 "생명나무"는 보다 높은 천국에 계신 주님에게서 나오는 신성을 뜻하는데, 그것은 사랑과 인애의 선이며 또한 그것에서 비롯한 천국의 기쁨이다. 이것으로 "그룹"은 사랑과 인애의 선으로부터가 아니면 이 천국들에 가까이 가지 못하도록 막는 것을 뜻함이 분명하다. 그런 이유로 해서 그것이 "생명나무의 길을 지켰다"고 말한다("동쪽"이 사랑의 선을 뜻하는 것은 『천국의 비밀』 1250, 3708번, "에덴"이 그것에서 비롯한 지혜를 뜻하는 것은 99, 100번, "칼"이 거짓과 싸워 그것을 흩어 버리는 진리이며, 그러므로 보호하는 진리를 뜻하는 것은 위의 73, 131번, "불"이 천적 선에서 비롯한 진리를 뜻하는 것은 『천국의 비밀』 3222, 6832, 9570번, "생명나무"가 주님에게서 오는 사랑의 선과 그것에서 비롯한 천국의 기쁨을 뜻하는 것은 위의 109, 110번 참고).

(4) "그룹"이 그런 의미를 갖기 때문에 언약궤 위의 속죄소에 정금으로 만든 두 개의 그룹을 두었다. 그것을 출애굽기에서는 다음과 같이 말한다.

금으로 그룹 둘을 속죄소 두 끝에 쳐서 만들되 그룹들은 그 날개를 높이 펴서 그 날개로 속죄소를 덮으며 그 얼굴을 서로 대하여 속죄소를 향하게 하고, 시은좌 곧 은혜의 자리 속죄소를 궤 위에 얹으라 거기서 내가 너와 만나고 두 그룹 사이에서 모든 일을 네게 이르리라 (출 25:18-22, 37:7-9)

"언약궤"와 "장막"은 보다 높은 천국들을 표상했다. 즉 증거판, 또는 율법이 들어있는 "언약궤"는 가장 내적인 천국, 또는 삼층 천국을 표상하고, 휘장 밖의 "성막"은 중간 천국, 또는 이층 천국을 표상했다. "속죄소"는 사랑과 인애의 선으로 드리는 예배의 모든 것들에 귀를 기울이고 그것을 받아들이는 것을, "그룹"은 지키는 것을, 그리고 그룹을 만드는 "금"은 사랑의 선을 표상했다. 이것으로 "두 그룹"은 사랑과 인애의 선을 통하지 않고서는 보다 높은 천국들에 가까이 가지 못하도록 막는 것을 표상하는 것이 또한 분명하다("성막"이 일반적으로 주님이 계신 천국을 표상하는 것은 『천국의 비밀』 9457, 9481, 10545번, "언약궤"가 가장 내적인 천국, 또는 삼층 천국을 표상하는 것은 3478, 9485번, "언약궤 안의 증거판 또는 율법"이 말씀으로서 주님을 표상하는 것은 3382, 6752, 7463번, 휘장 밖의 장소가 중간 천국, 또는 이층 천국을 표상하는 것은 3478, 9457, 9481, 9485, 9594, 9596, 9632번, "속죄소"가 주님에게서 오는 사랑과 인애의 선으로 드리는 예배의 모든 것들에 귀를 기울이고 받아들이는 것을 표상하는 것은 9506, "금"이 사랑의 선을 표상하는 것은 113, 1551, 1552, 5658, 6914, 6917, 9510, 9874, 9881번 참고).

(5) "그룹"이 이렇게 감시자를 뜻했기 때문에 성막의 휘장과 막 위에는 그룹이 있었다(출 26:1, 31). 그리고 같은 이유로 솔로몬은 감람나무로 그룹을 만들어 성전 지성소의 내실 한 가운데 두었고, 그 위에 금을 입혔으며, 집의 모든 벽을 빙 둘러 그룹의 형상을 새겼고, 문에도 그렇게 했다(왕상 6:23-29, 32-35). "성전" 역시 천국과 교회를 뜻하고 그 지성소는 천국과 교회의 가장 깊은 곳을 뜻했다. 그룹을 만드는 "감람나무"는 사랑의 선을 뜻하고, 그 위에 입힌 "금" 또한 같은 의미였다. 그룹이 새겨진 "벽"은 천국과 교회에 속한 마지막의 것을 뜻하고, "그룹"은 감시자를 뜻한다. 또한 그룹이 있는 "문"은 천국과 교회로 들어가는 것을 뜻했다. 이것으로 "그룹"은 사랑과 인애의 선을 통하지 않고는 천국에 접근하지 못하게 막는 감시자를 뜻하는 것이 분명하다. "그룹"이 감시자를 뜻하기 때문에, 그것은 또한 주님의 신성한 섭리를 뜻했다. 왜냐하면 이 감시자들은 주님으로부터 존재하는 것이고, 그러므로 주님의 신성한 섭리이기 때문이다("성전"과 "하나님의 집"이 천국과 교회를 뜻하는 것은 앞의 220번 참고, 그러므로 "지성소"는 그곳의 가장 깊은 곳을 뜻한

다. "감람나무"가 사랑의 선을 뜻하는 것은『천국의 비밀』8886, 3728, 4582, 9780, 9954, 10261번, "금" 또한 같은 뜻인 것은 앞의 242번, "문"이 가까이 가는 것과 입장을 뜻하는 것은 앞의 248번 참고).

(6) 새로운 성전 또한 그룹으로 치장했는데 그것에 대해 에스겔서에서는 다음과 같이 기술한다.

> 그룹들과 종려나무를 새겼는데 두 그룹 사이에 종려나무 한 그루가 있으며 온 성전 사방이 다 그러하여, 땅에서부터 문 위에까지 그룹들과 종려나무들을 새겼으니 성전 벽이 다 그러하더라 (겔 41:18-20)

"종려나무"는 영적인 선, 즉 인애의 선을 뜻한다(『천국의 비밀』8369번 참고).

(7) 신성한 선에서 비롯한 신성한 진리가 감시자이기 때문에, 두로의 왕을 "그룹"이라 부른다. 왜냐하면 "왕"은 신성한 진리를 뜻하고, "두로"는 지식을 뜻하기 때문이다. 그러므로 "두로의 왕"은 지성을 뜻한다. 그것에 대해 에스겔서는 다음과 같이 말한다.

> 네가 옛적에 하나님의 동산 에덴에 있어서 각종 보석으로 단장하였음이여 너는 지키는 그룹임이여 내가 너를 세우매 네가 하나님의 성산에 있어서 불타는 돌들 사이에 왕래하였도다 네가 지음을 받던 날로부터 네 모든 길에 완전하였도다 (겔 28:12-15)

("왕"이 신성한 진리를 뜻하는 것은 앞의 31번, "두로"가 지식을 뜻하는 것은『천국의 비밀』1201번, "보석"이 천국과 교회의 진리와 선을 뜻하는 것은

9863, 9865, 9868, 9873, 9905번, 그것을 "불타는 돌"이라 부르는 것은 "불"
이 사랑의 선을 뜻하기 때문인데, 그것에 대해서는 934, 4906, 5215, 6314,
6832번 참고) "두로의 왕"은 신성한 진리에서 비롯한 지성을 뜻하고 또한 그
것은 감시하거나 지키는 것을 뜻하기 때문에, 그를 가리켜 "지키는 그룹"이라
불렀다.

(8) 사랑과 인애의 선을 통하지 않으면 보다 높은 천국에 가까이 갈 수 없으
므로, 즉 그 선으로부터 나오는 것 없이 예배와 기도로만 높은 천국에 가까이
갈 수는 없으므로, 모세와 아론이 두 그룹 사이로 언약궤가 있는 곳으로 들어
갔을 때 주님은 그들과 함께 말씀하셨다(출 25:22). 이것은 민수기의 다음 말
씀으로 분명하다.

> 모세가 회막에 들어갈 때에 증거궤 위 속죄소 위의 두 그룹 사이에서 자기
> 에게 말씀하시는 목소리를 들었으니 여호와께서 그에게 말씀하심이었더
> 라 (민 7:89)

왜냐하면 섭리하고 지키는 것은 주님에게서 나오는 신성이기 때문이다. 그
러므로 주님에 대해 다음과 같이 말한다.

> 그가 그룹 위에 앉으셨도다 (사 37:16, 시 18:9-10, 80:1, 99:1, 삼상 4:4, 삼
> 하 6:2)

(9) 이 장에서 다룰 내용은 심판을 위한 모든 준비에 관한 것이기 때문에 여
기서도 그룹에 대해 말하고 있다. 즉 사랑과 인애의 선을 통하지 않으면 보다
높은 천국에 가까이 가지 못하게 하는 주님의 섭리와 감시에 대해 말하고 있

다. 왜냐하면 심판 전에 이 일이 이루어지지 않으면 진실한 천사들이 사는 참된 천국이 위태로워지기 때문이다. 그렇게 되는 이유는, 곧 없어지게 될 천국들은(계 21:1 참고) 사랑과 인애의 선 안에 있지 않고 약간의 진리 안에만 있었기 때문이다. 왜냐하면 그곳은 기독교계로부터 온 믿음만의 교리 안에 있는 사람들이 있는 곳으로, 어떤 이는 말씀의 몇 가지 구절을 가지고 믿음만의 교리를 입증하고, 그렇게 해서 가장 마지막 천국과 결합하고 있었기 때문이다. 그러나 이 결합은 이전의 하늘이라 불리는 천국이 뿔뿔이 흩어졌을 때 깨지고 말았다(계 21:1). 그리고 그때 주님이 명령하신 것은, 앞으로 주님에 대한 사랑의 선과 이웃에 대한 인애 안에 있지 않은 사람은 누구도 천국과 결합할 수 없다는 것이었다. 특히 이러한 것이 앞으로 이 장에서 다룰 내용의 의미이다. 그러므로 이후로 누구든 믿음 안에만 있고 동시에 인애의 선 안에 있지 않으면서 예배와 기도를 통해 천국에 갈 수 있다고 믿는다면 크게 잘못 생각하는 것이다. 이들의 예배와 기도는 더 이상 받아들여지지 않으며, 오로지 그들의 생명에 속한 사랑에만 관심이 집중될 것이다. 그러므로 자신과 세상을 사랑하는 사람들은 외적으로 어떤 예배 가운데 있더라도 지옥과 결합하고 사후에도 그곳으로 끌려간다. 지금까지 그랬던 것처럼 사라질 천국으로 먼저 가지 않는 것이다.

278

(1) 7절. "그 첫째 생물은 사자 같고"는 주님에게서 나오는 신성한 진리의 힘과 효력이 가장 마지막 등차에서 나타나는 모습을 뜻한다. 이것이 분명한 것은, "사자"는 주님에게서 나오는 신성한 진리의 힘과 효력을 뜻하기 때문이

다. 그것이 가장 마지막 등차에서의 모습을 뜻하는 까닭은, 그룹이 짐승처럼 보였는데 그 첫 번째 것이 사자와 같았기 때문이다. 마지막 등차에서라고 말하는 것은, 요한은 영의 상태에서 자기 앞에 나타난 것들을 봤는데, 모든 것들이 신성한 천적인 것과 영적인 것을 다양하게 표상(表象)하는 가장 마지막 등차의 것으로의 모습이었기 때문이다. 이를테면 그것은 정원과 낙원, 궁전과 성전, 강과 물 같은 것이었고, 사자와 낙타와 말, 황소와 어린 소, 양과 어린 양, 비둘기, 독수리 등과 같은 다양한 생물들이었다. 말씀을 기록한 선지자들도 비슷한 것들을 보았는데, 그 이유는 가장 마지막 등차의 것으로서 말씀, 즉 문자적 의미 안에 들어 있는 것은 세상에 존재하는 것들로 이루어져야 하고, 또한 천적이고 영적인 것들을 표상하고 상응해야 하며, 그렇게 해서 영적 의미의 토대 또는 기초가 되어야 하기 때문이다. 그런 이유로 해서 요한과 에스겔에게는(사랑과 인애의 선이 아니면 보다 높은 천국에 가까이 가지 못하게 하는 주님의 섭리와 지킴을 뜻하는) 그룹의 얼굴이 짐승처럼 보였다. 지키고 섭리하시는 이는 주님이시고, 그 일은 신성한 진리와 신성한 선을 통해 이루어지며 그러므로 주님의 신적 지혜와 지성을 통해 이루어지기 때문에, 사자와 송아지, 사람, 독수리 같은 네 동물이 보인 것이다. 왜냐하면 "사자"는 신성한 진리의 힘을, "송아지"는 지키는 신성한 선을, "사람"은 신적 지혜를, 그리고 "독수리"는 신적 지성을 표상했기 때문이다. 주님의 신적 섭리, 즉 사랑과 인애의 선이 아니면 보다 높은 천국에 가까이 가지 못하게 하는 섭리 안에 이 네 가지가 들어 있는 것이다.

(2) "사자"가 주님에게서 나오는 신성한 진리의 힘을 뜻하는 것은 "사자"가 언급된 말씀의 다음 구절들로부터 분명하다.

창세기에,

유다는 사자 새끼로다 내 아들아 너는 움킨 먹이를 찢고 올라갔도다 그가
웅크리고 누움이 늙은 사자 같으니 누가 그를 범할 수 있으랴[38] (창 49:9)

여기서 "유다"는 주님의 천적 천국을 뜻하는데, 그곳 사람들은 모두 주님
으로부터 오는 신성한 진리의 힘 안에 있다. "사자 새끼"와 "늙은 사자"는 이
능력을 뜻한다. "움킨 먹이를 찢고 올라가는 것"은 악과 거짓들을 흩어 버리
는 것을 뜻하고, "웅크리는 것"은 힘을 모으는 것을, "눕는 것"은 모든 악과
거짓으로부터 안전함을 뜻한다. 그래서 "누가 그를 범할 수 있으랴"라고 말
한 것이다(말씀에서 "유다"가 주님의 천적 천국을 뜻하는 것은 『천국의 비밀』
3654, 3881, 5603, 5782, 6363번, 그 천국과 주님과 관련해 "먹이"가 악과
거짓들을 흩어 버리는 것을 뜻하고 그러므로 지옥으로부터 구원해 내시는 것
을 뜻하는 것은 6368, 6442번, 사자가 "웅크리는 것"이 힘을 모으는 것을 뜻
하는 것은 6369번, "눕는 것"이 안전함과 평온의 상태를 뜻하는 것은 3696번
참고).

(3) 민수기에,

이때에 야곱과 이스라엘에 대하여 말할진대 하나님께서 행하신 일이 무엇
이냐 하리로다 이 백성이 늙은 사자와 어린 사자와 같이 일어나 찢은 것을
먹기 전에는 눕지 아니 하리로다 하매 (민 23:23-24)[39]
꿇어 앉고 누움이 늙은 사자 같으니 일으킬 자 누구이랴 너를 축복하는 자
마다 복을 받을 것이요 너를 저주하는 자마다 저주를 받을지로다 (민 24:9)

---

38) 한글성경(개역개정)의 번역은 "유다는 사자 새끼로다 내 아들아 너는 움킨 것을 찢고 올라갔도
다 그가 엎드리고 웅크림이 수사자 같고 암사자 같으니 누가 그를 범할 수 있으랴"이다. (역자)
39) 한글성경(개역개정)의 번역은 "이때에 야곱과 이스라엘에 대하여 논할진대 하나님께서 행하신
일이 어찌 그리 크냐 하리로다 이 백성이 암사자같이 일어나고 수사자 같이 일어나서 움킨 것을 먹
기 전에는 눕지 아니하리로다"이다. (역자)

여기서 "야곱과 이스라엘"은 주님의 영적 천국을 뜻한다. 일어나고 웅크리는 "늙은 사자"와 "어린 사자"는 그들의 힘을 뜻한다. "찢은 것을 먹는 것"은 거짓과 악을 흩어 버리는 것을 뜻하고, "사자가 눕는 것과 그를 일으킬 자누구이랴"는 안전하고 평온한 상태를 뜻한다(말씀에서 "야곱"과 "이스라엘"이 주님의 영적 천국을 뜻하는 것은 『천국의 비밀』 4286, 4570, 5973, 6426, 8805, 9340번, 주님의 천적 천국은 무엇이고, 영적 천국은 무엇인지는 『천국과 지옥』 20-28번 참고). 사자가 "웅크리는 것"은 힘을 모으는 것을 뜻하고, "먹이"와 "전리품"은 악과 거짓들을 흩어 버리는 것이며, 눕는 것은 안전하고 평온한 상태를 뜻하는 것은 바로 앞 번을 참고하기 바란다.

(4) 나훔서에,

이제 사자의 굴이 어디냐 젊은 사자가 먹을 곳이 어디냐 전에는 늙은 사자

가 새끼 사자와 함께 거기서 다니되 그것들을 두렵게 할 자가 없었으며 (나

2:11)

여기서도 "사자"는 신성한 진리로 인해 힘 있는 사람들을 뜻하고, "사자의굴"은 그런 사람들이 있는 교회를, "먹을 곳"은 진리와 선의 지식을, "사자들이 다니고 두렵게 할 자가 없는 것"은 그들이 악과 거짓으로부터 안전한 상태를 뜻한다.

(5) 미가서에,

야곱의 남은 자는 많은 백성 가운데 있으리니 그들은 여호와께로부터 내리

는 이슬 같고 풀 위에 내리는 단비 같도다. 그들은 수풀의 짐승들 중의 사

자 같고 양 떼 중의 젊은 사자 같아서 만일 그가 지나간즉 밟고 찢으리니

능히 구원할 자가 없을 것이라 네 손이 네 대적들 위에 들려서 네 모든 원

수를 진멸하리로다 (미 5:7-9)

"야곱의 남은 자"는 교회의 선과 진리들을 뜻하고, "여호와께로부터 내리는 이슬"은 영적 진리를, "풀 위에 내리는 단비"는 자연적 진리를, "수풀의 짐승들 중의 사자"와 "양 떼 중의 젊은 사자", 그리고 "밟고 찢고, 구원할 자가 없는 것"은 악과 거짓을 이기는 힘을 뜻한다. 이 말씀의 의미가 이렇기 때문에 "네 손이 네 대적들 위에 들려 네 모든 원수를 진멸하리로다"라고 말했다. 왜냐하면 "대적들"은 악을 뜻하고, "원수"는 거짓을 뜻하기 때문이다(『천국의 비밀』 2851, 8289, 9314, 1048번 참고).

(6) 이사야서에,

주께서 내게 이르시되 가서 파수꾼을 세우고 그가 보는 것을 보고하게 하되 마차와 기병 둘이 오는 것과 나귀의 마차와 낙타의 마차를 보거든 귀 기울여 자세히 들으라 하셨더니 망대 위에서 사자가 부르짖기를 주여 내가 낮에 늘 망대에 서 있었고 밤이 새도록 파수하는 곳에 있었더니 함락되었도다 함락되었도다 바벨론이여 하시도다[40] (사 21:6-9)

이 말씀은 주님의 오심과 그때 새 교회가 세워지는 것을 말한다. "망대 위의 사자"는 주님의 감시와 섭리를 뜻한다. 그래서 말씀에는 "내가 낮에 늘 망대에 서 있었고 밤이 새도록 파수하는 곳에 있었다"고 말한다. "마차"와 "기병 둘"은 말씀에서 나오는 진리에 속한 교리를, "귀 기울여 들으라"는 그 교리에 따른 삶을 뜻한다("마차"가 진리에 속한 교리를 뜻하는 것은 『천국의 비밀』 2761, 2762, 5321, 8029, 8215를, "기병"이 말씀에 대한 이해력을 뜻하는 것

---

40) 한글성경(개역개정)에는 "마병대가 쌍쌍이 오는 것과 나귀 떼와 낙타 떼를 보거든 귀 기울여 자세히 들으라 하셨더니 파수꾼이 사자 같이 부르짖기를"로 되어 있다. (역자)

은 2761, 6401, 6534, 7024, 8146, 8148번 참고).

(7) 이사야서에,

여호와께서 이같이 내게 이르시되 큰 사자나 젊은 사자가 자기가 찢은 것
위에서 으르렁거릴 때에 많은 목자들이 그것을 치려 할지라, 그러므로 여
호와가 강림하여 시온 산과 그 언덕에서 싸울 것이라 (사 31:4)[41]

여기서 여호와를 "으르렁거리는 사자"에 비유한 것은, "사자"는 앞장서서
지옥 또는 악으로부터 끌어내는 힘을 뜻하고, "으르렁거리는 것"은 악과 거짓
의 공격을 막아 내는 것을 뜻하기 때문이다. 그래서 "여호와가 강림하여 시온
산과 그 언덕에서 싸울 것이라"고 말했다. "시온산과 그 언덕"은 천적 교회와
영적 교회를 뜻하고, "큰 사자와 젊은 사자가 찢은 것 위에서 으르렁거리는"
은 악으로부터 건져 내는 것, 즉 지옥으로 구해 내는 것을 뜻한다.

(8) 다음 말씀에서 사자의 "으르렁거림"도 같은 의미이다.

호세아서에,

내가 다시는 에브라임을 멸하지 아니하리니, 그들은 사자처럼 으르렁거리
는 여호와를 따를 것이라 (호 11:9, 10)

아모스서에,

사자가 부르짖은즉 누가 두려워하지 아니하겠느냐 주 여호와께서 말씀하
신즉 누가 예언하지 아니하겠느냐 (암 3:8)

---

41) 한글성경(개역개정)에는 "큰 사자나 젊은 사자가 자기의 먹이를 움키고 으르렁거릴 때에 그것을
치려고 여러 목자를 불러 왔다 할지라도"라고 되어 있다. (역자)

계시록에,

사자가 부르짖는 것 같이 천사가 큰 소리로 외치니 (계 10:3)

시편에,

사자들이 그들의 먹이를 쫓아 부르짖으며 그들의 먹을 것을 하나님께 구하
다가 해가 돋으면 물러가서 그들의 굴 속에 눕고 (시 104:21-22)

시편의 이 말씀은 천국의 천사들의 상태를 기술한 것인데, 즉 뜨거운 사랑
과 그로 말미암은 지혜의 상태에 있지 않을 때와 다시 돌아와 그 사랑과 지혜
의 상태에 있을 때를 말하고 있다. "사자들이 그들의 먹이를 쫓아 부르짖으며
그들의 먹이를 하나님께 구하는 것"은 전자의 상태이고, "해가 돋으면 물러가
서 그들의 굴 속에 눕는 것"은 후자의 상태를 말한다. "사자들"은 천국의 천
사들을 뜻하고, 그들이 "부르짖는 것"은 열망을 뜻한다. "먹이"와 "먹을 것"은
사랑에 속한 선과 지혜에 속한 진리를 뜻하며, "해가 돋는 것"은 사랑과 그것
에서 비롯한 지혜이신 주님을 뜻한다. "물러가는 것"은 천적 상태로 돌아가는
것이며, 그러므로 "자기 굴 속에 눕는 것"은 고요와 평화의 상태를 뜻한다(천
국의 천사들의 이 두 가지 상태에 대해서는 『천국과 지옥』 154-161번 참고)

(9) 여호와를 사자에 비유하는 것은 사자가 신성한 진리의 힘을 나타내기
때문이며, 그러므로 계시록에서는 주님을 "사자"라고 부른다.

유대 지파의 사자 다윗의 뿌리가 이겼도다 (계 5:5)

모든 힘은 주님으로부터 신성한 진리를 통해 나오기 때문에, 다음 말씀에서
"사자"도 그것을 의미한다.

신명기에,

갓에 대하여 일렀으되 갓의 폭을 넓히시는 이를 찬송하리로다 그가 사자
같이 눕고 팔과 머리의 관을 찢는도다[42] (신 33:20)

"갓"은 가장 높은 의미로 전능(全能)을 뜻하기 때문에, 표상의 의미로는 진
리에 속한 힘을 뜻한다(『천국의 비밀』 3934, 3935번). 그러므로 "갓의 폭을 넓
히시는 이를 찬송하리로다"라고 말했다. "폭"은 진리를 뜻하기 때문이다(『천
국의 비밀』 1613, 3433, 3434, 4482, 9487, 10179번 참고, 모든 힘이 신성한
진리로부터 나오는 것은, 저서 『천국과 지옥』에 천국의 천사들의 힘을 논한 장
(章) 228-233번 참고).

(10) "사자"가 힘을 뜻하기 때문에, 다윗은 사울과 요나단에 대한 애가(哀
歌)에서 다음과 같이 노래했다.

사울과 요나단은 사랑스럽고 아름다운 자이러니 그들은 독수리보다 빠르
고 사자보다 강하였도다 (삼하 1:23)

이 말씀에서 왕인 "사울"과 왕의 아들인 "요나단"은 교회를 지키는 진리를
뜻한다. 여기서 다루는 것은 진리와 선에 속한 교리이기 때문이다. 왜냐하면
그 애가에서 "유다 자손에게 활을 가르치라"고 하였고(18절), 활은 그 교리를
뜻하기 때문이다(『천국의 비밀』 2686, 2709, 6422번).

(11) "유다와 이스라엘의 왕"은 신성한 진리로서 주님을, "보좌"는 신성한

---

42) 한글성경(개정개역)의 번역은 "갓에 대하여는 일렀으되 갓을 광대하게 하시는 이에게 찬송을
부를지어다 갓이 암사자같이 엎드리고 팔과 정수리를 찢는도다"이다. (역자)

진리에 따라 이루어지는 심판을, 사자는 힘과 감시, 그리고 악과 거짓에 맞서 보호하는 것을 표상한다. 그러므로 솔로몬이 만든 보좌의 두 팔걸이 곁에 사자 둘이 있었고, 또한 여섯 층계의 양쪽으로 열두 사자가 있었다(왕상 10:18-20). 이것으로 주님과 천국과 교회를 다루는 말씀에서 "사자"가 무엇을 의미하는지 알 수 있다. 말씀에서 "사자"는 교회를 파괴하고 황폐하게 만드는 악으로부터 나오는 거짓의 힘을 뜻하기도 한다. 그것은 다음 말씀과 같다.

예레미야서에,
> 어린 사자들이 그를 향하여 부르짖으며 소리를 질러 그의 땅을 황폐하게 하였으며 (렘 2:15)

이사야서에,
> 그들의 화살은 날카롭고 모든 활은 당겨졌으며 그들의 말굽은 부싯돌 같고 병거 바퀴는 회오리바람 같을 것이며 그들의 부르짖음은 암사자 같을 것이요 그들의 소리 지름은 어린 사자들과 같을 것이라 그들이 부르짖으며 먹이를 움켜 가져가리라 (사 5:28-29)

이 밖에도 많은 구절이 있다(사 11:6, 35:9, 렘 4:7, 5:6, 12:8, 50:17, 51:38, 겔 19:3, 5-6, 호 13:7, 8, 욜 1:6-7, 시 17:12, 22:13, 57:4, 58:6, 91:13).

279

(1) "그 둘째 생물은 송아지 같고"는 보호하는 신성한 선의 가장 마지막 등차에서의 모습을 뜻한다. 이것이 분명한 까닭은, "송아지" 또는 "황소"는 자

연적 사람의 선을 뜻하고, 특별한 의미로는 순진함과 인애에 속한 자연적 사람의 선을 뜻하기 때문이다. 자연적 사람의 선이기 때문에, 그것은 또한 가장 낮은 천국의 선이다. 왜냐하면 이 천국은 영적이며 자연적인 천국이기 때문이다(『천국과 지옥』 29-31번 참고). 이 선이 거기 있기 때문에, 사랑과 인애의 선을 통하지 않으면 보다 높은 천국에 접근하지 못하도록 하는 감시, 또는 보호가 있다고 하는 것이다. 그런 까닭에 그룹 하나가 송아지처럼 보였다. 이것이 가장 마지막 등차에서의 모습이라는 것은 앞의 278번을 참고하기 바란다. "송아지" 또는 "황소"가 자연적 사람의 선을 뜻하는 까닭은, 소의 무리는 겉사람, 또는 자연적 사람 안에 있는 선과 진리에 대한 애정을 뜻하고, 양의 무리는 속사람, 또는 영적 사람 안의 선과 진리에 대한 애정을 뜻하기 때문이다. 양의 무리는 어린양, 암염소, 양, 숫양, 숫염소들이고, 소의 무리는 황소, 어린 수소, 송아지들이다.

(2) "어린 수소"와 "송아지들"이 자연적 사람에 속한 선을 뜻하는 것은 그것들이 언급된 말씀의 구절들로부터 분명하다. 먼저 그룹의 발에 대해 기술한 것을 보자.

에스겔서에,
그들의 오른발은 곧은 발이요[43] 그들의 발바닥은 송아지 발바닥 같고 광낸 구리 같이 빛나며 (겔 1:7)

그들의 발이 "곧게" 보인 것은, 그룹은 주님의 신적 보호를 표상하고, 발과 발바닥은 가장 마지막 등차의 것들, 또는 영적 자연적 천국과 자연적 세상에서의 신적 보호를 표상하기 때문이다. 왜냐하면 "발"은 일반적 의미로 자연적

---

43) 한글성경(개역개정)에는 "그들의 다리는 곧은 다리요"라고 되어 있다. (역자)

사람을 뜻하고, "곧은 발"은 선의 측면에서 자연적 사람을, "발바닥"은 자연적 사람에 속한 가장 마지막의 것을 뜻하기 때문이다. "광낸 구리" 역시 자연적 사람 안의 선을 뜻한다. 이것으로 "송아지"는 자연적 사람 안의 선을 뜻하며, 그리고 자연적 사람 안에는 사랑과 인애의 선을 통하지 않고는 천국에 접근하지 못하게 지키고 보호하는 가장 마지막 등차의 선(ultimate good)이 있음이 분명하다("발"이 자연적 사람을 뜻하는 것은 『천국의 비밀』 2162, 3147, 3761, 3986, 4280, 4938-4952, 5327, 5328번, 오른쪽 발이 진리의 근원으로서 선을 뜻하는 것은 9604, 9736, 10061번 참고, 그러므로 "곧은 발"은 선의 측면에서 자연적 사람을 뜻한다. "손바닥", "발바닥", "발굽"이 자연적 사람 안에 있는 마지막 등차의 것을 뜻하는 것은 4938, 7729번, "광낸 구리"가 자연적 선을 뜻하는 것은 앞의 70번 참고).

(3) 호세아서에,

너는 말씀을 가지고 여호와께로 돌아와서 아뢰기를 모든 불의를 제거하시고 선한 바를 받으소서 우리가 입술로 수송아지를 주께 드리리이다 [44] (호 14:2)

"수송아지"와 "입술"이 무엇인지 알지 못하면 "입술로 수송아지를 돌려 드리는 것"이 무슨 뜻인지 아무도 알 수 없다. 분명한 것은, 이 말씀의 의미는 선한 마음으로 드리는 감사와 고백을 뜻한다는 것이다. 그것을 그렇게 표현하는 까닭은, "수송아지"는 외적 선을, "입술"은 교리를 뜻하기 때문이다. 그러므로 "입술로 수송아지를 돌려 드리는 것"은 교리의 선으로부터 드리는 감사

---

44) 한글성경(개역개정)에는 "우리가 수송아지를 대신하여 입술의 열매를 주께 드리리이다"로 되어 있는데, White head의 영역본에 따라 "우리가 입술로 수송아지를 주께 돌려 드리이다"로 옮긴다. (역자)

와 고백을 뜻한다("입술"이 교리를 뜻하는 것은 『천국의 비밀』 1286, 1288번 참고).

(4) 아모스서에,

> 너희는 포악한 자리로 가까워지게 하고 상아 상에 누우며 침상에서 기지개 켜며 양 떼에서 어린 양과 우리에서 송아지를 잡아서 먹고 (암 6:3, 4)

여기서는 선과 진리의 지식은 많이 가지고 있지만 그럼에도 악하게 사는 사람들을 말하고 있다. "양 떼에서 어린 양을 잡아먹는 것"은 내적 선에 관한 지식, 또는 영적 사람의 지식을 취하는 것을 뜻하고, "우리에서 송아지를 잡아먹는 것"은 외적인 선에 관한 지식, 또는 자연적 사람의 지식을 취하는 것을 뜻한다. 그리고 "포악한 자리로 가까워지게 하는 것"은 인애와 반대되는 삶을 사는 것이다.

(5) 말라기서에,

> 내 이름을 경외하는 너희에게는 공의로운 해가 떠올라 그의 날개 안에서 치유되리니 이는 너희가 나아가 살찐 송아지같이 자라게 하려 함이라 (말 4:2)

"여호와의 이름을 경외하는 자에게 떠오르는 공의로운 해"는 사랑의 선을 뜻하고, "그의 날개 안에서 치유되는 것"은 신앙의 진리를 뜻한다. 그러므로 "나아가 살찐 송아지처럼 자라는 것"은 모든 선이 증가하는 것을 뜻한다. "살찌운"과 "살찐" 역시 선을 뜻한다.

(6) 누가복음에,

아버지가 뉘우치고 돌아온 방탕한 아들을 위하여 종들에게 이르되 제일 좋
은 옷을 내어다가 입히고 손에 가락지를 끼우고 발에 신을 신기라 그리고
살찐 송아지를 끌어다가 잡으라 우리가 먹고 즐기자 (눅 15:22, 23)

글자의 뜻만 아는 사람은 이 말씀 속에 더 깊은 뜻이 들어 있다는 것을 생
각하지 못한다. 그러나 하나하나의 모든 말씀들, 이를테면 그들이 아들에게
"제일 좋은 옷을 내어다 입히는 것"과 "손에 반지를 끼우고 발에 신을 신기
는 것", 그리고 "살찐 송아지를 잡아, 먹고 즐기는 것"과 같은 말씀들은 천국
의 것들을 담고 있다. 즉 "방탕한 아들"은 영적인 재산인 진리와 선에 관한 지
식을 헛되게 쓰는 사람들을 뜻하고, "그가 아버지에게 돌아와 아들이라 불릴
자격이 없노라고 스스로 고백하는 것"은 진정한 참회와 겸손을 뜻한다. "그가
입는 제일 좋은 옷"은 일반적이면서 가장 중요한 진리를 뜻하고, "손에 끼는
반지"는 속사람, 또는 영적 사람 안에서의 선과 진리의 결합을 뜻하며, "발에
신는 신"은 겉사람, 또는 자연적 사람 안에서의 선과 진리의 결합을 뜻한다.
그러므로 그 둘은 거듭남을 뜻한다. "살찐 송아지"는 사랑과 인애의 선을, "먹
고 즐기는 것"은 연합과 천국의 기쁨을 뜻한다.

(7) 예레미야서에,

송아지를 둘로 쪼개고 그 두 조각 사이로 지나매 내 앞에 언약을 맺었으나
그 말을 실행하지 아니하여 내 계약을 어긴 그들을 곧 송아지 두 조각 사이
로 지난 유다 고관들과 예루살렘 고관들과 왕의 대신들과 제사장들과 이
땅 모든 백성을 내가 그들의 원수의 손과 그들의 생명을 찾는 자의 손에 넘
기리니 그들의 시체가 공중의 새의 먹이가 될 것이며 (렘 34:18-20)

"언약"과 "송아지", 그것을 "둘로 쪼개는 것"과 그때 "유다와 예루살렘의 고

관들"과 "왕의 대신들", "제사장들"과 "그 땅의 백성들"이 무엇을 뜻하는지를
알지 못하면 아무도 "송아지의 언약"과 "그 조각 사이로 다니는 것"이 무슨 뜻
인지 알 수 없다. 어떤 천국의 비밀이 있는 게 분명하다. 그리고 다음과 같은
것들을 알면 그 비밀을 이해할 수 있다. 즉 "언약"은 결합을 뜻하고, "송아지"
는 선을 뜻하며, "둘로 쪼갠 송아지"는 한편으로는 주님에게서 오는 선을, 다
른 한편으로는 인간이 받아들이는 선을 뜻하고, 그리하여 결합을 뜻하며, "유
다와 예루살렘의 고관들과 왕의 대신들과 제사장들과 그 땅의 백성들"은 교
회에 속한 선과 진리들을 뜻하고, "조각들 사이로 지나는 것"은 연합하는 것
을 뜻한다는 것이다. 이러한 것들이 밝혀질 때 이 말씀의 내적 의미를 알 수
있는데, 그것은 그 나라에 있는 교회의 선과 진리로는 결합이 없고 분리만 있
을 뿐이라는 것이다.

(8) (여호와께서) 아브람과 맺은 "송아지의 언약"에도 같은 의미가 내포되어
있다. 그것에 대해 창세기에서는 다음과 같이 말한다.

> 여호와께서 그에게 이르시되 나를 위하여 삼 년 된 암소와 삼 년 된 암염소
> 와 삼 년 된 숫양과 산비둘기와 집비둘기 새끼를 가져올지니라 아브람이
> 그 모든 것을 가져다가 그 중간을 쪼개고 그 쪼갠 것을 마주 대하여 놓고
> 그 새는 쪼개지 아니하였으며 솔개가 그 사체 위에 내릴 때에는 아브람이
> 쫓았더라 해 질 때에 아브람에게 깊은 잠이 임하고 큰 흑암과 두려움이 그
> 에게 임하였더니 그날에 여호와께서 아브람과 더불어 언약을 세우셨더라
> (창 15:9-12, 18)

아브람에게 임한 "큰 흑암과 두려움"은 유대 나라의 상태, 즉 교회의 선과
진리가 짙은 어둠 속에 있는 것을 뜻한다. 그 나라가 이런 상태라는 것을 예언

서에서는 "둘로 쪼갠 송아지의 언약과 그들이 그 사이로 지나가는 것"으로 기술한다. 왜냐하면 "송아지"는 자연적 사람의 선과 그것에 속한 진리, 즉 지식을 뜻하기 때문이다. 자연적 사람과 그것에 속한 지식을 표현할 때 "애굽"이라고 한다. 그래서 말씀에서는 애굽을 일컬어 "암송아지"와 "수송아지"라고 부른다. 게다가 그들이 교회의 지식을 마술과 우상숭배의 목적으로 이용했을 때 송아지는 우상으로 변했다. 이런 이유로 해서 이스라엘 자손들은 광야에서 자기들을 위해 수송아지를 만들어 예배했고, 또 사마리아에서도 송아지를 만들었다.

(9) 애굽을 수송아지와 암송아지로 부르는 것은 다음 예레미야서의 말씀으로도 알 수 있다.

> 애굽은 심히 아름다운 암송아지일지라도 북으로부터 파멸이 오리라 또 그
> 중에 고용꾼은 귀한 자리에 앉은 수송아지 같더라 (렘 46:20-21)[45]

(이스라엘 자손들이 광야에서 자신들을 위해 만든 송아지에 대해서는 출애굽기 32절 참고, 그리고 "사마리아의 송아지"에 대해서는 왕상 12:28-32 참고)

호세아서에,
> 그들이 왕들을 세웠으나 내게서 난 것이 아니며 그들이 지도자들을 세웠으
> 나 내가 모르는 바이며 그들이 또 그 은, 금으로 자기를 위하여 우상을 만
> 들었나니 결국은 파괴되고 말리라 사마리아여 네 송아지는 버려졌느니라,
> 이것은 이스라엘에서 나고 장인이 만든 것이라 참 신이 아니니 사마리아의

---

45) 한글성경(개역개정)에는 "애굽은 심히 아름다운 암송아지일지라도 북으로부터 쇠파리 떼가 줄곧 오리라 또 그중의 고용꾼은 살찐 수송아지 같더라"라고 되어 있다. (역자)

송아지가 산산조각이 나리라 (호 8:4-6)

여기서는 말씀에 대한 해석의 왜곡을 말하고 있는데, 이때 말씀의 글자의 뜻과 그것에서 비롯한 종교의 원리는 자아 사랑을 두둔하는 쪽으로 변한다. "그들이 왕들을 세웠으나 내게서 난 것이 아니며 그들이 지도자들을 세웠으나 내가 모르는 바이며"는 자기 지성에서 나온 교리로, 자체로는 거짓이지만 진리처럼 보이도록 만든 교리를 뜻한다. 왜냐하면 "왕"은 진리를 뜻하지만 반대의 의미로는 거짓을 뜻하고, "지도자들"은 종교의 원리라 불리는 으뜸이 되는 진리, 또는 거짓을 뜻하기 때문이다. "은, 금으로 자기를 위하여 우상을 만들었나니"는 교회의 선과 진리를 왜곡하고 그것들을 거룩한 것으로 예배하는 것을 뜻한다. 그러나 그것들은 자기 지성에서 나온 것이며, 자체로 생명이 없는 것이다. "은"은 주님에게서 오는 진리를 뜻하고, "금"은 선을 뜻하며, "우상"은 자기 지성에서 나온 교리를 바탕으로 예배드리는 것을 뜻한다. "이것은 장인이 만든 것이라 참 신이 아니니"는 그것이 하나님으로부터 온 것이 아니라 자아에서 나온 것을 뜻하고, "산산조각이 나는 것"은 흩어져 버리는 것을 뜻한다. 이로써 "사마리아의 송아지"가 무엇을 뜻하는지 분명하다. 그러니까 "송아지"가 제물로 바쳐진 것은 그것이 자연적 사람의 선을 뜻했기 때문인 것이다(출 29:11, 12 이하, 레 4:3 이하, 13 이하, 8:15 이하, 9:2, 16:3, 23:18, 민 8:8 이하, 15:24, 28:19, 20, 삿 6:25-29, 삼상 1:25, 16:2, 왕상 18:23-26, 33 참고). 왜냐하면 제물로 바쳐진 모든 짐승들은 교회에 속한 다양한 선을 나타내기 때문이다.

(1) "그 셋째 생물은 얼굴이 사람 같고"는 보호하고 섭리하시는 신적 진혜의 가장 마지막 등차에서의 모습을 뜻한다. 이것이 분명한 것은, "사람의 얼굴"은 진리에 대한 애정을 뜻하고, "얼굴"은 애정을, "사람"은 신성한 진리의 그릇을 뜻하기 때문이다. 사람의 합리성이 이것에서 비롯하기 때문에 사람은 지혜를 뜻한다. 왜냐하면 사람은 합리적이고 지혜롭게 되도록 창조되었기 때문이다. 그리고 그것 때문에 사람은 짐승들과 구별된다. 말씀에서 "사람"이 지혜를 뜻하는 것은 그래서이다. "사람"이 진리에 대한 애정과 지혜를 모두 뜻하는 것은 진리에 대한 애정과 지혜는 하나로 움직이기 때문이다. 왜냐하면 진리에 대한 영적 애정 안에 있는 사람, 즉 진리로 인해 감동받거나 진리이기 때문에 진리를 사랑하는 사람은 주님과 결합하기 때문이다. 주님은 당신의 것인 진리 안에 계시고, 또한 사람에게 있는 그 진리이시기 때문이다. 이것으로 인해 사람은 지혜를 갖게 되고 또 그것 때문에 사람인 것이다. 어떤 사람은 사람이 사람인 것은 그의 얼굴과 몸 때문이며, 그것 때문에 짐승과 구별된다고 생각한다. 그러나 그것은 잘못된 생각이다. 사람은 그의 지혜로 인해 사람이며, 그러므로 어떤 사람이든 지혜로운 만큼 사람인 것이다. 그런 까닭에 지혜로운 사람들은 천국과 천국의 빛 안에서 그들의 지혜에 따라 밝고 아름다운 사람으로 보인다. 반면에 지혜롭지 않은 사람들, 즉 영적 애정 안에 있지 않고 오로지 자연적 애정 안에만 있으며, 그리고 그 애정 안에서 진리이기 때문에 진리를 사랑하지 않고 영광과 영예와 이득을 얻으려고 진리를 사랑하는 사람들은 천국이 빛 안에서 사람이 아니라 다양한 모습의 괴물로 보인다(『천국과 지옥』 70, 72, 73-77, 80번 참고, 지혜가 무엇이고, 지혜 없음이 무엇인지는 346-356번 참고).

(2) 말씀에서 "사람"이 진리에 대한 애정과 그것에서 비롯한 지혜를 뜻하는
것은 다음 구절들을 보면 분명하다.

이사야서에,

주여 어느 때까지니이까 하였더니 주께서 대답하시되 성읍들은 황폐하여

주민이 없으며 가옥들에는 사람이 없고 이 토지는 황폐하게 되며 여호와께

서 사람들을 멀리 옮기셔서 이 땅 가운데에 황폐한 곳이 많을 때까지니라

(사 6:11-12)

이 말씀은 땅이 황폐해지고 거기에 성읍과 가옥, 또는 사람이나 주민이 없
어지는 것을 말하는 것이 아니라, 교회에 선과 진리가 없어지는 것을 말한다.
즉 "성읍"은 교리의 진리를, "주민"은 교리의 선을, "가옥"은 사람의 내적인
것들, 즉 마음에 속한 것을 뜻한다. 그리고 "사람"은 진리에 대한 영적 애정과
그것에서 비롯한 지혜를 뜻한다. "가옥들에 사람이 없다는 것"은 이런 의미이
다. 그리고 황폐하게 된 "토지"는 교회를 뜻한다. 이러한 사실로부터 "사람이
옮겨지는 것"과 "땅 가운데에 황폐한 곳이 많을 거라는 것"이 무슨 뜻인지 분
명하다. "황폐해진 땅"은 진리가 없어서 선도 없는 곳을 뜻하기 때문이다.

(3) 같은 책에,

내가 사람(vir homo)을 순금보다 희소하게 하며 사람(homo)을 오빌의 금보

다 희귀하게 하리로다 (사 13:12)

앞의 "사람(vir homo)"은 지성을 뜻하고, 뒤의 "사람(homo)"은 지혜를 뜻
한다. 그들이 "희귀하게 되는 것"은 이들에게 종말이 다가오는 것을 뜻한다.
지성과 지혜는 다음과 같은 점에서 구별된다. 즉 지성은 영적 사람에게 있는

진리에 대한 이해력이고, 지혜는 천적 사람에게 있는 진리에 대한 이해력이다. 그리고 천적 사람의 이해력은 선에 대한 의지에서 비롯한 이해력이다. 이러한 사실로부터 (앞의) "사람"과 (뒤의) "사람"이 의미하는 것이 무엇인지 분명하다.

(4) 같은 책에,
그러므로 땅의 주민이 불타서 남은 자가 적도다 (사 24:6)

"땅의 주민"은 교회의 선을 뜻하고, 그것이 "불에 탔다"는 것은 자아 사랑과 세상 사랑이 지배하기 시작하는 때를 말한다. "남은 자가 적도다"는 진리에 대한 영적 애정과 그것에서 비롯한 지혜가 그때 끝나는 것을 뜻한다.

(5) 같은 책에,
대로가 황폐하여 행인이 끊어지며 그가 조약을 파하고 성읍들을 멸시하며
사람을 생각하지 아니하며 (사 33:8)

이 말씀은 교회의 파멸에 대해 말하고 있다. "대로가 황폐하여"와 "행인이 끊어지며"는 천국으로 이끄는 선과 진리가 더 이상 없는 것을 뜻하고, "그가 조약을 파하고"는 그때 주님과의 결합이 끊어지는 것을, "성읍들을 멸시하며"는 그들이 교리를 경멸하는 것을 뜻한다. "그가 사람을 생각하지 않으며"는 그가 지혜를 소중하게 생각지 않는 것을 뜻한다.

(6) 예레미야서에,
내가 땅을 본즉 공허하고 비어 있으며 하늘에는 빛이 없으며 내가 본즉 사
람이 없으며 하늘의 새가 다 날아갔으며 (렘 4:23, 25)

이 말씀이 땅이 공허하고 비어 있으며, 하늘에 빛이 없고, 그로 인해 땅에 사람이 없고 하늘에 모든 새가 사라진 것을 뜻하는 게 아닌 것은 분명하다. 진정한 의미는 말씀의 영적 의미를 통해서만 알 수 있다. 영적 의미로 "땅"은 교회를 뜻하고, 그것이 "공허하고 비어 있는 것"은 교회에 선과 진리가 없는 것을 뜻한다. 빛이 없는 "하늘"은 천국의 빛을 담는 그릇인 사람의 마음에 속한 내적인 것을 뜻한다(거기에 "빛"이 없는 것은 신성한 진리와 그것에서 비롯한 지혜가 없는 것을 뜻한다). 그래서 "내가 본즉 사람이 없으며"라고 말하는 것이다. 그리고 "날아가 버린 하늘의 새"는 합리성과 지성을 뜻한다.

(7) 같은 책에,

보라 내가 사람의 씨와 짐승의 씨를 이스라엘 집과 유다 집에 뿌릴 날이 이

르리니 (렘 31:27)

"이스라엘의 집과 유다의 집"은 진리의 측면에서 교회와 선의 측면에서 교회를 뜻한다. "사람의 씨와 짐승의 씨"는 진리에 대한 영적 애정과 진리에 대한 자연적 애정을 뜻한다. 왜냐하면 말씀에서 "사람과 짐승"에 대해 말할 때는 영적인 것과 자연적인 것, 또는 내적인 것과 외적인 것을 뜻하기 때문이다(『천국의 비밀』 7424, 7523, 7872번 참고).

(8) 스바냐서에,

내가 사람과 짐승을 진멸하고 공중의 새와 바다의 고기들을 진멸할 것이라

내가 사람을 땅 위에서 멸절하리라 나 여호와의 말이니라 (습 1:3)

"사람과 짐승을 진멸하는 것"은 진리에 대한 영적 애정과 진리에 대한 자연적 애정을 없애는 것을 뜻하고, "공중의 새와 바다의 고기들을 진멸하는 것"

은 영적 진리와 자연적 진리들을 없애는 것을 뜻하며, "땅 위에서 사람을 멸절하는 것"은 진리와 지혜에 대한 애정을 끊어 버리는 것을 뜻한다.

(9) 에스겔서에,

> 내 양 곧 내 초장의 양 너희는 사람이요 나는 너희 하나님이라 주 여호와의
> 말씀이니라 (겔 34:31)

"초장의 양"은 영적 선과 진리를 뜻하고, "초장"은 이러한 것들을 주님으로부터 받는 것을 뜻한다. 그래서 "너희는 사람이요 나는 너희 하나님이라"고 말했다. "사람"은 진리에 대한 영적 애정과 지혜를 나타내기 때문이다.

(10) 같은 책에,

> 내가 돌이켜 너희와 함께 하리니 사람이 너희를 갈고 심을 것이며 내가 또
> 사람을 너희 위에 많게 하리니 이들은 이스라엘 온 족속이라 그들을 성읍
> 들에 거주하게 하며 빈 땅에 건축하게 하리라, 내가 사람을 너희 위에 다니
> 게 하리니 그들은 내 백성 이스라엘이라, 주 여호와께서 이같이 말씀하셨
> 느니라 그들이 너희에게 이르기를 너는 사람을 삼키는 자요 네 나라 백성
> 을 제거한 자라 하거니와 네가 다시는 사람을 삼키지 아니하며 네 칼이 다
> 시는 네 나라 백성을 제거하지 아니할 것이며, 황폐한 성읍을 사람의 떼로
> 채우리라 (겔 36:9-14, 38)

여기서는 교회의 회복에 대해 말하고 있다. 그러니까 "이스라엘"은 영적 교회, 또는 영적 선 안에 있는 교회를 뜻한다. 영적 선이란 이애의 선을 말한다. 이 교회를 여기서 "사람"이라 부르는 이유는, 교회를 이루는 것은 진리에 대한 영적 애정이기 때문이다. 그래서 "내가 사람을 너희 위에 많게 하리니 이

들은 이스라엘 온 족속이라, 내가 사람을 너희 위에 다니게 하리니 그들은 내
백성 이스라엘이라"라고 말했다. "황폐한 성읍을 채울 사람의 떼"는 교회의
교리를 채울 영적 진리를 뜻한다. "칼이 다시는 (백성을) 제거하지 않을 것"은
거짓이 다시는 진리를 파괴하지 않을 것이란 뜻이다.

(11) 같은 책에,

네 어머니는 무엇이냐 암사자라 그가 사자들 가운데에 엎드려 젊은 사자

중에서 하나를 키우매 그가 먹이 물어뜯기를 배워 사람을 삼켰도다 (겔

19:2-3)

"어머니"는 교회를 뜻하는데, 여기서는 타락한 교회를 뜻한다. "사자들 가
운데 누워 있는 암사자"는 진리를 파괴하는 악에서 비롯한 거짓을 뜻한다.
"먹이를 물어뜯는 것을 배우고 사람을 삼키는 젊은 사자"는 그들의 교리 중
으뜸이 되는 거짓을 뜻하며, 그것이 진리를 파괴하고 진리에 대한 애정을 모
두 없애는 것을 뜻한다. 이러한 것들은 이스라엘의 높은 자들에 대해 말한 것
인데, 이스라엘의 높은 자들은 으뜸이 되는 진리들을 뜻하지만, 여기서는 반
대로 으뜸이 되는 거짓들을 뜻한다.

(12) 예레미야서에,

하솔은 큰 뱀의 거처가 되어 영원히 황폐하리니 사람이 거기 살지 않고 사

람의 아들이 머무르지 않게 되리라 하시니라 (렘 49:33)

여기서는 진리 안에 있지 않고 거짓 안에 있는 교회를 다루고 있다. "하솔"
은 진리의 지식을 뜻하고, "큰 뱀의 거처"는 거짓의 지식을 뜻한다. "사람이
거기 살지 않고 사람의 아들이 머무르지 않는 것"은 진리와 진리에 속한 교리

가 없는 것을 뜻한다. "사람"은 진리를 뜻하고, "사람의 아들"은 진리에 속한
교리를 뜻하기 때문이다.

(13) 계시록에,
　　그가 거룩한 성 예루살렘의 성벽을 측량하매 백사십사 규빗이니 사람의 측
　　량 곧 천사의 측량이라 (계 21:17)

"거룩한 성 예루살렘의 성벽이 백사십사 규빗이라는 것"과 그것이 "사람의
측량 즉 천사의 측량이라는 것"의 의미는, "거룩한 성 예루살렘"과 그 "성벽",
"백사십사 규빗"이란 수가 무슨 뜻인지, 그리고 "사람"과 "천사"가 무슨 뜻인
지를 알지 못하면 아무도 이해할 수 없다. "거룩한 성 예루살렘"은 교리의 측
면에서 교회를 뜻하고, "성벽"은 보호하는 진리를, 숫자 "백사십사 규빗"은 선
에서 비롯한 진리 전체를 뜻한다. "사람"은 애정을 가지고 이러한 진리들을
받아들이는 것을 뜻하고, "천사"도 같은 뜻이다. 그래서 "사람의 측량 곧 천사
의 측량이라"고 말한 것이다. "측량"은 (진리의) 특성을 뜻하기 때문이다. 이
러한 사실로부터 이 말씀을 영적으로 어떻게 이해해야 하는지 분명하다(이러
한 것들은 『새예루살렘의 교리』 1번의 설명을 보면 보다 분명히 알 수 있다).

(14) "사람"은 진리에 대한 영적 애정과 그것에서 비롯한 지혜를 뜻하기 때
문에, 또한 교회를 뜻한다. 왜냐하면 사람에게 있는 교회는 진리에 대한 영적
애정과 그것에서 비롯한 지혜로 말미암아 교회이기 때문이다. 이 사실로부터
창세기 첫 장에 나오는 "사람"이 무슨 뜻인지 분명하다. 거기서 "사람" 또는
"아담"은 지상에 세워진 최초의 교회인 태고교회를 뜻한다. 그러니까 창세기
첫 장에 기록된 천지 창조는 이 교회가 세워지는 것을 설명한 것이며, 낙원은
그 교회의 지성과 지혜를, 지식의 나무를 먹는 것은 교회의 몰락에 대해 말한

것이다.

(15) 가장 높은 의미에서 "사람"은 주님 자신을 뜻한다. 왜냐하면 천국과 교회는 주님으로부터 존재하고, 천국과 교회를 이루는 각 사람에게 있는 진리에 대한 영적 애정과 그것에서 비롯한 지혜 또한 주님에게서 온 것이기 때문이다. 그러므로 가장 높은 의미에서는 오직 주님만이 사람이시다. 그리고 영계와 자연계에 있는 사람들은, 그들이 주님으로부터 선과 진리를 받아들이고, 그렇게 해서 진리를 사랑하고 그것에 따라 사는 만큼 사람이다. 천사들의 천국이 전체적으로 한 사람의 모습으로 보이고, 또한 그곳의 각 사회와 천사들이 완전한 사람의 형상으로 보이는 것은 바로 그런 까닭이다(이에 관한 더 많은 것들은 저서 『천국과 지옥』 59-67, 68-72, 73-77, 87-102번 참고).

(16) 사랑의 선을 통하지 않고는 보다 높은 천국에 접근할 수 없도록 하는 주님의 섭리와 감시를 나타내는 네 그룹들이, 각기 다른 얼굴을 하고 있음에도 사람으로 보이는 것은 이런 까닭이다. 그리고 그들 위에 계신 주님이 사람으로 보이는 것 또한 같은 이유이다. 네 그룹들이 사람으로 보이는 것은 다음 말씀으로 분명하다.

에스겔서에,
　　네 생물의 모양이 이러하니 그들에게 사람의 형상이 있으며 그러나 그들에게 각각 네 얼굴이 있더라 (겔 1:5-6)

마찬가지로 속죄소 위의 두 그룹도 얼굴은 사람과 같았다. 주님이 네 그룹 위에서 사람으로 보이는 것을 에스겔서에서는 이렇게 말한다.

그룹의 머리 위에 있는 궁창 위에 보좌의 형상이 있는데 그 모양이 남보석
같고 그 보좌의 형상 위에 한 형상이 있어 사람의 모양 같더라 (겔 1:26)

281

(1) 그리고 "넷째 생물은 날아가는 독수리 같은데"는 보호하고 섭리하시며
모든 면에서 신중한 신적 지성의 마지막 등차에서의 모습을 뜻한다. 이것이
분명한 것은 "독수리"는 지성을 뜻하는데, 여기서는 주님의 보호와 섭리와 관
련된 신성한 지성을 뜻하기 때문이다. "독수리"가 지성을 뜻하는 이유는, 지
성은 천국의 빛 안에 있으며, 그리고 독수리는 사방을 둘러보기 위해 높이 날
기 때문이다. 그렇기 때문에 그룹의 얼굴이 날아가는 독수리처럼 보였다. 왜
냐하면 "나는 것"은 현존(現存)과 모든 면에서의 신중함을 뜻하고, 신성과 관
련해서는 편재(遍在), 즉 어디에나 계심을 뜻하기 때문이다. "독수리"가 지성
을 뜻하는 데는 다음과 같은 이유도 있다. 즉 "하늘의 새들"은 좋은 의미로 지
적이고 합리적인 것들을 뜻하는데, 독수리가 특히 그렇기 때문이다. 왜냐하면
독수리는 높이 날 뿐 아니라 예리한 시력을 갖고 있기 때문이다("하늘의 새
들"이 좋은 의미든 나쁜 의미든 지적이고, 합리적인 것들을 뜻하는 것은 『천
국의 비밀』745, 776, 866, 988, 991, 3219, 5149, 7441번 참고).

(2) "독수리"가 지성을 뜻하는 것은 다음 말씀들로부터 분명하다.

에스겔서에,

색깔이 화려하고 날개가 크고 깃이 길고 털이 숱한 큰 독수리가 레바논에 이르러 백향목 가지를 꺾되 그 연한 가지 머리를 꺾어 가지고 장사하는 땅에 이르러 향료 상인[46]의 성읍에 두고 또 그 땅의 종자를 취해 밭에 심되 큰 물가에 정성껏 심더니 그것이 자라며 퍼져서 높지 아니한 포도나무 곧 굵은 가지와 가는 가지가 난 포도나무가 되어 그 가지는 독수리를 향하였고 그 뿌리는 독수리 아래에 있었더라 또 날개가 크고 털이 많은 큰 독수리 하나가 있었는데 그 포도나무가 이 독수리에게 물을 받으려고 그 심어진 두둑에서 그를 향하여 뿌리가 뻗고 가지가 퍼졌도다 그 포도나무를 큰 물가 옥토에 심은 것은 가지를 내고 열매를 맺어서 아름다운 포도나무를 이루게 하려 하였음이라 (겔 17:1-8)

여기서는 주님에 의해 영적 교회가 세워지는 것에 대해 말하고 있고, 내적 의미로는 처음부터 끝까지 그 교회의 설립 과정, 또는 교회에 속한 사람의 거듭나는 과정에 대해 말한다. 첫 번째 독수리로는 말씀에서 얻은 지식과 인식을 통해 자연적 사람, 또는 겉사람이 거듭나는 과정을 설명하고, 다른 독수리로는 선에서 비롯한 진리를 통해 영적 사람, 또는 속사람이 거듭나는 과정을 설명하고 있다. 그러므로 처음 독수리는 자연적 사람의 지성을 뜻하고, 두 번째 독수리는 영적 사람의 지성을 뜻한다. 이제 그 하나하나의 것들이 무엇을 뜻하는지를 간략하게 설명하겠다. 첫 번째 독수리는 날개가 크고 깃이 길고 털이 많다고 했는데, 그것은 진리와 선에 대한 지식과 인식이 풍부한 것이고 그로 인해 첫 번째 지성인 자연적 사람의 지성이 생기는 것을 뜻한다. 그래서 "색깔이 화려하다"고 했는데, 그 이유는 여러 가지 색깔은 지식과 인식에 관한 것을 나타내기 때문이다(『천국의 비밀』 9658번). "그것이 레바논에 이르러 백향목 가지를 꺾은 것"은 말씀에서 배운 교회의 교리를 통해 진리에 관

---

46) KJV 성경에는 dealers로 되어 있는데, 이 책에는 spice dealers로 되어 있다. (역자)

한 어떤 지식을 받아들이는 것을 뜻한다. 왜냐하면 "레바논"은 그 교리를 뜻하고, "백향목 가지"는 지식을 뜻하기 때문이다. "그가 연한 가지 머리를 꺾어 장사하는 땅에 이르는 것"은 그 교리로부터 얻은 최초의 지식을 뜻하는데, 그 교리는 지식들을 적용하는 교리이다. 즉 "연한 가지의 머리"는 최초의 지식을 뜻하고, "장사하는 땅"은 지식들이 있는 곳인 자연적 사람을 뜻한다. "그가 향료 상인의 성읍에 두고"는 (그 지식들이) 자연적 사람 안의 선에서 비롯한 진리들 가운데 있는 것을 뜻한다. "향료"는 진리들을 뜻하는데, 선에서 비롯한 것이기 때문에 서로 모순되지 않는 것을 뜻한다(『천국의 비밀』 4748, 5621, 9474, 9475, 10199, 10254번 참고). "그가 그 땅의 종자를 꺾어 옥토에 심되 큰 물가에 정성껏 심더니"는 증식(增殖)을 뜻한다. "그 땅의 종자"는 교회의 진리를 뜻하고, "옥토"는 그것이 자라는 땅인 선을 뜻하며, "큰 물"은 진리와 선의 지식을 뜻한다. "정성껏 심는 것"은 거짓으로부터 멀리 떨어지는 것을 뜻하고, "자라서 울창한 포도나무가 되고, 그 가지는 독수리를 향하고 뿌리는 독수리 아래에 있더라"는 진리의 지식을 정비하고 용도에 맞게 적용함으로써 교회가 태어나는 것을 뜻하며, "포도나무가 굵은 가지와 가는 가지를 내는 것"은 영적 교회의 시작과 진리의 지속적인 증가를 뜻한다("포도나무"가 영적 교회를 뜻하는 것은 『천국의 비밀』 1069, 6375, 9277번 참고). 지금까지 자연적 사람, 또는 겉사람 안에 세워지는 교회에 대해 말했다. 이제 다른 독수리를 통해 영적 사람, 또는 속사람 안에 세워지는 교회에 대해 말하겠다. 독수리는 영적 지성을 뜻하기 때문에 포도나무가 독수리를 향해 뿌리를 뻗고 가지가 그쪽으로 퍼진다고 말했다. 왜냐하면 "뿌리"는 지식을 뜻하고, "가지"는 진리와 선에 대한 인식, 즉 영적 사람, 또는 속사람 안에 있는 진리를 위해 모든 게 적용되는 인식을 뜻하기 때문이다. 그것들이 영적 적용이 없으면 사람은 조금도 지혜로울 수 없는 것이다. "포도나무를 큰 물가 옥토에 심은 것은 가지를 내고 열매를 맺어서 아름다운 포도나무를 이루게 하려 하였음이라"고 말한 것은, 선으로부터의 진리의 증식과 결실을 뜻하며, 그렇게 해서 지성이 많아지는 것을 뜻한다. "옥토"는 인애의 선의 측면에서 교회를, "큰 물"은 진리와 선의 지식을 뜻하고, "가지를 내는 것"은 진리의 증식을, "열매를 맺는 것"은 쓰임, 즉 선을 낳는 것을, 그리고 "아름다운 포도나무"는 내적으로나 외적으로나 모두 영적인 교회를 뜻한다(그러나 이러한 것들은 사람 안에 세워지는 교회와 그것의 거듭남에 관한 비밀이므로, 『천국의 비밀』에서 인용하여 『새 예루살렘의 교리』 51번에 기록한 지식과 인식에 관한 내용과, 183번에 기록한 거듭남에 관한 내용을 보면 더 잘 이해할 수 있을 것이다).

(3) "독수리"가 지성을 뜻하는 것은 이사야서의 다음 말씀으로도 알 수 있다.

여호와를 앙망하는 자는 새 힘을 얻으리니 독수리가 날개 치며 올라감 같

을 것이요 (사 40:31)

"독수리가 날개 치며 올라가는 것"은 천국의 빛 가운데로 올라가는 것이며, 그러므로 지성 안으로 올라가는 것을 뜻한다.

(4) 시편에,

여호와께서 좋은 것으로 네 소원을 만족하게 하사 너를 독수리같이 새롭게

하시는도다 (시 103:5)

"독수리같이 새롭게 하는 것"은 지성이 새로워지는 것이다.

(5) 출애굽기에,

내가 어떻게 독수리 날개로 너희를 업어 내게로 인도하였음을 너희가 보았

느니라 (출 19:4)

"독수리 날개로 업어 인도하는 것"도 지성 가운데로 이끄시는 것을 뜻한다. 왜냐하면 천국과 그 빛 가운데로 이끄시는 것이기 때문이다.

(6) 신명기에,

여호와께서 그를 황무지에서 만나시고 가르치시고 보호하시고 자기의 눈 동자같이 지키셨도다 마치 독수리가 자기의 보금자리를 어지럽게 하며 자기의 새끼 위에 너풀거리며 그의 날개를 펴서 새끼를 받으며 그의 날개 위에 그것을 업는 것 같이 여호와께서 홀로 그를 인도하셨도다(신 32:10-12)

이 말씀은 고대 교회의 설립과 그 교회에 속한 사람들의 첫 번째 개혁에 대해 말하고 있다. "여호와께서 그들을 만난 황무지"는 그들의 첫 번째 상태를 뜻하고, "황무지"는 진리가 없으므로 선도 없는 곳을 뜻하며, "독수리"와 "높이 있는 보금자리", "새끼 위에 너풀거리고 날개 위에 업는 것"은 그들을 진리로 가르치고 거짓으로부터 보호하시며, 마음의 내면을 여시어 천국의 빛 가운데로 이끄시고, 그렇게 해서 진리와 선에 대한 이해력인 지성 가운데로 이끄시는 것을 뜻한다. 그것을 독수리에 비유하는 것은 독수리는 지성을 뜻하기 때문이다.

(7) 사무엘서 하권에,

사울과 요나단이 독수리보다 빠르고 사자보다 강하였도다 (삼하 1:23)

왕인 "사울"과, "왕자"인 요나단은 교회의 진리를 뜻한다. 그리고 지성은 진리로부터 나오고 또한 능력이 있기 때문에 그들에 대해 "독수리보다 빠르고 사자보다 강하다"고 말했다. 말씀에서 "빠른 것"은 진리에 대한 애정을 뜻하며, 지성에 대해 말하는 것이다. 왜냐하면 다윗이 사울과 요나단을 위해 조가를 지은 것은 "유다 족속에게 활을 가르치기 위한 것"이기 때문이다. "유다 족속"은 교회의 진리를 뜻하고, "활"은 거짓과 싸우는 진리의 교리를 뜻한다.

(8) 욥기에,

매가 떠올라서 날개를 펼쳐 남쪽으로 향하는 것이 어찌 네 지혜로 말미암음이냐 독수리가 공중에 떠서 높은 곳에 보금자리를 만드는 것이 어찌 네 명령을 따름이냐 그것이 바위에 살며 거기서 먹이를 살피나니 그 눈이 멀리 봄이며 시체가 있는 곳에는 독수리가 있느니라 (욥 39:26-30)

여기서도 지성에 대해 말하고 있다. 즉 어떤 사람도 자기 자신, 또는 자신의 자아로부터는 지성을 획득할 수 없다는 것이다. 그래서 "매가 날개를 펼쳐 남쪽으로 향하는 것이 어찌 네 지혜로 말미암음이냐"라고 했는데, 이 말은 사람이 자기 자신을 이끌어 남쪽으로 표상되는 지성의 빛 안으로 이끄는 것을 뜻하는데, 여기서는 그것이 불가능하다고 말한다. "독수리가 높은 곳에 보금자리를 만들고, 바위에 살면서 먹이를 살피고, 멀리 바라보는 것"은 지성 자체, 즉 영적 사람의 지성에 대해 말한 것이다. "독수리가 이런 일을 하는 것이 어찌 네 명령을 따름이냐"고 묻는 것은 어떤 사람도 자기 자신으로부터는 이런 지성을 가질 수 없음을 뜻하고, "시체가 있는 곳에 독수리가 있느니라"는 자신의 지성으로부터는 오로지 거짓밖에 나오지 않는 것을 뜻한다. 말씀에서 "시체"는 거짓으로 인해 가지고 있던 진리를 모두 잃어버린 사람을 뜻한다 (『천국의 비밀』 4503번 참고).

(9) 이 사실로부터 마지막 심판이 이루어질 곳이 어딘가 하고 제자들이 물

었을 때, 주님의 다음 말씀이 무슨 뜻인지 알 수 있다.

누가복음에,

제자들이 이르되 주여 어디오니이까 이르시되 주검 있는 곳에는 독수리가

모이느니라 하시니라 (눅 17:37)

여기서 주검은 악하거나 선하거나 모든 사람이 모이는 영계를 뜻하며, "독
수리"는 진리 안에 있는 사람들과 거짓 안에 있는 사람들이며, 그러므로 진정
한 지성 안에 있는 사람들과 거짓 지성 안에 있는 사람들을 뜻한다. 거짓 지성
은 인간의 자아로부터 오고, 진정한 지성은 주님으로부터 말씀을 통해 온다.

(10) "독수리"가 또한 자아의 지성으로부터 오는 거짓을 뜻한다는 것은 다
음에서 알 수 있다.

예레미야서에,

보라 그가 구름 같이 올라오나니 그의 병거는 폭풍과 같고 그의 말들은 독

수리보다 빠르도다 우리에게 화 있도다 우리는 멸망하도다 하리라 (렘 4:13)

여기서는 교회 안에 진리가 없는 것을 말한다. 올라오는 "구름"은 거짓을
뜻하고, "폭풍과 같은 병거"는 거짓 교리를 뜻한다. "독수리보다 빠른 그들의
말"은 진리를 반대로 추론하여 진리를 파괴하려는 욕구와 거기서 느끼는 기
쁨을 뜻한다. 왜냐하면 말씀에서 "빠른 것"과 "급한 것"은 애정과 욕망으로 인
해 흥분하는 것을 뜻하기 때문이다(『천국의 비밀』 7695, 7866번). 그리고 "말
들"은 진리의 이해력을 뜻하고, 반대 의미로는 거짓된 이해력, 또는 진리에
반하는 거짓을 바탕으로 한 추론을 뜻한다(『천국의 비밀』 2760-2762, 3217,

5321, 6125, 6400, 6534, 7024, 8146, 8148, 8381번). "말들"은 진리에 대한 이해력을 뜻하고, "독수리"는 지성을 뜻한다. 그러나 여기서는 자아의 지성, 즉 거짓으로부터의 추론을 뜻하기 때문에 "그의 말들은 독수리보다 빠르도 다"라고 말했다.

(11) 예레미야 애가에,

우리를 뒤쫓는 자들이 하늘의 독수리들보다 빠름이여 (애 4:19)

그리고 하박국서에,

그들의 군마는 표범보다 빠르고 저녁 이리보다 사나우며 그들의 마병은 먼

곳에서부터 빨리 달려오는 마병이라 마치 먹이를 움키려 하는 독수리의 날

음과 같으니라 그들은 다 강포를 행하러 오도다 (합 1:8-9)

여기서도 "독수리"는 진리에 반하는 거짓으로부터의 추론, 즉 자아의 지성 으로부터의 추론을 뜻한다.

282

(1) 이 그룹의 모습이 독수리가 날아가는 것처럼 보였기 때문에, 말씀에서 "나는 것"이 어떤 의미인지 말해야 할 것이다. "나는 것"은 신중함과 현존을 뜻한다. 그 이유는 새가 날 때는 높은 곳에서 주변의 모든 곳을 둘러보며, 그 렇게 해서 시력을 통해 주변 어디에나 존재하기 때문이다. 그러나 말씀에서 여호와에 대해 "날아간다"고 할 때는 편재(遍在), 즉 어디에나 계심을 뜻한다.

왜냐하면 편재란 무한한 신중함이고, 무한한 현존이기 때문이다. 그룹이 "날아가는 독수리처럼" 보인 것은 그 때문이다. 일반적으로 "그룹"은 사랑과 인애의 선으로부터가 아니면 보다 높은 천국에 접근하지 못하도록 하는 주님의 섭리를 나타내기 때문이다. 그러므로 이 그룹은 신성한 지성을 뜻한다(바로 위에서 밝힌 바와 같다).

(2) 말씀에서 "나는 것"이 주님과 관련해서는 편재(遍在)를 뜻하고, 사람에 관해서는 신중함과 현존을 뜻하는 것은 다음 구절을 보면 알 수 있다.

시편에,
하나님께서 그룹을 타고 다니심이여 바람 날개를 타고 높이 날아오르셨도
다 (시 18:10, 삼후 22:11)

주님께서 "그룹을 타고 다니시는 것"은 신적 섭리를 뜻한다. "하늘을 나시는 것"은 영계에서의 편재를 뜻하고, "구름 날개를 타고 가시는 것"은 자연계에서의 편재를 뜻한다. 시편의 이러한 말씀들은 영적 의미가 아니면 아무도 이해할 수 없다.

(3) 이사야서에,
새가 날개 치는 것 같이 나 만군의 여호와가 예루살렘을 보호할 것이라 (사
31:5)

여호와께서 새가 날개 치는 것같이 예루살렘을 보호하신다고 하는 이유는, "보호하는 것"은 안전하게 지키시는 신적 섭리를 뜻하고, "예루살렘"은 교회를 뜻하며, 비유적으로 "나는 새"는 신중함과 현존을 뜻하고, 주님과 관련해

서는 편재를 뜻하기 때문이다.

(4) 계시록에,

내가 또 보고 들으니 공중에 날아가는 한 천사가 큰 소리로 이르되 땅에 사

는 자들에게 화, 화가 있으리로다 (계 8:13)

또 보니 다른 천사가 공중에 날아가는데 땅에 거주하는 자들 곧 모든 민족

에게 전할 영원한 복음을 가졌더라 (계 14:6)

앞의 천사는 악 안에 있는 모든 사람에 대한 저주를 뜻하고, 나중의 천사는

선 안에 있는 모든 사람의 구원을 뜻한다. "날아가는 것"은 존재하는 모든 상

태에서 천사들의 신중함을 뜻한다.

(5) 이사야서에,

아라비아의 양 무리는 다 네게로 모일 것이요 느바욧의 숫양이 너를 섬길

것이라 저 구름 같이, 비둘기들이 창문[47]을 향해 날아가는 것 같이 날아오

는 자들이 누구냐 (사 60:7-8)

이 말씀은 주님이 오시는 것과 그때 이방인들에 대한 계몽에 관한 것이다.

"모여드는 아라비아의 양들"은 진리와 선의 지식을, "섬기는 느바욧의 숫양"

은 영적 애정에서 비롯한 삶으로 이끄는 진리들을 뜻한다. "구름같이, 비둘

기들이 창문을 향해 날아가는 것 같이 날아가는 것"은 말씀의 글자의 뜻으로

부터 진리를 탐구하고 음미하는 것을 뜻하고, 그러므로 "날아가는 것"은 신중

함을 뜻한다. 왜냐하면 "구름"은 말씀의 글자의 뜻을 뜻하고, "비둘기"는 진

---

47) 한글 성경에는 보금자리라고 번역했는데, whitehead 영역본과 KJV 번역본에는 창문(windows)
으로 되어 있다. (역자)

리에 대한 영적 애정을, "창문"은 빛 가운데 있는 진리를 뜻하기 때문이다. 이 말씀의 의미가 이렇다는 것은 "아라비아의 양들"과 "느바욧의 숫양", "구름", "비둘기", "창문"의 의미를 통해 알 수 있다.

(6) 시편에,

두려움과 떨림이 내게 이르렀도다 내가 말하기를 누가 비둘기 날개 같은 것을 내게 줄꼬 내가 머물 곳으로 날아가리라 내가 멀리 날아가서 광야에 머무르리로다 (시 55:5-7)[48]

여기서는 시험과 그때의 고통에 대해 말하고 있다. 즉 "두려움과 떨림"은 그 고통을 뜻하고, "누가 비둘기 날개 같은 것을 내게 줄꼬 내가 머물 곳으로 날아가리라"는 그때 진리에 대한 질문과 어디로 향할 것인지 고심하는 신중함을 뜻한다. "비둘기의 날개"는 영적 진리에 대한 애정을 뜻하고, "내가 머물 곳으로 날아가리라"는 그 애정으로 지옥으로부터 생명을 구하는 것을 뜻한다. "내가 멀리 날아가서 광야에 머무르리로다"는 아직 구원의 희망이 없는 것을 뜻한다.

(7) 호세아서에,

에브라임의 영광이 새같이 날아가리로다 혹 그들이 자식을 기를지라도 내가 그들에게서 사람을 없이 하리라 (호 9:11, 12)

"에브라임"은 교회에 속한 사람들의 밝은 이해력을 뜻하고, "영광"은 신성

---

48) Whitehead의 영역본에는 다음과 같이 되어 있다. "Fear and trembling were come upon me. And I said, Who will give me a wing like a dove's? I will fly away where I may dwell. Lo, I will wander far away; I will lodge in the wilderness"(Ps. 55:5-7). (역자)

한 진리를 뜻한다. "새같이 날아가는 것"은 그것을 잃어버리는 것을 뜻한다 (새에 비유한 까닭은, "새"는 에브라임이 그렇듯 합리적인 것, 지적인 것을 나타내기 때문이다). "혹 그들이 자식을 기를지라도 내가 그들에게서 사람을 없이 하리라"는 그들이 혹시 진리를 알게 되더라도 그것으로 결코 지혜롭게 될 수 없음을 뜻한다. 왜냐하면 "아들"은 진리를 뜻하고, "그들에게서 사람을 없이 하는 것"은 그들이 지혜를 빼앗기는 것을 뜻하기 때문이다.

(8) 신명기에,

> 너는 자기를 위해 땅 위에 있는 어떤 짐승의 형상이든지 하늘을 나는 날개
> 가진 어떤 새의 형상이든지 만들지 말라 (신4:16-17)

내적 의미로 이 말씀은 사람은 자기 자신으로부터, 또는 자신의 자아로부터 지혜와 지성을 획득하면 안 된다는 뜻이다. 왜냐하면 "땅 위를 걷는 짐승"은 지혜의 원천인 선에 대한 애정을 뜻하고, "새"는 지성의 원천인 진리에 대한 애정을 뜻하기 때문이다. 자기를 위해 이런 형상을 만들면 안 된다는 것은 사람으로부터, 즉 사람의 자아로부터 (그것들이) 의미하는 것들을 얻으면 안 된다는 뜻이다. "하늘을 나는 날개 가진 새"라고 말한 것은, "날개 달린 새"는 영적 진리에 대한 이해력을 뜻하고, "하늘을 나는 것"은 신성한 것들 안에 있는 지성에 속한 신중함을 뜻하기 때문이다.

(9) 이러한 사실로부터 "날아가는 독수리같이" 보이는 이 그룹의 의미가 무엇인지 알 수 있다. 다음 이사야서 말씀이 의미하는 것도 그와 같다.

> 스랍들이 모시고 섰는데 각기 여섯 날개가 있어 그 둘로는 자기의 얼굴을
> 가리었고 그 둘로는 자기의 발을 가리었고 그 둘로는 날며 (사 6:2)

"자기 얼굴을 가린 날개"는 영적 진리에 대한 애정을 뜻하고, "자기의 발을 가린 날개"는 그것에서 비롯한 자연적 진리에 대한 애정을 뜻하고, "나는 데 사용한 날개"는 신중함과 현존을 뜻하는데, 여기서는 편재(遍在)를 뜻한다. 왜냐하면 "스랍(seraphim)도 그룹과 마찬가지로 감시하는 신적 섭리를 뜻하기 때문이다.

(10) 사람에게 있어서 "나는 것"은 신중함과 현존을 동시에 뜻한다. 시각은 자기가 보는 대상에게 현존하기 때문이다. 그것이 멀리, 또는 떨어져 보이는 것은, 중간의 물체들이 동시에 보이기 때문이고, 또 공간으로 측정될 수 있기 때문이다. 이것은 영계에 존재하는 것들을 통해 충분히 확인할 수 있다. 영계에서 공간 자체는 다양한 애정과 그것에서 비롯한 생각으로부터 나타난다. 그러므로 어떤 사람이나 사물이 멀리 있을 때, 천사나 영이 강렬한 애정으로 멀리 있는 그들과 함께 있고 싶거나 그들에 대해 알아보기를 원할 때, 그 천사나 영은 즉시 그곳에 있다. 사람의 내적 또는 영적 시각인 생각의 경우도 마찬가지이다. 생각은 공간과 관계없이 자기 안에서 이전에 본 것들을 보며, 그렇게 해서 그 모든 것들은 존재하는 것처럼 된다. 이런 이유로 해서 "나는 것"은 이해력과 그것에서 비롯한 지성을 뜻하고, 또한 신중함과 현존을 뜻한다.

283

(1) 8절. "네 짐승은 각자 둘레에 여섯 날개를 가졌고"[49)]는 하나님의 천적 신

---

49) 개역성경의 번역은 "네 생물은 각각 여섯 날개를 가졌고"인데 Whitehead의 영역본 본문에는 the four animals, each by itself, had six wings round about로 되어 있다.

성[50] 주변 사방으로 영적 신성이 나타남을 뜻한다. 이것이 분명한 것은 네 짐승, 즉 그룹들은 사랑과 인애의 선으로부터가 아니면 더 높은 천국에 가까이 가지 못하도록 하는 주님의 신적 보호와 섭리를 뜻하기 때문이다. 네 짐승이 의미하는 바가 그것이므로 짐승의 몸은 주님의 천적 신성을 뜻하고(이것에 대해 곧 말하겠다), "둘레에 여섯 날개"는 천적 신성을 에워싼 영적 신성을 뜻한다(이것에 대해서도 곧 말하겠다). 그룹의 몸이 천적 신성을 뜻하고 날개가 영적 신성을 뜻하는 이유는, 천국의 것들을 표상하는 모든 것의 몸은 본질적인 것을 나타내고, 몸을 에워싸는 것은 외면의 것을 나타내기 때문이다. 그러므로 사람도 몸은 본질로서 선을 나타내고, 에워싸고 있는 것은 형상으로서 선을 나타낸다. 천적 선은 본질로서 선이고 영적 선은 형상으로서 선이다. 그 이유는 선이 있는 곳인 의지는 사람 그 자체, 또는 본질로서 사람이고, 그에 비해 선의 형상인 진리가 있는 곳인 이해력은 본질적 사람에서 비롯한 사람이며, 그러므로 형상으로서 사람이기 때문이다. 그러니까 후자의 선이 전자의 선을 에워싸고 있는 것이다.

(2) 먼저 천적 신성이 무엇이고, 영적 신성이 무엇인지를 말하겠다. 천국은 두 개의 천국으로 나뉜다. 하나는 천적 천국이라 불리는 곳이고, 다른 하나는 영적 천국이라 불리는 곳이다. 두 천국은 다음과 같은 점에서 서로 다르다. 즉 천적 천국의 사람들은 주님에 대한 사랑의 선 안에 있고, 영적 천국의 사람들은 이웃에 대한 인애의 선 안에 있다. 그러므로 천적 신성은 주님에 대한 사랑에 속한 선이고, 영적 신성은 이웃에 대한 인애에 속한 선이다. 게다가 천국은 이 선들에 따라 배열된다. 그러니까 가장 높은 천국인 삼층 천국은 천적 선, 또는 주님에 대한 사랑의 선 안에 있는 사람들로 이루어지고, 그 뒤를 잇는 중간, 또는 이층 천국이라 불리는 천국은 영적 선, 또는 이웃에 대한 인애

---

50) the celestial Divine과 the spiritual Divine을 각각 천적 신성과 영적 신성으로 옮긴다. (역자)

의 선 안에 있는 사람들로 이루어진다. 천적 선은 가장 높은 곳에서의 선이고 영적 선은 두 번째 곳에서의 선이기 때문에, 후자가 전자를 에워싼다. 왜냐하면 위에 있는 것은 또한 안쪽에 있고, 아래에 있는 것은 또한 바깥에 있으며, 그리고 바깥에 있는 것은 안쪽의 것을 에워싸기 때문이다. 그런 이유로 해서 말씀에서 더 높은 것과 중간의 것은 내적인 것을 나타내고, 낮은 것, 주위를 둘러싸는 것은 외적인 것을 나타낸다. 천적이고 영적인 각각의 선은 감시하는 일을 하고, 짐승들, 즉 그룹은 몸으로는 천적 신성을 나타내고, 날개로는 영적 신성을 나타내기 때문에, "네 짐승은 각자 둘레에 여섯 날개를 가졌고"는 주님의 천적 신성 주변 사방으로 영적 신성이 나타나는 것을 뜻하는 것이 분명하다(이것에 대해 좀 더 잘 이해하려면 저서『천국과 지옥』의 다음 내용을 참고할 수 있다. 첫째는 주님의 신성이 천국을 만든다는 것을 밝힌 장의 7-12번, 천국에서 주님의 신성은 주님에 대한 사랑과 이웃에 대한 인애라는 것을 밝힌 장의 13-19번, 마지막으로 천국은 두 개의 천국, 즉 천적 천국과 영적 천국으로 나뉜다고 한 장의 20-28번 참고).

(3) 그룹이 짐승으로 보이는 까닭은, 천국의 것들은 가장 마지막 등차의 것들(ultimate)로 다양하게 표상되기 때문이다. 그것은 말씀의 다음 구절들을 보면 알 수 있다.

예수께서 세례를 받으실 때 성령이 비둘기같이 내려 자기 위에 임하심을 보시더니 (마 3:16)
주님의 신성이 어린 양의 모습으로 나타났다(계 5:6, 8, 13)
그래서 주님은 또한 어린 양으로 불렸다(계 6:1, 16, 7:9-10, 14, 17, 12:11, 13:8, 14:1, 4, 17:14, 19:7, 9, 21:22-23, 27)

"네 그룹"이 있고, "각자가 여섯 날개를 가진" 까닭은, "넷"은 천적 선을 뜻하고, "여섯"은 영적 선을 뜻하기 때문이다. 왜냐하면 결합을 나타내는 "넷"은 주님에 대한 사랑을 통한 주님과의 가장 내적인 결합을 뜻하며, 소통을 나타내는 "여섯"은 이웃에 대한 인애를 통해 주님과 소통하는 것을 뜻하기 때문이다.

(4) "날개"는 영적 신성을 뜻하는데, 그 본질은 선에서 비롯한 진리이다. 그것은 시편의 다음 구절을 보면 알 수 있다.

> 너희가 행렬[51] 가운데 누울 때에 날개에 은을 입히고 그 깃에 황금을 입힌 비둘기를 가질 것이로다 전능하신 이가 왕들을 그 가운데서 펼치실 때[52]에는 살몬에 눈이 날림 같도다 (시 68:13-14)

"행렬 가운데 눕는 자들이 날개에 은을 입히고 깃에 황금을 입힌 비둘기를 가질 것이라"가 무슨 뜻이며, "전능하신 이가 왕들을 그 가운데서 펼치시는 것"이 무슨 뜻인지는 내적 의미를 통해서만 알 수 있다. 내적 의미로 "행렬 가운데 눕는 것"은 율법에 따라 사는 것을 뜻하고, "은을 입힌 비둘기의 날개"는 영적 진리를 뜻하며, "황금을 입힌 비둘기의 깃"은 영적 진리의 근본인 영적 선을 뜻한다. "전능하신 이"는 시험의 상태를 뜻하고, "그 가운데 왕들"은 시험의 상태에서와 그 후의 진리들을 뜻한다. "은을 입힌 비둘기의 날개"가 영적 진리를 뜻하는 까닭은, "날개"는 영적인 것을, "비둘기"는 선에서 비롯한 진리를 뜻하며, "은"은 진리 그 자체를 뜻하기 때문이다. "황금을 입힌 비둘기의 깃"은 그 진리들의 근본인 영적 선을 뜻한다. 왜냐하면 "비둘기의 깃"과

---

51) KJV에는 pot라고 되어 있고 개역성경에는 그것을 양우리라고 번역했는데, whitehead의 영역 원문에는 ranks라고 되어 있고 여기서는 행렬로 옮긴다. (역자)

52) 개역성경에는 scatter, 즉 흩으신다고 번역했는데, Whitehead의 영역본은 spread out이라고 하고 여기서는 펼치신다고 옮긴다. (역자)

"금의 노란색"은 진리의 근본인 영적 선을 뜻하기 때문이다. "전능하신 이가 펼치시는 때"는 시험의 상태를 뜻한다. "전능자 하나님"은 시험과 그 후의 위로를 뜻하기 때문이다. 시험을 통해 사람 안에 선에서 비롯한 진리가 심어진다. 말씀에서는 그것을 "그 속에 왕들이 있을 것이다"라고 말한다. 왜냐하면 "왕들"은 선에서 비롯한 진리들을 뜻하기 때문이다(위의 31번 참고).

(5) 시편에,

> 하나님께서 그룹을 타고 날으심이여 바람 날개를 타고 날아가시도다 (시 18:10)

"하나님께서 그룹을 타고 다니시는 것"은 주님의 신성한 섭리를 뜻하고, "날으시는 것"은 영계 어디에나 계심, 즉 편재(遍在)를 뜻한다. "바람 날개를 타시는 것"은 자연계 어디에나 계심을 뜻한다. "바람 날개"는 자연적인 것의 근원인 영적인 것들을 뜻한다.

(6) 시편에,

> 그가 너를 그의 깃으로 덮으시리니 네가 그의 날개 아래에서 안심하리로다
> 그의 진실함은 방패요 덮개가 되시나니 (시 91:4)

"그의 깃으로 덮는 것"은 영적 신성인 신적 진리에 의해 보호되는 것을 뜻하고, "그의 날개 아래에서 안심하는 것"은 진리의 지식, 즉 영적 자연적 신성 아래 있는 것을 뜻한다. 이 둘은 모두 진리를 뜻하고, "덮는 것"은 진리를 통해 보호되는 것을 뜻하기 때문에 진리를 가리켜 방패요, 덮개라고 말했다. 이것으로 다음 말씀이 무슨 뜻인지 분명하다.

주의 날개 그늘 아래에 감추사 (시 17:8)

하나님이여 주의 인자하심이 어찌 그리 보배로우신지요 사람들이 주의 날

개 그늘 아래에 피하나이다 (시 36:7, 57:1)

내가 주의 날개 그늘에서 즐겁게 노래 하리이다 (시 63:7)

(7) 주님의 "날개"가 하나님의 영적 신성을 뜻하는 것은 다음 구절을 보면 더욱 분명하다.

에스겔서에,

내가 네 곁으로 지나며 보니 네 때가 사랑을 할 만한 때라 내 날개를 네게

로 펴서 너의 벌거벗은 것을 가리리라 (겔 16:8)

여기서는 예루살렘에 대해 말하고 있다. 예루살렘은 교회를 뜻하는데 여기서는 교회의 개혁을 뜻한다. 즉 "사랑할 때"는 교회가 개혁될 수 있는 상태를 뜻하고, "내 날개를 네게로 펴는 것"은 개혁의 수단인 영적 진리를 뜻한다. "내가 너의 벌거벗은 것을 가리리라"는 그렇게 해서 악이 보이지 않도록 하는 것을 뜻한다. 왜냐하면 사람이 유전에 의해, 그리고 나중에는 자신의 자아로부터 가지는 악은, 선에서 비롯한 진리인 영적 진리에 의해 보이지 않게, 즉 나타나지 않도록 제거되기 때문이다.

(8) 시편에,

여호와께서 옷을 입음 같이 빛을 입으시며 하늘을 휘장같이 치시며 물에

자기 방의 들보를 얹으시며 구름으로 자기 수레를 삼으시고 바람 날개 위

를 걸으시며 (시 104:2, 3)

"여호와께서 입으신 빛"은 천국에 있는 신성한 진리를 뜻한다. 그것을 여호와의 "옷"이라 부르는 까닭은, 그것이 태양이신 주님에게서 나와 주님의 외면을 둘러싸기 때문이다. 주님이 변화하실 때 입으셨던 "옷"과 빛나는 "빛"도 이와 같은 의미이다(마 17:9, 막 9:3, 눅 9:28-37). "그가 하늘을 휘장같이 치시는 것"은 천국과 그곳의 사람들을 신성한 진리로 채우시고, 그렇게 해서 지성으로 채우심을 뜻한다. "그가 물에 자기 방의 들보를 얹으시며"는 가장 마지막 천국의 사람들과 교회 안의 사람들을 진리와 선의 지식으로 가득 채우심을 뜻한다. "그가 구름을 수레로 삼으시는 것"은 말씀의 글자의 뜻으로부터 나오는 진리의 교리를 뜻한다. "구름"은 말씀의 글자의 뜻을, "수레"는 교리를 뜻하기 때문이다. "바람 날개 위를 걸으시는 것"은 글자의 뜻 안에 들어 있는 말씀의 영적 의미를 뜻한다.

(9) 말라기서에,

> 내 이름을 경외하는 너희에게는 공의로운 해가 떠오를 것이며 그의 날개
> 안에서 치유함이 있을 것이라[53] (말 4:2)

"공의로운 해"는 천적 신성인 사랑의 선을 뜻하고, 그 안에서 치유가 일어나는 "여호와의 날개"는 사랑의 선에서 비롯한 진리, 즉 영적 신성을 뜻한다. 그리고 "치유"는 그것에 의한 개혁을 뜻한다.

(10) 신명기에,

> 마치 독수리가 자기의 보금자리를 어지럽게 하며 자기의 새끼 위에 너풀거
> 리며 그이 날개를 펴서 새끼를 받으며 그의 날개 위에 그것을 업는 것같이

---

53) 개정개역의 번역은 "치료하는 광선을 비추리라"이고, Whitehead의 영역본에는 "healing in His wings"로 되어 있다. (역자)

여호와께서 홀로 그를 인도하셨도다 (신 32:11, 12)

여기서 "독수리"에 비유한 것은, "독수리"는 지성을 뜻하고, "날개"는 영적 신성, 즉 지성의 원천인 신성한 진리를 뜻하기 때문이다.

(11) 이사야서에,

오직 여호와를 앙망하는 자는 새 힘을 얻으리니 독수리가 날개 치듯 올라

갈 것이요 (사 40:31)

"독수리가 날개 치듯 올라가는 것"은 천국의 빛, 즉 지성의 원천인 신성한 진리, 또는 영적 신성 안으로 올라가는 것을 뜻한다.

(12) 에스겔서에,

높은 산에 심으리니 그 가지가 무성하고 열매를 맺어서 아름다운 백향목이

될 것이요 각종 날개 달린 새가 그 아래에 깃들이리라(겔 17:23)

"아름다운 백향목"은 영적 교회를 뜻하고, "각종 날개 달린 새"는 영적 진리에서 비롯한 지적인 것들을 뜻한다.

이러한 사실로부터 이곳과 말씀의 다른 곳에 나오는 "그룹의 날개"는 영적 신성, 즉 가르치고, 거듭나게 하고, 보호하는 신성한 진리를 뜻함을 알 수 있다.

(13) 또한 에스겔서에,

각각의 그룹에 네 얼굴과 네 날개가 있고 그들의 날개가 서로를 향하여 바

로 서 있는데 각자가 두 날개로 몸을 가렸더라 내가 그 날개 소리를 들으니

큰 물 소리와 같으며 전능자의 음성과도 같으며 떠드는 소리 군대가 진을
치는 소리와도 같더니 그룹들이 설 때에 그 날개를 내렸더라 내가 들으니
그 날개들이 서로 부딪치는 소리와 그 곁에서 바퀴 소리가 크게 울리더라
그룹들의 날개 소리는 바깥뜰까지 들리는데 전능하신 하나님의 음성 같더
라 날개 밑에는 사람의 손 형상이 있으니 (겔 1:6, 23-24, 3:13, 10:5, 10:21)

"날개"가 영적 신성, 즉 천적 천국에 있는 주님의 신적 진리를 뜻한다는 것
은, 다음에 기술하는 개별적인 내용들로부터 분명하다. 즉 "네 날개"가 있는
것은 천적 천국에 있는 주님의 영적 신성을 뜻하고, "그들의 날개가 서로를
향하여 바로 서 있고", "서로 부딪치는 것"은 그 천국에 있는 모든 것들이 주
님으로부터 서로 연합하고 결합하는 것을 뜻한다. "자기 몸을 가리는 날개들"
은 그곳에서 천적 신성을 둘러싸고 있는 영적 신성을 뜻한다. 그들의 날개 소
리가 "큰 물소리 같고", "바퀴 소리 같고", "전능자의 음성과 같이" 들리며, 또
한 "궁전 밖에까지 들리는 것"은 영적 신성의 특성, 즉 가장 마지막 천국에 있
는 신성한 진리의 특성을 뜻한다. 왜냐하면 "음성"은 진리를 뜻하고, "물"은
진리와 진리의 지각을 뜻하며, "바퀴"는 교리에 관한 진리를 뜻하기 때문이
다. "바퀴"가 교리에 관한 진리를 뜻하는 까닭은, "수레"의 의미가 교리이기
때문이다. 또한 "전능자 하나님"은 시험 중에 꾸짖다가 나중에는 위로하는 진
리를 뜻하고, "바깥의 뜰"은 가장 마지막의 천국을 뜻하며, "날개 밑에 손의
형상"은 신성한 진리의 능력을 뜻하기 때문이다.

(14) 이것으로 언약궤 위의 속죄소를 덮고 있는 그룹의 "날개들"이 무엇을
뜻하는지도 알 수 있다. 그것에 대해 출애굽기에서는 이렇게 말한다.

한 그룹은 이 끝에, 또 한 그룹은 저 끝에 곧 속죄소 두 끝에 속죄소와 한 덩

이로 연결할지며 그룹들은 그 날개를 높이 펴서 그 날개로 속죄소를 덮으

며 그 얼굴을 서로 대하여 속죄소를 향하게 하고 속죄소를 궤 위에 얹고 내

가 네게 줄 증거판을 궤 속에 넣으라 (출 25:18-21)

여기서도 "그룹"은 주님으로부터 와서 주님을 향하는 사랑의 선을 통하지

않으면 가장 높은 천국, 또는 천적 천국에 가까이 가지 못하도록 지키시는 주

님의 섭리를 뜻한다. 궤 안에 있는 "증거판" 또는 "율법"은 주님 자신을 뜻하

고, "궤"는 가장 깊거나, 높은 천국을 뜻한다. "속죄소"는 사랑의 선으로 드리

는 예배의 모든 것을 듣고 받으시는 것과 그때 속죄가 있는 것을 뜻한다. "그

룹의 날개"는 가장 높은 천국, 또는 천적 천국 안의 영적 신성을 뜻한다. "날

개를 위로 펼치는 것"과 "날개로 속죄소를 덮는 것", 그리고 "그 얼굴이 속죄

소를 향하는 것"은 받으심 자체와 들으심을 뜻한다(이러한 모든 것들은 『천국

의 비밀』 9506-9546번에 잘 설명되어 있다). "그룹의 날개"와 그 방향은 주

님이 받으시고, 들으시는 신성한 진리를 뜻한다. 그러므로 출애굽기에는 다음

과 같이 기록되어 있다.

거기서 내가 너와 만나고 속죄소 위 곧 증거궤 위에 있는 두 그룹 사이에서

내가 이스라엘 자손을 위하여 명령할 모든 일을 네게 이르리라 (출 25:22,

민 7:89)

(15) 말씀에 나오는 대부분의 표현들은 반대의 의미도 가진다. 그러므로

"날개" 또한 반대의 의미로는 거짓과 거짓을 바탕으로 한 추론을 뜻한다. 그

것은 다음 구절에서와 같다.

계시록에,

그가 무저갱을 여니 그 구멍에서 연기가 올라오매 연기 가운데로부터 메뚜
기가 나오매 그 날개들의 소리는 병거와 많은 말들이 전쟁터로 달려가는
소리 같으며 (계 9:2, 3, 9)

"메뚜기"는 극단적인 거짓을 뜻하고, "말"은 그 거짓으로부터의 추론을, "전
쟁"은 진리에 맞선 거짓의 싸움을 뜻한다. 말씀에서는 그것을 "메뚜기들의 날
개 소리가 병거와 많은 말들이 전쟁터로 달려가는 소리 같다"고 말했다.

(16) 호세아서에,
에브라임이 우상과 연합하였고 그들의 포도주가 다하고 음행하였으며 바
람이 그 날개로 그를 쌌나니 그들이 그 제물로 말미암아 부끄러운 일을 당
하리라 (호 4:17-19)

"에브라임"은 지성, 즉 교회 안의 사람들이 말씀을 읽을 때 깨달음을 얻는
그런 지성을 뜻하고, 우상"은 교리의 거짓을 뜻한다. 그러므로 "에브라임이
우상과 연합하는 것"은 거짓을 붙들고 있는 비뚤어진 지성을 뜻한다. "그들의
포도주가 다하고"는 교회의 진리가 사라진 것을 뜻한다. "포도주"는 그 진리
를 뜻하기 때문이다. "그들이 음행하였으며"는 그들이 진리를 거짓으로 만든
것을 뜻한다. "음행"은 진리를 거짓으로 만드는 것을 뜻하기 때문이다. "바람
이 날개로 그를 쌌나니"는 거짓의 원인인 오류에 바탕을 둔 추론을 뜻한다(영
적인 것에 관한 오류가 어떤 것인가 하는 것은 『새예루살렘의 교리』 53번을
참고할 것). 스가랴서 5:9절에서 말하는 "그 날개에 바람이 있더라"도 같은 뜻
이다.

"그 안에는 눈들이 가득하더라"는 신성한 섭리와 감시를 뜻한다. 이것이 분명한 것은, 주님에게 "눈"은 당신의 신성한 섭리를 뜻하기 때문이다(위의 68, 152번 참조). 그것은 또 감시를 뜻하는데, 그 이유는 "그룹"이 의미하는 바가 또한 그것이기 때문이다.

(1) "그들이 밤낮 쉬지 않고 이르기를 거룩하다 거룩하다 거룩하다"는 주님에게서 나오는 지극히 거룩한 것을 뜻한다. 이것이 분명한 것은, 네 짐승의 모습으로 나타난 네 개의 그룹이 뜻하는바 주님의 신적 섭리와 감시에 대해 "밤낮 쉬지 않고"라고 말하는 것은 보편적이고 끝없이 지속되는 것을 뜻하고 (왜냐하면 주님의 신적 섭리와 감시는 쉼이 없고 영원히 끝나지 않기 때문이다), "거룩하다 거룩하다 거룩하다"는 주님에게서 나오는 지극히 거룩한 것을 뜻하기 때문이다. 왜냐하면 거룩하다고 세 번 부르는 것은 지극히 거룩한 것을 뜻하기 때문이다. 그런 까닭에, 말씀에서 셋은 충만한 것, 완전한 것, 지속적인 것을 뜻한다(『천국의 비밀』 2788, 4495, 7715번 참고).

(2) 다음 말씀에서도 그것은 같은 의미이다.

이사야서에,

내가 본즉 주께서 높이 들린 보좌에 앉으셨는데 그의 옷자락은 성전에 가
득하였고 스랍들이 모시고 섰는데 각기 여섯 날개가 있어 그 둘로는 자기
의 얼굴을 가리었고 그 둘로는 자기의 발을 가리었고 그 둘로는 날며 서로
불러 이르되 거룩하다 거룩하다 거룩하다 만군의 여호와여 그의 영광이 온
땅에 충만하도다 하더라 (사 6:1-3)

여기서 "스랍(seraphim)"은 "그룹"과 같은 뜻이다. "높이 들린 보좌"는 그것
으로 인해 천국이 존재하는 신성의 발현을 뜻한다. "성전에 가득한 옷자락"은
천국의 가장 마지막의 것들과 교회 안에 있는 주님에게서 나오는 신적 진리를
뜻한다. "그들의 얼굴을 가리고 발을 가리고, 또 그것으로 날기도 하는 스랍들
의 날개"는 최초의 것과 마지막의 것들 안에 있고, 거기서부터 온 사방으로 퍼
져나가 어느 곳에나 있는 주님의 영적 신성을 뜻한다. "거룩하다 거룩하다 거
룩하다"는 지극히 거룩한 것을 뜻하고, "하나님의 영광이 온 땅에 충만한 것"
은 그 지극히 거룩한 그것, 즉 신적 진리가 만물 안에 가득한 것을 뜻한다("영
광"이 신적 진리를 뜻하는 것은 앞의 33번을, 주님 홀로 거룩하시다는 것과,
"거룩함"은 주님에게서 나오는 신적 진리를 나타낸다는 것은 204번 참조).

286

"주 하나님 곧 전능하신 이여 전에도 계셨고 이제도 계시고 장차 오실 이시
라"는 하나님의 무한하심과 영원하심을 뜻한다 이것이 분명한 것은, "전능하
신 이"는 주님의 무한하심을 뜻하고, "전에도 계셨고 이제도 계시고 장차 오
실 이"는 주님의 영원하심을 뜻하기 때문이다(앞의 23번 참조). 여호와, 즉 주

님에 대해서만 말할 수 있는 두 가지 것이 있는데, 그것은 무한하심과 영원하심이다. 주님의 본질에 속한 무한함은 주님의 신적 사랑에서 비롯한 신적 선이며, 그 본질에서 나오는 주님의 현현(顯現)[54]에 속한 영원함은 주님의 신적 지혜에서 비롯한 신적 진리이다. 이 둘은 자체로 신성하며 그것으로부터 우주가 창조되었다. 그러므로 우주의 모든 것들은 선과 진리와 관련이 있다. 선은 어디서나 사물의 본질이고, 진리는 본질로부터의 드러남이다. 그러나 이 둘은 우주 만물 안에서는 유한하다. 그러므로 여기서는 "주 하나님"이라고 말한다. 왜냐하면 "주님"은 신적 사랑에서 비롯한 신적 선을 뜻하고, "하나님"은 신적 지혜에서 비롯한 신적 진리를 뜻하기 때문이다(말씀에서 여호와를 "주님"이라 부르는 것은 신성한 선이시기 때문인데, 그것은 『천국의 비밀』 4973, 9167, 9194번 참고, 주님을 "하나님"이라 부르는 것이 신성한 진리이기 때문인 것은 2586, 2769, 2807, 2822, 3921, 4287, 4402, 7010, 9167번 참고). 이상으로 "전능하신 이"는 무한하심을 뜻하고, "전에도 계셨고 이제도 계시고 장차 오실 이"는 영원하심을 뜻하는 것이 분명하다.

287

9-11절. 그 짐승들이 보좌에 앉으사 세세토록 살아 계시는 이에게 영광과 존귀와 감사를 돌릴 때에 이십사 장로들이 보좌에 앉으신 이 앞에 엎드려 세세토록 살아 계시는 이에게 경배하고 자기의 관을 보좌 앞에 드리며 이르되 우리 주 하나님이여 영광과 존귀와 권능을 받으시는 것이 합당하오니 주께서 만물을 지으신지라 만물이 주의 뜻대로 있었고 또 지으심을 받았나

---

54) 여기서 현현(existere)이란 존재(esse), 또는 본질의 드러남을 말한다. (역자)

이다 하더라.

9. "그 짐승들이 영광과 존귀와 감사를 돌릴 때"는 신성한 진리와 신성한 선, 그리고 영화롭게 함을 뜻한다(288번). "보좌에 앉으시고 세세토록 살아 계시는 이에게"는 천국과 교회의 모든 것과 영원한 생명의 근원이신 분을 뜻한다(289번). 10, 11. "이십사 장로들이 보좌에 앉으신 이 앞에 엎드려"는 겸손을 뜻하며, 그때 선으로부터 진리 안에 있는 사람들이 천국과 교회의 모든 것들이 주님으로부터 있음을 인정하는 것을 뜻한다(290번). "세세토록 살아 계시는 이에게 경배하고"는 겸손을 뜻하고, 그때 영원한 생명이 주님으로부터 있음을 인정하는 것을 뜻한다(291번). "자기의 관을 보좌 앞에 드리며"는 겸손을 뜻하고, 그때 모든 선한 것이 자신으로부터는 있을 수 없고 오직 주님으로부터만 있음을 마음으로 인정하는 것을 뜻한다(292번). "이르되 주 하나님이여 영광과 존귀와 권능을 받으시는 것이 합당하오니"는 주님의 신적 인성에 속한 공로와 의를 뜻하고, 그것으로부터 모든 신성한 진리와 신성한 선, 구원이 있는 것을 뜻한다(293번). "주께서 만물을 지으셨기 때문이라"는 모든 존재와 생명과 천국이 주님으로부터 있는 것과, 그것은 또한 받아들이는 자를 위한 것임을 뜻한다(294번). "만물이 주의 뜻대로 있었고 또 지으심을 받았나이다"는 그것들이 신성한 선을 통해 존재하고, 신성한 진리를 통해 실재하는 것을 뜻한다(295번).

288

(1) 9절. "짐승들이 영광과 존귀와 감사를 돌릴 때"는 신성한 진리와 신성한

선, 그리고 영화롭게 함을(glorification) 뜻한다. 이것이 분명한 것은, 주님에 대해 "영광(glory)과 존귀(honor)"라고 할 때는 신성한 진리와 신성한 선을 뜻하며("영광"은 신성한 진리를, "존귀"는 신성한 선을 뜻한다), "감사를 돌리는 것"은 영화롭게 하는 것을 뜻하기 때문이다. 여기서 영화가 무슨 뜻인지를 먼저 말하겠다. 영화는 주님에게서 오는 것일 때는 천사와 사람에게로 끊임없이 흘러 들어오는 신성한 진리를 동반한 신성한 선을 뜻하고, 천사와 사람들 가운데 계신 주님의 영화, 즉 주님을 영화롭게 하는 것은 모든 선과 진리가 주님에게서 오며, 그로 말미암아 모든 지성과 지혜와 축복이 있는 것을 마음으로 인정하고 받아들이는 것을 뜻한다. 영적으로 "감사를 드리는 것"은 바로 이런 의미이다. 더욱이 천국의 천사들과 교회의 사람들에 의한 모든 주님의 영화는 그들 자신에게서 나오는 것이 아니라 주님으로부터 흘러들어오는 것이다. 주님에게서 오지 않고 사람에게서 나오는 영화는, 마음이 아니라 오직 기억의 활동으로부터 나오는 것이며, 그러므로 입에서 나오는 것이다. 기억과 입으로부터만 나오고, 마음으로부터 기억과 입을 거쳐 나오지 않는 것은 천국에서는 들리지 않으며, 그리하여 주님에 의해 받아들여지지 않고 과장된 말처럼 세상의 입에 오르내리다 사라진다. 이런 영화는 모든 선과 진리가 주님으로부터 오는 것을 마음으로 인정하는 게 아니다. 마음으로 인정한다는 것은 사랑의 삶으로 인정하는 것을 의미한다. 왜냐하면 말씀에서 "마음"은 사랑을 뜻하고, 사랑은 주님의 가르침대로 사는 것이기 때문이다. 사람이 이러한 삶 가운데 있을 때 주님을 영화롭게 한다. 그러므로 주님을 영화롭게 하는 것은 모든 선과 진리가 주님에게서 오는 것을 마음으로부터 인정하는 것이다. 다음 말씀에서 "영화롭게 되시는 것"은 그런 뜻이다.

요한복음에,

　너희가 내 안에 거하고 내 말이 너희 안에 거하면 무엇이든지 원하는 대로

구하라 그리하면 이루리라 너희가 열매를 많이 맺으면 내 아버지가 영화롭

게 되실 것이요 너희는 내 제자가 되리라 (요 15:7-8)

(2) 그룹을 뜻하는 "네 짐승"이 영광과 존귀와 감사를 돌리는 까닭은, 영광과 존귀와 감사로 표현되는 신성한 진리와 신성한 선, 그리고 영화가 주님에게서 나와 흘러 들어오기 때문이다. 왜냐하면 이 그룹들은 섭리하고 지키시는 주님을 뜻하고 (앞의 277번 참고), 또한 그것들은 "보좌 가운데와 보좌 주위에" 있고(6절), 주님은 "보좌 위에" 앉으셨기 때문이다(2절). 이것으로 이러한 것들이 주님에게서 나오는 것이 분명하다. 그러나 다음 절의 말씀, 즉 "이십사 장로들이 보좌에 앉으신 이 앞에 엎드려 세세토록 살아 계시는 이에게 경배하고 자기의 관을 보좌 앞에 드린다"고 하는 것은 마음으로 받아들이고 인정하는 것을 뜻한다.

(3) 말씀에는 "영광과 존귀"라는 표현이 자주 나오는데, "영광"은 어디서나 진리를 뜻하고 "존귀"는 선을 뜻한다. 그 둘이 함께 언급되는 이유는, 말씀의 세세한 내용 안에는 천국적인 결혼인 선과 진리의 결합이 있기 때문이다. 주님에게서 나오는 신성은 신성한 진리와 결합한 신성한 선이며, 이들이 함께 천국을 이루고 교회를 이룬다. 그래서 말씀의 세세한 것 안에는 이들의 결혼이 있는 것이다. 또한 그렇기 때문에 말씀의 세세한 것 안에는 주님에게서 나오는 신성이 있고 주님 자신이 계신다. 말씀이 가장 거룩한 이유는 바로 그것이다(말씀의 세세한 것들 안에 이러한 결혼이 있는 것은 앞의 238번과 『천국의 비밀』 2516, 2712, 3004, 3005, 3009, 4138, 5138, 5194, 5502, 6343, 7022, 7945, 8339, 9263, 9314번 참고),

(4) "영광"이 주님에게서 나오는 신성한 진리를 뜻하는 것은, 위의 33번을

참고하길 바란다. "존귀"가 신성한 선을 뜻하는 것은 앞에서 말한 것처럼, 말씀의 세세한 것들 안에는 천국적 결혼이 존재하기 때문이다. 그것은 시편의 다음 구절들을 보면 알 수 있다.

> 여호와께서는 하늘을 지으셨음이로다 존귀와 영광이 그의 앞에 있으며 능력과 아름다움이 그의 성소에 있도다 (시 96:5-6)

"하늘"은 주님에게서 나오는 신성을 뜻한다. 왜냐하면 천국은 주님의 신성으로부터 존재하기 때문이다. 주님에게서 나와 천국을 만드는 신성은 신성한 진리와 신성한 선이다. 그렇기 때문에 영광과 존귀가 그의 앞에 있다고 했다. "성소"는 교회를 뜻하며, "능력과 아름다움"은 교회 안에 있는 신성한 선과 신성한 진리를 뜻한다(주님의 신성이 천국을 만드는 것은 저서 『천국과 지옥』 7-12번, 천국에 있는 주님의 신성이 신성한 진리와 신성한 선인 것은 7, 13, 133, 137, 139-140번 참고).

(5) 시편에,
> 내 영혼아 여호와를 송축하라 여호와 나의 하나님이여 주는 심히 위대하시며 영광과 존귀로 옷 입으셨나이다 (시 104:1)

여호와에 대해 "영광과 존귀로 옷을 입으셨다"고 한 것은, 주님께서 신성한 선과 신성한 진리로 자신을 에워싸신 것을 뜻한다. 왜냐하면 이러한 것들이 주님에게서 나와 당신을 에워싸고, 또한 천국을 이루기 때문이다. 그러므로 말씀에서는 그것들을 "주님의 옷"이요, "주님의 덮개"라고 부른다(앞의 65, 271번 참고).

(6) 시편에,

여호와께서 행하시는 일들이 크시오니, 그의 행하시는 일이 영광과 존귀로
다 (시 111:2-3)

"여호와께서 행하시는 일"은 주님에게서 나오는 모든 것과 주님이 행하시
는 모든 일들을 뜻한다. 이러한 일들은 신성한 진리와 신성한 선에 속한 것들
이기 때문에, 말씀에서는 "여호와께서 행하시는 일이 영광과 존귀로다"라고
말한다.

(7) 시편에,

대대로 주께서 행하시는 일을 크게 찬양하며 주의 위대한 일을 선포하리로
다 주의 영광의 위엄에 속한 존귀와 주의 기이한 일들을 나는 작은 소리로
읊조리리이다 주의 위대한 일과 주의 나라의 존귀의 영광을 인생들에게 알
게 하리이다 (시 145:4-5, 12)

"영광의 위엄에 속한 존귀"는 신성한 진리와 하나가 된 신성한 선을 뜻하
고, "존귀의 영광"은 신성한 선과 하나가 된 신성한 진리를 뜻한다. 이것을 그
렇게 말하는 까닭은 그 결합이 상호적이기 때문이다. 왜냐하면 신성한 선이
주님에게서 나올 때는 신성한 진리와 결합된 상태로 나오지만, 천국의 천사들
과 교회의 사람들이 받을 때는 신성한 진리를 받고, 그리고 신성한 선과 결합
하기 때문이다. 그래서 이르기를, "주님의 나라의 존귀의 영광"이라고 했다.
주님의 나라는 천국과 교회를 뜻하기 때문이다.

(8) 시편에,

영광과 존귀를 그에게 입히시나이다 그가 영원토록 지극한 복을 받게 하시

나이다 (시 21:5-6)

이것은 주님에 대해 말한 것이며, "영광과 존귀를 그에게 입히시나이다"는
신성한 진리와 신성한 선을 뜻한다.

(9) 시편에,
용사여 칼을 허리에 차고 주의 영광과 존귀를 입으소서 주의 존귀 가운데
서 진리의 말씀에 오르소서 (시 45:3-4)

이 말씀 역시 주님에 관한 것이다. "칼을 허리에 차는 것"은 신성한 선으로
부터 싸우는 신성한 진리를 뜻한다("칼을 허리에 차는 것"이 이런 뜻인 것은
『천국의 비밀』 10488번 참고). 주님은 신성한 진리로 지옥을 정복하시고 천국
을 질서 안으로 이끄셨다. 그래서 주님에 대해 말할 때 영광과 존귀를 입은 용
사라고 하고, 또한 존귀 가운데서 진리의 말씀에 오르셨다고 했다. 이 말은
신성한 선으로부터 신성한 진리를 통해 역사하심을 뜻한다.

(10) 시편에,
그를 천사들보다 조금 못하게 하시고 영광과 존귀로 관을 씌우셨나이다
(시 8:5)

이것도 주님에 대한 말씀이다. 그를 "천사들보다 조금 못하게 하시고"는 주
님의 겸비의 상태를, "영광과 존귀로 관을 씌우셨나이다"는 주님의 영화의 상
태를 뜻한다. "영화"는 신성 자체가 주님의 인성과 하나가 되는 것을 뜻하고,
또한 인성을 신성하게 만드는 것을 뜻한다.

(11) 이사야서에,

> 광야와 메마른 땅이 기뻐하며 사막이 장미꽃같이 피어 기뻐하고 무성하게
> 피어 즐거워하며 레바논의 영광과 갈멜과 샤론의 존귀를 얻을 것이라 그것
> 들이 여호와의 영광과 우리 하나님의 존귀를 보리로다 (사 35:1-2)

이 말씀에서 말하는 것은 이방인에 대한 교화이다. 즉 "광야와 메마른 땅"은 진리와 선에 대해 무지한 것을 뜻하고, "기뻐하고 즐거워하며 꽃이 피는 것"은 그들이 진리를 배우고 깨달음으로 인해 기뻐하는 것을 뜻한다. "그들이 레바논의 영광을 얻는 것"은 신성한 진리를 뜻하고, "샤론과 갈멜의 존귀"는 그들이 받아들이는 신성한 선을 뜻한다. 그런 까닭에 "그들이 여호와의 영광과 우리 하나님의 존귀를 보리로다"라고 말했다.

(12) 계시록에,

> 만국이 그 빛 가운데로 다니고 땅의 왕들이 자기 영광과 존귀를 가지고 그
> 리로 들어가리라 사람들이 만국의 영광과 존귀를 가지고 그리로 들어가겠
> 고 (계 21:24, 26)

이것은 하늘과 땅의 새교회를 뜻하는 새예루살렘에 대한 말씀이다. 여기서 "만국"은 선 안에 있는 모든 사람을 뜻하고, "땅의 왕들"은 선으로부터 진리 안에 있는 모든 사람을 뜻한다. "그들이 자기 영광과 존귀를 가지고 그리로 들어가는 것"은 그 둘 모두를 뜻한다. 즉 주님에 대한 사랑의 선으로 드리는 예배와 이웃에 대한 인애의 선을 바탕으로 한 신앙의 진리로 드리는 예배 모두를 뜻한다.

　"보좌에 앉으시고 세세토록 살아 계시는 이에게"는 천국과 교회의 모든 것과 영원한 생명의 근원이신 이를 뜻한다. 이것이 분명한 것은, 주님의 "보좌"는 일반적으로는 천국 전체를 뜻하고, 개별적으로는 영적 천국을, 그리고 추상적으로는 (주님으로부터) 발현되는 신성한 진리를 뜻하기 때문이다. 이 진리를 통해 천국들이 존재하기 때문에, 여기서 "보좌"는 천국과 교회의 모든 것을 뜻한다(앞의 253번 참고). "보좌에 앉으신 이"가 주님이신 것은 앞의 267번과 268번을 통해서도 알 수 있다. "보좌에 앉으시고 세세토록 살아 계시는 이에게"가 천국과 교회의 모든 것과 영원한 생명의 근원이신 이를 뜻하는 또 하나의 이유는, "세세토록 살아 계시는 것"은 영원한 생명이 주님에게서 나오는 것을 뜻하기 때문이다(앞의 84번 참고). 왜냐하면 "살아 계신 이"는 주님 홀로 생명이시며, 그러므로 천사들과 사람에게 있는 생명의 모든 것이 주님에게서 오는 것을 뜻하고, "세세토록"은 영원을 뜻하기 때문이다. "세세토록"이 영원을 뜻하는 까닭은, 세상에서 "세세토록"은 처음과 끝을 잇는 시간 전체를 뜻하지만, 세상에서와 같은 시간이 존재하지 않는 천국에서는 영원을 뜻하기 때문이다. 왜냐하면 말씀의 글자의 뜻은 세상의 것들로 만들어지지만 영적 의미는 천국의 것으로 만들어지기 때문이다. 그 이유는 신성은 궁극적으로 세상의 자연적인 것 안으로 흘러들어와 거기서 흐름이 멈추고, 거기에 머물며, 그것을 기반으로 존속하기 때문이다. 그래서 영원이라고 하지 않고 "세세토록"이라고 말하는 것이다.

(1) 10절. "이십사 장로들이 보좌에 앉으신 이 앞에 엎드려"는 선으로부터 진리 안에 있는 사람들의 겸손과 그때 천국과 교회의 모든 것들이 주님에게서 오는 것을 그들이 인정하는 것을 뜻한다. 이것이 분명한 것은, "엎드리는 것"은 겸손과 그때 마음으로 인정하는 것을 뜻하고, "이십사 장로"는 선으로부터 진리 안에 있는 사람들을 뜻하며(앞의 270번 참고), 또 "보좌에 앉으신 이"는 천국과 교회의 모든 것의 근원이신 주님을 뜻하기 때문이다(바로 앞의 289번 참고). 이 장의 지금 절과 다음에 이어지는 절들에서는, 천국의 천사들과 교회에 속한 사람들이 신성한 진리와 신성한 선을 받아들이는 것을 다룬다. 그러나 바로 앞의 절은 주님에 대해, 그리고 주님에게서 신성한 선과 신성한 진리가 나오는 것을 다룬다. 그리고 이것이 "짐승들이 보좌에 앉으사 세세토록 살아 계시는 이에게 영광과 존귀와 감사를 돌리는 것"의 의미이다(앞의 288, 289번). 그러나 "장로들이 보좌에 앉으신 이 앞에 엎드려 세세토록 살아 계시는 이에게 경배하는 것"은 받아들임과 인정을 의미한다. 왜냐하면 "엎드리는 것"은 겸손과 받아들임, 인정을 뜻하고, "이십사 장로들"은 천국과 지상에 있는 사람들로, 선으로부터 진리 안에 있는 모든 사람을 뜻하기 때문이다.

(2) 신성한 진리와 신성한 선을 받아들이는 일과, 천국과 교회의 모든 것들과 영원한 생명이 주님에게서 온다는 것을 마음으로 인정하는 일은, 오직 선으로부터 진리 안에 있는 사람들만 할 수 있다는 걸 알아야 한다. 왜냐하면 그런 사람만 사랑과 믿음 안에 있고, 사랑과 믿음 안에 있는 사람들은 혼과 마음으로 주님과 결합하기 때문이다. 주님은 혼과 마음속으로 흘러 들어오시며, 단순히 기억에 속한 것과 그것에서 비롯한 말에 속한 것들 안으로 흘러 들어

오시지 않는다. 왜냐하면 기억은 단지 사람에게로 들어가는 입구이며 마당과 같은 것이기 때문이다. 기억은 또 새와 짐승에게 있는 되새김위와 같다. 그래서 사람의 기억은 되새김위에 상응한다. 사람에게는 그의 의지에 속한 것들과 의지에서 비롯한 이해력에 속한 것이 있다. 또는 같은 의미로 그의 사랑에 속한 것과 사랑에서 비롯한 믿음에 속한 것들이 있다. 사람이 선과 진리 안에 있다고 말하거나, 사랑과 믿음 안에 있다고 말하는 것은 같은 것이다. 왜냐하면 모든 선은 사랑에 속하고, 모든 진리는 믿음에 속하기 때문이다.

291

"세세토록 살아 계시는 이에게 경배하고"는 겸손과 그때 주님에게서 영원한 생명이 나오는 걸 인정함을 뜻한다. 이것이 분명한 것은, "엎드리고 경배하는 것"은 겸손과 그때 마음으로 인정하는 것을 뜻하며, "세세토록 살아 계시는 이"는 영원한 생명이 주님으로부터 있는 것을 뜻하기 때문이다(앞의 289번 참고). 겸손할 때 모든 선과 진리가 주님에게서 나오는 걸 마음으로 인정하게 되고, 그로 인해 지성과 지혜와 축복이 있다고 하는 이유는, 겸손의 상태에 있지 않으면 누구도 그렇게 인정할 수 없기 때문이다. 왜냐하면 사람은 겸손할 때 자신의 자아로부터 멀어지기 때문이다. 그리고 사람의 자아는 주님에게서 나오는 어떠한 선과 진리도 인정하거나 받아들이지 않기 때문이다. 사람의 자아는 악 말고 어떤 것도 아니며, 또한 악은 천국과 교회의 모든 선과 진리를 거부하기 때문이다. 이것으로 사람이 왜 겸손해야 하는지, "엎드려 경배하는 것"이 왜 겸손을 뜻하는지, 그리고 그때 왜 마음으로 인정하게 되는지를 알 수 있다.

"자기의 관을 보좌 앞에 드리며"는 겸손과 그때 자기 자신으로부터는 선에 관한 어떤 것도 나오지 않고, 모든 것은 주님에게서 나온다는 걸 마음으로 인정하는 것을 뜻한다. 이것이 분명한 것은, "관"은 선과 그것에서 나오는 지혜를 뜻하고(앞의 272번 참고), "보좌 앞에서 벗는 것" 또는 "보좌 앞에 내려놓는 것"은 선은 자신으로부터는 나오지 않고 오로지 주님에게서 나온다는 것을 겸손하게 인정하는 걸 뜻하기 때문이다. 왜냐하면 "벗는 것"은 자신에게서 나온다는 생각을 버리는 것이고, "보좌 앞에 내려놓는 것"은 선은 오직 주님에게서 나온다는 것을 인정하는 것을 뜻하기 때문이다. 여기서 "관"으로 표현된 선은 사랑과 인애의 선을 뜻한다. 이 선은 오직 주님으로부터 흘러들어오며, 천국의 천사들과 말씀의 진리 안에 있는 교회의 사람들에 의해 받아들여진다. 천사들과 사람들에게 있는 말씀의 진리들은 그들의 기억 속에 존재하는데, 주님은 천사와 사람들이 진리에 대한 영적 애정 안에 있는 만큼 기억으로부터 진리들을 불러내어 그것을 선과 결합시키신다. 그리고 그 애정은 사람이 말씀의 진리에 따라 살 때 가지게 된다. (진리와 선의) 결합은 내면의 사람, 또는 영적 사람[55] 안에서 일어나며, 그로부터 외면의 사람 또는 자연적 사람 안에서 일어난다. 이 결합이 땅에 사는 동안 사람에게 교회를 만들고 나중에는 그에게 천국을 만든다. 이러한 사실로부터 이 결합 없이는 누구도 구원받

---

55) 내면의 사람(interior man)은 속사람(internal man)과 겉사람(external man) 사이에 위치한다. 내면의 사람을 통해 속사람과 겉사람이 소통한다..내면의 사람(interior man)은 합리적 사람(ratioal man)이라 불리며, 속사람과 겉사림 사이에 있기 때문에 한쪽으로는 선 지체의 진리 자체가 있는 속사람과 그리고 다른 한쪽으로는 악과 거짓이 있는 겉사람과 소통한다. 속사람과의 소통을 통해 사람은 천적인 것과 영적인 것에 대해 생각할 수 있고, 또는 높은 곳을 바라볼 수 있다. 이것은 짐승들은 할 수 없는 일이다(『천국의 비밀』1702:2). (역자)

을 수 없다는 것과 사람이 사랑의 삶을 살지 않으면 선과 진리의 결합이 없음이 분명하다. 사랑의 삶을 사는 것은 주님의 계명을 실행하는 것이다. 사랑하는 것은 행하는 것이기 때문이다. 왜냐하면 사람은 자기가 사랑하는 것을 의도하고 행하며, 사랑하지 않는 것은 의도하지 않고 행하지도 않기 때문이다.

293

(1) 11절. "우리 주 하나님이여 영광과 존귀와 권능을 받으시는 것이 합당하오니"는 주님의 신적 인성에 속한 공로와 의를 뜻하고, 또한 그것으로부터 모든 신성한 진리와 신성한 선이 있고 구원이 있는 것을 뜻한다. 이것이 분명한 것은, "우리 주 하나님이여 당신은 합당하니이다"는 주님의 신적 인성에 속한 공로와 의를 뜻하고(신적 인성에 대해서는 곧 말하겠다), "영광과 존귀"는 주님에게서 나오는 신적 진리와 신적 선을 뜻하며(위의 288번 참고), "권능"은 구원을 뜻하기 때문이다. "권능"이 구원을 뜻하는 까닭은, 모든 신성한 능력의 목적은 구원에 있기 때문이다. 왜냐하면 사람은 신성한 능력에 의해 개혁되고 나중에 천국으로 인도되어 거기서 악과 거짓을 멀리하고 선과 진리 안에 있을 수 있으며, 그리고 이 일은 오직 주님만 하실 수 있기 때문이다. 이 일을 이루는 능력이 자신에게 있다고 주장하는 사람들은 구원에 대해 전혀 무지한 자들이다. 왜냐하면 그들은 개혁이 무엇인지, 사람에게 있는 천국이 무엇인지 모르는 자들이기 때문이다. 주님의 능력을 자신의 것이라고 주장하는 것은 주님보다 능력이 있다고 주장하는 것이다. 그러므로 말씀에서는 그런 능력을 "어둠의 권세"라고 부른다(눅 22:53).

(2) 주님의 능력이 주로 구원과 관련이 있다는 건 다음 구절들을 보면 분명히 알 수 있다.

요한복음에,

아버지께서 아들에게 주신 모든 사람에게 영생을 주게 하시려고 만민을 다스리는 능력을 아들에게 주셨음이로소이다 (요 17:2)

영접하는 자 곧 그 이름을 믿는 자들에게는 하나님의 자녀가 되는 능력을 주셨으니 (요 1:12)

나는 포도나무요 너희는 가지라 그가 내 안에, 내가 그 안에 거하면 사람이 열매를 많이 맺나니 나를 떠나서는 너희가 아무 것도 할 수 없음이라 (요 15:5)

뭇사람이 그의 교훈에 놀라니 이는 그가 가르치시는 것이 권위 있는 자와 같음이라 (막 1:22)

권위와 능력으로 더러운 귀신을 명하매 나가는도다 (눅 4:36)

그 밖에도 여러 구절이 있다. 주님에게 만물을 다스리는 능력이 있는 것은 주님 홀로 하나님이시기 때문이다. 그러나 능력의 첫 번째 목적은 인류의 구원이었다. 왜냐하면 그것을 위해 천국과 세상이 창조되었으며, 그리고 구원은 (주님에게서) 발현되어 나오는 신성의 받아들임이기 때문이다.

(3) "우리 주 하나님이여 합당하오니"가 주님의 신적 인성에 속한 공로와 의를 뜻하는 까닭은, "합당하오니"는 주님에게 공로가 있음을 뜻하기 때문이다. 주님의 공로란 그가 세상에 계실 때 지옥을 정복하시고, 천국의 모든 것들의 질서를 세우셨으며, 당신의 인성을 영화롭게 하시고, 그리고 그 일을 당신 자

신의 능력으로 이루신 것을 말한다. 주님은 이런 방법으로 당신을 믿는 자, 즉 주님의 가르침에 따라 살고자 하는 모든 인류를 구원하셨다(요 1:12, 13). 말씀에서는 이 공로를 가리켜 "의"(정의)라고 부른다. 그리고 그것 때문에 신적 인성이신 주님을 "여호와 우리의 공의"(렘 23:5-6, 33:15-16)라고 부른다(주님의 이와 같은 공로, 또는 의에 대해 좀 더 알려면 『새예루살렘의 교리』 293, 294번을 참고하기 바란다. 거기에는 『천국의 비밀』 300-306번에서 인용한 내용이 있다).

294

(1) "주께서 만물을 지으신지라"는 모든 존재와 생명이 주님으로부터 있는 것과, 또한 천국은 받아들이는 자들을 위한 것임을 뜻한다. 이것이 분명한 것은, "지으시는 것"은 만물이 주님으로부터 존재하며, 또한 모든 생명이 주님에게서 오는 것을 뜻하기 때문이다. 말씀의 영적 의미는 천국과 교회에 관한 것만을 다루기 때문에, 여기서 "지으시는 것"은 주로 개혁을 뜻하고, 그러므로 받아들이는 자에게 천국이 주어지는 것을 뜻한다. 왜냐하면 그것이 개혁이기 때문이다. 만물이 주님으로부터 존재한다는 것은 저서 『천국과 지옥』 7-12, 137번을, 모든 생명이 주님에게서 오는 것은 9번을, 그리고 또 『새예루살렘의 교리』 278번을 참고하기 바란다. 그러나 여기서 "지으시는 것"은 자연적 존재와 생명의 창조가 아니라 영적 존재와 생명의 창조를 뜻한다. 그러므로 말씀에서 창조는 어디서나 그것을 의미한다. 그리고 그런 이유로 해서 하늘과 땅의 존재는 창조의 목적이 아니라 목적을 위한 수단이다. 창조의 목적은 인류가 존재하고 그로 인해 천사들의 천국이 존재하는 것이다. 이것이 목

적이기 때문에 "지으시는 것"은 개혁, 즉 받아들이는 자들에게 천국이 주어지는 것을 뜻한다. 말씀의 영적 의미는 목적에 대해 말하지만, 글자의 의미는 목적과 관련된 수단에 대해서만 말한다. 영적인 것은 이런 방법으로 말씀의 글자의 뜻 안에 숨어 있다.

(2) "창조하는 것"이 사람을 개혁하고 거듭나게 하는 것과 그렇게 해서 교회를 세우는 것을 뜻하는 것은, 이 표현이 나오는 말씀의 구절들을 보면 알 수 있다.

이사야서에,

> 내가 광야에는 백향목과 싯딤 나무와 화석류와 들감람나무를 심으리니 무리가 보고 여호와의 손이 지으신 바요 이스라엘의 거룩한 이가 이것을 창조하신 바인 줄 알며 함께 헤아리며 깨달으리라 (사 41:19, 20)

이 말씀은 이방인들 가운데 교회가 세워지는 것을 의미한다. 즉 "광야"는 진리에 대한 무지로 인해 선이 없는 것을 뜻하는데 그 이유는, 사람을 개혁시키는 모든 선은 진리를 통해서만 주어지기 때문이다. "백향목과 싯딤나무"는 진정한 진리를 뜻하고, "화석류와 들감람나무"는 영적 선과 천적 선을 뜻한다.[56] 그러므로 이방인들, 즉 진리를 모르기 때문에 천국과 교회의 선 안에 있지 않은 사람들에 대해, "내가 광야에 백향목과 싯딤나무와 화석류와 들감람나무를 심으리니"라고 말하는 게 무슨 뜻인지 분명하다. 그리고 "무리가 보고 알며 함께 헤아리며 깨달으리라"는 선과 진리에 대한 사랑에서 비롯한 지식과 이해, 지각과 애정을 뜻한다. 이러한 의미들을 통해 "이스라엘의 거룩한

---

56) 백향목과 싯딤나무의 영어 표현은 cedar of shittah이고, 화석류와 들감람나무는 myrtle and the oil tree이다(whitehead의 번역본과 KJV 성경). (역자)

이가 이것을 창조하셨다”는 개혁을 뜻함이 분명하다. 따라서 “창조하는 것”은 개혁을 뜻한다.

(3) 같은 책에,

야곱아 너를 창조하신 여호와께서 지금 말씀하시느니라 이스라엘아 너를 지으신 이가 말씀하시느니라 내가 너를 구속하였고 내가 너를 지명하여 불렀나니 너는 내 것이라 내가 내 아들들을 먼 곳에서 이끌며 내 딸들을 땅 끝에서 오게 하며 내 이름으로 불려지는 모든 자 곧 내가 창조하고 내가 지은 자들을 내 영광 가운데로 오게 하라 그를 내가 만들었느니라 나는 여호와 너희의 거룩한 이요 이스라엘의 창조자요 너희의 왕이니라 (사 43:1, 6, 7, 15)

이 말씀 역시 이방인들 가운데 교회가 세워지는 것을 말하고 있다. 여호와를 “창조자”, “지으시는 이”라고 부른 것은 그들의 개혁과 관련된 것이다. 그렇기 때문에 “내가 너를 구속하였고 내가 너를 지명하여 불렀나니 너는 내 것이라”라고 말씀하셨다. “내가 내 아들들을 먼 곳에서 이끌며 내 딸들을 땅 끝에서 오게 하며”는 교회 밖에 있으나 주님으로부터 교회의 선과 진리를 받아들이는 이방인들을 뜻한다. “땅”은 교회를 뜻하므로, “먼 곳에서”와 “땅 끝에서”는 교회 밖에 있는 사람들을 뜻하고, “아들”은 진리를 받아들이는 자를, “딸”은 선을 받아들이는 자를 뜻한다. 내가 “창조한 자”, “지은 자”, “영광 가운데로 오게 한 자”는 이들을 말하는 것이다. “영광”은 그들이 받아들이는 신성한 진리를 뜻하기 때문이다.

(4) 시편에,

하나님이여 내 속에 정한 마음을 창조하시고 내 안에 굳건한 영을 새롭게

하소서 (시 51:10)

"정한 마음을 창조하시고"는 사랑의 선의 측면에서 개혁을 뜻하고, "내 안에 굳건한 영을 새롭게 하소서"는 신앙의 진리의 측면에서의 개혁을 뜻한다. 왜냐하면 "마음"은 사랑의 선을 뜻하고, "영"은 신성한 진리에 따른 삶, 즉 진리의 믿음을 뜻하기 때문이다.

(5) 같은 책에,
주께서 사람의 아들들을 어찌 그리 허무하게 창조하셨는지요, 그 전의 인자하심이 어디 있나이까 (시 89:47, 49)

"사람의 아들들을 창조하는 것"은 신성한 진리를 통한 개혁을 뜻한다. 즉 "사람의 아들들"은 신성한 진리 안에 있는 사람들을 뜻하며, 그러므로 추상적 의미로는 신성한 진리를 뜻한다.

(6) 같은 책에,
이에 뭇 나라가 여호와의 이름을 경외하며 이 땅의 모든 왕들이 주의 영광을 경외하리니 여호와께서 시온을 건설하셨음이라 이 일이 장래 세대를 위하여 기록되리니 창조함을 받을 백성이 여호와를 찬양하리로다 (시 102:15, 16, 18)

이 말씀은 개혁에 대해 말하고 있다. "뭇 나라가 여호와의 이름을 경외하는 것"은 선 안에 있는 사람들을, "땅의 왕들"은 선으로부터 진리 안에 있는 사람들을 뜻한다. "시온을 건설하는 것"은 교회를 세우는 것을 뜻한다. "시온"은 교회를 뜻하기 때문이다. "창조함을 받을 백성이 여호와를 찬양하리로다"는 개혁될 모든 사람을 뜻한다.

(7) 같은 책에,

주께서 주신즉 그들이 받으며 주께서 손을 펴신즉 그들이 좋은 것으로 만
족하며 주의 영을 보내어 그들을 창조하사 지면을 새롭게 하시나이다 (시
104:28, 30)

여기서도 "창조하는 것"은 개혁을 뜻한다. 왜냐하면 "주께서 주신즉 그들이
받으며"는 그들이 주님이 주시는 진리를 받아들이는 것을 뜻하고, "주께서 손
을 펴신즉 그들이 좋은 것으로 만족하며"는 주님으로부터 흘러 들어오는 선
을 그들이 받는 것을, "주의 영을 보내어 그들을 창조하사"는 그들의 삶이 신
성한 진리에 따라 개혁되는 것을, 그리고 "지면을 새롭게 하시나이다"는 교회
가 세워지는 것을 뜻하기 때문이다.

(8) 이사야서에,

너희는 눈을 높이 들어 누가 이 모든 것을 창조하였나 보라 주께서 그 많은
무리들을 이끌어 내시고 그들의 모든 이름을 부르시나니, 영원하신 하나님
여호와 땅 끝까지 창조하신 이는 피곤하지 않으시며 (사 40:26, 28)

이 말씀 역시 개혁에 대해 말하고 있다. "창조"는 곧 개혁을 뜻하기 때문이
다. "여호와께서 이끄시는 무리"는 모든 진리와 선을 뜻하고, "이름을 부르는
것"은 각 사람의 특성에 따라 받으시는 것을, "땅 끝까지 창조하시는 것"은 교
회를 세우시고 거기 있는 사람들을 개혁하시는 것을 뜻한다.

(9) 에스겔서에,

네가 옛적에 하나님의 동산 에덴에 있어서 온갖 보석으로 너를 덮었나니[57]
네가 지음을 받던 날에 그것들이 준비되었도다, 네가 지음을 받던 날로부터
네 모든 길에 완전하더니 마침내 네게서 불의가 드러났도다 (겔 28:13, 15)

이것은 두로의 왕에 대한 말씀이다. 두로의 왕은 진리 안에 있고 진리를 통해 선 안에 있는 사람들을 뜻한다. 말씀에는 그들에 대해 "하나님의 동산 안에 있어 온갖 보석으로 너를 덮었나니"라고 말한다. "하나님의 동산"은 지성을 뜻하고, "보석들"은 진리와 선에 관한 지식을 뜻한다. 이것들로 덮었다고 한 까닭은, 선과 진리의 지식은 자연적 사람 안에 있고, 자연적 사람은 영적 사람을 바깥에서 덮기 때문이다. 그 지식에 대해 "그들이 지음을 받던 날에 준비되었다"고 했는데, "지음을 받던 날"은 곧 "개혁된 날"을 뜻한다. 이것으로 "네가 지음을 받던 날로부터 네 모든 길에 완전하더니"가 무슨 뜻인지 분명하다.

(10) 이사야서에,
여호와께서 거하시는 온 시온 산과 모든 집회 위에 낮이면 구름을, 밤이면
화염의 빛을 창조하시고 그 모든 영광 위에 덮개를 두시며 (사 4:5)

"시온"은 말씀의 측면에서 교회를 뜻하고, "거하시는 곳"은 선에 관한 말씀의 내적, 또는 영적 의미를 뜻한다. "낮의 구름"은 진리에 관한 말씀의 외적, 또는 문자적 의미를 뜻하고 "밤에 화염의 빛"은 선에 관한 외적, 또는 문자적 의미를 뜻한다. 이 외적 의미가 영적 의미를 덮고, 감추기 때문에, 그것을 가

---

57) KJV 번역은 "every precious stone was thy covering"이고, 그것을 개역성경에서는 "각종 보석으로 단장하였음이여"라고 번역했는데, 여기서는 속뜻에 따라 "온갖 보석으로 너를 덮었나니"라고 옮긴다. (역자)

리켜 "모든 영광 위에 덮개"라고 불렀다. "영광"은 영적 의미를 뜻하기 때문이
다. 이것들을 창조하셨다고 한 것은, 그것들이 천국과 교회의 진리들이기 때
문이다.

(11) 말라기서에,

한 하나님께서 우리를 지으신 바가 아니냐 어찌하여 우리가 딴마음을 갖고

행동하느냐 (말 2:10)

여기서 "우리를 지으셨다"는 그들을 개혁하여 교회로 만드셨다는 뜻이다.
그렇기 때문에 "어찌하여 우리가 딴 마음을 갖고 행동하느냐"라고 말했다.

(12) 이사야서에,

하늘을 창조하여 펴시고 땅을 펼치시며 땅 위의 백성에게 호흡과 행하는

영을 주시는 하나님 여호와께서 이같이 말씀하시되 (사 42:5)

"하늘을 창조하여 펴시는 것"과 "땅을 펼치시는 것"은 개혁을 뜻한다. "하
늘"은 교회의 내적인 것과 천국 모두를 뜻한다. 왜냐하면 교회의 내적인 것은
그 안에 있는 사람들에게 있는 천국을 뜻하기 때문이다. 펼치신다고 한 "땅"
은 교회의 외적인 것을 뜻하며, 그것을 펼치는 것은 선으로 인해 진리가 점점
많아지는 것을 뜻한다. 그것이 곧 진리에 의한 개혁인 게 분명한 것은, 말씀
에 이르기를 "하나님께서 땅 위의 백성에게 호흡과 행하는 영을 주셨다"고 했
기 때문이다.

(13) 같은 책에,

하늘을 창조하신 이 그는 여호와이시니 그가 땅을 지으시고 그것을 만드셨

으며 그것을 비어 있게 창조하지 아니하시고 사람이 거주하게 지으셨으니

(사 45:12, 18)

여기서 "하늘"과 "땅", "창조하다"는 앞에서 인용한 구절에서와 같은 의미이다. "그가 비어 있게 창조하지 아니 하시고"는 진리와 선이 없이 창조하지 않으셨다는 뜻이며, 그렇기 때문에 개혁된 사람은 진리와 선 안에 있음을 뜻한다. 그러니까 비어 있다는 것은 진리와 선이 없음을 뜻한다. "그가 사람이 거주하게 지으셨으니"는 그들이 선과 진리에 따라, 그리고 그것으로부터 살아야 하는 것을 뜻한다. 왜냐하면 "거주하는 것"은 사는 것을 뜻하기 때문이다.

(14) 같은 책에,

> 보라 내가 새 하늘과 새 땅을 창조하나니, 너희는 내가 창조하는 것으로 말
> 미암아 영원히 기뻐하며 즐거워할지니라 보라 내가 예루살렘을 기쁨으로
> 창조하며 그 백성을 즐거움으로 삼고[58] (사 65:17-18)

"새 하늘과 새 땅을 창조하나니"는 보이는 천국과 사람이 사는 땅이 아니라 새 교회의 내적인 것과 외적인 것을 뜻한다. "하늘"은 교회의 내적인 것을 뜻하고, "땅"은 그 외적인 것을 뜻한다(교회의 내적인 것과 외적인 것이 무엇인지는 『새예루살렘의 교리』 246번 참고). 그렇기 때문에 "보라 내가 예루살렘을 기쁨으로 창조하며 그 백성을 즐거움으로 삼으리라"고 말한 것이다. "예루

---

58) 개역개정에는 "보라 내가 예루살렘을 즐거운 성으로 창조하며 그 백성을 기쁨으로 삼고"로 되어 있는데, 예루살렘의 즐거움은 기쁨으로, 백성의 기쁨은 즐거움으로 바꿔 옮긴다. 왜냐하면 whitehead의 영역본에는 해당 부분을 "I will create Jerusalem an exultation, and her people a joy"라고 했는데, 속뜻으로 exultation은 선에서 비롯한 기쁨을 뜻하고, 그래서 더 내적이고 큰 기쁨이다. 그에 비해 joy는 진리에서 비롯한 기쁨이며, 상대적으로 외적이며 정도가 덜한 기쁨이다. 그래서 joy는 즐거움으로 옮긴다. (역자)

살렘"은 교회를 뜻하고, "기쁨"은 교회의 선에서 비롯한 기쁨을, "즐거움"은 교회의 진리에서 비롯한 기쁨을 뜻한다.

(15) 이사야 66:22와 계시록 21:1에 나오는 "새 하늘과 새 땅"도 같은 의미이다. 그리고 창세기 첫 장의 다음 구절 역시 마찬가지이다.

> 태초에 하나님이 천지를 창조하시니라 땅이 혼돈하고 공허하며 흑암이 깊음 위에 있고 하나님의 영은 수면 위에 운행하시니라 하나님이 이르시되 빛이 있으라 하시니 빛이 있었고, 하나님이 자기 형상 곧 하나님의 형상대로 사람을 창조하시되 사람과 여자를 창조하시고 (창 1:1-3, 27)

이것은 지상에 세워진 첫 번째 교회에 대한 말씀이다. 그러니까 여기서 하늘과 땅의 창조는 그 교회 사람들의 속사람과 겉사람의 개혁을 뜻한다. "땅이 공허한 것"은 사람에게 선과 진리가 없는 것이고, 그러므로 그전에는 교회가 존재하지 않았음을 뜻한다. "흑암이 깊음 위에 있고"는 전에는 그들이 지독한 무지와 거짓 안에 있었음을 뜻한다. "하나님의 영이 수면 위에 운행하시니라"와 "하나님이 이르시되 빛이 있으라 하시니 빛이 있었고"는 그들의 첫 번째 깨달음을 뜻한다. "하나님의 영"은 주님에게서 오는 신성한 진리를 뜻하고, "수면 위에 운행하시는 것"은 이해시키는 것을 뜻한다. "빛"은 같은 것을 의미한다. "빛이 있었고"는 신성한 진리를 받아들이는 것을 뜻한다. "하나님이 자기 형상대로 사람을 창조하시되"는 사람을 선과 진리에 대한 사랑 안에 있게 하시고, 그리하여 그 사랑과 닮은 천국과 상응(相應)토록 하시는 것을 뜻한다. 왜냐하면 선과 진리에 대한 사랑이 바로 "하나님의 형상"이기 때문이다. 그러므로 천사들의 천국 역시 "하나님의 형상"이다. 따라서 주님이 보실 때 천사들의 천국은 한 사람과 같다(『천국과 지옥』 59-102번 참고). "사람을 남자와 여자로 창조하셨다"는 주님이 사람을 선과 진리의 측면에서 개혁하시는 것을 뜻한다. "남자"는 진리를 "여자"는 선을 뜻하기 때문이다. 이것으로 이 장과 다음 장의 말씀은 하늘과 땅의 창조를 그린 것이 아니라, 첫 번째 교회에 속한 사람들에 대한 새로운 창조 또는 개혁을 뜻하는 것이 분명하다. 바로 앞에 인용한 구절에서 "새 하늘과 새 땅"과 그것의 "창조"도 같은 뜻이다.

(16) 말씀에서 "창조"는 개혁과 교회의 설립을 뜻하며, 그것은 주님에게서 나오는 신적 진리를 통해 이루어진다는 것은 다음 말씀으로 분명히 알 수 있다.

요한복음에,

태초에 말씀이 계시니라 이 말씀이 하나님과 함께 계셨으니 이 말씀은 곧 하나님이시니라, 만물이 그로 말미암아 지은 바 되었으니 지은 것이 하나도 그가 없이는 된 것이 없느니라 그 안에 생명이 있었으니 이 생명은 사람들의 빛이라 빛이 어둠에 비치되 어둠이 깨닫지 못하더라 참 빛 곧 세상에 오는 모든 사람에게 비추는 빛이 있었나니 세상이 그로 말미암아 지은 바 되었으되 세상이 그를 알지 못하였고, 말씀이 육신이 되어 우리 가운데 거하시매 우리가 그의 영광을 보리로다 (요 1:1-5, 9-10, 14)

여기서 "말씀"은 신성한 진리이신 주님을 뜻한다. "만물이 그로 말미암아 지은 바 되었으니 지은 것이 하나도 그가 없이는 된 것이 없느니라"와 "세상이 그로 말미암아 지은 바 되었으되"는 신성한 진리에 의해 만물이 창조된 것을 뜻한다. "말씀"은 신성한 진리이신 주님을 뜻하기 때문에, "그 안에 생명이 있었으니 이 생명은 사람들의 빛이라"라고 했다. 그것을 참빛이라고 한 것은 "빛"은 신성한 진리를 뜻하고, "생명"은 신성한 진리에서 나오는 모든 지성과 지혜를 뜻하기 때문이다. 왜냐하면 이것이 사람의 진정한 생명을 이루고, 또한 그에 따라 영원한 생명이 있기 때문이다. 주님은 모든 사람에게 당신의 신적 진리로 임재하신다. "어둠에 비치는 빛, 세상에 오는 모든 사람에게 비치는 빛"은 그 신적 진리에서 나오는 생명과 빛을 뜻한다. 그러나 악에서 비롯한 거짓 안에 있는 사람들은 그것을 지각하지 못하고, 그러므로 받아들이지 않는다. 말씀에서 "어둠이 깨닫지 못하고", "세상이 그를 알지 못하였다"고 한 것은 그런 의미이다. 왜냐하면 "어둠"은 악에서 비롯한 거짓을 뜻하기 때문이다. 분명한 것은 여기서 "말씀"이 의미하는 것은 신적 인성이신 주님이시라는 것이다. 왜냐하면 "말씀이 육신이 되어 우리 가운데 거하시매 우리가 그의 영광을 보리로다"라고 말했고, "영광"은 신적 진리를 뜻하기 때문이다(만물이 주님에게서 나오는 신성한 진리에 의해 창조되었다는 것, 그리고 여기서 "말씀"이 그 신성한 진리를 뜻한다는 것은 『천국과 지옥』137, 139번, 『새예루살렘의 교리』263번 참고). 이러한 사실로부터 "만드는 것", "창조하는 것"은 사람을 새롭게 하고, 개혁하는 것을 뜻하는 것이 분명하다. 왜냐하면 창세기에서처럼 여기서도 "빛"을 직접 언급했으며, 그것은 주님에게서 나와 모든 사람을 개혁시키는 신성한 진리를 뜻하기 때문이다(『천국과 지옥』126-140번, 『새예루살렘의 교리』49번 참고).

295

(1) "만물이 주의 뜻대로 있었고 또 지으심을 받았나이다"는 그것들이 신성한 선을 통해 존재하고(have being) 신성한 진리를 통해 실재하는(have existence)것을 뜻한다.[59] 이것이 분명한 것은, 주의 "뜻"은 신적 사랑을 뜻하

---

59) 존재(being)가 본질적인 실체라면 실재(existence)는 본질적 실체의 드러남이라고 말할 수 있

고, "있다" 또는 "존재하다"는 사랑의 선을 뜻하는데, 여기서는 신적 사랑에서 비롯한 신적 선의 받아들임을 뜻하며(이것에 대해 곧 말하겠다), 또한 "지음을 받는 것", 또는 "창조되는 것"은 신적 진리의 받아들임과 그것으로 개혁되는 사람들을 뜻하기 때문이다. "지음을 받는 것"이 실재하는 것을 뜻하는 까닭은, 개혁된 사람에 대해서만 실재한다고 말할 수 있기 때문이다. 왜냐하면 그들 안에는 생명이 있고 지성과 지혜가 있기 때문이다. 반면에 개혁되지 않은 사람에게는 생명이 없고 영적 죽음이 있으며, 또한 지성이나 지혜는 없고 광기와 어리석음만 있다. 그러므로 그들에 대해서는 실재한다고 말하지 않는다. 사실 모든 것은 감각에 속한 어떤 것 앞에 나타날 때 실재한다고 말한다. 그러나 사람이 선과 진리 안에 있지 않으면 그에 대해 영적으로 실재한다고 말할 수 없다. 왜냐하면 사람은 살아 있고, 지적이며, 지혜로운 존재가 되기 위해 창조되었기 때문이다. 그러므로 사람이 미치거나 바보가 되거나 죽은 것처럼 될 때, 그만큼 그는 사람으로 존재하는 것이 아니다. 사람을 사람으로 만드는 두 가지의 것이 있는데, 그것은 주님에게서 오는 선과 진리이다. 선은 사람의 생명의 본질(esse)이고, 진리는 그것에서 비롯한 생명의 드러남(existere)이다. 왜냐하면 모든 진리는 선으로부터 존재하기 때문이다. 진리는 선의 형상이요, 그러므로 속성이기 때문이다. 선은 생명의 본질이고, 진리는 그것에서 비롯한 생명의 드러남이며, "지으심을 받는 것"은 실재하는 것을 뜻하기 때문에, 말씀에서는 "주의 뜻대로 있었고 또 지으심을 받았나이다"라고 말했다. 바로 이것이 이 말씀들 안에 있는 영적인 것이다.

(2) 주님의 "뜻" 또는 "의지"는 신적 사랑을 뜻한다. 왜냐하면 만물의 근원

다. 사람의 영과 몸의 관계 같은 것이다. 스베덴보리는 존재가 실재에 앞선 것이지만 그럼에도 둘은 하나이고, 그러므로 둘 중 어느 하나가 없으면 둘 다 존재할 수 없다고 말한다. 왜냐하면 존재는 실재의 내적인 생명이고, 실재는 존재의 외적인 그릇이기 때문이다. (역자)

인 신성 자체는 곧 신적 사랑이기 때문이다. 그래서 주님은 천사들 앞에 뜨겁게 타오르는 태양으로 나타나신다. 영계에서 사랑은 불로 나타나기 때문이다. 그러므로 말씀에서 주님과 천국과 교회에 관해 "불"이라고 하면, 그것은 사랑을 뜻한다. 천국의 (불타는) 태양으로부터 열기와 빛이 나오는데, 열기는 발현하는 신성한 선이고, 빛은 발현하는 신성한 진리이다(이것에 대해 더 많은 걸 알려면 『천국과 지옥』116-125번의 천국의 태양에 관한 부분과, 126-140번의 천국의 열기와 빛에 대한 부분 참고). 만물의 근원인 신성 자체는 신적 사랑이므로 주님의 "의지"는 신성한 사랑이다. 왜냐하면 사랑 자체가 원하는 것은 사랑의 선이기 때문이다. 신앙의 진리라고 불리는 진리는 선을 존재하게 하고, 그 후에 선으로부터 신앙의 진리가 존재하도록 만드는 수단에 불과하다. 그 때문에 사람에게 의지와 이해력이 있는 것이다. 즉 사람에게 의지는 사랑의 선을 담는 그릇이고, 이해력은 신앙의 진리를 담는 그릇인 것이다. 이해력은 의지를 개혁하고, 나중에 의지가 이해력을 통해 다듬어진 형태로 나타나게 하는 수단이다. 이것으로 의지는 사람의 생명의 본질이고, 이해력은 그것에서 비롯한 생명의 드러남인 것이 분명하다(이것은 『새예루살렘의 교리』의 의지와 이해력을 다룬 부분 28-35번을 보면 더 자세히 알 수 있다).

(3) 사람의 의지는 그의 사랑이고 하나님의 의지는 신적 사랑이다. 그러므로 "하나님의 뜻대로 행하는 것", "아버지의 뜻대로 행하는 것"이 영적으로 어떤 의미인지 알 수 있다. 그것은 하나님을 누구보다 사랑하고, 또한 이웃을 자기 자신과 같이 사랑하는 것이다. 사랑은 뜻하는 것이므로 또한 행하는 것이다. 왜냐하면 사람은 사랑하는 것을 뜻하며, 뜻하는 것은 행하기 때문이다. 그러므로 "하나님의 뜻대로", 또는 "아버지의 뜻대로 행하는 것"은 그분의 계명을 실행하는 것이며, 사랑 또는 인애에 속한 애정으로부터 계명에 따라 사는 것을 뜻한다. "하나님의 뜻" 또는 "아버지의 뜻"이 이런 의미라는 것을 요

한복음에서는 다음과 같이 말한다.

> 하나님이 죄인의 말을 듣지 아니하시고 경건하여 그의 뜻대로 행하는 자의
> 말은 들으시는 줄을 우리가 아나이다 (요 9:31)
> 나더러 주여 주여 하는 자마다 다 천국에 들어갈 것이 아니요 다만 하늘에
> 계신 내 아버지의 뜻대로 행하는 자라야 들어가리라 (마 7:21)

같은 책에,
> 나라가 임하시오며 뜻이 하늘에서 이루어진 것같이 땅에서도 이루어지이
> 다 (마 6:10)
> 이 작은 자 중의 하나라도 잃는 것은 아버지의 뜻이 아니니라 (마 18:14)

"이 작은 자 중의 하나라도 잃는 것은 아버지의 뜻이 아니니라"는 분명히 사랑을 뜻한다. "아버지의 뜻"이라고 말한 까닭은, "아버지"는 신성한 선을 뜻하기 때문이다.

요한복음에,
> 너희가 내 안에 거하고 내 말이 너희 안에 거하면 무엇이든지 원하는 대로
> 구하라 그리하면 이루리라 (요 15:7)

주님 안에 있고 그들 안에 주님의 말씀이 있는 자에 대해, 그들이 바라고 구하는 일들이 모두 이루어진다고 하신 까닭은, 그때 그들은 주께서 그들이 원하도록 주시는 것 외에 어떤 것도 바라지 않기 때문이다. 그리고 그것이 선이며 선은 주님에게서 오기 때문이다.

(4) 구약에서는 주님의 의지를 주님의 "선한 즐거움"이라고 불렀는데, 이것 역시 신적 사랑을 뜻한다. 주님의 선한 즐거움 또는 주님의 의지를 행하는 것은 하나님과 이웃을 사랑하는 것을 뜻하고, 그러므로 주님의 계명에 따라 사는 것이다. 왜냐하면 계명에 따라 사는 것은 하나님과 이웃을 사랑하는 것이며, 또한 그것은 주님의 사랑에서 비롯한 일이기 때문이다. 주님으로부터가 아니면 어떤 사람도 주님과 이웃을 사랑할 수 없기 때문이다. 왜냐하면 그것이 사람에게 가장 진실한 선이며, 모든 선은 주님에게서 오기 때문이다. "선한 즐거움"에 이런 뜻이 있다는 것은 다음 구절을 보면 분명히 알 수 있다.

이사야서에,
내가 노하여 너를 쳤으나 이제는 내가 선한 즐거움으로 너에게 자비를 베
풀었노라 (사 60:10)

"노하여 치는 것"은 시험을 뜻하고, "선한 즐거움으로 자비를 베푸는 것"은 사랑으로 구원하시는 것을 뜻하며, "자비를 베푸는 것"은 궁핍한 자에게 사랑으로 선을 행하시는 것이다.

(5) 시편에,
여호와여 선한 즐거움의 때에 내가 주께 기도하오니 하나님이여 많은 인자
와 구원의 진리로 내게 응답하소서 (시 69:13)

"여호와의 선한 즐거움의 때"는 사랑으로 받아들이는 것을 뜻한다. "때"는 사람에게는 존재하는 상태를 뜻하지만, 여호와에게는 영원한 현존을 뜻하며, 그러므로 사랑을 뜻한다. 사랑은 영원하기 때문이다. "많은 인자와 구원의 진리로 응답하소서"는 사랑으로부터 발현하는 신성, 즉 신성한 진리를 통해 들

고 도우시는 것을 뜻한다.

(6) 이사야서에,

여호와께서 이르시되 선한 즐거움의 때에 내가 네게 응답하였고 구원의 날

에 내가 너를 도왔도다 (사 49:8)

여기서도 "선한 즐거움의 때", 즉 의지의 때는 신적 사랑을 뜻하고, "응답하는 것"은 도와주고 은혜를 베푸시는 것을 뜻한다.

(7) 같은 책에,

여호와의 선한 즐거움의 해를 선포하여 모든 슬픈 자를 위로하되 (사 61:2)

이 말씀은 주님이 오시는 것에 대해 말한다. "여호와의 선한 즐거움의 해"는 교회에 속한 사람들의 상태와 때를 말하며, 그때 사랑으로부터 그들이 구원받는 것을 뜻한다. 그래서 "모든 슬픈 자를 위로하되"라고 말했다.

(8) 시편에,

여호와여 주는 의인에게 복을 주시고 방패와 같은 선한 즐거움으로 그를

호위하시리이다 (시 5:12)

여기서 "선한 즐거움"은 신적 사랑을 뜻하며, 주님은 그것으로 모든 사람을 지켜 주신다. 그러니까 "방패와 같이 호위하시리이다"는 주님이 사랑으로 지켜 주시는 것을 뜻한다.

(9) 같은 책에

여호와께서 손을 펴사 당신의 선한 즐거움으로 모든 생물을 만족하게 하시
나이다 (시 145:16)

"손을 펴는 것"은 선을 베푸시는 것을 뜻하고, "모든 생물을 선한 즐거움으로 만족하게 하는 것"은 주님이 당신의 생명을 받는 모든 사람에게 신성한 진리를 풍족하게 주시는데, 당신의 사랑으로부터 주시는 것을 뜻한다.

(10) 신명기에,

땅의 귀한 것과 그로 인한 충만함과 가시 떨기나무 가운데에 계시던 이의
선하신 즐거움이 요셉의 머리에 그의 형제 중 나사렛 사람의 머리의 관에
임할지로다, 납달리여 여호와의 복과 선한 즐거움이 풍성할 것이로다 (신
33:16, 23)[60]

"요셉"은 가장 높은 의미로는 영적 신성으로서 주님을 뜻하고, 내적 의미로는 영적 천국을 뜻하며, 외적 의미로는 구원, 선의 결실과 진리의 증식을 뜻한다(『천국의 비밀』 3969, 3971, 4669, 6417번 참고). 이러한 의미로부터 요셉에게 속한 "땅의 귀한 것과 그로 인한 충만함과 가시떨기나무 가운데 계시던 이의 선한 즐거움"이 무슨 뜻인지 분명하다. "땅의 귀한 것"은 교회의 영적인 선과 그것에서 비롯한 영적 진리들을 뜻하며, "땅"은 교회를 뜻한다. "가시떨기나무에 계시던 이의 선한 즐거움"은 진리에 대한 주님의 신적 사랑을 뜻한다. 주님이 그 속에서 모세에게 나타나셨던 "가시떨기나무"는 바로 그 신적

사랑을 뜻한다. "요셉의 머리"는 속사람의 지혜를 뜻하고, "그의 형제 중 나사렛 사람의 머리의 관"은 겉사람의 지식과 지성을 뜻한다. 싸움이란 뜻의 "납달리"는 시험과 그 후 신적 사랑으로부터 오는 위로와 축복을 뜻한다. "여호와의 복과 선한 즐거움이 풍성할 것이로다"는 그런 의미이다.

(11) 이사야서에,

> 이것이 어찌 여호와의 선한 즐거움의 날에 금식이 되겠느냐 주린 자에게 네 양식을 나누어 주며 헐벗은 자를 보면 입히는 것이 아니겠느냐 (사 58:5)

사람에 대해 말할 때 "여호와의 선한 즐거움"은 주님의 계명에 따라 사는 것, 즉 하나님과 이웃을 사랑하는 것을 뜻한다. 왜냐하면 말씀에 이르기를 "그의 선한 즐거움은 주린 자에게 네 양식을 나누어 주며 헐벗은 자를 입히는 것"이라고 했는데, "주린 자에게 양식을 나누어 주는 것"은 선을 갈구하는 이웃에게 사랑으로 선을 베푸는 것이며, "헐벗은 자를 입히는 것"은 가르침 받기를 원하는 사람에게 진리를 가르치는 것을 뜻하기 때문이다.

(12) 시편에,

> 나의 하나님이여 내가 주의 선한 즐거움에 따라 행하기를 즐기오니 주의 법이 나의 심중에 있나이다 (시 40:8)
> 나를 가르쳐 주의 선한 즐거움에 따라 행하게 하소서 주의 영은 선하시니 나를 공평한 땅으로 인도하소서 (시 143:10)
> 그에게 수종들며 그의 선한 즐거움에 따라 행하는 모든 천군이여 여호와를 송축하라 (시 103:21)

"여호와 하나님의 선한 즐거움에 따라 행하는 것"은 주님의 계명에 따라 사는 것을 뜻한다. 그것이 주님의 선한 즐거움이며 의지인 까닭은, 주님은 신적 사랑으로부터 모든 사람이 구원받길 원하시며, (이때) 그 삶에 의해 그들이 구원받기 때문이다. 더구나 히브리어로 "선한 즐거움"은 의지를 뜻하기도 한다. 의지에 따라 행하는 일은 무엇이든 즐겁기 때문이며, 그리고 신적 사랑은 자신에게서 나오는 사랑이 천사와 사람에게 있는 것과 그들이 주님의 계명에 따라 살기를 원할 때 주님의 사랑 또한 그들과 함께 있는 것 말고 어떤 것도 바라지 않기 때문이다. 이것이 주님을 사랑하는 것이라는 걸 주님은 요한복음 14:15, 21, 23, 24, 15:10, 14, 21:15-17에서 가르치셨다.

(13) "의지"는 반대의 의미로도 사랑을 뜻한다. 즉 악과 거짓에 대한 사랑을 뜻한다. 그것은 요한복음의 다음 말씀으로 분명하다.

> 영접하는 자 곧 그 이름을 믿는 자들에게는 하나님의 자녀가 되는 권세를 주셨으니 이는 혈통으로나 육신의 뜻으로나 사람의 뜻으로 나지 아니하고 오직 하나님께로부터 난 자들이니라 (요 1:12)

"주님의 이름을 믿는 것"은 주님이 가르치신 계명에 따라 사는 것을 뜻한다. "주님의 이름"이 주님을 예배하는 수단이 되는 모든 것을 뜻하고, 그러므로 사랑과 믿음에 관한 모든 것을 뜻한다는 것은 앞의 102, 135번을 참고하기 바란다. "혈통"은 선과 진리에 반하는 삶을 뜻하고, "육신의 뜻"은 악에 대한 사랑을, "사람의 뜻"은 거짓에 대한 사랑을 뜻한다. 그러므로 그것으로는 거듭날 수 없는 것이다(사람의 "육신"이 인간의 자아에 속한 자발성을 뜻하고, 그러므로 악을 뜻하는 것은 『천국의 비밀』 148, 149, 780, 999, 3813, 8409, 10283번 참고, 그리고 "사람"이 인간의 자아에 속한 지성을 뜻하며, 그러므로 거짓을 뜻하는 것은 4823번 참고).